◎本书是2018年度国家社科基金重大项目"中国民间信仰海外传播图谱与功能研究"（项目批准号：18ZDA228）的阶段性成果，出版受到该项目经费资助。

华侨华人民间信仰研究丛书

印度尼西亚华人民间信仰研究

A Study of Indonesian
Chinese Popular Religion

郑一省 著

中国社会科学出版社

图书在版编目（CIP）数据

印度尼西亚华人民间信仰研究/郑一省著. —北京：中国社会科学出版社，2021.6

（华侨华人民间信仰研究丛书）
ISBN 978-7-5203-8255-7

Ⅰ.①印⋯　Ⅱ.①郑⋯　Ⅲ.①华人—信仰—民间文化—研究—印度尼西亚　Ⅳ.①D634.334.2②B933

中国版本图书馆 CIP 数据核字（2021）第 068143 号

出 版 人	赵剑英
责任编辑	宋燕鹏
责任校对	刘　娟
责任印制	李寡寡

出　　版	中国社会科学出版社
社　　址	北京鼓楼西大街甲 158 号
邮　　编	100720
网　　址	http://www.csspw.cn
发 行 部	010-84083685
门 市 部	010-84029450
经　　销	新华书店及其他书店
印　　刷	北京明恒达印务有限公司
装　　订	廊坊市广阳区广增装订厂
版　　次	2021 年 6 月第 1 版
印　　次	2021 年 6 月第 1 次印刷
开　　本	710×1000　1/16
印　　张	21.75
插　　页	2
字　　数	331 千字
定　　价	118.00 元

凡购买中国社会科学出版社图书，如有质量问题请与本社营销中心联系调换
电话：010-84083683
版权所有　侵权必究

总　　序

暨南大学石沧金教授主持的国家社科基金重大课题"中国民间信仰海外传播图谱与功能研究",在短短两年时间已经完成四部书稿,取得了可喜的进展。书稿付梓之际,沧金教授执意索序,推辞不过,乃不揣谫陋,略陈数语,聊报沧金教授厚谊于万一。

民间信仰是历史上中国民众最广泛、最深厚的信仰形态。从超自然力崇拜这点来说,民间信仰与制度化宗教并没有本质区别,而且可能比制度化宗教出现更早,只是以极其多样化的弥散型方式存在,尚未完全具备系统的成文经典、严密的科层组织、专门的神职人员。因此,中国学术界早就以"非制度化宗教"称之,将其列入宗教学研究的对象。而所谓制度化宗教,在中国的土地上不但始终是与民间信仰共存共在、并驾齐驱的,更必须依靠民间信仰的观念意识和信众群体作为自己重要的前置条件和生长基盘。即使是某些高扬"一神论"旗帜的外来宗教,面对中国固有的宗教传统、宗教生态,也不能不做出种种调适乃至变形,在许多基层信徒的宗教生活中呈现出具有明显民间信仰色彩的功利性、"造神性"表象及效应。佛教、道教以及明清以降的大量民间宗教,在实践层面与民间信仰的联系则几乎可以用"水乳交融"四个字来形容。其中,佛教、道教又向民间宗教和民间信仰供给或回馈了一系列概念、传说、神祇、仪节,以至活动样式、话语模态,进一步丰富了民间宗教与民间信仰的内涵和面貌;也使同时关注佛道教与民间宗教、民间信仰之间的多重互动,成为无论是社会史视角下的佛道教研究,还是宗教学视角下的民间宗教、民间信仰研究都不应绕开的必要选题。

　　从近古以迄现代，土生土长的中国民众被迫到海外寻求生计蔚成一种司空见惯的迁徙活动。东南亚国家是中国沿海地区特别是闽粤一些地方民间"下南洋"的主要目的地。在长期的历史过程中，这些国家内部逐渐形成了以若干不同祖籍地为相对集中来源的华人移民族群。由是，中国民间信仰也如影随形般跟着这些华人移民的脚踪，进入异国他乡的山陬海角、市井田畴，在为移民群体提供精神锚地和乡愁寄托的同时，成为华人华裔保持与母体文化的特殊关联从而维系自身民族意识与民族特性的重要纽带。因此，如果将海外华人民间信仰作为特定研究对象，就不但要研究前面提到的中国民间信仰领域的普遍性问题，而且要关注超出中国本土民间信仰研究的特殊性问题；要在研究中加入华人群体的文化共性之下又因阶层分别、祖籍分别所造成的信仰圈层和地域性区隔，与所在国主体民族、优势宗教的关系等异于中国本土的文化—政治环境，当代世界范围现代化、全球化发展对华人群体传统思想文化格局的影响等诸多因素，也不能不在研究视域中观照当今"一带一路"国际合作、文明之间交流互鉴、人类命运共同体建设这样一些宏大而现实的背景。对于身在中国大陆的研究者而言，如何针对这样一个研究对象，恰如其分而又推陈出新地设定相应的研究框架，无疑比单纯研究中国本土民间信仰更多了一份挑战。

　　长期以来，石沧金教授一直在主动寻求和回应这份挑战，很早就将源于中国的民间信仰和民间宗教在海外华人社群的历史和现状作为自己的研究方向，表现出一名中国学者的国际眼光和文化担当。2014年，他以在马来西亚为主的东南亚国家数年田野调查为依据撰写的专著《海外华人民间宗教信仰研究》出版，为承担"中国民间信仰海外传播图谱与功能研究"课题打下了良好基础。2018年，"中国民间信仰海外传播图谱与功能研究"作为国家社科基金重大课题立项，说明他以往的学术成就和最新思路得到我国哲学社会科学工作领导部门的高度认可，也促使他和包括外籍学者在内的他的课题研究团队在海外中国民间信仰研究方面以更高标准要求自己，力求推出观察深度和理论建构都更具特色、更有新意的系列成果。从现已完成的几部著作来看，沧金教授的立项初衷正在得以实现。这几部著作，围绕中国大陆特别是闽粤等地部分传统民间信仰在以东南亚为主各国的历史脉络、活动状况、社会功能、文化价值，进行了多侧面、多维度的描述和探讨，并不同程度地给予宗教学、历史学、人类学、社会学理论和方法的诠解，穷原竟委，图文并茂，勾画出一幅又一幅源远流长的中国民间信仰在海外华人中间保存、传承、发展、嬗变的生动景象，形成了对这个丰富多彩的现象群的一次多学科研究的最新尝试，其成果是值得赞许，更值得祝贺的！

对于这些成果的时代意义和学术价值，我以为，自己2014年为沧金教授《海外华人民间宗教信仰研究》在马来西亚出版所写的序言当中的一段话，仍然可以用到这里作为参考："近十多年来，东南亚华人民间宗教和民间信仰的研究，在我国宗教学乃至历史学、民俗学、社会学、人类学、国际问题研究等诸多学术领域逐渐成为一个重要方向，一个课题来源。国家社科基金、教育部、中国社科院都对一系列相关项目有所资助，有关的研讨会不断召开，各类成果层出不穷。与此同时，台湾、香港、澳门学界及以马来西亚为代表的'南洋'华人学术文化圈也在东南亚华人宗教信仰研究方面取得了引人注目的新的成绩。一个具有融贯海内外中华宗教文化广阔视野的大的研究格局，正在国际范围和两岸四地相互呼应之间悄然成形。这种状况，实际是伴随着中国和平发展大趋势而出现的中华传统文化复振局面在宗教研究领域的反映，与鲜明地表现在当代'南洋'华人民间宗教和民间信仰当中的民族文化传承有着血脉相连的关系，也体现了活跃于其中的学者群在'大中华'文化共同体的历史框架内所产生的问题意识和责任意识。"

不仅如此，新的这些研究活动和研究成果，又为推进中国民间信仰的普遍性研究及海外华人民间信仰的特殊性研究，开辟了新的认知路径和思考点位，给今后的研究带来一系列值得深入探索的新问题，当然，也还有一些常解常新的"老问题"。譬如：民间信仰的"宗教性"与"世俗性"的关系，中国民间信仰乃至宗教信仰主体"功利性"取向的价值评估，不同神祇在民间信仰功能结构中的地位和作用，民间信仰在多元化宗教生态系统中的作用和意义，民间信仰的社会功能和文化功能在当代中国与海外华人中的异同，海外华人民间信仰与所在地域佛道教、民间宗教的互动关系和发展前景，海外华人民间信仰与"一神论"宗教及土著文化、西方文化的互动关系及发展趋势，海外华人民间信仰跨祖源、跨区隔、跨功能整合演变的动向与形态，海外华人新移民和华裔新生代与老一代华人华裔对于民间信仰的认同度、参与度比较，海外华人民间信仰神祇和宫庙与中国大陆祖神祖庙的关系及"互哺""反哺"状况，民间信仰向制度化宗教发展的社会条件及可能形式，民间信仰所衍生的联谊组织和社会实体的维持机制、运作模式及社会管理方式，……等等，不一而足。提出这样的问题，并不意味着沧金教授的课题组对这些方面的研究涉入不够，而恰恰是可以借助这次的机会，激发学术界同仁在中国民间信仰和海外华人民间信仰研究中继续有所作为，有所前进。

回到本题。如同中国本土民间信仰形态在现实中多有改变一样，当代海外华人世界的民间信仰形态也在经历着不容忽视的变化。也是在当年《海外华人民间宗教信仰研究》的序言里，我曾写到："海外华人传统宗教文化包括民间宗教、民间信仰，在现代化、全球化、信息化浪潮的冲刷激荡之下，不能不发生比以往时代更加明显、更加多样的嬗变，这样的嬗变甚至意味着某种衰变或异变。因而，它们似乎比以往更加迫切地需要依靠对其母体文化源头活水的不断探掘开发，维系乃至重构相对稳固的自组织、有依托、可持续的自我营卫体系，以保证在不可避免的嬗变当中坚守不可放弃的文化特质。""中国大陆学者从学术研究角度对海外华人宗教信仰历史和现状的揭示、探讨，代表了中华民族源远流长的母体文化对海外华人宗教信仰主体的一种特殊的滋养方式和奥援形态，蕴含于其中的象征意义和现实意义，是可以久久耐人寻味的。"时至今日，我依旧秉持相同的观点，也为自己曾经服务三十余年的中国社会科学院世界宗教研究所以2002年组团考察泰国、马来西亚、新加坡三国德教会为明确开端（我荣幸地受命联系和参加了这次考察。考察形成的初步成果集中见于2011年社科文献出版社出版的陈景熙、张禹东主编之《学者观德教》一书），在前任和现任所领导擘画带领下，投入很多努力，持续开展海外华人宗教和民间信仰研究并取得诸多成果而感到鼓舞。因此，在结束这篇总序的时候，我发自内心地祝愿石沧金教授及其团队，祝愿宗教学等各学科研究中国本土和海外华人宗教及民间信仰相关课题的学界力量，在中华民族与中华文化共同复兴的伟大历史进程中，相互合作，相互提携，不断承担起新的使命，创造出新的荣光！

张新鹰

夏历辛丑（2021年）立夏日于北京

目　录

绪　论 ………………………………………………………… (1)

第一章　印度尼西亚的地理环境与历史背景 ……………… (16)
 第一节　印度尼西亚的地理与人口 ………………………… (17)
 第二节　印度尼西亚的历史背景 …………………………… (19)

第二章　印度尼西亚华人社会的历史与现状 ……………… (26)
 第一节　印度尼西亚华人社会的历史 ……………………… (27)
 第二节　印度尼西亚华人社会现状 ………………………… (76)

第三章　印度尼西亚华人民间信仰的类型及源流 ………… (88)
 第一节　印度尼西亚华人民间信仰的类型 ………………… (88)
 第二节　印度尼西亚华人民间信仰体系的源流 …………… (118)

第四章　印度尼西亚华人民间信仰庙宇分布及祭祀空间 … (137)
 第一节　印度尼西亚华人民间信仰庙宇分布 ……………… (137)
 第二节　印度尼西亚华人民间信仰的祭祀空间 …………… (154)

第五章　印度尼西亚华人民间信仰庙宇组织的历史演变及
   类型 …………………………………………………… (165)

第一节 印度尼西亚华人民间信仰庙宇组织的历史演变 …… (165)
第二节 印度尼西亚华人民间庙宇组织的类型 ………… (170)

第六章 印度尼西亚华人民间信仰的文化体系 ………… (181)
第一节 印度尼西亚华人民间信仰的象征结构 ………… (181)
第二节 印度尼西亚华人民间信仰的文化表征 ………… (248)

第七章 印度尼西亚华人民间信仰文化的传承与创新 ………… (279)
第一节 印度尼西亚华人民间信仰文化的传承 ………… (279)
第二节 印度尼西亚华人民间信仰文化的创新 ………… (312)

结　论 ……………………………………………………… (328)

参考书目 …………………………………………………… (331)

绪　　论

一　研究缘起

笔者自2008年起开始对印度尼西亚进行研究，首先关注的是当地的华人。原因是除我在印度尼西亚有亲戚外，更重要的是想看看后苏哈托时代印度尼西亚华人的现实生活。2008年1月20日—2月3日、8月18日—9月3日，笔者从广州前往印度尼西亚雅加达，随后又从雅加达坐火车到达万隆、井里汶、三宝垄，以及飞往棉兰等地。所到之处，印象最深的莫过于华人的庙宇，这些地方的华人庙宇真是有所谓"三步一庙、五步一寺"的感觉。在考察这些地方期间，笔者还应邀参加了当地华人庙宇的一些祭祀活动。正是由于参加了华人庙宇的祭祀活动后，笔者得出了一个想法或结论，即华人的民间庙宇是印度尼西亚华人的文化中心，而华人庙宇的祭祀活动则是华人文化活动的展示。由此可见，要想真正地深入研究海外华人社会，研究者需将华人宗教信仰作为第一研究对象。所以自2008年考察印度尼西亚回来后，就拟定了要研究印度尼西亚华人宗教信仰，特别是华人民间信仰的计划。

2009年笔者申报了广西民族大学的校级课题《印度尼西亚华人民间信仰研究》。为了完成课题，笔者于2010年3—4月又从广州出发，乘飞机前往印度尼西亚的雅加达、棉兰、坤甸、三宝垄，开始了近两个月的调研。这也是笔者继2008年1月、8月到印度尼西亚进行田野调查以来的第三次调研。而在2012年7—8月、2015年7—8月、2017年3—4月、2018年7—8月，笔者又先后四次到达这些地区前后近五个月。由于研究经费有限，以及印度尼西亚华人分布较广。笔者的7次田野调查只选择了印度尼西亚华人的 4 个聚集地，即爪哇岛的雅加达、三宝垄，苏门答腊岛的棉兰，以及加里曼丹岛的坤甸。选择这四个地方的主要缘由是笔者感觉到印度尼西亚爪哇岛和外岛华人所处的文化环境不同：雅加达、三宝垄的华人位于印度尼西亚主流文化——爪哇文化的地区，而北苏门答腊省棉兰，以及加里曼丹岛首府坤甸的华人则位于多元文化的外岛地区。笔者试图通过对这四个地方华人的比较研究，以便寻找出处于不同文化环境的华人是如何在印度尼西亚生存和发展的，而更重要的是想通过四个地方华人的研究，探讨他们是如何保存和延续中华传统文化，特别是华人民间信仰的传承、创新，以及变迁等问题。

二 学术史回顾

宗教信仰是海外华人社会文化的重要组成部分，这种文化影响着当地华人社会的形成与发展。有关印度尼西亚华人民间信仰的研究成果，总的来看并不多见。20 世纪 60 年代以后，随着史料的挖掘，以及一些学者前往印度尼西亚进行实地考察与调研，该研究成果才比以往有所增加。

（一）国外学者的研究

一是早期就有一些学者对印度尼西亚华人宗教信仰进行了描述与分析。20 世纪 30 年代，生活在印度尼西亚三宝垄的林天佑出版了《三宝垄历史》一书，对该地华人庙宇的形成与宗教活动进行了初步的分析与探讨。[1] 二是对华人庙宇史料的收集与整理。20 世纪 60 年代印度尼西亚学者莽牙拉查·翁冈·巴林桐安于 1964 年在雅加达出版了《端古劳》(*Tuanku Rao*) 一书，该书是专门介绍印度尼西亚伊斯兰教历史的著作，不过该书的附录中收录了一部《三宝垄华人编年史》，其原稿出自印度尼西亚爪哇三宝垄 (Semarang)、塔兰 (Talang)、井里汶 (Cheribon) 三地华人庙宇所珍藏的档案。该档案记录了这些地区华人穆斯林传播伊斯兰教等的活动。[2] 1985 年法国学者苏尔梦、龙巴出版了《雅加达华人社区庙宇》一书，这是他们在雅加达调查的结果。他们认为自 17 世纪中叶至 1975

---

[1] ［印尼］林天佑：《三宝垄历史》，李学民、陈宏华译，暨南大学华侨研究所 1984 年印。
[2] ［印尼］莽牙拉查·翁冈·巴林桐安：《端古劳》，雅加达 1964 年版。

年，雅加达至少有72座庙宇。它们是华人在异域祈求神灵庇护，凭借血缘、地缘和业缘等互助、合作发挥传统文化的体现。[①] 1988年，德国学者傅吾康编著的《印度尼西亚华文铭刻汇编》一书出版，其中对印度尼西亚华人庙宇的碑刻、铭文和牌匾等进行了收集与分类，具有不可多得的珍贵史料价值[②]；三是在收集与整理史料的基础上，对印度尼西亚华人的宗教信仰进行分析与研究。这些研究主要体现在以下几方面：

1. 华人与印尼伊斯兰教

有关印度尼西亚华人与印尼伊斯兰教的关系，一直是学术界关注的问题之一。一般认为，伊斯兰教最初传入印度尼西亚是公元7—8世纪，它是直接由阿拉伯穆斯林商人传入的，他们首先抵达苏门答腊沿海地区，边经商边传教。而13世纪下半叶是伊斯兰大规模传入苏门答腊的时期，当时印度尼西亚已有华人穆斯林。印度尼西亚百科全书提到，9世纪下半叶唐末黄巢起义造成中国南部沿海的众多穆斯林逃亡南洋。[③] 15世纪郑和下西洋时，曾在爪哇等地传播伊斯兰教，同时促进了华人穆斯林队伍的扩大。而英国马礼逊著《外国史略》则认为，郑和下西洋时到爪哇，"使弃偶像，而拜回回教主"。即伊斯兰教是由郑和传入的。[④] 荷籍华人施福泉在其《第六代华人》（又译《南洋华人》）一书中认为，14—16世纪在传播伊斯兰教的9位贤人中有7位是华人。[⑤] 西斯沃诺认为，爪哇岛上第一个伊斯兰王国出现在该岛的淡目地区，其建立者是华人穆斯林陈文（Senopati Jin Bun），即拉登·巴达。[⑥] 阿孟·布第曼的《在印尼的华人伊斯兰社区》中描述道，1512年葡萄牙汤姆·比勒斯（Tome Pires）沿着爪哇岛航行，发现那儿有华人穆斯林。由于他们在当地已定居70年，因此

[①] [法]苏尔梦、龙巴合著：《雅加达华人社区庙宇》，雅加达1985年版。
[②] [德]傅吾康主编：《印度尼西亚华文铭刻汇编》，新加坡南洋学会1988年版。
[③] 印尼文教部编：《印尼民族史》，雅加达1976年版，第109页。
[④] [英]马礼逊：《外国史略》，载王锡祺《小方壶斋舆地丛钞》，南清河土氏铸版，上海著易堂印行，再补编第十二帙，第6页。
[⑤] [印尼]施福泉：《第六代华人》，澳大利亚詹姆斯·科克大学出版社1990年版，第154页。
[⑥] [印尼]西斯沃诺：《新公民》，雅加达1986年，第62页。

他们的子女同化成了"爪哇人"。① 印度尼西亚学者甫榕·沙勒指出，印度尼西亚早期华人穆斯林一般都被当地原住民同化。15 世纪，这些信仰伊斯兰教的华人与当地居民的混血已非常广泛。② 有关华人穆斯林活动的情况，龙巴与苏尔梦认为，18 世纪时华人穆斯林社团在许多大城市出现了。③

2. 华人与天主教和基督教

天主教和基督教在印度尼西亚的出现大约是在 13—14 世纪，即有一个意大利的天主教传教士巴特尔·约翰纳斯（Par Johanes）在去帝汶岛途中曾在爪哇停留。不过，基督教和天主教在印度尼西亚的大规模传播，应该是在 16 世纪初，因为天主教国家葡萄牙、西班牙在印度尼西亚东部的马鲁古群岛争夺势力范围是在这一时期，而基督教则是在 17 世纪由荷兰传入印尼的。④ 有关印度尼西亚华人基督教教徒，据荷兰学者穆勒尔·格吕赫尔在其《印尼基督教史》一书中称，印度尼西亚华人基督教教徒与原住民的基督教教徒几乎在同一时期出现的。⑤ 而印度尼西亚华人基督教教徒和天主教教徒人数的增加，是在苏哈托统治时期，一部分华人因信奉被原住民看作是封闭式的"外国宗教"，另一部分华人信奉的"孔教"，都不被当局承认，于是一些华人，特别是受西方教育的华人学生和知识分子，便纷纷加入天主教或基督教。如印度尼西亚华人学者郑绍业认为，1965 年前后约有 12% 的印度尼西亚华人皈依基督教和天主教⑥，而又据美国学者弗兰克·柯里研究，1968 年印度尼西亚华人基督教和天主教教徒达 263000 人，占印度尼西亚华人总数的 8.8%，或占土生华人

---

① ［印尼］阿孟·布第曼：《在印尼的华人伊斯兰社区》，印尼三宝垄丹戎·沙里出版社 1979 年，第 20 页。
② ［印尼］甫榕·沙勒：《在荷兰东印度公司以前居住在印尼的中国人》，《南洋问题资料译丛》1957 年第 2 期。
③ ［法］龙巴、苏尔梦《伊斯兰与华人问题》，《人文学知识》，印尼卡玛达大学 1901 年版，第 437 页。
④ 印尼宗教部编：《佛教 2500 年》，1957 年编，第 9 页。
⑤ ［荷］穆勒尔·格吕赫尔：《印尼基督教史》，雅加达 1959 年，第 169 页。
⑥ ［印尼］郑绍业主编：《印尼的华人穆斯林》，印尼伊斯兰兄弟协会 1986 年版，第 10 页。

总数的17.5%。① 20世纪90年代以后,特别是华裔新生代有许多就读于基督教和天主教所办的学校,促使皈依这两种宗教的人逐渐增多。

3. 华人与"三教"、孔教

自宋元以来,中国国内就有许多人同时信奉佛教、道教和儒教。随着中国移民来到印度尼西亚诸岛屿,他们也将这种文化传统带到当地,形成了印度尼西亚华人社会流行的所谓"三教"现象。印度尼西亚学者苏山多·加尔托哇特莫佐在其《印尼华人的宗教信仰》一书中认为,在现实生活中华人以孔子学说为头顶之冠,以道教教义为腰际之带,以佛教经典为足上之履。② 对于中爪哇三宝垄三保庙的三教特点,新加坡学者李炯才写道:"三宝(保)庙具有宗教合一的特质。佛教的外观表现在寺庙的形式,道教是表现在古典遗迹的审美气氛,孔教的景观是呈现孔子的肖像,以及几百名水手遗迹,代表着孔教提倡祖先崇拜的教旨。"③ 可以说,三教与印度尼西亚华人生活密切相关,缺一不可,正如创建"三教会"的印度尼西亚华人郭德怀所认为的,"所谓'华人宗教',即早在中国清朝就有朝廷认可的三种宗教——儒教、佛教和道教。实际上华人的宗教信仰大都与上述有联系。因此,无论是儒教徒、佛教徒还是道教徒,在他们中只崇拜一种宗教者为数不多"④。

孔教,应该是印度尼西亚华人社会的一个独特宗教。印度尼西亚孔教是一个源于中国的儒学,以"四书"和"五经"为经典,并发展出有专门的教职人员,实行教职级别的制度化宗教。资料显示,印度尼西亚的孔教正式形成于20世纪初,即1918年中爪哇梭罗孔教会的建立。随后泗水、三宝垄、万隆、日惹等地陆续出现孔教会组织。1923年,孔教总会(Khong Kauw Tjong Hwee,简称KKTH)在日惹成立。⑤ 较早研究印度

---

① [美]弗兰克·柯里:《印尼的教会与社会》,纽约友谊出版社1968年版,第99页。
② [印尼]苏山多·加尔托哇特莫佐:《印尼华人的宗教信仰》,印尼文教部1989年版,第26页。
③ [新加坡]李炯才:《印度尼西亚:神话与现实》,新加坡1979年版,第80页。
④ [印尼]米拉·西达尔塔编:《郭德怀100年》,雅加达希望之光出版社1988年版,第195页。
⑤ 印尼孔教最高理事会编:《有教无类:印尼孔教最高理事会成立50周年纪念特刊》,雅加达2005年版,13—15页。

尼西亚孔教的学者是廖建裕,其在《孔教在印尼》和《印尼孔教现状》中介绍了孔教的教义、教规、孔教的布道仪式等,还分析了印度尼西亚孔教的历史发展与现状,并探讨了印度尼西亚孔教与政治的关系。他认为"孔教在印尼已经发展成为不折不扣的宗教"①。廖建裕又在2005年《当代印度尼西亚佛教与孔教的新发展》一文中探讨了苏哈托下台后印尼孔教的发展,分析国家政策对孔教和佛教的影响②;同年,印尼学者穆·伊克萨·丹高柯的《认识印尼孔教》和辛达·戴维·伊萨尔的《文庙——孔教最后的堡垒》出版。前者运用大量的第一手资料,系统地介绍了中国儒学发展的历史与孔教教义、教规、组织、仪式等。后者则分析与探讨了泗水孔教会的历史与活动。③ 有关印尼孔教产生的背景研究,有法国学者苏尔梦(Claudine Salmon)与龙巴的《南洋群岛华人至儒家学说及改良主义思想(19世纪末—20世纪初)》④,以及苏尔梦的《十九世纪印尼泗水地区围绕福建功德祠的礼俗之争》⑤等,着重研究了19世纪末至20世纪初出现的东南亚华人民族主义意识觉醒和孔教复兴运动,较深刻地分析了印尼孔教产生的历史背景。有关孔教的作用,近期苏吉利·古斯德伽在其《试析印尼华人社会孔教信仰的形成与发展历程》认为,孔教信仰展现了印尼华人(土生华人)在非物质文化方面特有的形式,这点与他们的传统风俗习惯类似,当然土生华人也有物质文化方面的衍生,诸如卡巴雅服饰、蜡染、菜肴、家具和建筑等。这些文化形式

---

① [新加坡]廖建裕:《孔教在印尼》,《亚洲文化》1985年总第6期;《印尼孔教现状》,《亚洲文化》1997年总第21期。

② [新加坡]廖建裕:《当代印度尼西亚佛教与孔教的新发展》,《南洋资料译丛》2012年第1期。

③ M. Ikhsan Tanggok, *Mengenal Lebih Dekat "Agama Khong" di Indonnesia*, PenePelita Kebajikan, Jakarta, 2005; Shinta Devi ISR, *Been Miao – Benteng Terak Umat Khonghucu*, JP Books, Surabaya, 2005.

④ [法]苏尔梦、龙巴:《南洋华人之儒教学说及改良主义思想(19世纪末—20世纪初)》,《法国汉学》(第四辑),中华书局1999年。

⑤ [法]苏尔梦:《十九世纪印尼泗水地区围绕福建功德祠的礼俗之争》,《海交史研究》1991年第2期。

构建了土生华人的完整形象，这也是印尼民族文化多样性的一部分。①

(二) 国内学者的研究

从国内来看，印度尼西亚华人民间宗教信仰研究始于20世纪90年代。就研究者来说，早期是一些归侨学者，凭借着自己曾在印尼生活的记忆和印尼语优势进行相关研究。稍后，一些历史科班出身或具有历史功底的学者加入此研究领域。进入21世纪后，一些在读博士期间将印尼作为其研究对象的，以及运用国际关系理论与方法的年轻学者也开始关注与之相关的问题。

国内较早研究印度尼西亚华人宗教信仰的应该是具有归侨背景的郑仁良、孔远志、黄昆章等学者。郑仁良自1986年开始陆续发表《印尼华人新流派——伊斯兰兄弟协会》②、《印尼华人同化中伊斯兰化问题初探》③《两次大战之间的印尼民族运动与华人穆斯林》④等文章，对印尼华人信奉伊斯兰教的历史、华人穆斯林的特点、实现华人伊斯兰化的阻力，以及印尼政府和社会对华人伊斯兰化的反应等问题进行了探讨，认为伊斯兰化是印尼华人社会的新动向，其不仅有利于华人的生存发展，也是华人自然同化的发展趋势；孔远志于2000年出版了《印度尼西亚马来西亚文化探析》一书，书中收录了他在1985年至1998年在国内一些刊物中所发表的文章，其中有关印尼华人宗教信仰的文章大约有13篇。这些文章分析与探讨了佛教、基督教和天主教在印尼华人社会中的影响，印尼华人的孔教的兴衰，华人穆斯林的产生与特点，以及郑和与爪哇三宝垄的三宝庙等问题。在这些文章里，孔远志把目光投向印度尼西亚佛教，通过梳理佛教在印尼的传入和发展，揭示了印尼华人现代佛教的特点是三教合流和多元神祇，同时为了更好地适应印尼社会，佛教进行了适应现代化的尝试。而早在13世纪下半叶伊斯兰教大规模传入苏门答腊

---

① [印尼] 苏吉利·古斯德伽：《试析印尼华人社会孔教信仰的形成与发展历程》，黄文波译，《八桂侨刊》2019年第3期。
② 郑仁良：《印尼华人新流派——伊斯兰兄弟协会》，《东南亚研究资料》1985年第3期。
③ 郑仁良：《印尼华人同化中伊斯兰化问题初探》，《东南亚研究》1987年第3期。
④ 郑仁良：《两次大战之间的印尼民族运动与华人穆斯林》，《华侨华人历史研究》1989年第2期。

之前，印尼已有华人穆斯林。孔远志认为印尼华人宗教的特点主要包括以中国传统宗教为主体、供奉多元神祇、与非中国传统宗教融洽相处、坚持祖先崇拜等。在此特点的影响下，印尼华人的传统宗教将会长期存在，华人天主教教徒、基督教教徒和华人穆斯林的队伍将继续扩大，而且华人宗教信徒将为印尼的繁荣做出更大的贡献。① 此外，暨南大学黄昆章也是较早研究印尼华人宗教信仰的学者。他对印尼早期的佛教进行了阐述，主要从三教会、华人庙宇和苏哈托时期的佛教信仰状况三个方面对佛教的发展进行梳理，反映佛教发展的现状并对其发展前景进行展望。②

除了以上有归侨背景的学者外，一些历史科班出身或具有历史功底的学者也加入了相关研究。许国栋的《从华人的宗教信仰探讨印度尼西亚的同化政策》认为，苏哈托时期印尼华人借以维持民族特性的几大支柱消失殆尽，唯独华人的宗教，包括大乘佛教、孔教、传统民俗信仰和祖先崇拜等，是全面同化中无法逾越的鸿沟，成为印尼华人维持民族特性的唯一渠道。③ 朱明忠认为在印尼看到的孔教和孔子学说已经不是中国传统的孔孟之道，孔子思想在印尼的传播中已改变了其原本的许多内容和形式，为了适应印尼华人的政治和社会需要，它已经演化为一种不同于其传统形式的特殊形态。④ 钱江通过介绍及解读马来文《三宝垄纪年》与《井里汉纪年》这两部印尼早期华人留下的文献，力图说明 15 世纪初印尼群岛信奉伊斯兰教的热潮与郑和的鼓励和推动有莫大的关系。认为在郑和下西洋前，闽南方言群（包括福建漳泉人和广东潮汕人）的私人海商在东南亚各港埠已拥有举足轻重的势力。在郑和及其助手的大力推动和组织下，明代前期的中国穆斯林以占婆为中心，在整个东南亚地区

---

① 孔远志：《印度尼西亚马来西亚文化探析》，南岛出版社 2000 年版，第 33—175 页。
② 黄昆章：《印尼华人的佛教信仰》，《东南亚纵横》2003 年第 6 期。
③ 许国栋：《从华人的宗教信仰探讨印度尼西亚的同化政策》，《华侨华人历史研究》1992 年第 1 期。
④ 朱明忠：《孔子学说在印度尼西亚的传播和发展》，《当代亚太》1996 年第 6 期。

尤其是印尼群岛组成了自己的贸易和传教网络。① 而廖大珂根据《三宝垄华人编年史》有关华人穆斯林活动的记载，并结合中外史籍的相关资料，对早期华人穆斯林在印尼伊斯兰教传播中的重要作用做一粗浅的探索，从一个新的视角来考察印尼早期华侨华人的历史，论述华侨华人对印尼历史和文化发展所做出的贡献②；王爱平通过对印度尼西亚孔教研究，从宗教仪式中探讨孔教对中华文化的传承，还通过阐述印尼孔教的形成和发展，说明孔教是中国儒学的宗教化，并认为印尼孔教在传承华人文化中起着重要作用，而宗教在华人文化传承过程中起重要作用往往是通过宗教仪式、宗教礼仪进行和实现的。③ 2010 年王爱平出版了她的博士论文《印度尼西亚孔教研究》，该书系统考察了印尼孔教的历史渊源、宗教特征、文化内涵，这是中国学者第一部研究印尼华人孔教的专著，其学术价值不言而喻。王爱平随后还对印度尼西亚孔教的祭天仪式、印尼孔教与"三教"关系进行了研究，认为华人的传统文化可以藉宗教的名义渗入印尼当地社会，这将为印尼华人进一步融入当地社会奠定良好的基础。④

值得一提的是李天锡先生，其从 20 世纪 90 年代开始对海外华人民间信仰进行研究，陆续发表了分析妈祖、观音、关公、吴真人等神祇在海外华人的传播情况。⑤ 于 2005 年出版的《华侨华人民间信仰研究》一书探讨了中国民间信仰在海外华人社会中的传播与影响，对海外华人共同

---

① 钱江：《从马来文〈三宝垄纪年〉与〈井里汶纪年〉看郑和下西洋与印尼华人穆斯林社会》，《华侨华人历史研究》2005 年第 3 期。

② 廖大珂：《从〈三宝垄华人编年史〉看伊斯兰教在印尼的早期传播》，《世界宗教研究》2007 年第 1 期。

③ 王爱平：《印尼孔教：中国儒学的宗教化与印尼化——兼谈海外华人文化与中华文化的传承播布》，中国中外关系史学会、华侨大学，《中外关系史论丛第 19 辑——多元宗教文化视野下的中外关系史》，中国中外关系史学会、华侨大学，2010 年第 12 页。

④ 王爱平：《印度尼西亚孔教：中国儒教的宗教化、印尼化》，《世界宗教文化》2015 年第 5 期。

⑤ 李天锡：《试述城隍信仰在海外的传播》，《八桂侨刊》1996 年第 4 期；《关帝信仰在华侨华人中的传播和影响》，《华侨大学学报》（哲社版）1997 年第 2 期；《广泽尊王信仰在华侨华人中的传播和影响》，《华侨大学学报》（哲社版）2004 年第 3 期；《试析印度尼西亚华侨华人的妈祖信仰》，《东南亚纵横》2009 年第 6 期。

信仰的神祇如关帝、观音等的来历、分布、作用及影响进行了分析。该书在一些篇章中分析了观音、妈祖、关公等原乡神灵在印尼华人社会的传播及其特点。李天锡2008年出版的另一本著作《海外与港澳台妈祖信仰研究》，是迄今为止系统研究海外妈祖信仰较为全面的著作，该著作在第3章至第7章分别研究了妈祖在海外华人社会的传统情况，其中也概括了妈祖信仰在印尼华人社会中的状况。① 对于华侨华人民间信仰的价值和发展趋势，李天锡认为，华侨华人民间信仰具有中国传统文化所具有的凝聚力和向心力，因而民间信仰可能可以继续维持发展。②

进入21世纪，一些博士以印尼华人作为其学位论文研究对象，另外运用国际关系理论与方法的年轻学者也开始关注印尼华人的宗教信仰。莫嘉丽认为印尼华人信仰多教混合，供奉多元神祇，呈现出一种重现世、重实用的特点，这是中国民间宗教的多元取向特性在海外的延续。华人对中华民族宗教观的执着认同，其实质是对自己种族的自我认同，对种族文化的认同，以确认自己的文化身份。③ 张禹东在《印度尼西亚全面同化政策下的华人宗教文化》中认为，华人作为印尼民族大家庭的一部分，将会一如既往地与印尼社会其他民族一起融洽相处，继续保持自己的民族特性；华人的传统宗教作为民族文化的深层要素，也将继续顽强地保留在印尼华人文化的核心，仍将继续成为印尼华人民族身份认同的重要标志之一，并参与共同组成印尼社会多元化的宗教文化④；江振鹏在其《印尼华人穆斯林社团初探》一文梳理了印尼华人穆斯林社团的发展脉络，认为印尼华人穆斯林社团在印尼1998年以来的民主改革新形势下有了新的发展。其利用自身的优势，积极开展各种社会慈善活动，反对种族歧视，塑造华人穆斯林特有的文化认同，在中印尼宗教文化交流中发挥了窗口和示范作用，成为沟通华人社会与当地穆斯林社会、构筑多元

---

① 李天锡：《海外与港澳台妈祖信仰研究》，华夏出版社2008年版。
② 李天锡：《华侨华人民间信仰的特点及其前景》，《世界宗教研究》1999年第1期。
③ 莫嘉丽：《印尼华人信仰的多教混合与华人文化认同》，《东南亚研究》2004年第6期。
④ 张禹东：《印度尼西亚全面同化政策下的华人宗教文化》，《华侨大学学报》2000年第3期。

和谐印尼社会的重要力量①。2014 年，石沧金出版了《海外华人民间宗教信仰研究》——一本对东南亚及其他地区的民间宗教如先天道、青莲教、一贯道、真空教、德教等教派的来龙去脉，以及闽籍、粤籍、琼籍、潮州籍和客家籍华人后裔不同的区域性、乡缘性民间信仰进行研究的著作，书中对印尼华人民间宗教信仰做了一定分析与探讨。② 此外，罗发龙在其《边界维持理论视野下印尼华人族群性的变迁分析》中认为，由于华人祖先崇拜观念的根深蒂固以及华人宗教与伊斯兰教巨大的差异，使华人的宗教信仰在今后一段时期内还将成为维持族群边界的特性。③ 施雪琴、许婷婷在《海上丝绸之路与印尼民丹岛华人民间信仰的传播》中认为，民丹岛华人传统信仰的复兴与发展是印尼政府宗教政策与多元文化思想推动的产物，民丹岛的闽粤人移民社会、根深蒂固的传统信仰文化以及跨国的华人社会文化纽带是推动民丹岛华人宗教复兴的重要动力。④ 沈玲在对雅加达 500 余名华裔青少年的调查后发现，印尼华人家庭三代人中每一代都存在着多种宗教信仰，印尼华人家庭宗教信仰呈现多元化局面⑤；郭武在其《"一带一路"视域下的印尼道教》中认为印尼华人的道教目前虽然是在"三教"名义下活动，且常与民间信仰混融而不能被视为"纯粹"，但由于当地不少华人声称自己信奉道教，以及当地许多庙宇供奉玄天上帝、关圣帝君、玄坛元帅、张天师等道教神灵，可知他们的身份应当属于道教信徒。⑥ 王鹏在其《信仰与乡愁：历史人类学视域下的东南亚郑和清真寺与华人穆斯林》中指出，在郑和下西洋时代，华人穆斯林实际上起着传播有中国特色伊斯兰教的作用，与源自中东、南亚的

---

① 江振鹏：《印尼华人穆斯林社团初探》，《华侨华人历史研究》2013 年第 4 期。
② 石沧金：《海外华人民间宗教信仰研究》，（马来西亚）学林出版社 2014 年版。
③ 罗发龙：《边界维持理论视野下印尼华人族群性的变迁分析》，《华侨华人历史研究》2016 第 2 期。
④ 施雪琴、许婷婷：《海上丝绸之路与印尼民丹岛华人民间信仰的传播》，《海交史研究》2017 年第 1 期。
⑤ 沈玲：《印尼华人家庭宗教信仰现状分析——基于对雅加达 500 余名华裔青少年的调查》，《华侨大学学报》2017 年第 5 期。
⑥ 郭武：《"一带一路"视域下的印尼道教》，《世界宗教文化》2019 年第 1 期。

伊斯兰教派一道，共同丰富、重建了当地人的精神世界。①潘玥、肖琴在其《"一带一路"背景下郑和下西洋历史记忆的重构》一文中认为，从文化、旅游等角度重构郑和下西洋的历史记忆，对澄清地域误解和文化偏见，促进双方文化旅游合作和贸易发展，意义重大。最终旨在使之服务于"一带一路"大背景下的中印尼经济合作。

总的来看，上述学者的成果为本书研究打下了较好的基础，不过相关研究还存在着几方面的不足：第一，从获取资料来看，由于主客观条件的限制，一些学者注重从历史档案去获得资料，而较少关注或采用现实资料，所以收集的相关研究资料显得不够全面；第二，从研究视角来说，由于注重从历史档案获得资料，所以大多数学者以历史学方法研究较多，而运用人类学或社会学的理论与方法较少，从而对印尼华人的民间信仰现状与走向着墨不多；第三，一些年轻的学者从国际关系，或从宏观的视角来研究印尼华人民间信仰，虽然在研究方法上有所创新，但由于缺乏具体的实例，使其研究的力度显得较为苍白；第四，近些年来，一些学者前往印尼进行田野调查，获得了许多现实的资料，写出了一些较为扎实的论著，但由于只是就某一个专题或从某一个角度进行研究，故而不能很好地和充分地展现印尼华人民间信仰的全貌。

三　研究路径与研究方法

本书力图全面把握国际学术界的前沿理论和研究动态，客观评价和充分吸收现有的研究成果，通过广泛地收集资料和细致而审慎地解读，并采用近十年来笔者在海内外的田野调查资料，以社会历史文化变迁为背景，从原乡与在地化的视角，全面而系统地研究印尼华人民间信仰历史演变的轨迹与发展现状。

在近十年期间，笔者曾先后 7 次前往印度尼西亚的雅加达、坤甸、棉兰、三宝垄、万隆和井里汶等地进行田野调查。在调查期间，笔者是以人类学的访谈法和参与观察法两种方法作为主要的调查手段；笔者既

---

① 王鹏：《信仰与乡愁：历史人类学视域下的东南亚郑和清真寺与华人穆斯林》，《东南亚研究》2019 年第 4 期。

以当地人所说的印尼语、华人方言为交流工具，同时因为有一些真正的亲缘关系，所以参与观察的程度远较一般外国学者在研究华人社会较为方便。除了访谈法和参与观察法外，前后 7 次调查中，笔者也采用了问卷法作为收集补充材料的方法。而在写作过程中，笔者还利用了一些历史文献资料，包括中国的古籍、四地华人报刊和社团的出版物，以及一些印尼文、英文资料，其目的是将其作为这四地的人文和历史背景资料加以分析。

四 基本框架与研究内容

本书的基本框架主要由绪论、正文和结论三部分组成，其内容如下：

绪论：旨在介绍研究的缘起、学术史回顾、研究的路径与方法、研究内容。

正文部分由七章组成：

第一章主要概述印度尼西亚，特别是本书的重点研究地区雅加达、坤甸、棉兰和三宝垄的地理与历史背景。这几个地区由于处于不同的地理纬度与文化区域，从而在地理分布、历史文化的演进方面具有不同的特征。

第二章主要梳理了中国移民迁移印度尼西亚雅加达、坤甸、棉兰和三宝垄的背景与过程，以及这些地区华人生存与发展的历史脉络。中国人较早移居爪哇地区，而许多中国移民出现在吧城（雅加达）是在荷兰殖民时期；三宝垄在公元 10 世纪就已有中国移民陆续来到此地，而大量中国人移民三宝垄则始于 15 世纪；坤甸和棉兰的华人因移居的时间较短，而且又处于印度尼西亚的外岛地区，以及毗邻人口较多的马来西亚，所以保留了较浓郁的华人色彩。在荷兰殖民者时期，荷兰统治者为防范当地的华人，而将他们迁徙到所划定的区域居住，从而形成了一些称为"唐人街"的华人社会。

第三章主要从大传统（great tradition）文化和小传统（little tradition）文化的角度分析了印度尼西亚华人民间信仰形成的源流与类型。印度尼西亚华人大传统文化中的宗教信仰主要有佛教、孔教、天主教、基督教（新教）和伊斯兰教，而华人民间信仰体系的源流可以分为两部分，其一是来自原乡的神灵，即祖籍国的神灵，这种神灵是中国移民在迁移时所带过来的，建构了所谓的原乡民间神灵体系；其二是华人为了适应当地，或者主动接纳当地的神灵，即将当地的鬼神崇拜纳入自己神灵体系中，或者为了一些原因塑造新的神灵，并将其纳入在地化的神灵体系之中，从而形成了所谓的在地化民间神灵体系。正是大传统（great tradition）文化中的宗教信仰和小传统（little tradi-tion）文化的宗教信仰，构成了印度尼西亚华人民间信仰类型的多元化及其复杂性的内容。

第四章主要探讨印尼华人民间信仰庙宇的分布及祭祀空间。印尼华人民间信仰庙宇及其文化，其形成的历史与华人移民同步。这些华人民间信仰庙宇既是华人文化的一部分，也是当地旅游文化一个很重要的部分。印尼华人在异乡他域祈求神灵庇护，凭借血缘地缘和业缘等关系开展互助、合作与发扬传统文化的体现，建立了许多庙宇，这些庙宇大都集中在华人聚集区，与华人的生活有着密切的关系。印尼华人民间信仰体系中的"祭祀圈"，是以庙宇神祇为崇拜对象的祭祀活动，这种活动往往具有相对稳定的祭祀空间。这种祭祀空间是以不同神祇的影响力度，以及不同群体对神祇的虔诚程度不一为基础的。印尼华人民间庙宇延伸出来不同的神灵祭祀空间，其分为四个层次，即具有全社会神灵的祭拜空间、具有社区或地域神灵的祭祀空间、具有部分社会群体神灵的祭祀空间和具有家庭神灵的祭祀空间。

第五章主要分析印尼华人民间信仰庙宇组织的历史演变及类型。在印尼华人社会，大多数庙宇都建立了相应的管理机构，这些机构也被称为神缘社团组织。在早期，印尼华人社团组织大多诞生于庙宇，或在庙宇的基础上形成，从而出现了一道民间信仰的社会景观，即寺庙与社团组织同处一所的景象。换句话说，社团组织设在庙宇中，或庙宇附设于社团组织的场所之中。随着时代的发展，由于香客和香火钱的增多，为了加强庙宇的管理，有些庙宇自行建立炉主制度，或成立基金会，并形成了统一的组织。

第六章主要探讨印尼华人民间信仰的文化体系。一般来说，印度尼西亚华人民间信仰的文化体系，主要表现在象征与视觉方面。祖先崇拜、鬼神崇拜和仪式构成了象征体系的主要内容。神灵和民间信仰仪式形态，包含着各种角色的参与者和复杂的集体行动，特别是信仰仪式形态表现出来的则是信仰中的内在结构和事件。印尼华人民间信仰庙宇的外在形式和内在表征，则建构了庙宇的视觉体系，即印尼华人民间信仰的文化表征，其具体体现在寺庙文学和寺庙艺术，其主要由建筑艺术、匾额、楹联、碑文等所构成。

第七章主要研究印尼华人民间信仰文化的传承与创新。从印尼华人民间信仰的历史来看，它所走过的全部路径，它所经历的发展轨迹不外乎传承与创新。从印尼来看，当地华人民间信仰文化的传承实质上是民间信仰文化传统的延续。不过，由于印尼所处的环境不同，爪哇和外岛华人在传承民间信仰文化传统的过程中，会受到当地或周边文化影响。而印尼华人民间信仰文化的创新，主要体现在构建适合当地民众的民间信仰文化，其途径之一就是使民间信仰在地化（本土化），即创造在地化（本土化）的神灵。

最后是结论。

第一章

印度尼西亚的地理环境与历史背景

印度尼西亚共和国（The Republic of Indonesia）位于亚洲的东南部，与巴布亚新几内亚、东帝汶和马来西亚等国家相接。"印度尼西亚"这个名词，由希腊文"水"和"岛"两个字组成，表明印度尼西亚既是岛之国，又是海之国。换句话说，印度尼西亚是一个海岛国家，有所谓"千岛之国"的美誉。印度尼西亚全国大小岛屿有17538个，其中有人居住的是6044个，面积较大的岛屿有加里曼丹岛、苏门答腊岛、伊里安岛、苏拉威西岛和爪哇岛。印度尼西亚全国陆地面积190.46万平方千米，内海面积有327万平方千米，共计总面积517.46平方千米，居世界第七位。[①]

印度尼西亚是一个历史悠久的国家，且是人类诞生地之一。约在150万至3.5万年前，在爪哇岛就生活着爪哇猿人，即"直立爪哇猿人"。公元3—7世纪，印度尼西亚等地建立了一些封建王国。有记载的朝代包括室利佛逝（7世纪中叶—1293年）、控制马六甲海峡的新柯沙里王国（1222—1292年），以及在爪哇建立的印度尼西亚历史上最强大的麻喏巴歇封建帝国（1293—1478年）。15世纪期间，葡萄牙、西班牙和英国先后侵入。至1596年，荷兰人侵入，印度尼西亚随之进入荷属殖民时期。1942—1945年，是日本占领印度尼西亚时期。1945年8月印度尼西亚爆发"八月革命"，苏加诺于17日宣布独立，成立了印度尼西亚共和国。

---

① 印度尼西亚《大众百科全书》，雅加达，加尼西斯基金会出版社1977年版，第453页。

第一节　印度尼西亚的地理与人口

印度尼西亚在地理上可以划分为四个部分：一是大巽他（Sumda Besar）群岛，包括爪哇（Jawa）岛、苏门答腊（Sumatra）岛，加里曼丹（Kalimantam）岛、苏拉威西（Sulawexi）岛，以及这些岛屿周围的小岛，约占印度尼西亚总面积的71%；二是小巽他（Sunda Krcil）群岛，包括巴厘（Bali）岛、龙目（Lomnak）岛、松巴哇（Sumbawa）岛、佛罗勒斯（Flores）岛和帝汶（Timor）岛等小岛，占印度尼西亚总面积的3.5%；三是马鲁古（Maluku）群岛，包括苏拉威西（Sulaweixi）及其以东的许多小岛，以及布鲁（Buru）岛和斯兰（Seram）岛等，占印度尼西亚总面积的3.5%；四是伊利安查亚（Irian Iaya），其包括比阿（Biak）岛等，占印度尼西亚总面积的22%。[1]

印度尼西亚的地理广阔，民族众多，而华人也居住于印度尼西亚国土的各个角落。由于本书主要以雅加达（Jakarta）、坤甸（Pontianak）、棉兰（Medan）和三宝垄（Semarong）四地的华人为研究对象，因此在此只着重描述和分析这些地方的地理环境与人口状况。

一　地理环境

雅加达（Jakarta）是印度尼西亚政治、经济、文化中心，是太平洋通往印度洋岸的咽喉之一，同时也是亚洲通往大洋洲的重要桥梁。雅加达是印度尼西亚的首都，位于爪哇岛的西部北海岸，濒临雅加达湾，地跨芝利翁河两岸，面积740.28平方千米[2]；坤甸市（Pontianak）位于印度尼西亚的加里曼丹岛，是西加里曼丹省的省会。西加里曼丹以前称作西婆罗洲，位于婆罗洲岛的西南部，东接东加省，西邻纳土纳岛、中国海，南濒爪哇海，北通东马来西亚的沙捞越。西加里曼丹的面积为

---

[1] 温北炎、郑一省：《后苏哈托时代的印度尼西亚》，世界知识出版社2006年版，第2页。
[2] 《雅加达》，http://baike.so.com/doc/5379171-5615409.html.

146807平方千米，占全国总领土的7.71%①；棉兰（Medan）市为印度尼西亚北苏门答腊省省会，北苏门答腊省，顾名思义是苏门答腊的北部的一个省份，其西临印度洋、东濒马六甲海峡，与马来西亚相望，北接亚齐省（Ache），南与西苏门答腊省相邻。棉兰（Medan）不仅是苏门答腊岛第一大城市，还是印度尼西亚第三大城市，仅次于雅加达（Jakarta）和泗水（Surabaya）；三宝垄（Semarong）是印度尼西亚中爪哇省的首府，印度尼西亚的第四大城市，属热带雨林气候，夏天盛行南至西南风，冬季多西南风。年平均气温约29摄氏度。全年平均降雨量约2000毫米，经常有雷雨出现。三宝垄（Semarong）位于爪哇岛北海岸中部，濒临爪哇海的南侧，是印度尼西亚三大港口之一，仅次于泗水（Surabaya）、雅加达（Jakarta）。港口属半日潮港，平均潮差0.6米。港口主要码头泊位为1985年建成的远洋杂货码头，岸线长605米，水深达9米，可以同时停靠3艘万吨级船舶。有各种拖船及驳船协助装卸使用。装卸效率：从船舶到驳船每工班每小时散货20吨，杂货12吨；从驳船到仓库每工班每小时散货为18吨，杂货为10吨。每天每工班可装200吨以上。大船锚地在离岸约30英里处，水深达11米。② 三宝垄（Semarong）又是爪哇岛的农产品和手工业产品的集散地，工业以制糖为主。③

二 人口状况

雅加达（Jakarta）为东南亚第一大城市，也是印度尼西亚最富裕、人口最密集的城市。人口为10187595（2011年统计数字）④；坤甸（Pontianak）是一个多元族群的城市，主要居民有马来人、华人、马都拉人和爪哇人等。目前，坤甸大约有62.5万人，其中马来人有22.5万人，占总人口的36%，华人有16.25万人，占26%，马都拉人有6.25万人，占

---

① 《西加里曼丹》，http：//baike.so.com/doc/2103185 - 2225141.html.

② 《世界港口中英文对照及各港口简介1》，http：//blog.sina.com.cn/s/blog_ 6ace84b20100m28f.html.

③ 《三宝垄》，http：//baike.so.com/doc/6470072 - 6683767.html.

④ 《雅加达》，http：//baike.so.com/doc/5379171 - 5615409.html.

10%，爪哇人有5.63万人，占9%①；棉兰（Medan）居民主要有伊斯兰居民，还有许多基督教、天主教、佛教教徒的居民，是一个民族多元、多民族混居的地区。目前，棉兰人口有210多万，居民主要有马达族、马来族、华族、米南加保族、爪哇族、阿拉伯族、印度族等民族②；三宝垄（Semarong）主要居民呈现出多元化的特征，既有马来人，也有爪哇人、马都拉人、华人和印度人等。全市总人口有189万，其中华人有30多万，占当地总人口的16%。③

第二节　印度尼西亚的历史背景

印度尼西亚是一个历史悠久的国家，也是人类产生的摇篮之一。公元3—7世纪在印度尼西亚一些地方兴起了几个封建王国。有记载的朝代包括信奉佛教的室利佛逝（7世纪中叶—1293年），后被强大的麻喏巴歇封建帝国（1293—1478年）所征服。

15世纪，葡萄牙、西班牙和英国先后侵入。1596年荷兰侵入，1602年成立具有政府职权的"东印度公司"，1799年底改设殖民政府。1942年日本占领印度尼西亚，1945年日本投降后，印度尼西亚八月革命爆发，1945年8月17日宣布独立，成立印度尼西亚共和国。印度尼西亚独立后，先后抵抗英国、荷兰的入侵，发动了三次独立战争。1947年后，荷兰与印度尼西亚经过多次战争和协商，于1949年11月签订印、荷《圆桌会议协定》。根据此协定，印度尼西亚于同年12月27日成立联邦共和国，参加荷印联邦。1950年8月印度尼西亚联邦议会通过临时宪法，正式宣布成立印度尼西亚共和国。

印度尼西亚是一个人口众多的国家。据2019年的统计，印度尼西亚

---

① 《坤甸黄氏宗亲会百年纪念特刊》，2010年8月印，第18页。
② 《棉兰的族群》，《印广日报》2008年12月20日。
③ 《1876—2006 Pecinan Semarang：dai boen hian tong sampai kopi semawis》，Penkumpulan Sosial Rasa Dharma, p. 12.

人口达 2.62 亿人。① 印度尼西亚是一个多民族的国家。从种族看，印度尼西亚人种主要属于蒙古人种马来类型。印度尼西亚全国有 134 个民族，最大的民族有爪哇族、巽他族、马都拉族等，此外，还有华人、印度人、阿拉伯人、日本人和欧洲人等。在印度尼西亚的各民族中，爪哇族人数最多，占全国人口 47%，其次是巽他族，占 14%，马都拉族，占 7%，米南加保族，占 3.4%，巴达克族，占 2.4%，马来族占 1.6%。此外，还有达雅克族、巴厘族、米拿哈沙族、万越族和伊里安族等。② 华人大约有 2000 万人，占全国总人口的 7.6% 左右。③

一 雅加达的历史背景

雅加达（Jakarta），又名查雅加达（Jayakarta），意为"胜利""光荣"，加达（Karta）的意思是繁荣或秩序良好。在万丹王国统治爪哇时期，雅加达曾称为"他·葛喇吧"，它是万丹王国的一个重要的港口。15 世纪时，雅加达成为著名的胡椒和肉豆蔻的出口港，当时名叫"他加拉巴"，意为"椰林中的世界"。1527 年改为"雅加达"（Jakarta），意思是"光荣的堡垒""雅利的城市"。17 世纪初，荷兰人得到万丹摄政邦格兰·威查椰·克拉玛的允许，开始在当地居住和经商。当时荷兰人以 1200 利阿尔（2700 盾）的价格购得一片土地，在该处建筑房屋，并获准在芝里翁河东岸建筑商馆。④ 荷兰人将"他·葛喇吧"港口改名为"巴达维亚"，开始了其对印度尼西亚的殖民过程。荷兰人占领巴达维亚后，为了进行开发"千方百计地使中国人愈来愈多地在巴达维亚居住。继位的几个总督都执行这个政策。他们的目的是想使巴达维亚城内有各种工匠和在巴达维亚周围有可靠的农民"⑤。

---

① 《印度尼西亚》，https://baike.baidu.com/item/印度尼西亚/129972?fromtitle=印度尼西亚&fromid=11192216&fr=aladdi.
② 温北炎、郑一省：《后苏哈托时代的印度尼西亚》，世界知识出版社 2006 年版，第 16 页。
③ 有关印度尼西亚华人的人数，是一个很难准确的统计。一般认为，印度尼西亚华人有 1000 万，而梅加瓦蒂访问中国时，其认为印度尼西亚华人大约有 2000 万左右。
④ [印尼] 萨努西·巴尼：《印度尼西亚史》，商务印书馆 1972 年版，第 228 页。
⑤ [印尼] 萨努西·巴尼：《印度尼西亚史》，商务印书馆 1972 年版，第 312 页。

荷兰人刚建巴达维亚时，其领域较为狭小，仅几平方千米。至20世纪30年代已达到180平方千米，当时分为两大区域，旧有的部分称为旧区，此为荷兰人，即荷印第六任总督彼得·昆所建。这个旧区风物，古色盎然，居住着许多华侨巨商，属于富裕阶层区。新区为新开辟的商业区，此区店铺较多，商业繁盛，戏称为荷兰街，实则名巴达维亚中央区。新区中有一大广场，名"滑铁卢广场"（Watereooplein）。它是1815年由丹德尔总督所命名。据资料显示，在丹德尔总督统治时期，巴达维亚的许多建筑都建立起来。如皇家巴城学会的博物院、图书馆、物产陈列所、法科大学等。荷印政府的机构如总督府、财政部、经济部。教育部、海军部、内政部、司法部、高等法院、统计局、遗产局、东南亚事务司署、总督厅等都在新区域内，其地面广大，建筑甚佳，屋子宏伟美丽，街道清洁宽广，均非旧城可比拟，市上交通之联络，有火车、电车、汽车、马车。车资甚廉，来回往返，极为便利。东至丹绒不绿海口，南至冬干墟市，均不觉其遥远。据1930年统计，巴达维亚市内有人口52万余名。[①] 1945年印度尼西亚独立后，巴达维亚于1949年12月改为原名雅加达。它现在是印度尼西亚的政治、经济、文化中心和海陆空交通枢纽。

二　坤甸（Pontianak）的历史背景

坤甸位于印度尼西亚的加里曼丹岛，是西加里曼丹省的省会。坤甸所处的西加里曼丹省，以前称为西婆罗洲，其位于婆罗洲的西南部。坤甸在兰达（Landa）河与加瀑那（Kapoeas）汇流的口上，附近为一广大的平原，土质均为冲击层泥沙，颇适应种植。这两条河河身较长，可达一千余千米，大部分可以航行船只，所以坤甸的航运较为发达。

据资料显示，坤甸于1771年10月23日建市。荷印时期，西加里曼丹属荷兰政府行政区之一，其坤甸有三大区域，一为老埠头，二为新埠头，三为苏丹区。老埠头位于加瀑那河南岸，为荷印领有西婆罗洲的根据地，商业市场，即在此区域内。荷印政府机构、银行、邮局，各大公司办事处均设于此。新埠头位于加瀑那河北岸，这里主要是工业区。在

[①] 刘焕然：《荷属东印度概览》，新加坡《南洋报》社1940年印，第48页。

罗芳伯时代，这里的工厂、货仓甚多，华人多沿河架楼居住在这个区域。苏丹区位于蓝达多河与那瀑河汇流的三角洲上，三面临水，隔水南望老埔头，北望新埔头。在荷印时期，坤甸的房屋建筑大多建筑在较高的地势之上，因为坤甸的地为冲击层的沙洲，海潮起落，常有侵袭，其余多架楼而居。这些架楼而居住宅的屋前屋后，均有广大的沟渠，形似小溪，每当海潮退去时，则沟中污泥沉积，涨潮时，则渠沟满水。20世纪40年代后，坤甸发展较快。在交通方面，欲向西行，而达新当（Sintang）则可以使用河运，沿途吸收不少的土产，分散不少的杂货，若向南行而达吉达榜（Retapang）则取海运，若向北行而山口洋（Singkawang）、三发坡（Sanbas），则有长途汽车，堪称便利，与星洲往返，则有诸如P. M.船公司、实得力公司等。坤甸作为古老经济中心和重要港口，建有造船业。坤甸还是一个农产品的产地，其向外输出有橡胶、胡椒、椰干、甘蔗、燕窝、林产品和建筑材料。土特产有蚕丝、丝织品、篮子等，特别是坤甸木和燕窝较为出名。

三 棉兰（Medan）的历史背景

棉兰这个名称，是闽南语的音译，印度尼西亚文为Medan。当地的华人称Medan为棉兰，是因当地华人社会中流行闽南语，闽南语将"d"发声为"l"，所以久而久之便将Medan称为"Melan（棉兰）"了。

17世纪以前，北苏门答腊称为日里，棉兰（Medan）是其一个小村庄，属当时的日里苏丹管辖。17世纪40年代后，荷兰人侵入日里河畔。1863年荷兰人雅各布·尼恩胡斯（Jacob Nienhuys）和埃利奥特（Elliot）得到日里苏丹的允许，获准租借靠近离棉兰16千米的老武汉（Labuhan）的土地种植烟草。日里地区的种植园经济的历史，也由此开始了。这里的土地肥沃，种植的烟草质量上乘，这种烟叶卖到欧洲，价钱比较好，一些荷兰种植园庄主便靠这发了财。这种赚钱的生意，让那些欧洲商人看到了发财的机会，于是纷纷来到日里寻找商机。因此，自日里开始大面积种植烟叶后，欧洲人就在这里成立了许多公司。比如尼恩胡斯发起成立的日里烟草公司、斯连姆巴哈公司（Senembah Company）、日里巴达维亚公司（1875）、阿姆斯特丹日里公司、阿连斯布鲁格烟草公司

（Arendsburg，1877）和联合朗葛种植公司（the United Langkat Plantation Ceompany）等。这些公司的种植烟草面积，不断地向日里的四周渗透与发展。至 19 世纪 80 年代后，日里变成了世界最重要的烟草生产地区之一，棉兰便"作为世界舞台上连接农业边疆区和主要的农业资源消费者——遥远的工业化世界"[1]的枢纽而发展起来。为配合烟草种植企业发展，以及橡胶、可可、棕榈等种植产业的生产与销售需求，荷兰人修筑了从苏门答腊东海岸与内陆腹地棉兰连接的航线，并在棉兰城市中心及周边开始兴建许多基本设施，发展了一些民用建筑等，见表 1-1：

表 1-1　　　　19 世纪 80 年代期间棉兰的基础设施建设等

时间（年）	工程	备注
1873	苏门答腊东海岸第一条运输航线	从棉兰经槟榔屿往欧洲
1883	棉兰第一家邮电局	
1983	成立"日里铁路公司"	由克雷斯总督发起
1885	伊丽莎白医院的新建	
1885	《日里报》出版	
1886	第一条铁路的建立，通火车	从棉兰—老武汉的铁路
1886	电话线架设	
1887	兴建迈摩安王宫（Istana Malmoon）	
1888	荷兰皇家特许银行分行开设	

资料来源：[荷]杨·布雷曼：《契约华工与种植园制》，李明欢译，鹭江出版社 1992 年版，第 49—50 页。

至 1870 年，棉兰成为苏门答腊东部的州府，1884 年定为省府。到 1918 年，棉兰成为荷属印尼时代的直接领地，城市自治区有了第一个市长 Baron Daniel Mackay，辖有基沙湾（Kesawan），Sungai、冷吉（Rengas），Petisah Hulu，和 Petisah Hiliro[2]。而一战后到二战前，由于世界资

---

[1] Christopher Airriess, *Port - Center Transpor Development Colonial North Sumatr*, Indonesia, Vol. 59, (Apr., 1995), p. 65。

[2] Tengku Luckman Sinar, SH, *The History of Medan in the Olden Time*, Printed by Percetakan PERWIRA MelonEighth Edition：2005. p. 70.

本主义发展对橡胶、棕榈等原料的需求飞速增长，作为资源集中地的棉兰市步入发展的黄金时期，大量设施得到建设，城市交通显著改善，生活娱乐设施繁华，成为荷属印尼外岛的重要商业中心。

棉兰之所以发展这样快，主要是它位于北苏门答腊岛的东北面的勿拉湾河（Babura）与日里河（Deli）之间，其不仅是一个港口城市，其战略位置也十分重要。距离棉兰20多千米分别有老武汉和勿拉湾两个港口。特别是勿拉湾港口与马来半岛的槟榔屿相望。旧时，棉兰勿拉湾港口"因之绝少大风浪之侵袭，为一极佳之良港，水的深度，在低潮时，水深为七公尺五，高潮时，水深为九公尺五，设备甚为完善，航海大轮，均可靠岸，往来欧亚之轮船，多来此停泊，与英属马来亚的槟榔屿，因其互为屏障，遥遥相望，轮航海程，仅十二小时可达。故此棉兰与槟榔屿往来贸易，亦甚繁密，当荷印米产尚未趋于发达之时，棉兰食米，几全赖槟榔屿为之供给"[①]。

四 三宝垄（Semarang）的历史背景

至于三宝垄的名词，有不同的说法。据荷印殖民政府时期一位荷兰爪哇和峇厘（Bali）研究所的档案保管员列哥格哥（C. Lekkerker - ker）研究，三宝垄最初的名称是阿森—阿朗（Asem - Arang）。阿森是一种土产酸果。阿朗是jarang - jarang的缩写，意为稀疏。阿森—阿朗的意思就是"叶子稀疏的阿森酸果树"。后来这个地名逐渐简化成为森阿朗（Semarang）。[②] 华侨对这个地名的译法，有三孖冷、三马垄等，最通用的译名是三宝垄，而且一直沿用至今。[③] 其实，三宝垄这个名词是与明朝的郑和，即三保大人有关。在现今的三宝垄还保存着三保洞，里面供奉着三保大人的坐像。具体说，三保大人是否到过三宝垄？如果没有这回事，当地的华人并不会有这种传说。在三保洞的周围有一些树，这些树枝长

[①] 刘焕然：《荷属东印度概览》，新加坡《南洋报》社1940年印，第75页。

[②] [印尼]林天佑：《三宝垄历史——自三保时代至华人公馆的撤销（1416—1831）》，李学民、陈宏华译，暨南大学华侨研究所1984年印，第27—28页。

[③] 黄昆章：《印度尼西亚华侨史（古代至1949年）》，广东高等教育出版社2005年版，第67页。

得很像是铁链，当地的华人认为这是三保大人的船舶上的铁链最后化成在这些树上，这种事物以及当地人（伊斯兰教徒）也在三保洞附近的三保庙中祭祀，更说明了这种传说的真实性，所以华侨便把这个 Semarang 译为三宝垄，这种对名称的华人化，虽然在印尼的一些华人居住的地方都存在，但在三宝垄更具有一种比较独特的内涵罢了。在三宝垄还有一条河称之为"三保河"，当地的华人说，郑和是乘着帆船沿着这条河进入现在的唐人街的。在目前这个唐人街的中心，有一座寺庙叫"大觉寺"，其河流就在这个寺庙的广场前面，至今还有一艘据称是郑和乘着的船停留在那里。每年的大觉寺举行的三保大人大巡游宗教仪式时，都要在这个船上举行仪式，以纪念郑和大人开拓三宝垄的丰功伟绩。

三宝垄，当地华人还称之"垄川"。他们认为，垄的意思是土埂，川是江河，垄川即江河边的土地。据资料记载，公元8、9世纪夏连特拉王国期间，现今的三宝垄城区是一片汪洋。经过几个世纪泥沙的沉积，爪哇北岸半岛形的勃尔高达（Bergoda）向北延伸，逐渐形成后来三宝垄城区的土地。[①] 有关三宝垄城市的开发，目前有三种不同的说法，即印度尼西亚人邦格兰·班丹·阿朗（Pangeran Pandan Arang）开发说、郑和下西洋期间华侨开发说和荷兰东印度公司开发说。前一种说法认为，邦格兰·班丹·阿朗为爪哇的王族，大约在1575年由马打蓝国王指派为三宝垄第一任的甫巴迪（bupati，即地方官吏），从此三宝垄就由荒凉的乡村变成热闹的城镇。[②] 第二种说法认为，郑和下西洋时来过三宝垄，随即吸引许多华侨到这个地方谋生和定居，并把该地开辟成为繁荣昌盛的海港商业城市。[③] 第三种说法认为，三宝垄原是中爪哇梭罗王国的属地，1743年梭罗王国被迫将其割让给荷兰东印度公司，从此成为荷兰占领者开发的地区。[④]

[①] ［印尼］R. 穆罕默德·阿里：《印度尼西亚与东南亚》，《星星》周刊，第791期，1961年2月25日，第31页。

[②] ［印尼］苏基诺：《三宝垄》，三宝垄，1956年版，第28页。

[③] ［印尼］林天佑：《三宝垄历史——自三保时代至华人公馆的撤销（1416—1831）》，李学民、陈宏华译，暨南大学华侨研究所1984年印，第1—3章；［美］韦尔莫特：《三宝垄的华人》，纽约，伊萨卡，康奈尔大学，1970年版，第1—2页。

[④] 郑一省：《印度尼西亚三宝垄的华人：宗教信仰与族群互动》，《互动与创新：多维视野下的华侨华人研究》，广西师范大学出版社2011年版，第226页。

第二章

印度尼西亚华人社会的历史与现状

早在公元前的1—2世纪,中国人的足迹已到达今天的印度尼西亚群岛。有资料显示,苏门答腊南部的巴西麻区的史前石刻,以及在苏门答腊、爪哇和加里曼丹均出土了中国汉朝的遗物。此外,中国古籍《汉书·地理志》中有许多关于苏门答腊和爪哇的记载也充分说明了这点。[①]

中国移民开始大批量移民印度尼西亚群岛,应该始于中国唐代末期。公元10世纪阿拉伯游历家马素提撰写的《黄金牧地》,记载了苏门答腊东部沿海地区,有许多中国人在那里耕种。中国宋代后,随着中国航海技术的发展,中国与东南亚的贸易发展,有许多商人前往印度尼西亚经营贸易。元朝时期,忽必烈曾派军队侵入爪哇,有一部分伤兵或病号滞留爪哇地区。至明代永乐年间三保太监郑和七下西洋,印度尼西亚成为郑和船队必经之地,苏门答腊、爪哇岛等地都成为其访问之地,有许多商人及其他人滞留并定居那里。17世纪荷兰等西方殖民者来到印度尼西亚之前,已经有不少华侨,他们主要集中定居在苏门答腊岛南部、爪哇岛西部和东部,还有一些分散在加里曼丹岛西部和南部以及马鲁古群岛。

1602—1799年是荷兰东印度公司对印度尼西亚的殖民时期,也是印度尼西亚华侨开始大量增加的时期。这样,印度尼西亚华人居住的分布范围有所扩大,除了居住在爪哇岛和加里曼丹岛外,还有一些扩散到邦加和勿里洞,这也就奠定了后来印度尼西亚华人居住的主要区域,这种

---

① 温北炎:《印度尼西亚华人社会的变迁》,载《战后东南亚华人社会变迁》,中国华侨出版社1999年版,第2页。

状况，至今未有多大的改变。

1950年统一的印度尼西亚共和国成立后，政府改变了荷兰殖民统治时期对中国人所采取的自由入境政策，转而对中国人移居印度尼西亚加以限制的政策与措施。除了华人社会的自然增长外，移居印度尼西亚的中国人逐渐减少。由于印度尼西亚独立后历届政府领导人都相继采取压制华人的政策，特别是苏哈托统治时期，印度尼西亚的华人处境处于最不佳的境地。

1998年的"五月骚乱"，导致了苏哈托的下台，印度尼西亚华人也迎来了新的发展时期，其主要表现在印度尼西亚华人的政党兴起，华人社团和新闻媒体大量涌现，华人参政方兴未艾，华人经济开始复苏和活跃起来。

第一节 印度尼西亚华人社会的历史

中国人迁移到印度尼西亚，是随着古代海上丝绸之路的开拓而进行的。据古籍记载，张骞出使西域后，汉武帝为寻找到印度的道路而开辟了与东南亚的海上交通。《汉书·地理志》记载了这条航线的具体情况：

> 自日南障塞徐闻、合浦，船行可五月，有都元国。又船行可四月，有邑卢没国。又船行可二十余日，有谌离国。步行可十余日，有夫甘都卢国。自夫甘都卢国船行可二月余，有黄支国，民俗略与珠崖相类。其州广大，户口多，多异物，自武帝以来皆献见。有译长，属黄门，与应募者俱入海市明珠、璧流离、奇石、异物，赍黄金杂缯而往。所至国皆禀食为耦。蛮夷贾船，转送致之。亦利交易，剽杀人。又苦逢风波溺死。不者，数年来还。大珠至围二寸以下。平帝元始中，王莽辅政，欲耀威德，厚遗黄支王，令遣使献生犀牛。自黄支船行可八月，到皮宗。船行可二月，到日南、象林界云。黄支之南，有已程不国，汉之译使自此还矣。

从《汉书·地理志》的记载来看，这条通往印度的航线上提到古代印度尼西亚群岛的一个地方，即皮宗，这是古代中国对现代印度尼西亚"苏门答腊岛"的称呼。至唐宋，苏门答腊岛还是作为海外商人的重要停留地。唐代著名的地理学家贾耽记载了从广州经东南亚、印度通阿拉伯的航线，其中记到"广州东南海行二百里，……又五日行至海峡（马六甲海峡），南北百里，北岸则罗越国，南岸则佛逝国（苏门答腊岛），佛逝国东水行四、五日至诃陵国（今爪哇岛）①"。周去非在其《岭外代答》卷二"故临国"也写道："故临（Quilon，今南印度西海岸的奎隆）国与大食（Arab）国相通，广舶四十日到兰里（Lamuri，苏门答腊北部）住冬，次年再发舶，约一月始达其国。"② 从汉朝至宋朝，古代海上丝绸之路已将印度尼西亚与中国连接起来，印度尼西亚与中国的贸易也逐渐得以发展。以苏门答腊巨港为中心的三佛齐、东爪哇的奢婆与整个宋朝的往来贸易频繁。正是古代海上丝绸之路的开辟，先是中国商人、水手，后是一般民众因各种原因而陆续迁移至印度尼西亚的爪哇岛，以及外岛的苏门答腊、西加里曼丹、邦加、勿里洞等，这种状况，至今未有多大改变。

一 雅加达华人社会的历史

中国移民很早就移居到了爪哇岛。据国外学者的考证和研究，在爪哇岛西部的万丹（Bantam）发现供祭祀用的汉代陶器。这种陶器出自当地华人的坟墓，由此可以推测已有中国移民在公元前后便来到爪哇岛，有的可能在万丹定居下来。③

不过，早期这种有关中国移民在爪哇岛活动的记载的资料较为稀少，以至于在荷兰人达到爪哇之前，实际上没有什么有关华侨生活的资料，他们的入籍如何不太详细。④ 只是到了荷兰人于1619年开发巴达维亚城

---

① （宋）宋祁，欧阳修《新唐书》，卷四三下，《地理志》，中华书局。
② （宋）周去非《岭外代答》，卷二，上海远东出版社1998年版。
③ 林瑞志：《爪哇华侨中介商》，《南洋问题资料译丛》1957年第4期。
④ 有关吧城的一个较早华人情况的记载是"八茶罐"的传说。八茶罐（Patekoan），又作八帝贯，源于闽南话。原为宋代（960—1270）末期某华侨用八罐茶叶购买的吧城一块地段。该地坐落于雅加达市区南商业街（Jalan Perniagaan Selatan），班芝兰街（Jalan Pancoran）西部，见周南京的《吧城中华会馆诗颂》，《八桂侨刊》2011年第3期。

时，华人在当地的活动才逐渐清晰起来。据资料显示，巴达维亚开埠不久，许多华侨即在城外占居下来，不管野兽等的骚扰，他们开始从事农业生涯，种植稻米和甘蔗，并栽培菜蔬，也有华人在城内经商或从事手工业，为此荷兰人为这个新兴城市中的华侨专门指派了一位土生的甲必丹，在1619年时巴达维亚市区华侨约有300—400人。①

至17世纪20年代后，前往爪哇巴达维亚的华侨逐渐增多。如泰昌元年（1620年）巴达维亚的荷兰殖民当局派舰队至澎湖转而入厦门沿海掳掠人口，仅厦门和同安被掳掠到巴达维亚者达1400人，先运到澎湖，后被转运到巴达维亚作为奴隶，② 明天启五年（1625年），从福建泉州港开往吧城的中国商船，载去了360名乘客，这些人大都是卖陶器的小贩。③ 到了顺治年间（1644—1661年）福建同安人多离本地往葛喇吧贸易耕种，岁输丁粟税（即人头税）五、六金④。随着移民的不断涌入，巴达维亚的华人逐年增加。（见表2-1）

表2-1　　　　　　1673—1682年巴城华侨人口统计

年份	成年 男	成年 妇	十四岁及以上 子	十四岁及以上 女	十四岁以下 子	十四岁以下 女	合计
1673	978	754	107	70	453	385	2747
1674	1010	789	186	142	470	484	3081
1676	1086	1084	178	127	569	517	3561
1677	1038	894	120	109	516	499	3176
1678	1097	913	106	88	523	482	3209
1679	952	912	132	141	447	422	3006
1680	972	945	105	96	525	512	3155
1681	916	891	104	75	503	444	2933
1682	948	957	96	43	565	492	3101

资料来源：Bataviasche Dagregister，《吧城日记》，1673—1682年。

---

① 李学民、黄昆章：《印度尼西亚华侨史（古代至1949年）》，广东高等教育出版社2005年版，第113页。
② 福建省华侨志编辑委员会：《福建华侨志》（上篇），1989年版，第46页。
③ 杨力、叶小敦：《东南亚的福建人》，福建人民出版社1993年，第108页。
④ 杨力、叶小敦：《东南亚的福建人》，福建人民出版社1993年，第108页。

据巴素记载，1686 年 11 艘开往巴达维亚的中国船中，有 8 艘从厦门港开出，每艘船内载去 800 多名苦力，大多到甘蔗园充当苦力。① 不过，虽然有大量的中国人被掳掠或以做苦力的形式移到印度尼西亚，但直至 1725 年时移居到巴达维亚的中国人才达到 1 万人。②

在 18 世纪，荷兰殖民者为了加快将吧城建成荷属东印度公司在印度尼西亚地区的商业贸易中心，采取了与万丹政府激烈争夺华侨的策略，它一方面，"对华侨便采取了宽大政策，同时，也赋予各种权利，以笼络他们"③；另一方面又委任华侨商人苏鸣岗为第一任甲必丹，作为华侨的领袖，采取"以华治华"的办法，管理华侨事务"以增强及维持法律与秩序"④。在荷兰殖民者的这种政策下，移居巴达维亚的华侨人数逐渐增加，到 1733 年，华侨的人数便已增高至 8 万人。⑤

随着移居巴达维亚华侨人数的增多，荷兰殖民当局为了加强对华侨的管理，在华侨中原先设立甲必丹的基础上，先后设立了"雷珍兰""土公""武直迷"以及华人街区街长。雷珍兰是荷文 Luitenant 的音译，其职位是协助华人甲必丹的工作，土公、武直迷是荷文 Bocdel Meester 的音译，专理孤贫福利，华人街区街长（荷文 Wijkmeester）等职务协助甲必丹和雷珍兰的工作。所以，到 18 世纪初，吧城的华人官员名额已增至九人，即通称的一甲（甲必丹）、六雷（雷珍兰）、二武（武直迷）。⑥ 除了设置甲必丹职衔外，荷兰殖民者还于 1837 年设置了"玛腰（Majoor）"一职。第一任玛腰，由甲必丹陈永元升任。第二任玛腰是陈哲（1865—1879 年），第三任玛腰是李子凤（1879—1896 年），第四任玛腰是赵德和时（1896—1907 年），第五任玛腰是连福全（1908—1910 年），第六任玛

---

① [英] 巴素：《东南亚之华侨》，郭湘章译，正中书局 1966 年版，第 7 章。
② [荷] W. J. 卡德：《中国人在荷属东印度的经济地位》，《南洋问题资料译丛》1963 年第 3 期。
③ 蔡仁龙：《荷属东印度时期的承包制与华侨》，《南洋问题研究》1983 年第 3 期。
④ 蔡仁龙：《荷属东印度时期的承包制与华侨》，《南洋问题研究》1983 年第 3 期。
⑤ [英] 巴素：《东南亚之华侨》，郭湘章译，"国立"编译馆 1971 年版，第 698 页。
⑥ 聂德宁：《"吧国公堂"档案之〈公案簿〉述略》，《华侨华人历史研究》2002 年第 3 期。

腰是郑春色（1910—1925年），第六任玛腰是许金安时（1925—1941年）。巴达维亚的这种甲必丹制度，直到1942年日本侵占东南亚后才被废除。①

这些华侨的官员主要负责吧城华人居民的社会福利，还负责替殖民当局收集华人的税款，以及配合殖民当局的年度人口调查、维持社会治安等等。这些"甲必丹"和雷珍兰等官员虽然没有薪水，但他们可以从赋税等当中适得一定比例的收入。甲必丹也被赋予了很大的权力，他们可以对华人居住、离境和驱逐发表看法，甚至华人的结婚都需经他们同意。

移居到巴达维亚的华侨，在当地的建筑、港口和码头建设后，也开始或经营小贩，或开洋货食品店，或在各种店铺当店员、雇工等等。也有一些华侨来到巴达维亚的郊区，垦荒种植甘蔗和经营小规模的蔗糖作物，促进了巴达维亚制糖业的发展。一位学者描述了当时巴达维亚华人所经营的制糖业的情况：

> 1710年在巴达维亚有130间蔗糖作坊、而在这以前蔗糖是从台湾输入的。此外，也酿酒。其中50个蔗糖作坊是在芝里翁河边，因为这些作坊需用很多劈柴，而利用河水来运输劈柴最便当。这些作坊大部分是属于中国人的。1710年是蔗糖作坊发展最多的一年，有130间。在以后的年代里蔗糖作坊数量显著地减少了，到1815年时只剩下31间。②

这些华人的蔗糖作坊主要采用家族性的特点经营，集聚了华人的资本，但实际上也促进了当地的经济发展。当时比较出名的是潘明岩所经营的蔗糖作坊，他后来成为甲必丹。他在从事蔗糖业之前是一名船主，曾开通了吧城惹甲莫月路至大港唇路的"明岩渠"。这就是现在沿着夏炎

---

① 沈燕清：《巴达维亚甲必丹制度与华侨包税制关系探析——以玛腰陈永元为个案》，《华侨华人历史研究》2008年第1期。

② ［印尼］甫榕·沙勒：《荷葡东印度公司成立后在印度尼西亚的中国人》，《南洋资料译丛》1957年第3期。

乌碌路与卡渣马达路之间的沟渠①。

　　由于华人不断涌入吧城，吧城华人在经济上已逐渐崭露头角。据学者研究，18世纪中叶，巴达维亚华侨从事制糖、酿酒、烧窑等农产品加工业和手工业的人数最多，约占当时巴达维亚华侨总人口60%以上；从事种植水稻、蔬菜、胡椒、甘蔗等农业生产者约占12%—13%；从事商业者约占22%—26%。②虽然住在市外的主要是一些自食其力的小商小贩，但住在城里的许多华人有的已经成为"巨万之富"。正是如此，在1740年，即清乾隆五年，巴达维亚华人处境发生了一次大的变化，这便是印度尼西亚华侨史上的"排华事件"，制造这起事件的是荷兰殖民当局。有关这次事件，刘继宣、束世澂所著的《中华民族拓殖南洋史》描述了这次事件的缘由与经过：

　　　　荷人初至爪哇时，华侨在该处，已拥有极固之地盘；所有工商业，均操于华人之手。故荷人对华侨常怀嫉妒。每恃其政治上优越之势力，欺凌侵侮，华侨亦常抵杭之，不稍让步。至1740年（乾隆五年），乃大爆发。荷人初藉故强逮中国人数百名，扬言逐放于锡兰岛。实则出口后，投入海中以杀之。吧城中华侨闻之大惊骇，咸以荷人将尽坑我，于是人怀式器，以备万一。荷人故时加威吓。荷兵与武装华侨乃有冲突。十月七日（乾隆五年八月十七日），荷人下令屠杀华人。斯时吧城之内，只见火光烛天，哭声遮野，老幼妇孺，咸与荷人斧钺。血流所被，河水为赤，杀戮至二十二日，始宣告停止，死者万余人，所谓红河之役是也。时署福建总督策楞，提督王郡以此事闻于朝。谓被害汉人，久居番地，屡奉招徕，而自弃王化，今被其戮杀多人，事属可伤；然孽由自作。③

　　1740年所发生的吧城"排华事件"，即"红溪惨案"，使数以千计的

────────

①　[印尼]甫榕·沙勒：《荷属东印度公司成立后在印度尼西亚的中国人》，《南洋资料译丛》1957年第3期。
②　郝化矩：《华侨史上三次惨案的探讨》，《温州师范学院学报》1996年第2期。
③　郝化矩：《华侨史上三次惨案的探讨》，《温州师范学院学报》1996年第2期。

中国人，其中有小店主、工匠和劳工等遭到杀害，根据当时的估计，不下 700 间房屋被焚毁。① 由于这次事件，移居到吧城和印度尼西亚其他城市的华人的处境产生了变化，即华人必须住在特别的居住区，且禁止他们住在其他地方。这些特别居住区被称为华人区，这种特别居住区也导致了当时居住区制度的制定。在荷兰语中，居住区制度叫作 wijkenstelsel，它与通行证制度（Passenstelsel）一并规定，凡是离开其居住区的华人必须拥有通行证，即限制他们的行动自由。这种政策的制定，实际上欲将华人与欧洲人，特别是与当地的土著隔离开来，以达到荷兰分而治之的政治监督目的。这个政策后来扩大为包括每一个种族集团可以穿着的服装式样。例如，禁止华人穿着欧洲人或原住民的服装，违者将被囚禁或罚款。这种分隔各集团的政策，加强了各集团之间相互漠不关心的态度，并且使荷兰更容易通过他们的服装、居住区以及在他们身上容易识别的标志来识别华人。②

不过，荷兰殖民者虽然试图将华人与当地土著隔离开来的政策，为后来华人与当地土著的冲突可能埋下伏笔，或者可能造成他们之间今后不和的后果，但从当时华人与当地土著的关系来看，他们之间的关系应该是比较和谐的。这从他们之间的通婚状况可以得知。据资料显示，在荷兰东印度公司统治时期，吧城的华人大都是男性，很少有华人妇女从中国来到吧城。据说，在荷兰东印度公司统治的近 200 年期间，只有一位华人妇女直接从中国移入吧城。③ 所以，与当地土著女性通婚便成为吧城华人成年男性的首选。在 17 世纪末，有位旅居吧城的西方人记载：

> （吧城）华人的妻妾多是从巴厘岛和望加锡买来的女奴，皮肤不太黑，呈黄褐色，身材短小而匀称。只要养得起，他们要多少妻妾，就可以有多少。当某个华人死后，他的继承人便将他所有的妻妾再

---

① ［印尼］甫榕·沙勒：《荷属东印度公司成立后在印度尼西亚的中国人》，《南洋问题资料译丛》1957 年第 3 期。

② 王福涵著，周南京译：《荷属东印度的华人资本主义》，《华侨华人历史研究》1992 年第 2 期。

③ 许云樵校注：《开吧历代史记》，《南洋学报》1953 年第 9 卷第 1 辑。

度出售，仅留下死者生前最钟爱的一个，按照遗嘱给予自由，列为正房，其所生子女也就被承认为是真正的华人。①

其实，早期前往雅加达的华人由于同种的女子较少，除了通过水客等途径回中国寻找妻子外，很多人都倾向于寻找土著女子，或娶其为正妻，或纳其为妾。吧城华人公馆的《公案簿》曾记载一位名为高根官遗嘱的案例，这位来自厦门的华人有三妻、六妾和一婢，其中，一妻为万兰（班达）人、六妾分别为武讫人、巴厘人、爪哇人和三个暹罗人，这些均为非华人血统的其他种族，占其家庭成员的三分之一以上。高根官曾立遗嘱，分别给其死后遗留下来的这些妻妾不等的财产或钱物。② 这一案例可以说明，荷兰殖民政府统治时期，吧城的华人成年男性大多会选择当地的土著或其他民族的女子作为妻妾，一方面是为这些女子的相貌所吸引；另一方面是这些女子的宗教信仰是非伊斯兰教，且在生活习俗上与华人相近，因而彼此能够适应而较少发生冲突。③

由于与当地民族生活习俗不一样，以及聚集而居，荷兰殖民者统计时期的雅加达华人仍然较多的固守着自己的文化。早期到达吧城的华人，将其敬神祈福的习俗带到了生活之地。除了在异国他乡努力奋斗外，敬崇神灵，力求得到神灵的保护成为他们的精神依托。据资料显示，吧城的华人较早建立的保护神或守护神的寺庙——观音庙。这个观音庙建立在1650年，1775年改名为"金德院"，这是印度尼西亚现存最早的华侨寺庙。

二 坤甸华人社会的历史

坤甸华人的来源多元，自18世纪时就有华人移民到西婆罗洲。这些

---

① 姚楠，钱江译：《热带猎奇：十七世纪东印度航海记》，海洋出版社1986年版，第33页，转引自聂德宁《18世纪末—19世纪中叶吧城华人与当地民族的关系——以吧城华人公馆〈公案簿〉档案为中心的个案分析》，《南洋问题研究》2005年第2期。
② [荷]包乐史，吴凤斌校注：《吧城华人公馆（吧国公堂）公案簿》（第一辑），厦门大学出版社2002年版，第8—10页。
③ 刘永连：《从吧城唐番通婚看中外文化冲突与融合——以吧城华人公馆档案资料为基础》，《暨南史学》第7辑，广西师范大学出版社2012年版。

来到婆罗洲的华人有一些是从文莱迁入，还有一些是从中国到该地开发金矿而来的。由于坤甸的华人移居的时间较短，而且又处于印度尼西亚的外岛地区，以及比邻华人人口较多的马来西亚，所以保留了较浓郁的华人色彩。①

早期定居在西婆罗洲的华人，是从文莱迁移过来的。而证明华人大量移居西婆罗洲的历史文献记载，是在18世纪时期。正如某位学者所认为的，"关于华人移民西婆罗洲，是自18世纪后才有文献记载，在此之前连西婆罗洲这个名字，也鲜为人知"②。

其实，18世纪时的西婆罗洲已有三个苏丹王国，即三发、喃吧哇和坤甸王国。1740年前后，首批华矿工20多人应喃吧哇土王之邀，从北部的文莱来到喃吧哇境内的百富院（Soengai Doeri）开发金矿，取得成功。消息传到中国国内，1745年后有大批广东移民就随着南来的舢板船前来婆罗洲西岸，每年2—3月最少有二千人到达，每年6—7月又有数百人带着钱袋回国。至1834年，西加华人已有15万人左右，其中9万在华人聚居地或开矿区，6万则散居在荷兰人控制的地区。③

华人移民到达西婆罗洲坤甸地区的具体文献记载，是有关嘉应州的罗芳伯的移民事迹。据资料显示，罗芳伯1772年到达西加时，西加金矿业已发展三十多年了，已有几十个华人聚居村落各自开矿。1774年前后罗芳伯主要经营农业，后因与从事农业的其他华人有争斗，便移居到坤甸的东万律另立基地。1777年在东万律建立以客家人为主的兰芳公司，后发展到三发地区，并组建"兰芳"总制，历时107年。④ 有关当时坤甸华人的及罗芳伯的事迹，一位华人这样写道：

> 坤甸是西婆罗洲的首府，华侨是该地商业的鼻祖。在一百五十年前荷兰人还没有来统治西婆的时候，地方行政一切权利都操在中

---

① 郑一省：《印度尼西亚坤甸华人的"烧洋船"仪式探析》，《世界民族》2010年第6期。
② Yuan Bingling, *Chinese Democracies Study of West Borneo*（1776—1884）. University Leiden The Netherlands, 2000. p. 19.
③ 《西加华人的历史贡献和今后发展》，[印度尼西亚]《坤甸日报》2008年2月15日。
④ 吴世璜编：《印度尼西亚史话》，椰城世界出版社2003年版，第193页。

国人的手里。据说还有比罗芳伯先到的人们，但没有史略可考。罗公是聪明能干的具有天才军事知识者，他统治西婆前后卅年，周围数百公里，那时候的贸易制度，多以物换物，还有用中国银币交易的。直至一八四一年后，荷兰人逐渐注意到了西婆罗洲，那时罗公组织的兰芳公司正盛势者，荷人的势力踏进后，利用了强夺的阴谋，把兰芳公司的权势削弱了。①

日本的学者长岗新志郎深入地探讨了西加里曼丹的华人早期社会，他也认为在加里曼丹西部由于荷兰殖民者还没有充分建立起统治权，而远为落后的苏丹制国家政权，不易驾驭华侨社会，遂使得华侨社会能保持其固有的社会结构，在经济上控制了这个地方，而且在政治上也占有独特的地位，在称为"公司制度"的特殊组织形式之下，俨然像一个国家。对于西加里曼丹东万律的罗芳伯及其部属的情况，长岗新志郎这样叙述道：

以西加里曼丹东万律地区为中心的具有代表性的兰芳公司的居民，大部分都是客家人。它的领袖罗芳伯就是嘉应州石扇堡出生的客家人，然而罗芳伯的人并不是最初定居在东万律的，而是由于械斗从蒙脱拉度逃亡这里的。因此，可以说这些客家人在1777年兰芳公司建立之前，并没有控制东万律这个地方，而主要是由潮阳和揭阳迁来的福佬人居住在这里。另外，还在毛英（Mao Yien）、山苏唐加（San-Su-Tana）、昆义多（Kenjito）、隆岗（Leng-kong）、塞那万（Senaman），以及许多其他地方，也就是东万律的北部地区，也居住着潮阳、揭阳迁来的矿工。又在明旺（Ming-Wang）及其周围地区居住着由大埔迁来的客家人，拥有500多家族。在东万律的南部2、3里的地方桑辛（San-Sim）也居住着大埔迁来的客家人，也有从嘉应州迁来的客家人和福州人、潮州出生的福佬人，他们可能

---

① 许以谦：《西婆华侨商业概况》，《战后南洋华侨概况》，1947年印，第15页。

是迁来混居在这里的。①

据 1933 年坤甸市户籍调查，市内华人为 22000 余人。1947 年统计，坤甸四公里以内增至 40050 人。② 移居到坤甸的华人，其移民结构主要为广东和福建两大群体。广东籍华人，主要来自潮汕地区的揭阳、潮安、潮阳、普宁、澄海等县，嘉应地区的梅县、蕉岭、大埔等县，广府地区的番禺，以及被称为说河婆话的陆丰、河源等县；福建籍华人主要来自同安、泉州、漳州、莆田、南安、厦门等地。在坤甸华人社会，通行的方言是潮州话。这是因为当地的广东潮州籍华人无论是在人数方面，还是在经济实力方面都要强于其他的华人群体，以至于当地流行一句俗语，即"客家话也成潮州话"，而西加的另一个城市山口洋（Singkawang）则流行"潮州话也成河婆话"，却说明了那里的河婆人人数居多，经济实力也较强。③

由于地理上的原因，早期坤甸的华人除参与开矿外，还开荒建设农业、种植农园，经营海港和造船业，开展与英属新加坡和马来亚的进出口贸易。不过，后来坤甸的华人主要从事的行业是商业，一部分从事农业与渔业。从事商业的主要为广东潮州籍华人，客家人主要从事农业和渔业。在荷兰统治时期，当地华人的商业有所发展。据 40 年代的统计，全西加华人商店大小约 5000 多间，约有 500 多间资本较厚者，其中有百余间经营出口土产，坤甸规模大的工厂约 15 间④，其中橡胶工厂 6 间、火锯板厂 6 间、雪厂 2 间、机铁厂 1 间，职工有 50 人至 200 人，资本约值 10 万至 50 万盾。⑤ 目前华人仍然还是以从事商业为主，坤甸市内的 80%—90% 的商店属于华人所有。⑥ 许多华人告诉本人，坤甸的最繁华的

---

① ［日］长岗新志郎：《西加里曼丹华侨社会的沿革与变迁》，倪荣译自日本《民族学研究》第 34 卷第 1—2 期。
② ［日］长岗新志郎：《西加里曼丹华侨社会的沿革与变迁》，倪荣译自日本《民族学研究》第 34 卷第 1—2 期。
③ 郑一省：《印度尼西亚坤甸华人的"烧洋船"仪式探析》，《世界民族》2010 年第 6 期。
④ 郑一省：《印度尼西亚坤甸华人的"烧洋船"仪式探析》，《世界民族》2010 年第 6 期。
⑤ 许以谦：《西婆华侨商业概况》，《战后南洋华侨概况》，1947 年印，第 15 页。
⑥ 郑一省：《印度尼西亚坤甸华人的"烧洋船"仪式探析》，《世界民族》2010 年第 6 期。

街道卡扎玛达（JL. Gajah Mada）的商店，100%是华人开办的。①

　　坤甸的华人因移居的时间较短，而且又处于印度尼西亚的外岛地区，以及毗邻华人人口较多的马来西亚，所以保留了较浓郁的华人色彩。在坤甸，潮州话不仅是华社的语言，而且当地土著也会讲潮州话。②但客家话、闽南话等方言在华人中也很流行。当地的华文学校很早就开始兴办了，从1904年建立振强学校开始，到20世纪50年代已有10多间华文学校，许多友族子弟也可以报名就读。③据资料显示，西婆罗洲的华文教育在100多年前就出现了。在第二次世界大战之前，在坤甸、山口洋、邦卡等地都由各帮派举办自己的教育，当地有数间华文学校。战后，由各帮派兴办学校的习俗已经发生改变，全婆罗洲各市教育实行统一的管理机构，把原来所有的学校名称都改为"华侨公学"，学校行政属于当地的中华公会文化部，办学经费由该会经济部另组教育委员会，负责筹募维持，这样行政统一，经费来源不缺乏，教员薪金可以提高，学校质的方面充实起来，学生受惠不浅，这成了当时华文教育的好现象。据统计，50年代全西婆罗洲共有男女学生10020名，教职员工400余位，每月经费荷币约七万盾，教员每月平均薪金为160盾，授课时间，每周24小时，各地设的夜校补习班很普遍，但校舍及卫生设备不够理想。④

　　与中华公会联系紧密的主要有坤甸华侨中学和中华公学。坤甸华侨中学成立于1938年，由该校的校长李开训先生与热心教育的先贤所创办，惨淡经营规模颇伟。日寇南侵迫而停办，1946年3月复办，缺乏仪器师资，又未成立高中，当时李校长因公返闽，代校长叶宋监先生督办后，学校成绩较为突出，学生有300多名，教职员15位，经费由学费和中华公会教育委员会维持；中华公学原有各校合并统一办理，但分别教课。该校学生总数有2500多名，教职员130多位，办学经费除学费外，不敷部分由中华公会文化部教育委员会等募集维持。⑤而学校行政方面，亦属

---

① 2011年3月笔者与LIN先生的访谈录。
② 郑一省：《印度尼西亚坤甸华人的"烧洋船"仪式探析》，《世界民族》2010年第6期。
③ 郑一省：《印度尼西亚坤甸华人的"烧洋船"仪式探析》，《世界民族》2010年第6期。
④ 惠时：《战后南洋华侨概况》，1953年印，第12页。
⑤ 惠时：《战后南洋华侨概况》，1953年印，第14页。

该委员会负责指导。

在 20 世纪前半叶,除了坤甸华侨中学和中华公学外,坤甸还有教会办的坤甸中学,以及英、荷、巫文补习学校,学生有百人,经费由各校当局负责。在这些学校中,属于教会办的坤甸中学颇有特色。该校李之仁校长在其三周年纪念刊中这样描述坤甸中学的建立过程:

> 我与施汎主教于 1950 年 6 月 24 日议决创办中学一座,此乃本中学孕育之时也。在议决创办中学之刻,施主教与主会负责人,曾经讨论了中学的立场,双方极端同意,也坚决肯定了,本中学建立于"公教"立场,即以天主面人物的耶稣基督,救世救人的大道为宗,以博爱,和平,自由、安乐为尚,换言之,以真理为基,以道德为用,以造福人群,光荣真主为目的。主教会让出本市白合会花路 26 号 Djalan Tjempaka 院落作本校校址。同时将创办学校重大事宜,及创办后校内行政,经济并前途发展,一切委诸国籍主徒会全权处理。
>
> 6 月 26 日,在本市《诚报》刊出启事一则,谓"本人鉴于发展侨教,培育人才,为当前急务,乃商得坤甸主教赞许,决定于坤甸百合花路 26 号开办中学一座,计划在今年八月开课。首期只收一年级新生一班,报名投考日期,另行通知,敬请侨社贤达指导,并予以协助,不胜期盼,此启"。启事刊出之后,街头巷尾,妇孺欢笑,人人鼓舞,尤其社会贤明人士,各埠正义家长读此启事,咸认为适时安心的一副良药也。
>
> 7 月 10 日,复在《诚报》上宣布:本人所创办之中学,经命名为"坤甸中学",简称"坤中",兹任命马达远神父为本校校长,所谓"坤甸中学"者,盖坤甸乃西加里曼丹之首都,拟本校即西加里曼丹华侨学府也。
>
> 本校于 6 月 22 日孕育起,便计议 8 月初分娩问世,中间仅有 44 日的期限,故筹备工作,不能不紧张极集,先准备教室,教室有了粗糙的布置,次聘教师。再次急促颁布了招生广告。经过了报名,考试,审查,列榜各种烦琐的手续后,各种教科书,也应时购到,一切本着计划,居然于 8 月 1 日准期开学了。于是"坤甸中学"像

一位美丽的婴儿呱呱落地了。①

坤甸中学开学后，选黄业良为董事长，廖永庆和林道柔为副董事长，李东光为财政，谢旭辉为总务，叶宏鉴为文书，以及黄庆荣、邓汉捷、陈隆吉、丘排龙、丘国富、王福均、赖坤贤、郑印学、郭顺泉、陈友贤、孙季刚、潘敬昌、林金海、江和登、林斋恭、赖启、李尚高、谢宁顺、张新光、许立科、邓新章、廖仁昌、林耀千、沈怀宾、李其鉴、黄荣峰、罗惠民、王良文、沈洪翰为董事。董事会成立后，在各方面的支持下，建立了拥有教室三间的中学。经过几年的发展，学生愈来愈多，班级逐年增加，又筹资建立8间教室以应付学生的增多。1953年3月1日，坤甸中学举行董事会议，决定成立高中。②

与印度尼西亚的其他华人一样，坤甸华人的社团组织也如此众多。在20世纪50年代，坤甸已有中华公会总会，由坤甸中华公会发起提倡，得山口洋、邦卡各公会响应，联合全西婆罗洲各区中华公会共同组织，其成立于1946年7月，是全婆罗洲的最高华侨社团，总领华侨一切事务，负责办理华侨关于政府之政治、法律、经济、商业、教育生活等问题。中华公会首届主席林烈元，副主席邬松风，秘书长孙季刚，外交宋庆玉，文教陈献杨，财政王福均，这些都是当时华社贤达之士。当地的地缘性会馆有广东会馆、福建会馆、琼州会馆。血缘性会馆有西河公所、高杨公会、颍川郡侯、江夏堂、邓氏公会、李氏公会、郭氏汾阳世家、杨氏弘农世家等，还有一些公益事业的社团，如长义社等。

除了这些当地的华人组织外，坤甸还有一个中国国民党坤甸直属支部，这个支部在各区市还设有分部。中国国民党直属支部的常委兼秘书是孙季刚，对党务活动非常尽力。在坤甸还有一个罗芳伯纪念厅，这是在清末由热心人士捐资建筑的，为坤甸华侨公众社团之一，罗芳伯纪念厅屋宇巍峨雅洁可观，该社团的理事长为赖远谋，其关心社会公益，对会务改建殊多。中华体育会于1949年成立，这个组织是由热心体育好球

---

① 《坤甸中学三周年纪念刊》，1953年版，第7—8页。
② 《坤甸中学三周年纪念刊》，1953年版，第7—8页。

的青年所组成的，该会长为林田秀。中华青年会为坤甸后起的青年学生所组成，对音乐、歌剧、艺术等潜心研究，会长为邓汉捷。农工生活促进会目的为改善农工生活，提供农工地位，促进互助合作等精神，是坤甸新社团的主力军，成员达千余人，该主席罗文山及主干成员在该社团的基础上筹办了合作社，以便会员的生计发展。

中华总商会是坤甸的重要的商业社团，它成立于清光绪三十四年，首届正理事长赖喜阁，副理事长周升翘，协理员唐文彩、廖清霞、黄业钦、林南贵，坐办汪琦川等，战前黄业纯任会长，黄农溪任秘书，他们对会务很有建树，50年代中华总商会仍由黄业纯任会长，副会长许怀冰，财政由黄棉安担任。坤甸的行业社团有树胶公会、米商公会、什货公会、九八出入口商会、铁拐行、文华行、自动车公会、屠商公会、行业联合会、枋木公会、机器行、小贩公会、鱼商公会、椰干公会、洋什布匹商。

1965年的"九三〇"事件后，印度尼西亚进入了苏哈托时代，1966年华校被封后，华人文化被禁，但当地的华人通过庙宇文化和一些残留下来的宗亲社团，继续保存方言和中华文化，这是印度尼西亚许多地方所没有的。[①]

三 棉兰华人社会的历史

自汉代就有中国人移居到苏门答腊一些地方，这为一些考古资料所证明。棉兰是日里的一个村庄，荷兰殖民者入侵时期有大量的中国移民以契约劳工的形式到达那里。随着棉兰华侨的人数日渐增多，华侨开始涉足各项经济行业。一些契约华工脱身后，有些在原来的农园附近经营菜园，并娶当地的土著女子，抚养妻儿，勤劳工作。

公元8—17世纪，统治北苏门答腊地区的是日里苏丹。当时，已有一些中国人移居到这个地区。大约公元756年，在离棉兰约16公里的棉兰老武汉港口已经出现了华人开的第一家商店。[②] 不过，中国移民大量移入

[①] 郑一省：《印度尼西亚坤甸华人的"烧洋船"仪式探析》，《世界民族》2010年第6期。
[②] ［印尼］东姑鹿曼西纳：《昔日棉兰的历史》，印度尼西亚泗水勿打拉出版社1994年版，第2页。

棉兰地区的时间，是在 17 世纪后。因为这一时期，荷印政府加强了对印度尼西亚外岛的征服和开发，那里急需劳力，新来的移民或契约华工从此大量移入此地区。"1641 年 6 月，由 Arent Patter 率领一艘荷属东印度公司的船，载着一些奴隶，在日里河畔停靠上岸。"① 开始了荷兰人在日里的殖民过程。一位当地的学者写了一篇文章，描述了早期荷兰人的殖民情况：

早在一百多年前，即 1863 年有一位名叫雅各布·尼恩胡斯（Jacobus Ntenhuys）的荷兰人搭船到日里来。当他发现了这广袤的处女地后，更看到了这片土地水土、花色、草色、树色以及它的粗狂、自然、厚实、人文和气候，惊讶不已。这是他走遍天下未曾见过的，于是他与日里苏丹达成了共识，签下了拥有离勿拉湾海口（Pelabuhan Belawan Deli）只几公里的老武汉（Laobuhan Deli）地区一带，面积有 400 bau（1bau = 0.75 公顷）面积的土地，为期二十年的土地使用权。当他种植的第一批烟叶运抵荷兰鹿特丹拍卖时，颇受欧洲烟商的欢迎。因为他们尝吸了日里烟后，觉得有种特殊的品味：烟味浓厚，燃烧度平均、精神也为之一振，无不为之称手叫好。不久，雅各布氏成立了他的日里烟叶种植公司（Deli Matshappij），这家公司的大办公楼迄今仍耸立在棉兰日里烟叶路（JI Tembakau Deli）。

此后，他公司节节发展，到了 1875 年其他的荷兰大园主又相继成立日里巴达维亚有限公司（Deli Balavia Maatschappij），并且种植的种类也扩大了。除了种植烟叶外，还种植了被称为白金的橡胶和黄金的棕榈树。其时，为了应付大量的开辟，原来少量的劳工已不适应大规模的操作。如以原有的马来族（Melayu）和马达族（Matak）劳工，他们一贯仍以原始式的耕种，而不惯于机械性有规模性地劳作，于是荷兰人就从爪哇岛（主要是中爪哇和东爪哇）运

---

① Tengku Luckman Sinar, S. H., *The History of Medan in the Olden Time*, Printed by Percetakan PERWIRA Medan Eiehth Edition, 2005. p. 24.

载来许多爪哇劳工和从中国广东沿海一带诱骗来"猪仔"劳工。①

至19世纪中叶,荷兰人在苏门答腊岛建立了许多大农场,种植烟草与树胶等,但因缺少劳工,遂于香港与汕头设站,招募华工。因此,众多契约华工和新移民便纷纷来到日里。② 从1888年起,到1908年的二十一年间,契约华工平均以每年6295人的数目从汕头直接移入日里。尤其是在1913至1928年的16年间,契约华工(不包括其家属子女)每年平均以4754人的数目移入日里。③ 随着大量契约华工进入日里,日里地区的人口在不断增加。1874年日里人口数5251人,其中华人为4476人,约占总人数的85%;到1890年当地人数增加到71140人,其中华人为53806人,约占总人数的76%;1900年当地人数又增加到87010人,其中华人有58516人,约占总人口数量的67%。④

从获得的资料来看,最先来到棉兰及其周围烟叶种植园的华人,是1874年从毗邻的马来亚槟城雇来的契约华工,后来因不敷使用,遂转移目标通过掮客,到唐山搜罗卖"猪仔"的契约华工。⑤ 在荷兰人建立的烟草和橡胶种植园,作为契约劳工的华人主要来自广东的潮汕、惠州、嘉应、海南、广肇以及少量的闽南泉州、厦门等地。⑥ 他们从离棉兰16千米的老武汉码头进入日里。"老武汉"是棉兰华人经常挂在嘴边的一个名词,当地的文学作者戈婴曾写了一首诗"具有历史意义的寿山宫",发表在《情系西马岭》一书中,该诗这样写道:

寿山宫,当日里老武汉,最兴盛的时候,寿山宫即在这时兴建。

---

① 黄蜂:《日里烟园棉兰沧桑史》,《拓荒》第7期。
② 荷兰殖民时期,日里包括了棉兰和棉兰附近各地区,如甘光巴路、日里拉哇、巴敢、新邦帝甲、直名丁宜等地区,主要涵盖今天的苏北地区。
③ 温广益、蔡仁龙等编著:《印度尼西亚华侨史》,海洋出版社1985年版,第222页。
④ [印尼]东姑鹿曼西纳:《昔日棉兰的历史》,印度尼西亚泗水勿打拉出版社1994年版,第58页。
⑤ 林学华:《风雨南洋》(自印本),第7页。
⑥ 杨宏云:《20世纪80年代以来印度尼西亚棉兰的华人社团与社团领袖》,博士学位论文,厦门大学,2009年,第58页。

日里老武汉的华族，从老远的中国迁徙而来。荒芜的日里河两岸，开始点燃了炊烟。从猿声啼叫，开始听到鸡啼狗吠，春风吹绿了日里河两岸，秋雨洒润荒凉肥沃的土地。每逢农历，初一和十五，宏伟壮观的——寿山宫，传出阵阵洪亮的钟声，虔诚的善男信女，络绎不绝进庙上香。寿山宫，至今有百多年的历史，庙宇仍然雄伟屹立，香火仍然旺盛……①

从以上作者的诗里可以了解到，"老武汉"是当地华人登陆的最早地方，所以棉兰的华人对其有一种特殊的感情。当华人来到日里地区后，主要分散居住在各个种植园中，并由各荷兰殖民者任命的华人工头负责管理。② 一位种植园华人工头的后代这样回忆道：

我的祖父郑妈喜，生于1870年，广东惠州陆丰县人，年轻时因八国联军入侵，满清政府没落腐败，社会民不聊生。为了生存，只好出洋谋生，在相关与印度尼西亚苏门答腊日里烟草公司代理人处，签下华工契约，到印度尼西亚苏门答腊东海岸的新邦安八（Simpangempat）烟草种植园当苦力，后来提升为总管。祖父娶我祖母陈妈惜为妻，生下我父亲金顺、大姑金娇、二姑金叶，一男二女，后我祖父纳妾而与祖母离婚，祖母带着儿女离家自食其力，独立生活。

祖父人在印度尼西亚，心系桑梓，不断寄钱给亲人买地盖房子，也为家乡做了许多善事，得到乡亲们的赞许。

祖父的妾侍林雅积（我们称为二祖母）生了五男四女，后来与祖父离异改嫁。祖父年老，思念长子心切，知道我父亲的能干，借工作的需要，召回我父亲协助他的工作，父亲退休时，荷兰烟园经理赏识我父亲的工作能力，让他继祖父总管之职位……③

---

① 戈婴：《情系西马岭》，《拓荒》第2期。
② 杨宏云：《20世纪80年代以来印度尼西亚棉兰的华人社团与社团领袖》，博士学位论文，厦门大学，2009年，第58页。
③ 笔者2010年3月27日与郑某的访谈录。

在烟草和橡胶种植园劳作的契约华工，分为三种，一种是新客，合同期为3年，二为老客，他们必须至少订过一次契约，三是支付日工资的工人，合同期为半年。后两种劳工名义上有较多自由，实际上由于贫穷，同样没有自由。这些契约华工来到烟园，吃、住和工作都在烟田（俗称"坝"Ba）。劳动的内容有：伐木、除草、烧荒、垦地、采摘烟叶等。那时日里各地开荒辟地，种烟、辟胶园，筑屋开路，瘴气弥漫。同时，劳工们染疾病不治或其他事故倒毙横尸遍野者，不计其数。契约华工不仅劳动强度大，生活极为艰苦，而且还要受到工头或管理员的虐待，清朝一位官员给清政府的一篇奏章奏道：

> 华人在日里，承种烟叶，往往有奸贩诱惑无知愚民出洋贩卖身价五六十元，或八九十元，少弱者或三四十元。订立字据，以三年为期，即以种烟之息，偿其身价。入园后不准擅自出入，虽父兄子弟，不能晤面。于是克扣工资，盘剥重利，诸弊丛生。①

在荷兰种植园主的压迫和剥削下，种植园的契约华工被迫展开了各种形式的反抗斗争，争取生存的权利。1871年棉兰双溪巴挽种植园发生了5名契约华工的反抗事件。当时，荷兰工头无理殴打工人，华工陈炳益、吴土升、李三弟、杨桂林和黄蜈蚣五人喝鸡血结拜为共生死兄弟，发誓要为工人报仇。他们用镰刀杀死工头，结果被捕入狱。审批时，资方告知他们，只要一人认罪，其余皆可免死。然而五个人都勇敢地承认说是自己杀的。最后，他们被判处绞刑。后人为此在棉兰北帝沙广场他们英勇就义的地方建立了一个五祖庙。②

由于输入契约华工成本逐渐增大，以及1910年后爪哇农民逐渐从封建土地关系中解放出来，和当地契约华工的不断反抗，荷属殖民企业开始减少了中国劳工的输入，大量使用爪哇劳工和印度淡美族劳工。一些契约华工因做工期满，恢复了自由人的身份，有的回到中国，而不愿意

---

① 陈翰笙主编：《华工出国史料汇编》（第一辑），中华书局1985年版，第281页。
② 徐安如：《王任叔的"五祖庙"与新中艺社》，《拓荒》2006年印，第8页。

回中国的便留在了棉兰。此外，棉兰城市的确立，其渐成外岛商业中心，吸引着许多华人经商者从马来亚的槟城、泰国合艾、缅甸仰光与英属新加坡等地移入棉兰。① 这样一来，棉兰市的人口逐渐在增加，1905 年棉兰城市人口数 14250 人，到 1920 年增加到 45248 人，1930 年棉兰人口总数为 7 万余人，其中华侨人口有 27000 人，约居总人口数量的 1/3，以此比例而言，其数量已超出荷印首都巴达维亚。②

随着棉兰华侨的人数日渐增多，华侨开始涉足各项经济行业。一些契约华工脱身后，有些在原来的农园附近经营菜园，并娶当地土著好。一位契约劳工的后代说道：

> 我爷爷陈木荫，是从国内被"卖猪仔"到印度尼西亚的荷兰种植园当工人。以后转行做鱼贩，每天从市镇贩些鲜鱼，用自行车运到种植园区叫卖。我的父亲叫陈文营，出生在荷兰人开的种植园中，我祖母是印度尼西亚爪哇人，靠卖自制发酵饼谋生。我祖父祖母他们很辛苦，特别是我祖母为生活所迫，不顾身体健康，产后二三天就下地，背着箩筐到种植园兜售豆饼。我祖父祖母有小孩两男六女，我父亲排行第三，他小时候在新邦地甲华学校读书，他生活朴素，刻苦耐劳，每天放学回家，骑自行车载着身背箩筐的母亲到种植园外兜售豆饼，回家后还要帮助母亲制作豆饼，将煮熟的黄豆拿到水井旁，去皮洗净，用蕉叶包起，让它发酵，过两天便可出售。此外，还要帮做其他的家务事，天天如此，数年如一日，从未听他喊累或抱怨。虽如此劳累的生活，丝毫未影响他的学业，考试成绩总是名列前茅……③

一些契约劳工脱身后，有的开设小商店谋生而慢慢发迹。而一些来自中国大陆的自由移民，英属马来亚槟城和新加坡等地的华侨

---

① 刘焕然：《荷属东印度概览》，新加坡《南洋报》社 1930 年印，第 59 页。
② 刘焕然：《荷属东印度概览》，新加坡《南洋报》社 1930 年印，第 57 页。
③ 2010 年 4 月 10 日笔者与陈某的访谈录。

商人，则在棉兰开设工厂，购买土地而成为当地的富有者。一位学者这样描述当时对棉兰的开发做出贡献的华侨领袖张榕轩和张耀轩昆仲：

> 张榕轩（1851—1911）张耀轩昆仲（1861—1921），系中国广东梅县松口堡人。其皆少负大志，因家贫亲老，辍学就商。于光绪年间偕往苏门答腊据棉兰16公里之老武汉开设商肆。时棉兰尚属荒野，荷人开辟迟滞，两公胆色惊人，一履其地，见森林广阔，土地肥腴，即以开土殖民为己任；筚路蓝缕，悉心垦启丛林，兼植甘蔗、烟叶，树胶等农产品。旋扩筑店宇，领导同侨开设商店繁荣市区，继复创办银行，调剂全埠金融，历十余年，不特棉兰市场日益扩大，而两公已累资数千万，为全埠首屈一指之富豪矣。
>
> 荷人以两公开埠首功，又操埠中经济大权，华侨爱戴有加，为酬其功，均升委任以雷珍兰、甲必丹等官职，以统治埠内华侨。时荷属华侨，多为外人虐待，苏岛各埠数十万华侨众处水深火热之中，颠沛流离，无可告诉。自两公出任荷属官职后，凡视为苛虐条例，即与荷人力争，必取消而后已。行政务求方便，于同侨尽力爱护，排忧解纷，无微不至……[①]

荷兰人为便于统治华人，从张榕轩和张耀轩昆仲两兄弟起便开始委任棉兰的华人领袖任玛腰，还有协助玛腰的甲必丹及雷珍兰等职。当时继张氏昆仲任玛腰者有闽南人丘清德以及甲必丹粤人徐华彰和甲必丹闽人黄清忠、甲必丹刘碧我和雷珍兰苏宝全等。这时期，当地的华人的职业分布已开始形成一些地域性的特点：如广东人大多工作在园坝，少数为木匠；福州人开咖啡店，住在马达山区较多；兴化人先是踩脚踏车，[②]

[①] 印度尼西亚苏北客属联谊会编：《印度尼西亚苏北客属联谊会五周年纪念特刊》，2006年3月印，第144页。

[②] 杨宏云：《20世纪80年代以来印度尼西亚棉兰的华人社团与社团领袖》，博士学位论文，厦门大学，2009年，第59页。

后发展为做车行的生意；闽南人以经商为主，且经济在棉兰城市中占优势地位，其语言便构成当地的商业语言，后来成为棉兰市面上的流通语"闽南话"。由于各籍贯的华侨都有一些自己的行业范围，30—40年代的棉兰自然而然地形成了许多以籍贯或人名命名的街道。比如客家街（现名 JL. Nusantara）、广东街（现名 JL. surabaya）、福建街（现名 JL. Andalas）、张榕轩街（现名 JL. Bandung）和孙逸仙街（JL. suiyixian）等。此外，还有以中国其他著名城市或其他名字命名的街道。如香港街（现名 JL. Ceribon）、汉口街（现名 JL. Sambas）、上海街（现名 JL. Semarang）和关帝庙街（现名 JL. Irian Barat）等。[1]

就早期棉兰华人社会来说，其习俗与苏西的巴东、苏南的巨港及爪哇的雅加达、泗水和三宝垄等号称"老州府"的华人社会有所不同。"老州府"的华人家庭妇孺，日常惯说印尼语，不惯说或不会说华语，而棉兰华人家庭成员多说中国的家乡话，如福州人的家庭说福州话、广州人的家庭说广州话，不少人能说市面上流通的闽南话和普通话，只有少数从巴东或爪哇迟来的人在家里说印尼语。语言上的便利是棉兰华人教育比苏岛其他地区得以较快发展的原因之一。正因为如此，除了关心同乡同宗和同行业的发展外，棉兰华人，以及华人社团组织都愿意出资或筹资建造华文学校，以便使其后代能接受到教育，提升华人的整体文化水平。

棉兰第一所华文学校是清光绪年间创立的敦本学校[2]，继之华商学校、神州学校、通俗学校、养中学校、华侨女学、苏东中学及附小等先后设立。

---

[1] 这些以中国地名或华人名称命名的街道在1965年后被全部取消，并改为现在的名称，只保留了一个以孙中山命名的街道。现在这些街道的名称，主要是以印度尼西亚历史人物的名称而命名的。

[2] 棉兰的第一所华文学校是清光绪三十四年（1908年）由张氏兄弟合力捐款创办的"敦本学堂"，开办时暂借棉兰天后宫后堂开课，后张氏昆仲捐资15万盾择地建筑了新校舍。该校按章呈请清朝政府学部暨粤闽提学使司主案，继由广东提学使司批准并委派徐贡觉任"敦本学堂"校长。该校学生上学一律免费，以期普及。

表 2—2　　　　　　　　1940 年前棉兰侨校及学生统计

校名	成立时间	中学生	小学生	幼稚生	合计
敦本学校	1908 年		224		224
华商学校	1908 年		71		71
养中学校	1910 年	400			400
通俗学校	1917 年				
神州学校	1920 年				
华侨女学	1922 年				
苏东中学及附小	1932 年	355	2400		2755
崇文学校	1933 年		110		110
明德学校	1934 年		228		228
中华学校	1935 年		306		306
福建学校	1937 年	18	708	55	781
韩江学校	1940 年		140		140
总计		773	4187	55	5015

资料来源：刘焕然：《荷属东印度概览》，新加坡《南洋报》社 1940 年版，第 616 页。

棉兰华人的这些学校和其他各地的华文学校一样，是由各地儒商组织的校董会主办的，以主办者在国内祖籍地的不同而有浓厚的区域色彩，如敦本学校是广东梅县人张氏兄弟办的，华商学校、通俗学校是福建人办的，神州学校是广州人办的。这些学校各请自己家乡的人来主持校务，大多用家乡的方言教学。此外，棉兰的这种华文学校已有多所，但因无统一的教育机构领导，各自为政，不仅课程编制随校而异，即遇节日，有无放假，也不一致。至于学校的管理体制，各科教材的取舍，更无定规。甚至所采用的中国国内出版的课本，是否适合当地的政治环境和自然环境，也无人负责审查，可用与否无从分别，所以一经选用，动辄触犯当地的禁令，在荷兰殖民政府时代，各校教师因此被勒令停职或驱逐出境的事件，时有发生。

1927 年棉兰华社鉴于各校分办，学制不同，为了节省财力，也为了统一校政、学制，乃倡议设立"华侨教育总会"联合棉兰各帮所办学校，统筹统办各校校务。1928年11月3日，华侨教育总会正式成立。至此，棉兰华文教育开始进入一个有组织、有领导的时期，而附近各埠规模较小的华文学校，仍处在分散与各自为政的混乱状态中。

在这些早期的华文学校中，棉兰苏东中学办的较为出色。办苏东中学是因之前办的学校都是小学，而各华社有识之士考虑到学生们在高小毕业后的升学问题所萌发的念头。棉兰苏东中学是1931年2月开办的，其成立后便把全市的华侨小学（除敦本外）改为该校的附小。附小共8所，其中一小是高级小学，七小是幼儿园，其余6校都是初小，中小学生共2800多人。在第二次世界大战以前，是全荷属东印度规模最大的华文学校。苏东中学和各附小由中学董事会统筹经费，中小学校务会议领导行政。

不过，棉兰早期的这些华文学校也存在诸多问题。比如，学校的经费，在既得不到当时中国政府的辅助，也得不到当地政府的津贴的情况下，其来源除收学杂费之外，全靠华商的月捐、喜庆捐、货捐等以资维持，因而学校的经费充裕与否，和华人民众对学校的支持程度密切相关。校董会既出力又出钱，也就多方干涉校政，尤其是校董随便推荐自己不能胜任教职的亲友担任教师，这些教师常与校长为难，有时导致大闹风潮，或藉报刊互相诋毁。学校年年有问题，教师年年闹分裂，有意见相左，也有帮派斗争；教师背后有校董，校董背后有帮派，互相对立，各不相让，闹得满城风雨，不得安宁。校长夹在教师、校董与学生之间，真不容易应付。许多华校，年年改选校董，就年年征聘校长。以拥有1000多名学生的苏东中学为例，从1932年1月至1942年10月，在不到10年的时间里，就更换了校长11人，最后一年（1942年）请不到校长，只得由校务委员会主持校政，以处理日常事务。[①]

1942年3月，日本侵略军分批从棉兰勿拉湾、巴都巴拉镇罗波村海岸线、吧敢区班得拉务村登陆，长驱直入，先后占领棉兰、吧敢、丁宜及奇沙兰等城市。先头部队以脚踏车代步，沿途如进无人之地，没有受到任何阻击。日军进入棉兰市当天，为了显示其法西斯淫威，以抢劫

---

① 黄鹤：《棉兰华侨教育追忆》，《棉华中学纪念专刊》，2006年版，第21—22页。

为借口，在闹市中心，野蛮杀害了五位华侨，并将他们的首级悬挂在苏多摩街和客家街交叉路口示众。① 一位作家在其书中叙述了这事件的由来：

> "猪仔"之中，桌妈友、黄亚福、施水心、陈天忠、麦亚炳，这五个同船来的难兄难弟，打从下船起，五人就同吃、同喝、同找玩乐。这五人在私塾只读过两三年书，粗盐粗语，所以臭味相投，合得来。动不动就是"骑马过海"。每逢发粮日，娱乐场是他们的天地，无醉无归。他们想自己是没有希望了，只有死路一条，存坏好了。最后五人决定不再和烟园白人大狗兄签约继续做粗工了。他们自告奋勇，去当人力车夫，和人打工，做临时工人。有做工有钱，没做工没钱就少吃一点，有空头（机会）五人共享。
>
> 挨到1942年，日本打进棉兰，日本人纠合居民义务劳动，有的派往"浮罗岭"机场，修理飞机场，有的修路，有的派到荷兰人拘留所。有一天，当他们被分派到一处不知名的建筑物时，他们看到了几个人，他们被折磨到面目全非。几天后才听说是被指为反法西斯民主同盟的地下工作者，各色人种俱在其中，还有很多很多别的指控。这五人计议，不管是什么立场的人，什么种族，总之天下有公，救人要紧。
>
> 一个月过去了，这五人的义务劳动期满，换了另一批人在此劳动修理篱笆。某深夜这五人中有一人潜入正在修理中的篱笆，用火柴当作炸药把囚室的锁头打开，救出囚犯然后逃之夭夭。第二天清晨，值日军官当要移交的时候，发现囚犯逃失，报告上司，于是全市戒严，四处搜查。第三天抓到五人中的其中一个，严侦密审，逼他口供，因这五人的嫌疑最大。最后，另外四人也先后被抓到。他们决定守口如瓶，谁也不出卖谁，他们下定破釜沉舟之志：头可断，友不可卖！

---

① 当年被杀害的五位华侨是：黄金榜、许水铃、刘云晋、黄亚炎和黄文赞。现在在他们被害的地方建立起一个"五同胞庙"。

审讯没有结果,上司发火了,把案子接过去,亲自由最高级上司处理,上司改用怀柔手段,用女色为饵,把他们囚入布置好的女牢房中,意欲套出这五人的秘密,谁知过了一个星期,还是套不出什么。上司无计可施,只好把他们带去断头台看人处斩,吓唬他们,意在杀鸡儆猴,要他们承认是谁干的。可是这五人面不改色,表现了中华民族的慷然气概:不畏强暴,不欺弱小!上司恼了,威胁不能吓倒他们,第二天只好把他们五人正法,砍头示众,把这五人的首级挂在大街上。

行人为止回避,不敢路过,街头巷尾,各民族男、女、老、少,都在相告,议论纷纷,信基督教的,他们向耶和华祷告;信佛教的,希望阎罗王能原谅他们过去的过失!给他们投胎到好的人家去……人们都说,想不到看起来很平凡而视为无用的粗人,也能深明大义,干出轰轰烈烈的大事来!①

1942年3月至1945年8月,是日本侵占和统治棉兰的时期。在这段时期,华人不仅在经济上受到了极大的摧残,而且人身安全也得不到保障。在日军的铁蹄下,棉兰的华侨社团被取缔,停止活动。1932年成立的苏东中学被迫停办,其校舍被日军据为兵营,所有图书仪器,散失无遗,连苏中十周年纪念刊稿件,也流入卷烟厂,为卷烟之用,校舍门窗和精致的硬木桌椅全部被破坏。② 占据棉兰的日军,还严禁苏岛民众言论自由,并实行新闻封锁,棉兰的两家报纸《新中华报》和《苏门答腊民报》被迫停刊。日军常借各种口实征用华侨物品。凡是有日军人站岗的地方,路人经过时,必须立正敬礼,万一忘记,就被拉来痛打一顿。乡间的货运、客运车都不敢运营。商店没有货,只好关门歇业。人们也很少轻易出门,街上只见军车来往。百姓逐渐缺粮,人们拿着布袋到附近的小镇去买米,偷偷地带回一二斤。由于交通不便,流通堵塞,通货膨

---

① 林学华:《风雨南洋》,自印书,第112页。
② 居玛丽:《抗战时期的印度尼西亚华侨教育概观(1937—1945年)》,《传承》2016年第2期。

胀等原因，使棉兰华侨蒙受巨大损失，也使许多华侨沉浸在恐怖之中。

日本占领棉兰前夕，中国的一些文人如胡愈之、王任叔（巴人）、郁达夫、刘岩和邵宗汉等抗日人士从新加坡等地"避风"苏岛，先寓居苏岛东岸，即住在离棉兰约150千米的巴都巴拉渔港。考虑到人多集中在一处不安全，当地华侨协助他们隐藏在苏岛各地。除了郁达夫留在巴都巴拉渔港外，胡愈之、王任叔、刘岩和邵宗汉等人士迁移到苏北分散隐藏下来。为了鼓起棉兰华侨反抗日本的侵略和压迫的勇气，胡愈之、王任叔等经常与棉兰华侨中的进步人士接触。像棉兰大地书店主持人赵洪品就是他们接触的主要对象。大地书店是荷印时代进步人士集资开办，宣传进步文化与爱国思想，表面上是普通商店经营，实际上是进步人士聚会的场所。赵洪品本人是水火山中华学校的校长，同事朋友多是进步的，他们曾为抗战筹款，通过关系寄交到八路军办事处。

在胡愈之、王任叔等文人的影响下，棉兰的赵洪品、周苞、熊辛克、叶贻东等将原有的苏岛人民抗敌会，加强扩大为苏岛反法西斯同盟（简称反盟），赵洪品任主席，成员包括中国文化人和本地的知识分子及侨胞。另一个抗日团体是苏岛华侨抗敌协会（简称华抗）[1]，成员多是苏东中学校友和进步青年，主要领导人有李吉海、李吉满、张扬人等，后来加入的有陈洪、张凤书。为了斗争的需要，两个抗日组织联合为苏岛人民反法西斯总同盟（简称总同盟），统一步骤抗日，但仍保留各自的组织。陈洪、张凤书代表华抗参加总同盟领导，总同盟主席赵洪品，王任叔（巴人）以特殊身份任总指挥。整顿后的组织比较健全，积极开展抗日工作，印刷地下刊物《正义报》（后改名为《自由报》）、《前进报》进行抗日宣传。[2]

正当总同盟积极开展活动之时，同盟内的一位年轻会员王桐杰，因

---

[1] 该组织是1942年5月12日在棉兰陈如贞酒店召开大会时成立的，当时出席人数众多，大家以折筷为盟。当天选出的抗敌领导层有：陈吉海为主席；财政部成员是陈吉满、王金州；组织部成员为霍警亚、张扬人；宣传部成员为黄万生、黄锦江；情报部成员为黄文胜、伍华鋆、吴清吉；武装部成员为李金涌、吴福进、王桐杰；交通部成员为许英荣、黄茂盛。详见老亚伯《苏岛棉兰"九二〇"事件概略》，《拓荒》第8期，第25页。

[2] 子梅：《中国文化人对苏岛的影响》，《国际日报》2007年10月21日。

血气方刚，行动较为轻浮，到处声言准备武装抗日，引日探盯上并被捕，后因经不起拷打受刑，供出当地抗日组织，促使日军于1943年9月20日在棉兰、先达等地大规模搜捕抗日成员，制造了闻名的"九二〇"事件。① 虽然棉兰华侨抗日组织在这次事件中受到了打击，但他们仍同当地人民一起继续坚持斗争。他们的功绩正如联军棉兰司令部所肯定说的："抗日反法西斯之华侨战士，为支持盟国而牺牲其生命，余本人敬向先生及各家属致最深切的同情及哀悼。彼等为人类正义和平而偿付最高代价，此种光辉之功绩与无比之英雄，将成为苏门答腊全体华侨社会不可磨灭之永恒纪念碑。"②

1945年8月，日本法西斯宣布无条件投降，印度尼西亚也迎来了独立的曙光。1945年8月17日，苏加诺与哈达在印度尼西亚进步青年的压力下宣布印度尼西亚独立，印度尼西亚共和国诞生了。然而好景不长，荷兰人在美英的支持下又卷土重来。

1946年初至1949年12月，是印度尼西亚人民为了独立而与荷兰殖民者进行武装斗争的时期。在这个时期，棉兰的华人与其他印度尼西亚人一道支持独立革命战争。不但直接参加与荷兰殖民者的斗争，还利用地缘上与周边国家马来亚和新加坡毗邻的便利，将土特产等运往那里销售并换回来药品及日用品来支援当地民众反抗荷兰殖民者。一篇记载当地华侨吴锡柳的文章，印证了棉兰华人支持印度尼西亚独立革命战争的事实：

> 1945年8月，日本法西斯宣布无条件投降后，印度尼西亚即宣布独立，成立印度尼西亚共和国，吴锡柳和王任叔等人，坚决站在印度尼西亚人民一边维护和支持印度尼西亚独立。1947年夏，当时棉兰的印度尼西亚人民军为争取民族的解放独立，与英荷侵略者开战，他坚决参加到这个斗争中。棉兰的中国国民党右派，在英荷的

---

① 在这次事件中，先后被捕关押在先达监狱的总同盟成员有56人，其中陈吉海、周斌、杨万元、谢世鸿、雷柄光等最终被枪杀。
② 温广益、蔡仁龙等编著：《印度尼西亚华侨史》，海洋出版社1985年版，第361页。

指使下，篡夺了棉兰华侨总会保安队的领导权，充当英荷殖民者的帮凶，镇压印度尼西亚独立和打击民主力量。于是吴锡柳和几位同志，便重新组织反保安队伍，替印度尼西亚人民军队找武装。其时荷军已重新占领苏北省各地，他决定化装成农民潜入敌占区。由于交通员的粗心大意，荷军知道他潜入马达山，当他潜入该区时，立即被荷军逮捕。在受审时，不管对他怎样进行威胁或用刑，他坚决否认他就是吴锡柳。最终被荷军监禁，查无实据，二个月后释放。他一出集中营，就设法逃出敌占区，转回到苏岛亚齐。他在亚齐与几位同志商量后，又前往马来亚，然后回印度尼西亚廖内前往武吉丁宜。当时武吉丁宜是苏岛印度尼西亚共和军的总部，在这里他为印度尼西亚军队找武器。他曾经从马来亚千辛万苦运来一批武器提供给印度尼西亚军队。[①]

这个时期，棉兰华侨除了与当地民众一起支持印度尼西亚的独立战争外，也重新恢复被日军几乎摧毁的社会经济。许多华人社团纷纷恢复或成立新的社团，一些报纸从地下走向公开或复刊，新的报纸也相继出版发行，各行各业开始复苏起来。

由于受到中国局势的直接影响，这时期的棉兰华侨社会发生了一些变化，即其正式开始分化为"红"与"蓝"两大派别。（这种现象似乎一直延续到现在）。所谓"红派"，就是倾向于共产党民主阵营的，而"蓝派"，则是倾向于当时国民党国民政府一方的。在当地，属于"蓝派"的隶属于以前就存在的"棉兰中华侨团联合会"，而"红派"则由"棉兰华侨总会"（1946年2月成立）来领导。在其他地缘或同业社团也发生这种分化，如南安联谊会、客家人联谊会、潮州公会等为亲"红派"，而福建会馆、南安会馆、广东木器公会、韩江会馆等属亲"蓝派"。在棉兰，当地的报纸也有"红""蓝"之划分，比如棉兰属于所谓"红派"的有《苏门答腊民报》和《民主日报》，属于所谓"蓝派"的有《新中华报》和《苏岛时报》。这种现象还突出地表现在当地的华侨教育队伍

[①] 陈达民：《苏北优秀的爱国者吴锡柳》，未刊稿。

中。比如,"蓝派"稍早前曾成立了"棉兰华侨教师公会"来管理倾向其的学校及其教师,而"红派"则于1945年10月专门成立了针对"蓝派"的"苏岛华侨教育会"组织。两派旗鼓相当,常因观点而起争斗[1],当时,"红""蓝"双方展开了争夺与拉锯,政治倾向成为棉兰华人的中心议题。

虽然棉兰华侨社会的"红""蓝"两派在政治上有分歧,但在推动华社华校的建设和复办,以及社团的恢复方面双方却都不遗余力。例如,"苏岛华侨教育会"成立后,一方面推动社会教育,开办民众夜校,设立公共图书馆,出版教育周刊,编印学校教材;另一方面推举朱志辉、昝希范、张家梁、黄鹤、余泽鸿、傅石生、陈维经、张云飞、史泽之9人,组成"中学教育实施委员会",筹办中等学校。在苏岛教育会的策划和支持下,棉兰华侨中学终于1945年11月25日正式建成。简称棉华中学,借糖业公会为校舍。[2]

至于苏东中学的复办,是在"棉兰华侨教师公会"的积极协助下,由苏东董事会的主席张念遗等董事召开董事会,议决先复办二小(华商学校)、四小(神州学校)及七小(正式幼稚园)。因为此三所校舍在战事中没受到损坏,当即委任李子瑞、姚定宇、何尔武、张俊英、郭钟斯、古泰萍、陈二友等七人为校务委员,负责筹备中学部复课。由于联军仍驻扎在月路的校舍内,故暂时以文化街尾(旧名辖典目街)的荷兰戏院为临时课室。到1946年初,苏东中学正式复课,初中一至三年级共七个班,学生333名,加上其他三所小学共约3000多名学生。[3]

由于棉兰华校相继建立或复办,大大弥补了日军统治时期,华校被迫关闭而造成失学的青年可以开始恢复学习了。在这一时期,其他诸如青年、妇女学习班或各种理论学习小组,也纷纷建立起来。此外,随着

---

[1] "红""蓝"两派争斗的具体案例有"棉中壁报事件"。1946年10月中旬,棉中学生会壁报转载陈伯达的《蒋介石应当爱国》一文,"蓝派"阵营指责为"攻击元首,大逆不道",国民政府代领事李硕指示保安队非法扣留棉中校长朱志辉及壁报组组长费曦同学。经交涉斗争,费曦当晚放回,朱志辉校长亦于三日后获释。华侨总会于REX戏院举行盛大欢迎会。

[2] 黄鹤:《棉华中学校史》,《棉华中学纪念专辑》,棉兰中学校友会2006年编,第17页。

[3] 苏东中学校友会编:《苏东中学史迹》,2008年出版,第65页。

1946年2月"棉兰华侨总会"的成立,一些华侨青年、妇女、工农、学生都先后成立了自己的组织,如苏东华侨青年总会、苏东华侨工农总会、苏东华侨妇女总会等,这些社团的成立,使棉兰华侨社会呈现出一种朝气蓬勃的新气象。

1949年10月1日,中华人民共和国成立。1950年4月13日,印度尼西亚与中国建立外交关系,而到1967年10月印度尼西亚却单方面宣布中断同中国的外交关系,致使两国关系降到低点。由于受到两国政治的影响,20世纪50年代至70年代是棉兰华侨社会发生急剧变化的时期。

20世纪50年代,棉兰的华侨受到内外两方面的影响。在外部方面,即中华人民共和国成立后,棉兰的许多华侨为之振奋,以保留中国籍为己任。对于印度尼西亚政府曾要求入籍的期限迟迟不予理睬,有的还要求将已加入的印度尼西亚籍退掉。一位华人这样说道:

> 1945年8月17日印度尼西亚宣布独立,1948年圆桌会议后,荷兰政府把政权移交给印度尼西亚政府,印度尼西亚政府颁令,凡外侨出生于荷印政府时期年满18岁者,依法律自动成为印度尼西亚公民,不要自动取得印度尼西亚国籍者,须于1949年12月27日起自1951年12月27日止,向当地法院、县或区公署或国外代表机关声明"退籍",如年龄在18岁以下者,可由家长代为退籍。当时,我们华侨听到这个消息,许多人都说要保持自己的中国籍。因为我们原本就是中国人,加入印度尼西亚籍没有什么用处,我们的地位不如当地人。其实,加入印度尼西亚籍,既对不起祖宗和下一代,也不是很光彩的事。印度尼西亚与中国相比,似乎太小了。①

曾以日惹为临时首都的印度尼西亚共和国总统,于1946年4月10日向社会公布了《关于印度尼西亚籍民与居民的1946年第3号法令》,对外侨国籍问题采取被动制出生地主义。它规定:在印度尼西亚出生、连续在印度尼西亚居住5年、年满21岁、已婚的非印度尼西亚族后裔,若

---

① 2010年4月3日笔者与黄先生的访谈录。

在规定期限内（1946年4月10日至1947年4月10日，以后又延长至1949年4月10日、1951年4月10日），不声明拒绝为印度尼西亚籍民者，即自动成为印度尼西亚国籍公民。由此可见，当时的印度尼西亚政府为吸引外侨入籍，采取了相当宽松的政策，应该对华侨入印度尼西亚籍相当有利。然而，据印度尼西亚外侨及侨生事务局估计，依照被动制接受印度尼西亚籍的只有30%。[1] 按当时300万华侨华人人口推算，印度尼西亚籍华人应为60万，中国籍为240万，这表明，拒绝印度尼西亚国籍者多于接受者。

本人访谈的这位黄先生，他是1942年8月出生在棉兰的，按照印度尼西亚的入籍规定，只要他的父母替他接受印度尼西亚籍，他就可以自动成为印度尼西亚籍公民。然而，黄先生的父母并没有这样做。本人查看黄先生的出生证件，发现其出生证上面却有一行"脱离印度尼西亚籍"的字样，时间是1951年8月15日。这表明，黄先生的父母替他脱离了印度尼西亚籍。后来，本人又查看了黄先生的国籍证件，发现他的国籍证最初办理的时间是在1980年7月25日，这也就是说，他只是在37岁时才成为真正的印度尼西亚籍公民。在棉兰，像黄先生这种情况的华侨还真的有不少。据黄先生说，当时无数华侨青年，争先恐后要求脱籍，有的还通宵达旦，挤在法院前面排长龙。[2]

当时，外部因素对棉兰华社产生影响的另一件大事，就是倾向于国民党政府的苏东中学的关闭。由于印度尼西亚与中国的建交，印度尼西亚政府断绝了与中国台湾的关系，因此当时印度尼西亚许多与中国台湾有关系的华文学校和华侨社团都受到牵连。1957年7月，印度尼西亚棉兰地方政府接管倾向于中国台湾的苏中全部校产，一部分校舍被用于设立苏多摩国民学校，一部分被用作政府机关服务，苏东中学及其八附小的历史，至此结束。一位苏东中学的校友后来写了一篇"苏中的最后一课"，来记载这事件：

---

[1] 雅加达《新报》1954年3月13日。
[2] 2010年4月3日笔者与黄先生的访谈录。

1958年11月5日是所有热爱苏东中学的老师和校友难以忘记的一天,当天上午全校学生像平常一样到校上课,但大家,面容严肃,没有言笑,因为几天前已获知学校将被接管停办。课堂上,所有的老师都用沉重的语调授课,时间一分一秒的过去,终于下课钟声响起,可是一直响个不停,老师的眼睛泛红向所有学生宣布今天这一堂课是苏中的最后一课,要学生们秩序井然到运动场集合,这时一部分女生已失声痛哭,老师也忍不住落泪。

广场上,千多名学生肃立,鸦雀无声,容权焕校长用庄严语气向学生宣布学校奉命停办,亦被接管,今天是最后一课,希望大家珍惜勿忘,苏东中学虽被接管,但苏东中学的精神长在,也永远活在大家心中,并勉励学生继续求学充实自己,为各自前途奋斗……

最后,苏中歌咏队队员登上讲台,司徒容富同学担任指挥,领导全体师生唱最后一次校歌:"苏岛东头,马达巍峨障碧空,簧舍广阔,神州文物播休风,我们弟兄姐妹,去国万里,聚合天涯,亲情骨肉,数晨昏,共游乐,喜气融融一室中……"悲壮的歌声响彻云霄。歌毕,容校长要求大家顾全大局,必须立即离开学校,学生们心中虽然充满悲愤和不舍,却也依言互道珍重,和老师道别后默默离去……①

在20世纪50年代,内部因素影响棉兰华侨社会的,主要是独立后的印度尼西亚政府对华侨所采取的种种限制、剥夺和压制的政策与措施。1950年统一后的印度尼西亚共和国成立后,印度尼西亚的民族主义情绪高涨,印度尼西亚政府一部分执政的领导人和激进的右翼伊斯兰势力视新中国为威胁,把印度尼西亚的华侨看作是"敌国的潜在代理人和必须严加监视的第五纵队"②,因而一改过去荷印殖民时期对中国人所采取的自由入境为甄选入境,并限制每年入境的人数。在限制中国人入境的同

---

① 《苏中的最后一课》,《苏东中学史迹》苏东校友会2008年版,第70页。
② *Far Eastern Economic Review*, Hong Kong, 21 September, 1979, p.39.

时，对已在印度尼西亚居住的华侨实行监督、登记和管理。以及征收外侨税和限制外侨职业；同时制定和实施对华侨所采取的被动制、主动制的国籍政策，实行扶植原住民的堡垒商政策，限制和打击华侨的经济。从1950年至1960年，印度尼西亚政府相继制定《限制入境条例与入境法令》、《外侨登记条例》（1954年4月第32号法令、1954年8月第45号法令、1955年6月第8号法令等）、《关于实施外侨监督联络办法》（1957年）、《外侨税法令》（1957年第16号法令、1958年第74号法令）、《关于雇佣华侨的第3号法令》（1958年1月）、《1954年印度尼西亚共和国国籍法令草案》、《有关堡垒商政策的规定》（1950年3月）、《有关卡车和公共汽车营业条件的条例》（1952年8月）、《关于限制碾米企业的第42号法令》（1954年）等几十个法令和规定。

印度尼西亚政府的上述种种政策针对的主要是华侨华人，因而受影响及打击最大的是包括苏北及棉兰在内的华侨华人。比如，由于受到堡垒政策的影响，棉兰许多华人输出商被迫转行，一些批发商因不能将商品零售给居民，只得将产品批发给其他公司，从而使其利润大降。一些华侨商店、工厂要么关门，要么转让给有印度尼西亚籍的子女，或与当地人合作。一位曾经历过这场变动的华人这样说道：

> 我的父亲是1915年被卖"猪仔"来到这里的，在苏北的二级行政区渣末（Kecamatan）区经营小生意，当59年政府颁布不准外侨在县及以下经营小商时，我父亲毅然做出离开印度尼西亚，返回其祖籍国之举。
>
> 我的母亲是爪哇人，所以我随母亲为印度尼西亚籍民，可以继续经营小商，但后来又因10号法令委员会（Panitia PP10/59）裁决把我家的瓦弄小店廉价转让给别的原住民。无奈，我们只得搬迁到棉兰来。来到棉兰后，我们利用小商赚的钱，以及起了几份银会，在棉兰郊区买了一块地种植棕榈树，开始从10公顷到11公顷，到12公顷，逐年增加，到了后来又买进无数邻近的棕榈园，并与我母亲家的人合作组成有限公司合资，自己做董事长，已有5000公顷的

大园丘。①

在苏北有一批华侨从事农业劳动，他们和印度尼西亚农民开垦出来的良田与外国农场相邻。随着印度尼西亚的独立，外国农场主改变了过去以暴力掠夺农民土地的方式，他们向当地官员行贿，要求用坏地来换农民的好地，农民要求将已开垦的土地发给他们，遭拒绝，苏北省长哈金秉承外国农场主意旨，制定分配土地计划，强迫农民搬迁，引起农民强烈抗议。从1953年1月起，哈金调集军警，用武力捣毁农民的农作物和房屋。3月，丹绒勿拉哇（Tanjung Worawai）数千华印农民守卫自己的耕地，拒不搬迁。3月17日，70名警察掩护拖拉机毁掉农作物，农民反抗，警察开枪，打死农民8人，其中有华侨郑亚谋、郭亚哺、吴亚发和卢亚江等人，受伤40多人。农民家属躺在地上继续展开斗争。与此同时，棉兰附近南风岭牛廊的80余户华侨农民以及实达挖附近18千米处的塞林巴村的农民也被迫搬迁。②

据资料显示，棉兰华人的社团出现也较早，成立于1878年的鲁北行是棉兰最早的华人社团，其也是最早的业缘社团，至1958年棉兰已有259个华人社团。一位学者研究，棉兰华人社团的产生发展可划分为四个时期，一是从1878年至1942年的战前时期；二是从1942年至1945年日占时期；三是战后至1949年底；四是1950年至1958年4月。在这259个社团中，成立时间不详者有27个，时间段可考者共232个。③

至60年代，棉兰的华人人数已达92016人，其占苏门答腊175273华人总数的52%。④ 而随着1959年印度尼西亚政府禁止外侨零售商在县以下营业，迫使棉兰郊区县的许多华人投亲靠友迁移至棉兰居住，从而加快了棉兰华人人口的增加。据当地的一些华人估计，60年代棉兰的华人

---

① 2010年4月2日笔者在棉兰与林某的访谈录。
② 黄昆章：《印度尼西亚华侨华人史》，广东高等教育出版社2005年版，第12页。
③ 王刘波：《变动与分裂——二战后初期印尼苏门答腊北部华侨华人社会研究（1945—1958）》，中国社会科学出版社2019年版，第126页。
④ 中侨委资料室编印：《中国、印度尼西亚双重国籍条约问题资料》，1960年6月，第2页。

已有 10 多万人了。①

1965 年"九三〇"事件发生，苏哈托上台后实施了军人统治。对于这次事件，苏哈托军人政府认为是印度尼西亚共产党策划，并得到一些华人的支持。因此，苏哈托政府制定了一系列不利于华侨华人的政策与措施，同时在全国开展了声势浩大的一场排华运动。当时的棉兰被称之为"小延安"，理所当然地成为当时印度尼西亚政府排华的重灾区。一位华侨在其回忆录中这样写道：

> 棉兰自"九三〇"开始，每天暴民都上街示威，初为学生团体，后几是暴民，对象都是左倾华人，因华人唯一政党莲花党被指责涉及政变，棉兰军警眼看暴民对华人商店进行破坏，抢劫而无"制止之策"，一些左派社团建筑都被接管，初只针对左倾华人，后连无国籍华人亦是被抢掠的对象，一到中午，商店都关门不营业，每天都有一车车的示威者高喊排华口号……②

1965 年 12 月 10 日，排华分子砸烂中国驻棉兰领事馆的门窗，3 名职员受伤，接着袭击华侨商店，推倒和焚毁华侨的摩托车，这就是有名的"12·10"事件。在这次事件中，有千余名暴徒携带斧头、利器、木棍和大量石块，破坏达 6 个小时之久，他们高喊"杀死支那人""把支那人赶走"的口号。许多华侨被打致伤，数以百计重伤者被送医院治疗。因此倾家荡产的华侨有数百户，因住房被毁被暂时收容的有 1000 多人，有 200 人被杀害，数名华侨妇女被轮奸，棉兰大街上被烧毁的汽车达 320 多辆。③

在 60 年代中期，由于印度尼西亚政府对华侨采取的一系列政策，既造成众多华人伤亡或倾家荡产，也给当地的经济带来严重困难。据统计，1965 年物价总体上涨了 500%，大米的价格上涨了 900%，1966 年大米价

---

① 2011 年 4 月 5 日笔者与 CHEN 先生的访谈录。
② 吴奕光：《我的故事》，南风文学出版社 2007 年版，第 106—107 页。
③ Charles A. Copple, *Indonesian Chinese in Crisis*, Oxford University Press, Kuala Lumpur, 1983, pp. 60—61.

格上涨了1000%，印度尼西亚的外债持续上升，已达24亿美元。① 在棉兰，由于郊区华侨大批的离去，供应城市的副食品越来越少，而特别是由于市内一系列的排华活动，华人社团和华文学校被取缔或关闭，财产被没收，有的华人的商店停业和工厂倒闭，城市的日用品供应几乎陷入停顿状态，社会治安处于极度的混乱之中，市民的生活也每况愈下。

面对恶化的经济和社会形势，棉兰的华人虽然在各方面都受到压抑，但仍然为自己的生存而努力。1966年后，随着印度尼西亚政局的逐渐稳定，以及印度尼西亚政府对华人的政策逐渐松动，棉兰的华人经济也开始活跃起来。当时，棉兰华人仍以从商为主，主要经营杂货、百货、餐馆、五金、电器等，出现了一些华人批发商和进出口贸易商。一位华商这样谈到其家族经济的发展：

> 我的祖父在年轻的时候，就来到南洋，到我这已经是第三代了。我小时候虽然较清贫，但父亲的生意还算可以，能勉强维持全家稳定的生活。当时我的父亲从事机电进出口贸易，随着政局的稳定，我父亲的生意做得越来越大。我在这样的环境中长大，所以我对做生意产生了浓厚的兴趣。从10岁开始，我白天在学校上学，放学后就到父亲的公司学做生意。1963年我高中毕业，由于当时政府的限制，无缘到大学深造，从此开始做机电生意，三年后我正准备扩大发展业务的时候，"九三〇"事件爆发，印度尼西亚经济形势从此变得十分严峻，一片萧条，我父亲从事的进出口生意也受到巨大的冲击，而一落千丈。再加上剧烈的社会动荡，我父亲被迫离开家庭远走新加坡。由于父亲的离开，家庭的企业已经到了破产的边缘。那时我才20岁，无奈我只得挑起家庭的重担，并等待着生意的机会。
>
> 1966年后，印度尼西亚的局势趋于稳定，政府开始大力发展经济，原材料，特别是建筑材料的进口需求与日俱增，我从这些变化中看到了机会。于是我买了几条小船做起了进口水泥的生意。当时，

---

① 印度尼西亚统计局1967年统计资料。

印度尼西亚与马来西亚和新加坡有通商的关系，新加坡作为自由港，它的原材料相对便宜，所以我就从新加坡进口原材料，主要是水泥。那时，印度尼西亚的水泥非常短缺，我的运水泥的船从开始的100吨，增加到200吨，后来又增加到500吨的船，而水泥一到岸就被抢购一空，靠着这水泥的贸易，我的生意开始做起来了。①

20世纪60年代末至90年代，是印度尼西亚华人社会的一个重大转折期。在这一时期，苏哈托政府对印度尼西亚华人实行了在政治上压制、文化上同化和经济上逐渐放松的政策。在棉兰，各种华人社团、华文学校在60年代末已被全部取缔或关闭，至1974年华文报纸也收到禁令而全部停刊。② 同此一阶段日渐衰落的华人文教事业相反，棉兰华人的经济却在政府政策的鼓励与支持下，取得较快的发展。一些华人在原先小商店、杂货铺或进出口贸易的基础上，开始向橡胶、建材、钢铁、旅游业发展，走实业化的道路。

四 三宝垄华人社会的历史

三宝垄是中国人较早移民的地区，在唐代就有中国移民在那里出现的记录。10世纪虽然有中国人陆续移民到三宝垄，而大量中国移民移居三宝垄的时间应该始于15世纪。

从资料来看，早期来到三宝垄的华人，主要是福建闽南籍移民，即厦门、龙溪、海澄、同安、晋江、南安等地。移居到三宝垄的华人，早先主要居住在三宝垄的郊区，即三保洞周围，一是这里离港口较近；二是认为这里风水较好，可托福于三保公。他们有的在三保洞附近开垦荒

---

① 2010年5月7日笔者与陈先生的访谈录。
② 1974年苏门答腊岛的华文报刊全部收到禁令而停刊。华人出资办的华文报纸《印度尼西亚日报》苏岛版的股东们有先见之明，老早就准备了一份印度尼西亚文报纸就是 *Harian Analisa*（即《分析日报》）如今它是棉兰最大的报纸，有6万多份发行量，作为一份真正意义上的印度尼西亚文报纸，分布在各族群读者中间。其成功的原因除市场开发的很早外，就是它没有明显的华人色彩，易于为非华人所接受。它现在的总编钟俊逸先生认为，《分析日报》已经成为棉兰新闻媒体举足轻重的一份子。通过多年来的精心劳作和组织，《分析日报》已经成为棉兰市文化与文学活动的枢纽和文化发展及文学创作的重要阵地和园地。

地，种上庄稼，并且有许多人从事商业活动，他们经常来往于三保洞地区和爪哇内地之间。

大约到了17世纪初，荷兰东印度公司已侵入爪哇的雅加达和三宝垄等沿海地区。在荷兰殖民统治时期，为了防范华人结党成群，荷兰人便下令住在三保洞的所有华人迁移到三宝垄市内。"这样做，首先可以监视他们的活动，其次还可以避免他们同内地的华人取得联系。"① 为此，荷兰人将华人划定出专门的居住区。这样，三宝垄的华人便聚集在一条被称之为"三宝河"（Kali Semarang）的河流所环绕的华人区中，即卡里加韦街（Kaligawe）、阿明安街（Ambengan）、贝杜东安街（Petoedoengan）、巴科占街（Pekodjan）、宾吉尔巷（Gang Pinggir）、瓦弄巷（Gang Waroeng）、贝森巷（Gang Besen）、腾阿巷（Gang Tengah）、甘皮兰巷（Gang Gambiran）、峇鲁巷（Gang Baroe）、十九间街（Tja-kauw-king）、克朗甘街（Kranggan）、甘邦马来由（Kampoeng Melajoe）和贝达马兰街（Pedamaran）。虽然，华人的这种居住格式随着时间的推移有所变化，即华人已逐渐分布到整个三宝垄市区，但大多数华人仍然居住在以上所提到的这些街道。

华侨从三保洞地区迁入今三宝垄市区后，在荷兰人指定的地方平地起家，盖了许多竹屋。这些竹屋与当地的土著的房屋一样，上面的屋顶是用棕榈树叶做屋顶，木板和竹篾作墙壁，简陋而不遮风雨。从这可以看出，早期来到三宝垄的华侨大多数是以贫苦劳动者或中小商贩的身份来到三宝垄的。

这时期三宝垄的华侨，同当地居民相处得十分融洽，长期以来相安无事，并相互通婚，出现了许多被称之为"娘惹"（Nyonya）的华人妇女，这是华人与当地土著妇女通婚的后代。这些"娘惹"的外表与土著妇女没有多大的区别，她们穿着土著妇女的花裙和圆领不开扣的长上衣，锯牙齿，嚼槟榔，染黑牙齿，屈膝而坐，俨然一副土著妇女形象。早期三宝垄的华人，除了一些种地的外，许多人从事着三宝垄—爪哇内地—

---

① ［印尼］林天佑：《三宝垄历史——自三保时代至华人公馆的撤销（1416—1931）》，李学民、陈巽华合译，暨南大学华侨研究所1984年印，第30页。

中国之间的经贸活动。林天佑在其书中写道：

> 华侨商人每日出门贩卖碗、碟、丝绸等货物，傍晚才回到家。华侨商人和各种中国货物越来越多，尤其是纸张、布匹、丝绸和陶瓷器（碗碟）。经常有几十捆的陶瓷器从三宝垄运往爪哇内地……每日到内地四乡去出售商品的华侨商人也不断增多。中国商人从中国带来很多货物，当他们回国时，也从这里带了不少可以在中国出售的商品，如胡椒、肉豆蔻、甘草及其他香料。①

除了从事进出口贸易外，当时三宝垄的华侨还建立了一些适用于当地民众生活的重要工业，如制花生油和制蜡烛的小型工厂。花生油除了用来烹调之外，一些乡民们也用这种油来点灯。② 由于当地居民喜欢吃蔗糖，三宝垄地区已有华侨开设了蔗糖厂，这些蔗糖厂的原料主要来自租用当地居民的旱地种的甘蔗，同时也从当地农民中采购甘蔗。这些早期的华侨糖厂，成为后来印尼糖王黄仲涵发展糖业的基础。

随着当地的经济开始发展，三宝垄华侨的房屋开始从简陋的竹屋过渡到砖瓦的房屋。最初出现砖瓦屋的地方，是北华人区（Patjinan Lor）和东华人区（Patjinan Wetan），也就是现在的亚弄巷和宾吉尔巷。许多华人在这里建了较为精致的砖瓦房屋，上面住人，下面的房间就开成小杂货店，出售各种各样的物品，而一些居住在郊区的当地农民常常来到这里，一方面出售他们的农副产品如玉米、蔬菜、木炭和编织品等，另一方面又从华人那里买回他们的家常用品如茶叶、糖、镜子、丝、布纸、花生油等等，从而使这里逐渐变得热闹起来。

---

① ［印尼］林天佑：《三宝垄历史——自三保时代至华人公馆的撤销（1416—1931）》，李学民、陈巽华合译，暨南大学华侨研究所 1984 年印，第 34—38 页。
② ［印尼］林天佑：《三宝垄历史——自三保时代至华人公馆的撤销（1416—1931）》，李学民、陈巽华合译，暨南大学华侨研究所 1984 年印，第 48 页。

图1：印度尼西亚三宝垄唐人街寿福堂前的集市与民众住宅（郑一省摄）

为了征收税收和加强对华人的控制，荷兰东印度公司于1672年任命一位名叫郭桥的华人担任甲必丹。这位叫郭桥的华人，原籍福建海澄，是当时巴达维亚甲必丹郭郡、雷珍兰郭训的哥哥，当年他从巴达维亚来到三宝垄担任甲必丹的职务。也就是说，郭桥在三宝垄被推选出来，是由于他在巴达维亚的弟弟与东印度公司的关系较好，而在东印度公司方面，对于三宝垄所选出的第一任甲必丹郭桥，也认为是有利的。从1672年起，荷兰人在三宝垄共任命了16名华人甲必丹、20名雷珍兰和10名玛腰官员等。见表2—3[①]：

表2—3　　　　荷兰统治时期在三宝垄任命的华人官员

年代	甲必丹	雷珍兰	武直迷	玛腰
1672	郭桥	许鹏	黄秉荣	陈敬麟
1684	郭安赛	陈光辉	黄检光	马正魁
1743	郭昂	陈庄		陈宗淮
1753	黄井	蔡夺元		陈昆松
1755	陈映	林炎光		林隆兴

[①] 有关三宝垄甲必丹等官职的华人名单可查这些书籍：（印度尼西亚）林天佑：《三宝垄历史》，暨南大学华侨研究所1984年版；[美] 韦尔莫特：《三宝垄的华人少数民族》，康奈尔大学1960年版；刘焕然：《荷属东印度概览》，新加坡《南洋报》社1940年版。

续表

年代	甲必丹	雷珍兰	武直迷	玛腰
1770	陈历	陈以敬		
1784	陈煜生	郑和		
1800	陈长康	郭华		
1811	陈长菁	陈尔祥		
1828	陈峰烟	许元辉		
1839	马荣周	蔡朝阳		
1853	陈宗淮、马森泉	王君保		
	陈昆松			

资料来源：[印尼] 林天佑：《三宝垄历史—自三保时代至华人公馆的撤销（1416—1931）》，李学民、陈巽华合译，暨南大学华侨研究所1984年印。

除了任命甲必丹等外，荷兰人还任用当地的华人为夏班达尔（Sjahbandar），即港务长。华人港务长由华人承包商担任。他们对华人运来的进出口货物抽税，他们还抽盐税、竹税、赌博税、华人的人头税。每一个家庭中已成年的人口，最高抽五里尔①的人头税。此外，荷兰人还在华人居住区设立了若干个华人区长。

1740年，荷属巴达维亚政府为了防止更多中国人来到爪哇，下令凡是没有固定的职业或者被认为有碍治安的人，都要逮捕和遣送到锡兰或好望角去。只有持有政府发给的准许证才可以在当地居留。而那些贪婪的官员利用这种居留许可证，向华人敲诈勒索，致使华人不满，从而导致巴达维亚的华人起来对抗当局，其结果约有一万华人被屠杀，这就是1740年10月9日晚所发生的"红溪事件"。事件发生后，全爪哇的华人为之震动，纷纷起来反抗荷属东印度公司。当时担任三宝垄华人甲必丹的郭安赛，也组织当地的华人在华人居住区设置堡垒，日夜派华人轮流巡逻，并与淡目、韦拉汉、北加浪岸等地区激烈反抗荷兰人的华人取得联系，时而派出华人支援那里对抗东印度军队的进攻。由于派出支援别处斗争的人过多，被荷兰人乘机攻破了三宝垄华人的堡垒，郭安赛被捕，

---

① 里尔（Real）是西班牙的货币，这种货币当时在爪哇通用。

许多华人被迫逃出三宝垄。①

由于这次事件，使三宝垄有好几个月变得萧条，许多华人都从城里逃出，不敢再回来，有些人在外地定居。不过这种冷清的局面并不长，因为三宝垄是个海港城市，商业日益繁荣，新的居民迅速增加，他们或者从外地迁入，或者从中国迁来。荷兰人因害怕华人再度反抗，自三宝垄华人甲必丹郭安赛被捕后，从1740年后再没任命管理当地华人的官员。只是到了1743年，荷兰人见情况有所好转和利益的需要，就专门从巴达维亚选派了一位在当地担任雷珍兰的华人郭昂（Kwee Gang）来三宝垄任甲必丹。这位郭昂在三宝垄采用的大号是甲必丹榕峰（Kapitein Yong Hong），后来华人官员上任后也都采用大号了。郭昂上任后，考虑到三宝垄华人日益增多，向荷兰人申请要求再配备一名助手，东印度公司批准了郭昂的请求，选拔了一名雷珍兰当他的助手，这是三宝垄第一次设置雷珍兰的官职。

至18世纪中期，三宝垄华人商业已繁荣昌盛。1753年，郭昂回到巴达维亚后，不再担任三宝垄甲必丹。东印度公司选拔了三宝垄当地的华人黄井（Oei The）来继承郭昂的甲必丹官职。黄井是出生于福建漳浦的新客（totok），侨居三宝垄十二年。闲暇时，他常常聚集一班好友，给他们讲述中国古代故事，其中最受欢迎的是《水浒传》一百〇八条好汉中的武松。因他对武松很赞赏，又爱喝酒，所以在他担任华人甲必丹之后，华人都称他为甲必丹武松。黄井上任一年后，东印度公司在三宝垄设立武直迷（Boedelkamer）②，选拔了他的亲戚黄秉荣（Oei Sien Lng）担任，后来，武直迷所承担的华人事务越来越多，需要再选拔一人，于是选拔了黄检光（Oei Khian Kong），他也是甲必丹的亲戚。

后来，黄井陷入"税款失窃案"之中，东印度公司为此指定陈映（Tan Eng）代替黄井的华人甲必丹官职，陈映别名文焕（Boen Hwan），祖籍龙溪，是一个糖商，拥有好几个榨糖机，雇了十多个华人。他被委任为华人甲必丹之后，大号叫"碧溪"（Phik Khee）。东印度公司还选拔

---

① 李学民、黄昆章：《印度尼西亚华侨史》，广东高等教育出版社2005年，第146页。
② 武直迷是华人官职，主要管理华人的房屋、遗产事务，其职位在雷珍兰之下。

了一个叫许鹏的华人为雷珍兰（Luitenant），作为陈映的助手。许鹏的大号叫"国志"（Kok Tiong）。

在陈映管理时期，西华人区和北华人区的居民，在巴列坎邦（Bale Kampang）即现在的普隆庞巷（Gang Bloembang）附近修建了一座观音亭。1753年的一天夜里，在观音亭前发生了两个集团的华人打群架的事件，结果有一些人受伤，华人甲必丹陈映和雷珍兰许鹏做了许多工作，才使事件没有产生不良的后果。不过，东印度公司免去了黄秉荣和黄检光的武直迷的职务，而委任陈李汾（Tan Hie Hcen）和郑致敬（The Tie King）代替他们的工作。由于武直迷的工作使东印度公司感到满意，东印度公司后来又提拔一名雷珍兰，就是陈光辉（Tan Kong Hoey），大号叫"正赛"（Tjia Say）。再以后，东印度公司又增加了华人官员的人数，提拔了三个雷珍兰，就是陈庄（Tan Tjeng），别名以敬（Ie King）；蔡夺元（Tjoa Twat Goan），大号"沧霞"（Diong He）；林炎光（Liew Jam Kong），别名瑞德（Swie Beng）。

1770年，华人甲必丹陈映去世，由其弟弟陈历（Tan Lik）继承其职位。陈历后来又叫陈历生（Tan Lik Sing），别名文蔚（Boen Wie），大号"珍源"（Tien Goan）。他是热心修建大觉寺者中的一人，华人公众都称他为陈甲历。陈历当了华人甲必丹之后，对秘书的职务做了一些改革。以前华人甲必丹的秘书主要是由东印度公司指派，其工作直接向政府的最高当局负责。这次陈历向东印度公司要求增加一名秘书，当局批准了他的请求，选拔了一位秘书，这就是黄霞龄（Oei He Ling）。在陈历任甲必丹时，武直迷的职务由陈煜生（Tan Yon Seng）代替陈李汾，曾光远（Tjan Kong Wan）代替郑致敬。在此期间，陈庄和陈以敬辞去了雷珍兰的职务，东印度公司选拔了郑和（The Heo）、郭中华（Kwee Tiong Hoa）来代替他们。

1784年，甲必丹陈历生逝世，他自1770年开始任职，达十四年之久。在陈历生去世后，东印度公司提拔担任武直迷的陈煜生为甲必丹，使其成为三宝垄第七任华人甲必丹，他的大号"景隆"（King Liong），人们称他为陈甲煜。在这段时期，东印度公司对选拔雷珍兰似乎很积极，不仅提拔了陈煜生在巴达维亚的儿子陈几（Tan Kie），大号"绍珍"

(Siauw Tien），还提拔陈历生一位侄子陈溪生（Tan Khee Sing）来三宝垄担任为雷珍兰，大号"绵源"（Bian Goan），被提拔的还有黄六（Oei Lak）、陈乔（Tan Kiauw）、陈长康（Tan Tiang Khoung），大号"隆裕"（Liong Djee），苏明宜（Souw Bing Gie），大号"招源"（Tjiauw Goan）。

大约在1791年，三宝垄武直迷曾光远晋升为雷珍兰，而武直迷则由前任甲必丹陈映的儿子陈桂（Tan Koei），雷珍兰陈以敬的后代陈希龄所担任。

有关三宝垄华人最早的坟墓，曾建在通往荷兰人居住的洛吉街（JL. Lodji），即现在的赫伦街（Heerensteaat）的中途，荷兰人借发展城市为由向华人甲必丹提出要求，要将华人的坟墓搬迁别处。在这种情况下，华人甲必丹陈煜与苏明宜等几位雷珍兰商议，首先向华人居民发出要求坟主迁坟的通知，可是等了几个月还没见有人前来报告。于是，陈煜生和苏明宜就决定将这些坟墓搬到别处。经过几天的寻找，最后选定在詹迪（Tjandi）山麓的一块地方，即现在的格尔加吉（Gergadji）花园的北边。1797年这年，当地的华人官员将没人认领的尸骨装进几个瓮埋葬，并在坟墓前立了一块石碑，写着"同归所"。这里后来也成为华人的坟地了，每逢初一、十五或星期四晚上，有许多华人睡在坟边求福，同时白天也有不少人来膜拜。据说，在已迁走的原来华人坟墓的空地上，立了一块石碑，上面写着"南无阿弥陀佛吉安"。笔者调查期间曾两次看见这块石牌，不过发现它已被镶嵌在一间房屋的外墙上了。因为，那地方已经变成了今天华人繁荣的一条商业街，这条街现在的名字叫"巴科占街"（Pekodjan）。

在陈桂担任甲必丹时期，陈尔祥被选拔为雷珍兰，魏本（Goei P0en）为武直迷，后来魏本又被提升为雷珍兰，其原来的职位由许再生（Khouw Tjay Sing）代替。1800年甲必丹陈煜生去世，其职位由雷珍兰陈长康继任，陈长康是陈煜生的长子，大号"隆裕"（Liong Djoe）。

1807年至1816年，是荷属东印度发生变化的时期。这个时期，爪哇岛经历了法国与英国的争夺战。1807—1808年，是法国的丹德尔斯任荷印总督的时间，推行了强迫种植制度。1811年9月，英军占领了爪哇岛，从此开始了英国对印度尼西亚的短期殖民统治时期（1811年—1816年）。

1811年，华人甲必丹陈长康因年老而提出辞呈。当时统治三宝垄的英军当局同意了他的请求，并提拔时任雷珍兰的陈长青为甲必丹，大号"福源"。陈长青上任后，在南华人区修建了一座更加坚固和安全的桥梁。据记载，陈长青是一位酷爱爪哇艺术和"甘美兰"（Gamelan）的华人。当时在华人中尚未流行爪哇乐。从此，爪哇"甘美兰"音乐在华人的庆祝会上出现了。

　　1816年，随着欧洲局势的变化，以及拿破仑的失败，英国属下的爪哇及其他各岛屿又归还荷兰。当荷兰重新执政后，加强了对华人的控制。其主要体现在1821年实施的通行证条例。这个条例规定，凡是从一个地方前往另一个地方的人，必须持有通行证。这项条例开始是针对欧洲人，后来这种规定只是针对东方人，特别是华人了。不久，荷兰人又颁布了居住区条例，以及警察裁判权等。

　　1825年，爪哇岛爆发了蒂博尼哥罗的抗荷起义，引起社会的一系列动荡。三宝垄的居民在这期间处于惊慌失措的状态中，华人们在其居住的区域建筑了四个大城门，以防不测。好几个月，当地的华人轮流在华人区巡逻，因为他们担心灾难会突然降临，这种状态一直持续到抗荷起义失败为止。

　　1828年，陈长青请求辞去甲必丹的职务，由他的儿子陈峰烟（别名敬麟 King Lien）继任。为了表彰陈长青的功绩，1829年，政府赐予陈长青"玛腰"头衔，他因而成为三宝垄第一个华人玛腰。直到现在，人们还可以在陈圣王庙中见到一个写着"玛腰"的木牌子。在陈峰烟担任华人甲必丹时，还有几位雷珍兰，即蔡朝阳（Tjoa Tiauw Yang），大号"碧湖"（Phik How）；王君保（Ong Koen Poo），大号"登茂"；陈苍海（Tan Tjhong Hay），大号"源隆"（Goan Liong）；蔡捷飞（Tjoa Tjiat Hoey），大号"沧源"（Tjhong Goan）。

　　1830年，在三宝垄各条街巷和华人区流行一种危险的传染病。这是因为受当时城市里的卫生环境差而引发的一场灾难，有许多人被夺去了生命。为了预防这种疾病，有些富人考虑到公众的利益，特别是贫穷者的利益，于是甲必丹陈峰烟建立了一间药房，向贫穷者施舍药物。①为了不分散精力，1835年陈峰烟在葛堂古拉（Gedong Goela）他的住宅旁设立了一个华人公馆，这就是"指南斋"（意思是"指导处"）。陈峰烟要求每一个华人官员都轮流到公馆去，以便为华人的利益服务。后来，指南斋被分成两部分，第一部分办理有关警察事务、税务和各项法令条例，还有婚丧、出生等事务；第二部分办理有关庙宇、替无人料理的贫苦华人死亡者料理后事，料理华人墓地等。

1837年，当时担任雷珍兰的许玉顺，甲必丹陈峰烟和玛腰马荣周共同合作，将旧华人公馆拆掉，在此地方建立了三宝垄的"公德祠"。公德祠大院分为三个部分，西面是公馆，即华人官员办公的地方。中间是用作放置捐钱多的人的神主牌的。东面是一个小房间，里面放置着地藏王等神灵的神龛。

1850年，中国发生了太平天国的起义，太平天国失败后，有许多起义者及其他民众逃亡海外，其中有不少华人来到三宝垄。② 1851年，甲必丹陈峰烟去世。1852年，荷印总督伊马尔·范·特维斯特取消了市场承包制，这对华人是个打击，因为市场承包获利是很大的。1853年7月，陈峰烟的儿子陈宗淮在守孝期满后，被选拔为华人甲必丹，与此同时，曾任雷珍兰的马淼泉被赐予名誉甲必丹，这两位华人官员在公德祠举行就职宣誓仪式，由大觉寺的和尚主持。从此以后，华人官员的就职仪式都在公德祠举行。

至1860年，三宝垄的华人经济获得发展，喜欢参加投标拍卖的有钱华人越来越多。陈宗淮被提升为玛腰。同年，实行鸦片的投标承包，结果承包权又落在陈宗淮手中。

1870年以前，荷兰在印度尼西亚实行强迫种植制度，而至1870年以后开始实行所谓"自由政策"，即颁布了《土地法》和《精业法》，准许私人资本家经营种植园和工商企业。上述限制华人经济活动的制度也逐

---

① ［印尼］林天佑：《三宝垄历史——自三保时代至华人公馆的撤销（1416—1931）》，李学民、陈华译，暨南大学华侨研究所1984年版，第132页。

② Dr. Sim Ke Ay, *De Chineseche Nederzetting in Ned*, Indie.

步放宽和废除。凡此皆大有利于华人经济的发展,促进了印度尼西亚华人资本主义的形成。① 1872 年,陈宗淮又一次获得鸦片承包权,为时大约两年。由于投标时竞争激烈,他出了极高价钱才获得这次承包权,以致亏了本,陷入困境。为了偿还清承包款,不得不拍卖了葛堂古拉的地产,连同闻名的西园也拍卖了。陈宗淮也被迫辞去了玛腰之职,由甲必丹陈昆松(Tan Khoen Siong)代理玛腰职务。当时的雷珍兰除了林隆兴外,还有马厥广、陈甘五三(Tan Kam Nge Sam)、黄茂盛(Oei Me Seng)、魏添寿(Goei Thiam Sioe)。

1880 年,华人郭金扬在贝森巷(Gang Besen)的井泉附近开设了一家旅店,取名为"者者居",此名来源于"近者悦,远者来",这是三宝垄华人的第一家旅馆。后来,又有华人在普拉巷(Gang Blakang)的一个湖边,开设了第二家旅馆,叫"柔远斋"。②

20 世纪初,是亚洲的觉醒时期。与东南亚其他的华人一样,印度尼西亚华人的中华民族意识逐渐崛起,成立中华会馆和开办现代化的中华学校潮流风行于整个印度尼西亚华人社会。

爪哇各地的中华学校,当初都是由当地的中华总会开始创办,因此校舍也设在会馆里面,而后因为学生人数日渐增多,教室不敷应用了才慢慢寻地外迁,建设新校舍。受此影响,三宝垄的华人于 1904 年成立了中华会馆分会,并在会馆中开办了当地第一个华文学校,开始招生华人学生,这就是中华学校,也就是垄华学校的由来。据该校的校史记载:

> 民国纪元前八年(1904 年)正月十七日,董事部成立,何君世德为总理,马君厥经为副理,柯君远芳为秘书,魏嘉祥、张盛龙、马厥猷、林清江、温德磬、林振易、宋秉桓、黄良谟、李益美、黄建昌、陈振华、苏煌炎,诸君为董事。首次会议,创草本会馆章程,及开设学堂之计划,并呈请荷印政府立案,创办工作,初具端倪焉。

---

① 周南京:《论黄仲涵财团的兴衰》,《华侨华人历史研究》1993 年第 4 期。
② 以上资料转引自[印尼]林天佑《三宝垄历史——自三保时代至华人公馆的撤销(1416—1931)》,李学民、陈巽华合译,暨南大学华侨研究所1984年印,第 20—180 页。

募捐得款，储诸银行，备作开办经费，成绩斐然，数达巨万。租定中街 G. Tengah 大宅，为临时校舍，月租三十五盾，开学之日为阴历甲辰年三月初一，即民国纪元年前八年公历四月十六日也。①

由于当地华人子弟较多，中华会馆开办的垄华学校不足容纳。当地的巨商郭春秧遂首建议成立华英学校，乃征得黄仲涵、颜江守、薛锐求、郑俊怀、林满洲等诸热心为创办人，并募集 10 万盾为创办费。聘英人 W. E. Mann 为校长，采用英国学制，由一年级即教授英文，暂借中街中华会馆旧址于 1916 年 3 月 25 日正式开学，并向当地政府立案。后因校舍狭小，不敷应用，乃以 37000 盾购置茂绒街大厦一所，经扩建后于 1917 年 8 月 17 日迁入新校舍。至 30 年代，三宝垄华人还先后创办了正谊学校（1911 年）、大中学校（1922 年）、仁和学校（1924 年）、中华公学（1926 年）、华侨女校（1927 年）、中南学校（1937 年）等。②

三宝垄的居民，大多数是爪哇族。根据当地一些年份的人口普查数字，1920 年爪哇族人占当时整个居民 158036 人的 80%，而生活在三宝垄的华人在 1920 年统计有 19727 人，大约占总人口的 12.48%。③

一批受荷兰文教育的华人上层阶层，于 1928 年 4 月 8 日在三宝垄成立了印度尼西亚华人第一个政治组织——荷属印度尼西亚中华会。④ 推动成立中华会的核心人物都是在荷兰受高等教育的华裔精英，其中三宝垄华人占一定的比例。这些精英早在 1911 年在荷兰深造时就联合组织成立荷兰中华会，以联络团结在荷兰求学的东印度土生华人，并经常集会、研讨华人在荷属东印度的前途与群岛社会的发展。这些受荷兰教育的富家子弟，虽然都比较眷念中华祖籍国，但却不认为他们会回去工作或居留，他们大多选择回到印度尼西亚本土"落地生根"，开展事业，因此他们也同情印度尼西亚人民的民族主义运动。但在社会活动方面比较却更

---

① 《本校史略》，《垄华三十五周年纪念特刊》，（未刊稿）第 1 页。
② 刘焕然：《荷属东印度概览》，新加坡《南洋报》社 1940 年版，第 51—57 页。
③ [美] 韦尔莫特：《三宝垄的华人少数民族》，康奈尔大学 1960 年版，第 7 页。
④ 立人：《印度尼西亚华人的第一个政治组织——荷属印度尼西亚中华会》，《国际日报》2006 年 10 月 5 日。

亲近荷兰殖民当局。①

在20世纪30—40年代，三宝垄市场已有新旧区之分。新区街道广阔，屋宇宏峻，欧人商店，均设于此；旧市则狭窄曲行，车辆行走，颇不便利，华侨商店，多在旧区。市场之外，另有新建的住宅区，名新"赞地"，即新城区的意思。地在小山丘上，利用山势，建筑房屋，盘山筑路，颇便车辆，这是三宝垄极秀丽的住宅区，极清凉的避暑区，富商巨贾的住家，多集居于此。当时，华人经济发展很快，三宝垄大商店属于华人的约有300间，小商店共计约1000间。②

1955年三宝垄在大约360000人口中，爪哇族人占81％，而1955年华人约有60000人，大约占总人口的16.7％。③ 从华人的籍贯来看，当时福建人大约占57％，广东人占23％，其他籍贯的为20％。④ 福建籍贯的主要有厦门、龙海、海澄、福清、同安、晋江、安溪、永定、金门等，广东籍贯的主要有新会、梅县、开平、南海、惠州等地。

在苏哈托时代，印度尼西亚政府认为华人亲共，于是取缔一切华社的活动，包括语言、文字的使用和宗教、传统风俗、文化等活动。与印度尼西亚其他地区的华人一样，三宝垄华人的学校、社团和报刊被迫关闭和取消。许多社团的场所不是被当局没收，就是被无偿征用。例如，三宝垄广肇会馆在1965年后就被当时的印度尼西亚青年学生统一行动（KAPPI）和印度尼西亚大学生提议行动（KAMI）所占据，随后又被帝波尼哥罗（Diponegoro）第七军区司令部所"保管"。

第二节 印度尼西亚华人社会现状

1998年的"五月骚乱"导致统治印度尼西亚32年的苏哈托政府垮

---

① 中华会的成立得到以三宝垄为中心的企业家黄仲涵的支持，他不仅从一开始就参与创办中华会，并给予全力的财政支助。黄仲涵企业公司命令其属下经理和职员全部都加入为中华会会员，积极协助开展政治活动。因此，大部分中华会全国会议都在三宝垄举行，由黄仲涵企业出钱出力主办。三宝垄的富商马铁昌，于1922—1923年出任中华会主席。
② 刘焕然：《荷属东印度概览》，新加坡南洋报社，民国二十九年版，第57页。
③ ［美］韦尔莫特：《三宝垄的华人少数民族》，康奈尔大学1960年版，第20页。
④ 《垄华三十五年周年纪念特刊》，铅印本，第5页。

台，不仅使印度尼西亚进入了一个革新的时代，也是印度尼西亚华人社会迎来了一个新的发展时期。

一 雅加达华人社会现状

2010年人口普查结果显示，当年印度尼西亚总人口达2.38亿人，是世界第四人口大国，有100多个民族，其中爪哇族47%，巽他族14%，马都拉人族7%，印尼华人5%。在整个印尼华人中，有63.2万华人居住在雅加达，其占印尼华人人口的22.3%[①]，雅加达华人主要居住在班芝兰区（Gambir），这是荷兰东印度时期形成的华人居住区，也是历史悠久的华人集中地，班芝兰区（Gambir）被当地人称为雅加达的唐人街，其既是当地华人的主要居住区，也是一个商业区，这里90%以上的商人是华人。班芝兰区（Gambir）可分为左右两区。左边区域是许多电子城大厦，大厦内有上百家出售电器和电子产品的商店。右边区域是贩卖小商品的天地，经营各式各样食品和百货的商铺。

还有一部分华人居住在雅加达的安可（Ancol）和丹格朗（Tangerang）等地。随着外岛华人的移入，雅加达的新巴刹（Pasar baru），周一市场（Pasar senen），Cikini和Tanah Abang区也形成了华人企业地或住宅区。而许多富裕华人向郊区的扩散，珊瑚新村和美敦（Menteng）地区成为这些华人精英的新居住区。

1998年"五月骚乱"是雅加达乃至整个华人社会转型变化的时候。在这次骚乱中，雅加达及其周边地区的华人首当其冲。1998年5月13日，雅加达西区的五脚桥（Jembatan Lima）、红溪（Angke）、班兰，中区的新巴刹、老巴刹（Pasar Senen）、打那望（Tanah Abang），南区的海口（Tanjung Priok）等区域都遭到暴徒的冲击，众多华人商店，以及拉马雅纳购物中心、中亚亚细亚银行、巴厘银行分行被洗劫与焚烧，印尼国际银行（BII）、阿斯特拉汽车公司大厦、默佳利亚购物中心的几乎所有商店与超市，所有货物被洗劫一空。首都附近的丹格朗（Tangerang）、勿加

[①] 根据印尼2010年人口普查结果显示，2010年印尼总人口达2.38亿人，是世界第四人口大国。有100多个民族，其中爪哇族47%，巽他族14%，马都拉人族7%，印尼华人5%。

西（Bekasi）同样难逃浩劫。华人的商店、住宅、购物中心、银行、学校、酒店等建筑物遭到严重破坏。此外，还发生了令人发指的暴徒强奸或轮奸华人妇女的暴力事件，性受害者达400多人，其中60多人被暴徒杀害，犯下了不可饶恕的罪行。① 这场暴乱使平民老百姓蒙受重大损失，华人尤甚。据香港《地平线月刊》统计报道，雅加达被烧毁的各种建筑物达9965座，损失约2.5兆印尼盾，被破坏的汽车等交通运输工具共3067辆。②

1998年的"五月骚乱"直接导致了苏哈托的下台，印尼进入了民主改革时期。时代的变迁，不仅给印尼社会带来了深刻的变化，毫无疑问，也使印尼华人社会发生了不同以往的变化。在雅加达，当地的华人在政治上有了清醒的认识，为了改善自身的地位，充分利用较为宽松的条件，积极从事组党活动，或是参与到一些党派中间去。雅加达的华人迅速组建了4个由华人主导的政党，即1998年6月1日成立的大同党（Partai Bhineka Tunggalika Indoesia）、1998年6月4日成立的印尼融合党（Parpind0，又称印尼同化党）、1998年6月5日成立的中华改革党（Parti）、1998年6月6成立的印尼佛教民主党（Partai Budhis Drmokrasi Indonesia）。其中印尼大同党成为1999年印尼大选48个参选党派中的唯一一个华人政党。此处大选中，大同党共派出61位候选人（以华裔为主），其目标是努力争取200万张选票，取得8—10个国会席。而在1999年6月大选中，大同党最终获国会议席1席，省议会25席，县议会45席成绩。③

除了组织自己的政党，雅加达的华人还纷纷成立或恢复社团。仅从1998年5月至2002年10月，雅加达较有代表性的华人社团就有21个，其中综合性社团6个，文化社团4个，校友会3个，宗亲社团6个，青年

---

① 暴乱期间，究竟有多少华人妇女遭强暴，准确数字难确定。赖启仁编译：《一九九八年印尼社会档案》，雅加达印华人社会研究与服务机构2003年版，第237—246页。
② 香港《地平线月刊》1998年第7期。
③ 曹云华、许梅、邓士超：《东南亚华人的政治参与》，中国华侨出版社2004年版，第232—234页。

社团1个。① 在这些社团中，以"中华"作为招牌的社团有印尼百家姓协会、印尼华裔总会、印尼华裔青年团结公正协会，表明他们具有中华民族血统，是中华民族的后代，从一个侧面反映了印尼华人要求恢复其应有地位的诉求。特别是将总部设在雅加达的印尼百家姓协会、印尼华裔总会为了提高印尼华人的地位，促进华族与当地民族的相互了解做出了不懈的努力。

随着华人参政意识的增强，代表华人各个政党、社团和利益集团以及印尼华人利益的报纸、刊物和电台纷纷涌现出来。雅加达华人创办了诸如《世界日报》《国际日报》和《印度尼西亚日报》，以及雅加达华校校友会统筹机构主办的《呼声》月刊，印尼华人作家协会主办的《望远》双月刊，印尼华裔主办的《向光明》月刊。此外，还有《印尼与东协》月刊、《新声》月刊、原为华文后改为印尼文的《增益》（Sinergi）月刊等等。

雅加达华人的经济仍然是以商业为主，在印度尼西亚首都雅加达班芝兰区是一个华人集中地，也称为印尼的唐人街，这里90%以上的商人是华人。

二 坤甸华人社会的现状

自苏哈托下台后，坤甸的华文学校及各种华文补习班等如雨后春笋般地涌现出来。一些以往较为出名的老华校如振强学校、坤甸中学等纷纷成立校友会开办各种华文补习班，而一些宗亲社团也在着手进行华文补习教育。目前，在坤甸的华文教育主要由西加华文协调机构负责联系与沟通，该机构的负责人陈慧珍正在打算集资兴建一所西加师范学院。

据调查，目前坤甸各类型的华人社团有58个。在这些华人社团中，血缘（宗亲）类的社团有28个，占总数的48.3%，地缘类的社团2个，宗教类社团1个，其他的是那些被当地华人戏称的"死佬会"，即专门操办丧事的社团。除了这些血缘、地缘和其他类型的社团外，还有一个称

---

① 黄昆章：《印尼华侨华人史（1950至2004年）》，广东高等教育出版社2005年版，第309页。

为"西加孔教华社总会"的社团,这是坤甸华人社团的总部。当地华人的文献记载,西加孔教华社总会是1967年因西加山区发生"难民潮",山区华人纷纷弃家逃亡,以至大批华人难民涌入坤甸和山口洋等地,数以万计的难民流离失所,衣食不济,营养不良,疾病丛生,死者众多。当时坤甸各族领导秉承人道主义精神,在苏庚军医及其他各族领导的倡议下,成立了一个可供收容难民的基金会,定名为 Yayasan Bhakti Suci,协助难民办理丧事,并向他们伸出援手。当时,这个基金会成立的目的是为全民而设立的,它没有族群、血统和宗教的区别,属下设有回教、天主教、基督教、佛教、兴都教和孔教各部门。但在发展的过程中,只有处理孔教安葬事宜的部门比较活跃,因此孔教会的名称沿用至今。①

在西加里曼丹,华人的政治参与进行速度远远超过印尼其他省份,很多华人的代表在西加里曼丹省、市或市政级别(同一行政级别)应运而生。2008年,坤甸一所中学的校长黄汉山(Christiandy San-aye)当选为西加里曼丹省的副省长②,表明了坤甸华人参政的积极性。

在西加里曼丹的中文报刊极少,其中销量最多、影响力最大的当属2001年在坤甸市创刊的华文报刊《坤甸日报》。与爪哇岛的中文报刊一样,《坤甸日报》也曾经面临销量不理想的问题,订阅主体为老一辈华人。近年来坤甸和其他西加里曼丹地区学习汉语的人数越来越多,于是《坤甸日报》报刊也跟学校合作,开设一些跟汉语有关的栏目,比如写作等版块邀请老师和学生投稿,也设置一些猜字谜、填字等小游戏刺激学生的学习兴趣。这一做法既促进当地学生的汉语学习,又使学生家长和学校成为该报的客户来源。③

三 棉兰华人社会的现状

1998年5月,是棉兰华人难以忘却的月份。也就是这个月从棉兰开

---

① 《西加华社总会43周年纪念特刊》,2010年9月印,第12页。
② [日]松村智雄:《后苏哈托时代西加里曼丹的华人政治——文化认同与种族关系》,李岩译,吕建英校,《八桂侨刊》2016年第4期。
③ 张小倩:《印尼西加里曼丹省华人族群文化认同初探——以坤甸和山口洋为例》,《八桂侨刊》2016年第4期。

第二章　印度尼西亚华人社会的历史与现状　81

始，印度尼西亚全国各地陆续发生了袭击华人，抢劫焚烧华人商店和轮奸华人妇女而震惊世界的印度尼西亚"五月骚乱"事件。有关棉兰的骚乱，一位棉兰华人这样回忆道：

> 五月三日晚，过十二时，四号零一分，燃油价暴起，当晚汽车都排长龙等购燃油。第二天早上，也就是五号早上大约八点，一大车队的示威队伍涌到独立广场，我站在自己房屋的阳台观看，一群头扎白布的年轻人，开始第一次高喊"苏哈托下台！苏哈托下台！"有一两个向路旁店抛石块。苏哈托执政30年来，这是百姓对他第一次一致的公然反对，上午仍没什么动静，10点后，暴乱开始。我的女儿来电话，大队人马经过拉卡丹乌街（JL. Krakatau），她家玻璃被砸碎，隔壁家汽车被推出砸烂，幸没有放火。暴徒是一车车来，有人指挥，破坏后又上车往别处区，是场有计划、有组织的暴乱。这时邻居警察说暴徒已到Plaza抢劫。华人都靠电话相互转告，棉兰商店均歇业，顿成死城。①

棉兰市的直接骚乱似乎起因于1998年5月4日政府的提高油价的公告，但1997年后印度尼西亚的政局自金融危机爆发时就已经开始发生动荡，其实质是苏哈托为挽救其政权的最后一次挣扎，即转移印度尼西亚国内人民对其的视线，而印度尼西亚华人又一次成为"替罪羔羊"。据资料显示，5月5日10点棉兰发生的骚乱首先在市区Pancing路、Aksara路、Denai路、Sutrisno路等处展开，暴民们捣毁和抢掠华人住宅、商店、超级市场、银行、仓库等，甚至纵火焚烧房屋。暴乱蔓延开来，迅速向市中心发展，因治安当局出动大批军警维持市中心治安，才不致遭受严重破坏。可是到下午，棉兰市郊的"东蒙镇""新邦蒂加""丁宜"等城镇亦连续发生暴乱，华人商店、住宅、工厂、仓库多被捣毁洗劫，或被纵火，损失严重。

由于1998年的"五月骚乱"，直接导致苏哈托政府的垮台，印度尼

---

① 2010年5月3日笔者与吴先生的访谈录。

西亚进入了民主改革时期。与印度尼西亚其他地区的华人一样,棉兰华人社会迎来了一个新的历史发展时期。

在印度尼西亚民主改革的背景下,一些棉兰华人知识分子在 1998 年五月后,便马上成立了《拓荒》杂志社,出版了自苏哈托下台来的印度尼西亚华人第一本纯文学的杂志。一位《拓荒》杂志的创办人这样回忆道:

> 1998 年五月过后,华文还是一个敏感问题,是与毒品枪械等同,我们却在我家,偷偷的成立了拓荒杂志社,那天,出席的是林学华、胡儿、金梅子、黄世平、黄文汉几人。林学华在会中答应报效一架电脑,这确是针兴奋剂。之前,为了出文刊物,到处找支助者,在第一次与陈德贤见面时,他听我讲述后,马上就答应捐三百万盾,以后林益洲先生捐助五百万盾,林学华又报销《拓荒》第一期的全部印刷费,《拓荒》很快就出版了。《拓荒》的问世轰动一时,可说是当时印度尼西亚第一本纯文学的杂志,在内容、排版上,虽然不是一流的,但还可令人感到:棉兰人是有能力做到的。①

《拓荒》杂志,是棉兰华人在 1998 年印度尼西亚民主改革初期出版的第一个华文刊物,以"撑开印度尼西亚民族文化之伞,开拓华夏文化荒地"为其宗旨。这个杂志目前已出版 11 期,最初从刚开始的只刊登纯文学作品,到后来增加登载一些回忆录以及政治性的文章。因此,有一些华人又另起炉灶,创办了一份《南风》的杂志。除了这两本杂志因经费等问题断断续续发行外,目前棉兰的华文报纸有《棉兰早报》(前身为 1999 年创办的华商报)、《迅报》和《好报》(2010 年 5 月创办),以及由华人创办的发行量较大的印度尼西亚文报纸《分析日报》 (*Harian Analisa*)。

在印度尼西亚目前宽松的环境下,当地的许多华人一改以往不热心政治而埋头做生意的倾向,开始积极地参政议政。2004 年大选,不加入

---

① 2010 年 4 月 3 日笔者与吴先生的访谈录。

政党的个人有机会参选地方代表理事会（DPD）议员，棉兰华人陈金扬是第一位报名参选 DPD 议员候选人。印尼华裔总会苏北省主席黄印华（Indra Wahidin）也报名参选。当时，苏北省各地也有不少华人报名参选地方议会议员。该年大选，虽然没有苏北华人当选 DPD 议员，但报名参选地方议会议员华裔候选人的，有四人当选地方议员。他们是 Sukiwi Cong（凌伟强，民礼市地方议员，代表福利和平党/PDS），Timbul（郑总各，Serdang Bedagai 县地方议员，新印尼党/PIB 代表），Hakim Tjoa（丹绒峇莱县地方议员，斗争民主党代表）和 Kok Liang（先达市地方议员）。四名华人当选议员，打开了苏北华人苏哈多时代以来不参政的新一页，鼓舞了其他地方华人参政的积极性；特别是在棉兰，有不少华人加入政党，并成为政党理事。在 2009 年大选，参加的华人候选人的人数是空前的。出乎人们意料的是，当选地方议会的华人议员有 14 名，是 2004 年大选华人议员人数的近 4 倍。特别值得一提的是，在棉兰竟有 4 位华人女性当选市地方议会议员。她们是斗争民主党的 Hasyim（黄建霖），民主党的 Ahie（蔡成禧），新印尼党（PIB）的 Lily Tan（陈莉箂）和 Janlie（饶洁莉）。在苏北省地方议会，当选议员的是斗争民主党的 Brilian Moktar（莫壮量）和从业阶层党的 Ramli Lie。在民礼市地方议会，有福利和平党（PDS）的 Peterus（范天龙）；在丹绒峇莱县地方议会，有斗争民主党的 Hakim Tjoa；在亚沙汉市地方议会，有从业阶层党的 T. Johnson；在先达市地方议会，有民主党的 Rudy Wu；在 Gunung Sitoli 县地方议会，有从业阶层党的 Yanto；在 Serdang Bedagai 县地方议会，有大印尼运动党的 Budi（林海良）和 Nias Selatan 县地方议会，有从业阶层党的 Effendy。苏北省有 14 人位华人当选地方议员，华人欢欣鼓舞，奔走相告。每天报章都有很多热烈祝贺的广告。华社团体，如苏北的印尼华裔总会和印尼华人百家姓协会，也登载大幅的祝贺广告。[1]

在印度尼西亚的社会转型时期，棉兰华人的经济出现了一些令人欣喜的新发展。虽然当地华人大多还是从事服务业、贸易和销售类行业，

---

[1] 言论：《介绍苏北华人改革时期的参政议政》，《印尼国际日报》2019 年 1 月 15 日，A5 版。

以及简单的资源粗加工行业，如树胶、棕榈油、木材加工等，但也产生了一些华人企业集团和较大的公司，见表2—4：

表2—4　　　目前棉兰华人的企业集团或著名的企业

姓名/出生年	祖籍/出生地/第几代	集团/企业名称	主要经营行业
陈明宗/1946年	安溪/棉兰/第3代	英丹集团	镀锌板、旅馆业、钢铁、矿业、房地产
苏用发/1947年	南安/棉兰/第2代	苏钢集团	钢铁厂
林福鼎/1933年	南安/中国/16岁来棉兰		万能胶生产，保健品的开发销售
张洪均/1936年	梅县/棉兰/第3代	Ever Green	造纸业、包装厂
庄钦华/1949	南安/棉兰/第3代		经营和生产调味、粮油、米面类的销售和生产，地产业
徐煜权/1948年	潮州/棉兰/第2代		船运业、职业学校
林学华/1935年	潮州/勿拉湾/第2代		印刷业
刘其俊/1946年	同安/丹绒巴莱市/第2代		渔具制造业及其相关工业
陈明生/1948年	福州/棉兰/第2代		工艺品设计与加工
张家楚/1936年	潮州/中国		橡胶原料代理

资料来源：根据访谈的资料而制作。

据笔者所做的田野调查，目前棉兰华人以福建和广东两个地域群体为主。在这两个大群体之下，他们又分为许多次级群体，如福建有安溪、南安、兴化、龙岩等，广东则分为客属、广肇、惠州、潮州等。在语言上，当地的华人社会流行说闽南话。这种方言虽然已不纯正，且夹着其他语言的腔调，但它已成为当地华社通用的方言。此外，普通话也成为50岁以上华人的流通语言。在当地，许多华人也会讲福佬话、客家话和广东话等。在族际通婚态度方面，94%的华人的婚姻对象首选华人，7%的人首选同乡，而只有2%的人首选印度尼西亚人。棉兰的大多数华人不首选与当地友族通婚的主要原因，首先是宗教信仰不同，其次是生活习俗不同。对伊斯兰教教徒而言，他们难以接受有神崇拜信仰的华人家庭，而印度尼西亚伊斯兰教规定与伊斯兰教教徒结婚者必须改信伊斯兰教，华人也不能接受。① 总的来看，无论是在语言交流还是族际通婚，以及生活习俗等方面，棉兰的华人社会都显得十分"华人味"，从而构成了印度尼西亚华人社会的一个独特现象。

四　三宝垄华人社会的现状

1998 年，随着苏哈托政府的倒台，印度尼西亚进入了民主改革时期。目前，三宝垄的华人仍在当地的经济社会发展中起着重要作用。在 2005 年当地的人口数字中，华人大约有 30 多万，占当地总人口 189 万的 15.87%。② 三宝垄华人社会虽一般认为是福建人（闽南、金门）的比重较大，但实际上华人的组成成分并不单纯，除去闽南人外，尚有五六个不同的方言群，这些方言群包括福建人（闽南人、金门人等）、客家人、潮州人、广府人、其他人（如海南人、江浙人等）。

据调查，由于历史的原因，目前三宝垄的华人分为两大族群，即受华文教育的族群和受西方化印度尼西亚教育或受荷兰教育的族群。这两大族群都有各自的特点。比如，受华文教育的华人族群，在华人社会活动方面比较积极，凝聚力方面也比较强，但在社团活动方面有一言堂的弊端；而受荷兰教育或受西方化印度尼西亚教育的华人，在凝聚力方面不是很强，不过在处理事务方面可以保持各自的观点，即有自己的自由。从这两大族群来看，前一种大多是 50 岁以上的华人，大多会讲华文，且在当地的经济和社会中具有重要的地位。笔者曾进行过当地华人社团领袖的调查，在 28 位领袖中 50—59 岁的有 5 人，占总数的 18%，60—69 岁的有 19 人，占总数的 68%，70—79 岁的有 4 人，占总数的 14%。他们分别在三宝垄的社团中担任会长、副会长或理事长、副理事长、理事等重要职务。

在后苏哈托时代，印度尼西亚新政府主张多元文化社会，将以前对华文教育的摧残，改为宽松地对待华文教育的政策，这样促进了当前印

---

① 笔者根据 2008 年 1 月在棉兰华人社会的调查问卷数据而分析。
② *1876—2006 Pecinan Semarang: dai boen hian tong sampai kopi semawis*, Penkumpulan Sosial Rasa Dharma, p. 12.

度尼西亚华文教育的发展。三宝垄华人的华文教育，主要有学校华文教育、社团华文教育和寺庙华文教育，以及个人兴办的华文教育。在学校的华文教育方面，目前专门的华文学校还没有，只有一家名为"三宝垄三语国民学校"，现在招收了 20 名 3—6 岁的儿童补习华文。社团和寺庙的华文教育主要有"新友研学院"（福清公会与北京新亚研修院合办）、垄华校友会补习班和福盛庙补习班，他们都是利用星期天或节假日的时间，教授的对象为学校的放假的学生。有些个人也举办各种华文补习班等。比如，周位銮先生自己办了一个"汉语快速通"补习学校（SL Mantan），专门招收在读的学生，利用自己编辑的教材和教学方法教导学校汉语，已取得了成效。他这样说道：

> 我成立了一个"汉语快速通"的补习学校。我提出了"先学听说，后写作跟进"的教学方法，并编了一套适应当地印度尼西亚人和华人学习的教材，即先让孩子们看图，学说话，再根据印度尼西亚语的语法特点合理地教导学生学汉语。比如，印度尼西亚语的语法，喜欢将副词或形容词等放在后面，我就根据这些特点告诉同学们或青年老师要注意的地方。可是我这个教育方法，却没有得到大多数的华文教育工作者的理会或支持，他们仍然是按照中国大陆那样的教学方法，即先认字，再教语音等。
>
> 当地政府或一些华人支持我这种教学方法。我曾与福盛庙合作办星期天的补习班，我培训年轻的教师，让他们采用我的教学方法，使一些教师得到启发。当地政府看到我这种教学方法和模式，专门派教育部门的官员来考察，当下就给我二千万元印度尼西亚盾支持我，后来又拨了七千五百万元印度尼西亚盾，轰动了整个三宝垄。①

像华缘这样的华文补习班，在三宝垄有 120 多个。华缘补习班的成绩，是有目共睹的，至于社会如何评价周位銮老师在华缘补习班实施的教学方法，一篇刊登于《印度尼西亚国际日报》的文章这样写道：

---

① 2010 年 4 月 18 日笔者在三宝垄与周先生的访谈录。

由周位銮指导的华缘补习班汉语班的教学方法与众不同,长期以来受到许多人的批评。

周老师让新收的学生在半年多的时间内不学汉字,以印度尼西亚语参照学习汉语会话,先易后难,以培养学生学习华文的兴趣,等过了半年多,学生汉语会话熟练后,再教汉字,便能举一反三,学习汉字就容易多了。这也像普通大学一样,先读"预科"。

以前有的寺庙举办汉语补习班,先教汉字。起初很热闹,不上三个月,学生们因难而退,而周老师的教学法教出的学生,汉语会话流利,会唱、懂华文歌曲,学习汉语的兴趣越来越浓,学生的人数不退反而猛增,就是这个道理。

我们的华裔子弟在社会上,在家里讲的是马来语或爪哇语,不像中国的学生,家里已习惯了普通话。所以教我们的学生与教中国的学生的方法应该是有区别的。

在三宝垄,当地管理华文教育的机构有两个,即华文统筹机构和华文协调机构。前者是与当地政府合作的组织,是一个半官方的机构,而后者是与华社联系较紧的机构。这两个组织所从事的都是华文教育的事情,可是据说这两个组织都是互不来往,到底如何? 笔者曾就这种现象问过许多华人,但似乎谁也说不清楚。其实,这是印度尼西亚华人社会中的通病,即都相互不买账,其实这是人人都想当头的心理在作祟。

从调查的资料来看,三宝垄50%—70%的经济活动与华人有关。当地华人大多数以经商为生,商业方面主要是药业、物资批发;工业方面则是塑料、铁皮、布匹等产品制造,也有许多华人涉足钢铁、机械等行业而成为大企业家。[1] 比如三宝垄的侨领何隆朝先是投资针织厂,后投资塑胶编织企业、录音带厂等,最后创建了一个拥有4000多人的宝利公司。[2]

---

[1] 《三宝垄》,http://www.baike.com/wiki/三宝垄。
[2] 丁建、晓闻:《千岛之国阅沧海》,中国华侨出版社2005年版,第226页。

第三章

印度尼西亚华人民间信仰的类型及源流

一种民间信仰的产生，是人们对世界的起源、自然现象和社会生活的原始理解，以及对生存的恐惧和希冀的心理相结合的结果。正如东南亚其他国家的华人一样，印度尼西亚的华人早期移民来到新的居住地后，其所产生民间信仰的缘由，首先是人地生疏，缺乏安全感，所以愿意借助神灵，作为自己的精神支柱。其次，无事之时，拜神以保平安；有事之时，拜神以图逢凶化吉。

第一节 印度尼西亚华人民间信仰的类型

本书所阐释的华人民间信仰，是指一种以原乡的传统历史文化为背景、吸纳当地文化元素而根植于华人民众中的，既古老又特殊的宗教文化现象。从历史和现实来看，印度尼西亚华人既是推动当地经济和社会发展的中坚力量，也是繁荣当地文化，特别是兴盛民间信仰文化的建构者和促进者。可以这样说，印度尼西亚华人民间信仰文化渗透于大众的生活之中，是当地华人文化的重要组成部分。

在印度尼西亚，神灵信仰构成了当地华人社会的基本特质，也构成了其社会形貌的象征展示方式。印度尼西亚华人的民间信仰类型及源流，包括大传统（great tradition）文化中的宗教信仰，以及小传统（little tradition）文化中的民间信仰。在本书中，我们重点分析与研究小传统文化中的民间信仰。不过，我们在分析与研究小传统文化中的民间信仰时，也需简单地介绍和分析印度尼西亚华人的大传统文化中的宗教信仰。

一 大传统文化中的宗教信仰

大传统（great tradition）和小传统（little tradition）这对概念是美国人类学家罗伯特·雷德菲尔德提出来的。按照他的说法，所谓大传统，是指知识分子创造，统治阶级提倡的精英文化或典籍文化，小传统通常指乡村的民俗文化。[①] 从印度尼西亚来看，华人宗教信仰中的大传统文化中的宗教信仰主要有佛教、孔教、天主教、基督教（新教）和伊斯兰教。

随着印度尼西亚时代的变化，印度尼西亚华人信仰大传统宗教的人数比例在不同时期是不尽相同的，见表3—1：

表3—1 印度尼西亚华人信奉的宗教教徒人口比率（1971—2010）

宗教 年份	伊斯兰教	基督教/ 天主教	印度教	佛教	孔教	其他
2010	4.65%	42.80%	0.13%	49.06%	3.32%	0.04%
2000	5.41%	35.09%	1.77%	53.82%	—	3.91%
1971	—	19.06%	—	42.85%	38.09%	—

资料来源：廖建裕（Leo Suryadinata）：《未竟之路》，（印尼）《国际日报》2019年8月6日，A7版。

以上数据来自廖建裕的研究，他的结论是：新秩序时期，印度尼西亚政府对华人实行同化政策，导致华人皈依基督教（包括新教和天主教）的人数有所增长。然而，由于新秩序时期的政策偏向佛教，歧视孔教和三教（Tridharma），佛教信徒数量得以维持。实际上，许多信奉佛教的华人也信奉三教或孔教。因此，可以说，佛教徒的数据中也包含许多三教或孔教信徒。孔教信徒也是如此。三教更是如此，因为它本身就是佛教、孔教和道教的综合体。

[①] ［美］芮德菲尔德：《农民社会与文化——人类学对文明的一种诠释》，王莹译，中国社会科学出版社2013年版。

苏哈托下台后，印度尼西亚政府再次承认了孔教的合法性。不过，由于从 1978 年起一直被压制和排挤，孔教的发展有限。2010 年普查结果显示，印度尼西亚孔教信徒（普遍为华人）只有 0.05%，而佛教信徒（大多数为华人）则占 0.72%。①

1. 佛教

佛教，是目前印度尼西亚华人信仰的主要宗教。笔者曾于 2008 年 1 月、8 月分别在印度尼西亚的棉兰和三宝垄两地华人集中居住的社区进行了随机问卷调查，调查的问卷中有一道题目是"你信仰何种宗教？"从两地调查所得到的数据来看，棉兰华人的调查人数为 124，其中信仰佛教的为 62 人，占调查总数的 50%，而三宝垄华人的调查人数为 147 人，其中信仰佛教的为 46 人，占调查总数的 31.3%。② 从这两地华人信奉的佛教所归的佛教派系来看，主要有小乘佛教、大乘佛教、真佛宗佛教、日莲真宗佛教、三教③、米勒佛教和密宗佛教，这些派系都有相应的理事会，统归印度尼西亚佛教总会管辖。

20 世纪 50—60 年代，印度尼西亚华人就创建了佛教团体。1957 年 2 月郑满安在三宝垄创立印度尼西亚佛教会，其会员主要是华人。印度尼西亚佛教会 10 年内共建立了 50 多个分会。20 世纪 60 年代，60 多个华人居士林团体联合成立了佛教咨询会。1967 年印度尼西亚成立了全国佛教组织"印尼佛教联盟"。1970 年印度尼西亚佛教会和其他佛教团体创立印尼佛教协会。

据估计，全印度尼西亚的佛教徒大约应该有 100—500 多万人，其中大部分是华人。④ 笔者的调查显示，印度尼西亚华人信仰佛教远多于信仰

---

① 廖建裕：《未竟之路》，（印尼）《国际日报》2019 年 8 月 6 日，A7 版。
② 该结论是根据笔者 2008 年 1 月、8 月先后在印度尼西亚的调查问卷数据统计而得。
③ 有关三教名称的由来，一般认为是 1934 年 5 月由印度尼西亚华人郭德怀创立的三教会所致。当时郭德怀认为，成立三教会的宗旨是"统一、弘扬和信奉孔教、佛教和道教，即将三教合一，把孔教的虔诚、佛教的超凡以及道教的养性分别或结合起来加以倡导"。
④ 印度尼西亚华人佛教徒的人数具体多少，说法不一。中国学者孔远志认为有 100 多万人（见孔远志《印度尼西亚马来西亚文化探析》，南岛出版社 2000 年版），而黄昆章则认为应该有 100 万人［见黄昆章《印尼华侨华人史（1950 至 2004 年）》，广东高等教育出版社 2005 年版］。

其他的宗教。笔者认为，这应该是有几个原因的：其一，佛教在印度尼西亚一直是被官方所承认的五大宗教之一，由于印度尼西亚要求每个公民必须信仰某种宗教，而佛教文化较适合华人，所以许多华人便选择了这种宗教；其二，印度尼西亚华人的祖先都来自中国，其中有不少的华人本身就信仰佛教，久而久之其后代便承续了先辈的这种信仰；其三，印度尼西亚华人的宗教场所以佛教的寺庙居多，即使不是佛教寺庙，如华人民间信仰的庙宇也必供奉着佛教的一些神灵，由于有进庙（堂、洞）便见佛的情景，许多华人便自认为是信佛之人了。

2. 天主教与基督教

天主教与基督教，也是印度尼西亚华人信仰的宗教之一。天主教和基督教是西方基督教的两个派别。天主教保留了耶稣立教时创立的教会体制，承认圣伯多禄（彼得）的继承人罗马教宗为普世基督徒的精神领袖，并接受他的领导，而基督教指所有相信耶稣基督的各教会的通称。在基督教的圈子内，有各种大小不同的派别与分支，例如浸信会、圣公会、循道会等。

一般认为，这种西方宗教传入印度尼西亚的时间是在 16 世纪初，而一开始传入的应该是天主教，后来是基督教。据说，早在 13 世纪就有意大利天主教传教士到达过爪哇岛。不过，天主教在印度尼西亚真正传播的时间是 16 世纪初，也就是从葡萄牙、西班牙争夺印度尼西亚东部马鲁古群岛的势力范围开始的。基督教则是由荷兰人于 17 世纪初传入印度尼西亚，这是自 1602 年荷兰人建立了荷属东印度公司成立后，荷兰人为了抵制葡萄牙人在印度尼西亚的天主教势力，大力控制和资助基督教会，对天主教先后采取排斥、限制和逐步开放的政策。正是在这种背景下，华人天主教徒和基督教徒才逐渐发展起来的。[①]

有关印度尼西亚华人天主教徒与基督教徒何时出现和发展问题，有些学者做了些分析与探讨。据荷兰学者穆勒尔格吕赫尔在《印度尼西亚基督教史》一书中认为，印度尼西亚华人基督教徒与原住民的基督教徒

---

① 孔远志：《印度尼西亚华人中的天主教徒与基督教徒》，《南洋问题研究》1991 年第 4 期。

几乎是在同一时期出现的。① 不过，该作者并没有直接确定华人基督教徒出现的具体时间。而印度尼西亚的华人学者王福涵则写道："在十七世纪只有六名华人信奉天主教和基督教，其中五名是妇女。"② 也就是说，印度尼西亚华人基督教徒和天主教徒至少在 17 世纪时开始出现，这是较符合事实的，因为 17 世纪之前葡萄牙已将天主教传入印度尼西亚，而 17 世纪初荷兰人又将基督教传入印度尼西亚。至 19 世纪中叶，华人的第一个教会在爪哇的南安由（Indramayu）建立，随后吧城、泗水的华人也先后建立基督教会，至 20 世纪 50 年代，雅加达成立了全印度尼西亚的中华教会理事会，各地都设立了分会。印度尼西亚独立后，华人基督教徒和天主教徒的数量在不断地上升。一是由于这种宗教来自西方国家，印度尼西亚政府认为不会影响同化运动的进行，所以不阻挠华人入教；二是这两个教会在传教过程中办了许多学校，宣传得力，吸引了许多华裔青年入教。

据笔者调查，印度尼西亚华人天主教和基督教信仰者在逐年增加，且呈年轻化、知识化趋势。就外岛棉兰、坤甸来说，信仰基督教的要多于信仰天主教的，而爪哇岛雅加达、三宝垄华人基督教徒却略少于天主教徒。

3. 伊斯兰教

伊斯兰教虽然不是印度尼西亚本土产生的宗教，但在印度尼西亚的 2 亿多人口中，信奉伊斯兰教的却占了 88%。因此，在这样的环境下生活的华人，自然会有许多人由于各种原因而成为伊斯兰教徒，印度尼西亚的华人也不例外。

学者研究，13 世纪是伊斯兰教传入印度尼西亚的确切时间，而伊斯兰教最先传入印度尼西亚的地方是苏门答腊北部，因为印度尼西亚第一个伊斯兰教王国（即须文达那—巴塞王国）和第一个穆斯林居民点（今

---

① Th. Mugrah Kruger, *Sejarjah Gereja di Indonesia*, Jagarda, 1959, p169。

② 王福涵：《十九世纪以前爪哇岛上的印度尼西亚人与中国人通婚》，《南洋问题资料译丛》1958 年第 1 期。

亚齐地区的克什乌玛威附近）都出现在那里。① 至于印度尼西亚主要岛屿的伊斯兰教化，大约经历了几个世纪的时间。1527 年，以淡目王国为核心的爪哇北部伊斯兰教诸王国，在消灭了佛教国家满者伯夷王朝后，标志着爪哇岛的全面伊斯兰教化。16 世纪中叶，由于爪哇淡目伊斯兰王国的影响，伊斯兰教传入加里曼丹岛，从而，伊斯兰教遍及印度尼西亚主要岛屿。

印度尼西亚华人伊斯兰教教徒很早就出现在印度尼西亚。因为伊斯兰教对印度尼西亚的华人来说，并不是一个陌生的宗教。早在唐永徽二年（公元 651 年）伊斯兰教就传入了中国。9 世纪下半叶，唐末黄巢起义造成中国南部沿海的众多穆斯林逃亡南洋。② 15 世纪马欢在其《瀛涯胜览》书中云："满者伯夷……国有三等人，……一等唐人，皆是广东漳泉等处人窜居此地……多有从回回教门受戒持斋者。"③ 15 世纪郑和下西洋时，曾在印度尼西亚爪哇等地传播伊斯兰教。印度尼西亚著名伊斯兰教学者哈姆加（Buya Hamka）曾认为，印度尼西亚和马来西亚伊斯兰教的发展，是与中国的一名穆斯林有着密切的关系，这位穆斯林就是郑和将军。④ 据资料记载，14—16 世纪在爪哇传播伊斯兰教的 9 位贤人中，有好几位是华人穆斯林或有中国血统的穆斯林，如贤人阿姆贝尔（即彭瑞和）、贤人吉里（即拉登·巴古）和贤人加蒂（即唐阿茂）等。需要指出的是，曾在淡目建立爪哇岛上第一个伊斯兰王国的就是有中国血统的穆斯林拉登·巴达（即陈文，Senopati Jin Bun）⑤。

华人伊斯兰教组织的建立与出现的时间，是 1936 年棉兰成立的"华人伊斯兰联合会"（Persatuan Islam Tionghoa）。同年在苏拉维西的望加锡（今乌戎班当）成立了"印度尼西亚伊斯兰华人党"（Partai Tionghoa Islam Indonesia）。有关印度尼西亚华人穆斯林的人数问题，目前没有确切

---

① ［印尼］乌卡·詹特拉沙斯米达：《伊斯兰教在印度尼西亚和东南亚的传入和发展》，雅加达玛萨贡基金会 1985 年版，第 4 页。
② 印度尼西亚文教部编：《印度尼西亚民族史》，1976 年版，第 109 页。
③ 马欢：《瀛涯胜览·爪哇条》。
④ 孔远志：《印度尼西亚马来西亚文化探析》，南岛出版社 2000 年版，第 116 页。
⑤ ［印尼］西斯沃诺：《新公民》，雅加达 1996 年，第 62 页。

的数字。1981年《罗盘报》曾做过一些估计，认为当时印度尼西亚华人有600万，其中华人穆斯林约20万。笔者曾于2008年8月咨询过雅加达的华人穆斯林企业家潘仲元先生，他估计目前华人穆斯林应该在100万左右。①

据调查，印度尼西亚华人穆斯林人数是不等的。虽然外岛棉兰曾是华人伊斯兰教最早成立的地方，且有华侨先贤张榕轩和张耀轩修建的一座清真寺，但棉兰华人伊斯兰教徒却少于三宝垄的华人。这是由于棉兰的"中国味"较浓，而爪哇岛三宝垄处于爪哇岛穆斯林的中心地带，所以后者的华人穆斯林应该多于前者。

4. 孔教

所谓孔教，实际上是将孔子的学说作为一种宗教来信仰。应该说，孔教的思想根源来自中国儒学，是印度尼西亚一部分土生华人特有的宗教形式与文化认同的标志。

图2　孔教的经典教科书《四书》《论语》

有关孔教是如何在印度尼西亚得以形成与发展的，许多学者进行了探讨。有的学者认为，孔教的出现与发展是和华人移民到印度尼西亚同步的。孔教的形成应该是儒学的传播，这种儒学是附着在华人家庭、宗族的教育上。也就是说，华人家庭、宗族承担着教育下一代的任务，而华人的家庭教育也就是孔教教义的教育。此外，宗祠、庙宇成为儒教的

---

① 2008年8月12日笔者与潘仲元先生的访谈录。

传承之地，因为孔教的基本信仰就是"敬天法祖"，包括拜天、祭祖和圣贤崇拜，而华人在宗祠或寺庙拜天公、祭祖先，实际上是信仰孔教。不过，孔教的真正形成是孔教组织的出现，这种组织的出现应该是与华人民族意识觉醒、有目的地维护华人文化传统密切联系在一起的，也可以说是华人民族意识觉醒的标志。①

孔教是华人在印度尼西亚所创造的一个有特色的宗教，其发源地主要是在印度尼西亚爪哇岛的华人社会。孔教的逐渐制度化，首先是从将儒学经书通俗化，并把儒学经书由中文或荷兰文、英文译成马来文，同时也把经书原文改写成"口语"（白话文）开始的。② 李金福和巴达维亚的钟茂盛（Tjiong Bo Seng）于1880年用荷兰文翻译了《百孝图》，1897年李金福撰写出版了《至圣孔夫子传》，这是第一部用马来文写的有关孔子的书。同一年杨春渊（NjioTjoen Ean）在马鲁群岛的安汶出版了马来文的《大学》《中庸》和《论语》的第一部分《上论》，他还用荷兰文翻译孔子的著作。西爪哇的陈经忠（Tan GingTiong，1870—1935）和杨斋祥（Yoe Tjai Siang）计划合作翻译多本孔子的经典，并首先于1900年在苏加巫眉出版了合译的《大学》和《中庸》。③ 其次是创制和使用孔子诞辰纪年，以及建立孔庙和学校。19世纪末，印度尼西亚第二大城市东爪哇首府泗水（Surabaya）就出现了孔诞纪年的使用，而在泗水开办"南洋训蒙馆"的周平维和其他一些华人为纪念孔子创造了孔子的历法。在使用和创造孔子历法的同时，当地的华人也建立了孔庙。比如1880年泗水建立了文昌祠，该祠建立后一直遵循中国儒学礼仪祭拜孔子。1906年泗水文昌祠改为文庙，其一方面在所办学校进行孔教的教育，另一方面也开始通过在文庙举行孔教仪式包括唱歌来宣扬孔教。文庙学校规定，所有的

---

① 王爱平：《印度尼西亚华人社会孔教的兴起》，《南开学报》2007年第6期。
② 印尼孔教对宗教经典有明文规定：孔教的经典最重要的是"四书"，最基础的是"五经"，概括地说就是"四书为主，五经为基"。四书印尼语是 *Kitab Yang Empat*，简称 Su si（闽南语），即闽南语四书的意思。四书包括《大学》《中庸》《论语》《孟子》，五经为《诗经》《书经》《易经》《礼经》《春秋》。
③ ［法］苏尔梦、龙巴：《南洋群岛华人之儒家学说及改良主义思想（19世纪末—20世纪初）》，《法国汉学·第四辑》，中华书局1999年版。

课程都必须教授孔夫子的学说；所有的学生都要学习汉语、汉字；另外还教授传习"德"与"礼"。①

从调查来看，印度尼西亚华人社会都有一些孔教信徒。不过，比较爪哇岛和外岛两个地方孔教的信仰情况，爪哇岛雅加达、三宝垄的孔教信徒要比外岛棉兰、坤甸的多。笔者在三宝垄和棉兰的调查数据统计，在三宝垄华人调查的对象 147 人中，信仰孔教的有 38 人，占调查总数的 25.9%。而在棉兰华人调查的对象 124 人中，信仰孔教的只有 14 人，只占调查总数的 11.3%。在三宝垄，有一间专门的孔教堂（设在三宝垄的大觉寺内），这个孔教堂每个星期都有固定的时间举行活动。而棉兰的孔教徒并没有自己的活动场所，只是在一个庙宇内放置了一尊孔子的坐像。据棉兰的孔教会会长说，在棉兰举行孔教的活动较少，且没有固定的时间。这是因为孔教在棉兰的传入时间较迟，且还在初发展时期。②

二 小传统文化中的民间信仰

与大传统一样，小传统作为一种亚文化，在华侨华人社会中也表现得极为突出。这种小传统文化中的一个突出显现，就是华侨华人的民间信仰。华侨华人的这种民间信仰，是华人宗教信仰的传统基础，也是华人宗教信仰的核心成分。

在人类的文明史中，与移民活动紧密相连的是宗教信仰的传播。而华侨华人民间信仰，是随着中国向海外移民而出现的一种文化现象。换句话说，华侨华人民间信仰是指随着华侨出国而传播到海外，并且在华侨华人中持续发展的海外华人民间信仰。此外，由于华侨社会在转变为华人社会的过程中，华人的民间信仰发生了一些变化，这便是华人民间信仰的在地化，即将外族的鬼神崇拜纳入自己信仰之中的同时，也创造出一些新的神灵崇拜，从而使华人民间信仰呈现出更加多元化的特征。

从调查来看，印度尼西亚华人民间信仰中大有道教和中式佛教相结合的痕迹，即道教和佛教对印度尼西亚华人民间信仰有较大的影响。此

---

① 王爱平：《印度尼西亚华人社会孔教的兴起》，《南开学报》2007 年第 6 期。
② 2010 年 5 月 4 日笔者与棉兰孔教会主席的访谈录。

外,孔教(儒教)也混合其中,从而形成所谓的"三教"(释、道、儒),因为在印尼华人的庙宇里,这三教神灵随处可见。

道教,这是一种源于中国古代的神仙方术的宗教,其特征是追求纯朴和谐、超然物外的生活方式。在调查中,笔者虽然很少直接听到当地的华人说他是道教信徒。但从爪哇岛和外岛华人所建的庙宇来看,有许多是属于道教的庙宇或以道教神灵命名的庙宇。比如棉兰的锦江东岳观、东岳观、福凌殿、太上老君庙等,而三宝垄有玄天上帝庙、福盛庙等。除了这些属于道教的庙宇外,其他的佛教寺庙也供奉着一些道教的神灵,许多香客也到这些神灵的面前虔诚地烧香膜拜。

有的学者认为,早在公元 2 世纪末,道教就已开始传入东南亚。由于历史的原因,越南是最先接受道教的东南亚国家。至于道教何时传入印度尼西亚,有的学者认为大约是在 17—18 世纪,因为从那时起移居印度尼西亚的华人逐渐增多。其实,如果将关公和天后圣母真的认作是道教的神灵的话,道教传入印度尼西亚应该是与华人移居印度尼西亚的时间同步的。也就是说,宋代以前道教就随着华人传播到了印度尼西亚。笔者曾在离棉兰的 20 多公里的汉巴郎北腊(Hanparan Perak),又称王厝口的地方,看见一座关帝庙。从这座庙的碑文来看,其建于 1898 年。这个关帝庙的附近是一个名为巴雅巴贡(Payabakung)的村庄,里面居住着两三户华人家庭。从他们那里得知,这个关帝庙是他们的父辈,即契约华工时所建的,距今已有两百多年了。

图 3　Payabakung 村庄附近一座已有 200 年之久的关帝庙(郑一省摄)

从调查来看，外岛棉兰、坤甸华人的道教寺庙多于爪哇岛雅加达、三宝垄华人的道教寺庙，而且前者有关道教的活动和规模也是后者远远不能比拟的。究其原因，一是棉兰和坤甸不仅处于远离爪哇文化影响的"外岛"，而且华人的人数在当地又占有很大的比重，其无论是语言还是习俗上都保留了较强的"中国味"；二是棉兰的地理位置十分靠近马来西亚的槟城、新加坡，而坤甸本地不仅华人人数众多，且又靠近华人较集中地的东马，这两个地方的道教庙宇林立，道教信徒众多，这自然会影响到棉兰、坤甸华人社会的道教寺庙的建立及其活动。

在印度尼西亚，华侨华人的民间信仰中存在着民间所流行的一些教派，如青莲教、真空教、德教和一贯道等，以及华人对民间的神灵（神祇）信仰崇拜。从调查来看，印度尼西亚华人的小传统文化中的民间信仰可分为以下几种：

1. 民间所流行的教派

一般来说，印度尼西亚华人社会所流行的教派主要来自原乡或从周边国家移植过来的，这些在印度尼西亚华人社会的流行的教派主要有青莲教、真空教、德教和一贯道等。

（1）青莲教

所谓青莲教，即那种奉行三皈五戒，吃长斋，修炼九节玄功，传教者以《礼本》开示信众的民间宗教。青莲教是官方档案上的称呼，而民间则称之为"先天道"。一般认为，青莲教发源于原乡即中国，其教有两个来源。一是明朝以来在浙江、福建、江西等省流传的应氏无为教和姚门教，即江南罗教；二是清朝康熙以降在江浙流传的圆顿大乘教。这两个源头经过多年的混合而形成了青莲教，后逐渐发展。由于其内部发生分裂而分为灯花教、金丹道、先天道、归根道、一贯道、同善社、圆明教、普渡道等，这些支派形成了近现代历史上的主要会道门。

有学者认为，先天道与青莲教关系密切，或者同为一体，只是名称有异；或者先天道属于青莲教的一支。与青莲教关系密切的，除了先天道外，还有同善社。[①]

---

① 石沧金：《海外华人民间宗教信仰研究》，学林书局2014年版，第13页。

青莲教在东南亚的传播，首先是从马来西亚开始，它是随着中国移民而传播的。据学者研究，早期的青莲教信徒大多是华人妇女，如1860年后青莲教的斋堂传入西马，一些"不落夫家"或终身不嫁的广府籍华人女性者建立"姐妹斋堂"，以作为寄托信仰的场所。大约在20世纪30年代，青莲教得以在印度尼西亚传播，早期是由客家籍华侨妇女Lay Nyun Moy在万隆建立的南善堂，这是一座由斋姑创办的斋堂。① 在棉兰的太平寺，以及三宝垄唐人街的松善堂，是客家人创办的青莲教庙宇。

图4 棉兰的太平寺（郑一省摄）　　图5 三宝垄的松善寺（陈思慧摄）

（2）真空教

真空教又称"空中教""空中大道""空道""空道教""无极教"等，在东南亚华人社会俗称"仙伯坛""大伯坛""戒烟社"。

资料显示，真空教源于中国的江西寻乌，由该地的廖帝聘所创建。有记载，"清道光七年丁亥四月九日昧爽赖氏夫人分娩时，异香满屋，祥云护亭，仙乐闻于空中，众皆异之。俄而诞生麟儿，是即直超乎儒释道三教之上，创立空中大道，舍身普救苍生未劫之真空廖老祖师也"②。据说，廖帝聘31岁（咸丰七年，即1857年）前往邑北云盖崠古刹苦修六年后逐渐悟出空道，回到故乡黄佘山培桂园，日夜登山静坐，苦练内果，

---

① ［德］傅吾康主编，［法］苏尔梦、肖国健合编：《印度尼西亚华文铭刻汇编》（第二卷上册），新加坡南洋学会、巴黎法国远东学院、巴黎群岛学会1997年版，第147页。

② 云静子（张月如）：《真空祖师全传》，江西黄佘山道堂1925年版，第5页。

融合三教经典，撰写出《报空宝卷》《无相宝卷》《报恩宝卷》《三教宝卷》（上下两册）"四部五册"的真空教经典，并于1862年开始传教。当时鸦片横行，医疗水平落后，廖帝聘为了吸引信众，迎合时代需求，宣称"吸洋烟者拜吾道而烟瘾自脱，沾疾病者拜吾道而病俱痊"[1]。真空教在初创期间获得不少信徒，在社会上产生了较大影响。

真空教是一种植根于中国赣南客家文化的一个民间教派，受到了道教、佛教临济宗演变而成的罗祖教、天主教的影响。真空教拥有一套相对完整的经典、教义与教规。真空教以"真空"之意贯穿始终，认为"无极身""大身""空身"皆是一，它就是宇宙万物的最高本体，而凌驾其上的主宰者就是无极圣祖。真空教以"五皈"为真谛，以"四考"为法门。[2] "五皈""四考"是真空教信徒的维持原则。真空教信徒还需"十诫"，需勿淫欲赌博，勿贪婪奢侈，勿剥削盗窃，勿自私倾轧，勿狂言欺诈，勿骄傲仇恨，勿背恩逆伦，勿迷信风水，勿吃鸦片烟，勿崇拜偶像。[3]

真空教传入东南亚是随着中国移民而进行的，也是与当时中国移民抽吸鸦片有一些关系。据学者研究，真空教传入东南亚各地主要有两条路线，一条是从江西传到福建西南，再南传至广东蕉岭等地，沿着韩江水路抵达汕头，从汕头经海路传至马来半岛及英属婆罗洲；另一条路线始于福建西南部，然后经厦门出海抵达马来半岛及印度尼西亚的一些地方。[4] 真空教传入印度尼西亚地区大约是20世纪30年代，1927年建立了第一家道堂，即张再来、吴云端在坤甸老港建立的"培桂园道堂"。印度

---

[1] 云静子（张月如）：《真空祖师全传》，江西黄金佘山道堂1925年版，第10页。
[2] "五皈"具体包括：皈依：心与道合，须臾不离；皈中：不偏不倚，无过与不及；皈正：洁心自爱，磊落光明；皈一：纯一不二，不旁骛外鹜；皈空：浑望色相，毫无挂碍。"五皈"中，以皈一、皈空为最主要，因为真空教四部经典每节都有"复本还原，归一归空就是"之语。这里的"一""空"与"无极"就是万物的本堂，是空中大道的真谛、核心理念之所在。"四考"具体包括：考真：乃守义己之义，保守真元；考直：乃诚实之义，表里如一；考愿：乃坚真之义，一心向道；考舍：乃牺牲之义，解脱羁绊。"四考"，即空中大道的方便"法门"，它们要求信众时刻刻都要以"四考"省察自己，修身养性，"复本还原"，"回光返照"。
[3] 《黄佘山总道堂真空教教规》，《归一会刊》，新加坡真空教联合会2003年版，第1页。
[4] 石沧金：《海外华人民间宗教信仰研究》，学林书局2014年版，第44—64页。

尼西亚的真空教道堂，主要集中在巨港和坤甸两地。据罗香林先生记载，印度尼西亚的道堂有7间，除了登义山道堂、显传山道堂、清桂园道堂、显道山道堂（峇眼亚比）4家道堂外，还有本来山道堂（峇眼亚比）、如真坛（日里）、复本山道堂（山口洋）3家道堂。印度尼西亚真空教的道堂设置时间、建堂的地点见表3—2：

表3—2　　　　　　　印度尼西亚真空教道堂概况

道堂名称	创建人	创建时间	地址	传道师
培桂园道堂	张再来、吴云端	1927年	坤甸老港	林华文、许文华、张灵通、吴云端
登义山道堂	施德坤	1932年	苏门答腊岛石马丁宜	林华文、施德坤
显传道堂	施德坤	1934年	巨港13号街	林华文、施德坤、张亚再
显传道堂	施德坤	1935年	邦加省滨港	林文华、施德坤、许逸南
清桂园道堂	黄开明	1939年	加里曼丹岛坤甸三发	林华文、许文华、张灵通、吴云端、黄开明
登燕山道堂	周源兴、周顺来、周金发	1940年	廖内岛燕山	黄达忠、施得力、周源兴
显道山道堂	黄万福	1961年	巨港	林华文、施德坤、黄万福

资料来源：廖经才主编：《东南亚真空教道堂图刊》，香港真空纪念堂1968年版；《真空教历代系谱表》，香港真空纪念堂1977年版。

印度尼西亚的真空教道堂趋于衰落状态，但这几年似乎有些起色，一些地区的真空教徒开始互相走动。如苏门答腊岛棉兰的真空教道友经常到马来西亚的槟城等地，参加该地真空教的相关活动。2011年12月10日，棉兰的真空教道友参加了槟城海客园祖师道堂的诵经，做祖师诞的仪式活动。[1]

（3）德教

德教是一种"以德为宗旨，而教化百姓的宗教"，即"一种以振兴中

---

[1] 石沧金：《海外华人民间宗教信仰研究》，学林书局2014年版，第64页。

国固有道德为号召的复古运动",故被称为"复古新的综摄宗教"①。据资料显示,德教产生于20世纪40年代的抗战时期,当时炮火弥漫全国,人民流离失所。1939年,广东省朝阳县和平英西港人杨瑞德在家乡创立鸾坛,设香案,祷告上苍,祈求和平安宁,并以家藏柳枝为媒,祷请仙佛降临训谕。数月后,得杨筠松及柳春芳两位师尊之谕示,意在要立善积德。于是杨氏在其家中设立紫香阁,借以宣扬道德,并赠药、治疗病人、施舍帐篷,抚恤死难者②,至此德教得以产生。

德教作为一个宣传道德教化的民间宗教,其中心精神是"道为宗""德为宗",或者说"道为体,德为用",道以理归,德以善臻。因此,"道"与"德"是德教立教之本。德教主张五教同宗,诸善归一德,认为举凡世界上正信之宗教,皆以利人济物、修心济世为旨趣,因此,应当求同存异,融洽各教,统归一德,达致"德教一家亲"和大同世界的理想境界。德教的主旨是以"德"化人,奉守"教不离德,德不离身"的理念,尊崇古圣先贤,发扬他们的嘉言懿行,宣扬道德,扬善止恶,扶危济贫。在具体的生活实践中,德教倡立"十章八则"③作为德友修身养性、为人处世的准则。德教会是德教普化民间组织形式,它是一个综合宗教与社会产生福利事业为一体的民间社团,常冠以"阁""社""堂""宫""观""轩"等多种名称,其中以"阁"命名最为常见。德德社是德教所崇奉的仙佛师尊的总称,汇集了儒教、佛教、道教、基督教、伊斯兰教及民间信仰中的各路神灵。除了五教教主外,还有玉皇大天尊、关帝圣君,以及柳春芳、杨筠松、张玄同、吴梦吾四位掌教师尊,还有道济佛尊(即济公活佛,他被奉为德德社的外相)、八仙之一的吕纯阳祖师(他被奉为德德社的内相)等。

德教在南洋的传播,应该是在二战结束后。据学者研究,德教分两

---

① 李亦园:《东南亚华侨的本土运动》,见陈景熙、张禹东《学者观德教》,社会科学文献出版社2011年版,第4页。
② 《德教的草创与南播》,《新加坡全国社团大观1982—1983》,文献出版公司1984年版,第196页。
③ 所谓"十章",即十大美德:孝、悌、忠、信、礼、义、廉、耻、仁、智;"八则",即"八大良则",不欺、不伪、不贪、不妄、不骄、不怠、不怨、不恶。

路向南传播：一路由马贵德为先锋，向香港进发；另一路以李怀德为首领，向越南及新马出发。从南洋来看，德教在马来西亚的发展最为兴盛。印度尼西亚华人的德教组织，大多由马来西亚传播而至，且大半是在21世纪初建立。见表3—3：

表3—3　　　　　　　印度尼西亚华人的德教组织分布

名称	成立时间	创建人（阁长）	备注
泗水紫泗阁	2006年7月19日	许国照（社长）、薛常锦（副社长）	一度陷入停顿，2009年8月14日重建，并改名为济缘善社，传香阁为亚庇和善社和广东潮阳紫香阁
棉兰紫棉阁	2006年	原阁长陈明宗，现任阁长陈锦兴	传香阁为泗水紫泗阁
三宝垄紫龙阁	2006年7月21日		传香阁为亚庇紫和阁
雅加达紫弘阁	2006年7月23日		传香阁为亚庇紫和阁
仙达济圣善社	2008年		传香阁为亚庇紫和阁和棉兰紫棉阁
坤甸济心善社	2009年9月26日		传香阁为成邦紫川阁、亚庇济和善社

资料来源：石沧金：《海外华人民间宗教信仰研究》，学林书局2014年版，第101页。

从德教在海外的建立过程来看，德教会主要通过传香创阁的模式进行。其主要采用以下几种：一是"一对一传香"，即一家德教会阁传香于另一家；二是"一对多传香"，即一家德教会传香于多家会阁；三是"多对一传香"，指多家会阁传香于一家；四是"邻近传香"，即在附近地区传香建阁；五是跨州乃至跨国传香；六是派系内传香。德教会内部分化出紫系、济系、赞化系、振系、宋系等不同派系。传香创阁大多在各派系内部进行；七是跨派系传播，即在不同派系内传香。据资料显示，印度尼西亚的德教会阁主要是跨国或跨州传香。如印度尼西亚的济圣善社（苏岛先达）、济缘善社（泗水）、济心善社（坤甸）几家阁是由马来西亚沙巴州亚庇济和善社传香而来。棉兰的紫棉阁建立在2006年，也是通过跨国或跨州，即从沙巴紫和阁传香而来。

图6 印度尼西亚棉兰紫棉阁（郑一省摄）

一份棉兰德教慈善会紫棉阁创阁历程的文献，将其传香创阁的过程记载如下：

公元2005年8月2日，印度尼西亚椰加达紫弘阁安炉庆典特鸾上，恒侯大帝降鸾，如是颁布：棉兰付托紫云，吉子契成，宠名紫棉。后谕吉辰，今可合印度尼西亚缘子开拓圣基。师圣再度于公元2005年9月1日，降鸾沙巴紫和阁圣坛，晓谕紫棉一阁，将于明年春季成立。同年12月8日即18日，师圣明确乩示紫棉阁一事，天命已定，取吉来年丙戌三月初三日，即公元2006年3月31日，乃紫棉阁安炉良辰。师圣亦允恩定三月初一日即公元2006年3月29日，为棉城柱魂，举行超度法会。公元2006年1月12日，师圣谕示紫云紫和合缘传香之契。甫接圣喻，旋即积极联络，遂于公元2006年1月6日，飞抵棉兰，通过热心友好牵引，拜会棉兰颍川堂宗亲会之领导贤明，陈述师圣创立德教会使命，旨在宣传道德教育和推展社会慈善公益，坦诚道明创立紫棉阁来意，得到宗亲会领导层的指引及介绍之下，即席定下三层楼店屋一栋，即刻展开装修和部署圣坛配备，俾及时供安炉盛典启用。由于良辰迫在眉睫，仓促间，难免挂一漏万，有欠周详，辛得师圣庇护，复蒙诸位棉兰贤明匡扶，一切安炉应备事宜，方克备妥就绪，依时安炉立鼎晋厥。

从以上紫棉阁建阁的经过记载可以看出，紫棉阁是由印度尼西亚雅加达紫弘阁安炉仪式上降鸾时知晓紫棉阁即将建立，并由马来西亚沙巴的紫和阁与紫云阁传香而建立起来的，这说明印度尼西亚的德教会大都与马来西亚的德教有紧密的关系，是由其传香而来，并通过当地的贤明鼎力相助而得以建立。

表3—4　　　　　　　　印度尼西亚的华人德教组织

名称	建立时间	地点	社长/主席	名称	建立时间	地点	社长/主席
印尼德教会总会	不详	雅加达	伍瑞章	明汕善阁	不详	泗水	陈辽福
紫棉阁	2006年	棉兰	陈锦兴	明隆善阁	2016年	万隆	张敬伟
济缘善社	2009年	泗水	李福安	锦德堂	不详	雅加达	林锦成
明保善阁	2014年	三宝垄	薛翔云	济心善社	不详	坤甸	赖兴隆
济绵善社	2015年	雅加达	伍瑞章	济圣善社	2008年	先达	陈瑞忠
明屿善阁	2015年	巴厘岛	何英先				

资料来源：根据调查和印尼《国际日报》中的资料所整理。

(4) 一贯道

一贯道是源于中国的民间宗教之一，又称天道。它是一个多种教门融汇合流的产物。① 经清代王觉一、路中一和刘清虚的理论建构和实际操作，使一贯道成为一个较严密的民间宗教信仰体系。

一贯道职级系由路祖时期的祖师、领长、代表师、坛主、办事员、道子诸级演变而来，计分为"师尊""道长""前人""点传师""讲师""坛主""道亲"等。一贯道的庙宇为佛堂，又称为佛坛，一贯道供奉的仙佛神圣有：最高神"明明上帝"（瑶池金母无极天尊），诸天神圣（圣

---

① 一般认为，一贯道最早源于明朝的罗祖教的分支大乘教及园顿教。见马西沙、韩秉方的《中国民间宗教史》（下），中国社会科学出版社2004年版，第868页。

母元君、普贤菩萨等30位），五教圣人（太上祖道、释迦佛、至圣先师），天地君亲师，各位法律主［孚佑帝君（吕祖）、关圣帝君、恒侯大帝、岳帝（岳父）］，弥勒祖师，南海古佛，灶君，活佛师尊（济公活佛）、月慧菩萨等。

一贯道经典分为"无字真理"和"有字真经"两种。前者系由明师口授心传，不著文字。后者系文字之经典。一贯道的宗教仪式主要有传授"三宝"（抱合同、点玄关和传口诀）和"扶乩"。

一贯道传入海外主要通过中国香港和中国台湾地区。1950年，一贯道由中国台湾传入印度尼西亚，迄今佛堂分布各大小岛屿，有三千多佛堂、百万多信徒。重要的佛堂有雅加达的崇德佛堂、和善佛堂、普德堂即泗水的弘毅佛院、天印佛堂、穆德佛院和园达堂等。见表3—5：

表3—5　　　　　　　　印度尼西亚一贯道道场

名称	建立时间	地点	负责人	名称	建立时间	地点	负责人
印度尼西亚一贯道总会	2000年10月22日	雅加达	萧连凯	真心佛堂	2003年	巴厘岛	
穆德佛院	1993年	泗水		弘济禅寺	2005年	班加罗尔市	
济化佛堂	1995年	三宝垄		法善佛堂	2006年	泗水	
德忠坛	1996年	雅加达		广化佛堂	2007年	雅加达	
性真佛堂	1997年	泗水		园满佛堂	2008年	任抹市	
广缘佛堂	1997年	泗水		园达佛堂	1999年	泗水	
园德佛堂	1998年	马尼拉乐比洞		崇德佛堂	2000年	雅加达	
正心佛堂	1995年	棉兰		法正佛堂	2002年	雅加达	
群信佛堂	1996年	雅加达		弘毅佛堂	2004年	泗水	
德园佛堂	1997年	千耐市		弘德佛堂	2005年	锡江	
明仁坛	1997年	巴丹岛		性广堂	2005年	巴厘岛	
广宣佛堂	1997年	占碑		仁洁佛堂	2007年	坤甸	
仁德佛堂	1998年	巴厘岛		园成佛堂	2000年	雅加达	
法缘佛堂	2002年	雅加达		春辉佛堂	2003年		

资料来源：根据调查与印尼《国际日报》等报刊的资料整理。

一般认为，一贯道除了在马来西亚较为活跃外，在印度尼西亚也有许多相关的寺庙和信众。从20世纪90年代起，一贯道经中国台湾输入印度尼西亚开始传播。在三宝垄有济化堂，而棉兰则有明哲堂、弥勒佛院等。

图7 印度尼西亚棉兰慈光弥勒佛院（郑一省摄）

这所慈光弥勒佛院是一贯道的庙宇，坐落在苏北省棉兰泽玛拉亚斯利住宅区（Komplek Gemara Asri）。据访谈，这座耗资近100万美元的慈光弥勒佛院，所采用的建筑材料都来自中国福建。问其住持，说要建一座原汁原味的中国式寺庙。刚建起来时，由于号称棉兰乃至世界最大最宏伟的寺庙建筑而引人注目，却遭到了当地友族宗教人士的反感，被人告到棉兰市政府那里，而华人领袖黄印华先生为此对政府官员说，虽然这座寺庙建得十分豪华，不过却会给当地带来可观的旅游收益，政府官员听到这个后就笑逐颜开，不再追究了。据说，这个慈光弥勒佛院建筑建起来后，吸引了许多鸟类来此栖息。在佛院的左侧原本有一个逐渐被荒废的沼泽地（小湖泊），自佛院建起后每晚就有上千只鸟栖息在沼泽地（湖）中的树枝等物上，招致许多旅游者观看，也使佛院无形之中被蒙上了一些神秘的色彩。

2015年，慈光弥勒佛院在其庙宇的对面建起了一座慈光弥勒学校，并于该年的10月27日举行落成典礼，出席嘉宾包括日里昔梨冷县县长H. Ashari Tambunan，国际热爱大自然促进会世界总会汪慈光总会长，慈光弥勒学校董事长兼印度尼西亚弥勒大道总会杨慈瀚会长，中国驻棉兰领事馆总领事朱洪海，领事陈兰慧，牛羽佳，苏北省议员莫粧量，棉市

图8　慈光弥勒佛院旁边沼泽地中小树上栖息的小鸟们（郑一省摄）

议员黄椿升，苏北佛教总会主席黄印华，苏北大乘佛教议会MBI主席王吉兴，苏北华联与佛教团体领导人包括徐煜权、廖章然、张家础、吴明辉、杜保国、刘奕陞、冯荣辉、尤芳美、廖奕量、林声桦、释尚华法师等。[①]

2. 民间的神灵（神祇）崇拜

在印度尼西亚华人社会，除了崇拜和祭祀祖先外，还信仰比如福德正神、保生大帝、广泽尊王、大伯公、城隍爷、清水祖师、陈圣王、玉皇大帝等，以及当地华人所造的诸如三保大人、齐天大帝、六十太岁星君等神灵。据调查，印度尼西亚华人的神灵（神祇）信仰有以下方面：

（1）群体监护神信仰

所谓群体性监护神信仰，是指在某个群体或族群对其各自保护神的崇拜。在印度尼西亚华人社会中，华人个体依据包括血缘、姻缘的亲缘关系组成家庭与宗族，依据同居一处的地缘关系或血缘关系组成社团，依据同操一业的业缘关系组成行业群体。这些不同规模的群体都有各

[①]《中国总领事馆张洪副总领事友好访问慈光弥勒佛院》，《国际日报》2017年1月23日。

自的监护神，受到群体成员的共同奉祀。群体监护神来自并反映群体成员共同的利益与需求，执掌对群体的保护、监管、教化、整合，维系群体的安全、凝聚、统一、秩序，从而可以促进社会的结构稳定、生活和谐。

从印度尼西亚华人社会来看，群体性监护神信仰首先可以分为家庭、宗族监护神，其主要包括祖先神灵、门神、姜太公等。在印度尼西亚华人社会中，祖先神灵是单个家庭或宗族的核心监护神，华人家庭的客厅中间、宗族所建庙宇的正厅都会有这种神灵的神龛，以供家庭或氏族成员时时祭拜。

图9　棉兰华人家庭的祖先神灵牌位（郑一省摄）　　图10　棉兰吴氏宗亲会的祖先神灵牌位（郑一省摄）

与中国民间不同的是，印度尼西亚华人社会所信仰的"门神"不是放在或贴在家的房门上，主要是放置在一般庙宇内或贴在庙宇的大门两侧。姜太公是一个很特别的监护神灵，据说能预知家庭或家族的祸福，其主要放置在七仙女壁画的水池旁，静静地在那里垂钓。

图11 印度尼西亚巨港 Chandra Nadi 神庙的门神

图12 印度尼西亚三宝垄西河宫的姜太公钓鱼（郑一省摄）

此外，印度尼西亚华人庙宇如果不设置"门神"，也会以"加冠"与"进禄"，以及"孝弟"与"忠信"、"谦让"与"温恭"等字书写或印在庙宇的大门上，这些书写苍劲有力的字，在红色的大门上显得格外醒目。

图13 印度尼西亚三宝垄感福庙红色大门上的字（郑一省摄）

其次是社区监护神，这些神主要包括福德正神、城隍爷、拿督公、三官大帝和二郎神等；在印度尼西亚华人社会里，城隍爷、福德正神是一个主要的社区保护神，特别是福德正神（土地公）几乎在每个庙宇内都有其神龛。在印尼华人社会，华人家庭或宗族的坟墓旁也设立这种福德正神，以及拿督公。

图 14　棉兰东岳观的福德正神
（郑一省摄）

图 15　棉兰华人义山中的拿督公神龛
（郑一省摄）

拿督公是马来民族的原始信仰神灵，在外岛如苏门答腊岛和西加里曼丹岛的华人庙宇或华人坟墓中很常见，在爪哇岛目前只有三宝垄义勇公庙发现有这种外来神灵的崇拜。二郎神在爪哇岛的庙宇中十分常见，据说他是祈求保护社区不受侵犯的神灵。至于三官大帝，其神龛在印度尼西亚的许多华人庙宇和家宅门前都可以看见。

最后是行业监护神，这种神灵主要包括鲁班、天后等。在印度尼西亚华人社会中，有各籍贯的华人族群，其中广府籍人信仰鲁班神灵。据说这些广府籍华人早期大都是从事木工的行业，后来逐渐向家具业发展。由于鲁班是木工的祖师爷，所以在广府籍华人的社团或其所建的庙宇里都建有鲁班的神龛，以作为他们的行业监护神。每年的农历六月十三，

图16　印度尼西亚三宝垄福盛庙的"三官大帝"（郑一省摄）

印度尼西亚广府籍华人都会在雅加达的鲁班庙宇举行拜祭活动，怀念这位中国历史上的木匠先祖。2010年7月20日，即农历六月十三日雅加达华人又在鲁班庙前举行祭祀活动，华人甄国威说，雅加达这座鲁班庙宇已有150多年历史，由于当年广肇乡亲最早来印尼时从事的职业多是木匠，为纪念先祖，他们修建了这座庙宇，一百多年来，这里香火鼎盛，成为雅加达华人独具特色的文化精神家园。①

图17　印度尼西亚雅加达广肇籍华人建造的"鲁班庙"（郑一省摄）

---

① 2010年笔者在雅加达与甄国威先生的访谈录。

第三章　印度尼西亚华人民间信仰的类型及源流　113

据史料记载，18世纪时在巴达维亚的广府移民都是有组织的手工业者，他们在南班登岸路（Jalan Bandengan Selatan）建立了专门供奉鲁班（木匠的保护神）的寺庙。遗憾的是，由于完好保存至今的碑文极少，导致无法追溯这些木匠们的籍贯。19世纪中期，应该是来自广东以外地区的木匠成批抵达爪哇，导致当地木匠人数增加，于是木匠协会新建了两座寺庙，一座位于红溪河（Sungai Angke）南岸，大概是1850年由新安县（现称宝安）和归善县（现称惠阳）的木匠建成。另外一座位于槟榔社一路（Pinangsia I），应该是由广州［旧广州，包括六个县：新宁（即台山）、新会、开平、恩平、鹤山和赤溪］木匠建成。①

天后，也是妈祖，是中国沿海地区渔民的保护神。在印度尼西亚华人社会中，许多华人移民的先驱者都来自福建、广东沿海，其中有一些原本就是渔民，在移居印度尼西亚后便将渔民的保护神带到移居地而供奉起来，作为他们的监护神。

图18　印度尼西亚邦加岛"广福庙"的妈祖神像与神龛（郑一省摄）

---

①　［印尼］Handinoto：《中国工艺与爪哇岛北岸古清真寺的建筑风格》，印尼《国际日报》2019年9月13日，A7版。

（2）人口保障神信仰

就信仰层面而言，灵魂信仰和祖先崇拜也使人们把传宗接代视为人生的神圣职责与义务；断子绝孙将使祖先和自己死后得不到祭祀，这是最为令人恐惧之事。同时，由于生产、抚育知识的贫乏，医疗卫生水平的低下，以及不可预测的危险因素和意外事故的存在，民众自然把无比重要而又十分神秘的人口繁殖归于神灵主宰，创造了与此有关的婚姻、生育、健康等神。他们可以合称人口保障神，也为全体民众所信仰。这类信仰表达了民众对生命的重视、关爱和社会对生命价值的珍惜、对生命繁盛的追求。

从印度尼西亚华人社会来看，其人口保障神信仰首先是婚姻神崇拜。这种婚姻神灵主要有月神（月下老人）、和合二仙等。月神（月下老人），又叫太阳星主、月姑、月宫娘娘、月光菩萨，这是与找对象有关的神灵，而和合二仙则是"团圆之神"，也是一种爱神。

图19 印度尼西亚三宝垄万福宫的月下老人与和合二仙（郑一省摄）

在印度尼西亚华人社会中，月神、和合二仙神灵多存在于爪哇岛的华人寺庙中，而在外岛的华人庙宇中却较少见到。

其次是生育神，它主要是金花夫人、注生娘娘、玄女娘娘等。在外岛和爪哇岛华人社会中，这些生育神灵十分常见。在棉兰的天后宫，供奉着金花娘娘、注生娘娘神灵。这是与当地两大群体——广东、福建籍华人相吻合的。因为金花夫人这个神灵主要来自广东，比如在广州有一个著名的祈子神庙——金花庙，主神是金花夫人。而注生娘娘是福建的神灵，即福建的临水陈夫人，又叫大奶夫人、顺懿夫人。福建有注生娘娘庙。而在三宝垄华人的寺庙，注生娘娘和玄女娘娘较为常见，是因为三宝垄的福建籍华人较多，而玄女娘娘神灵也曾在福建的庙宇中流行甚广。

最后是健康神，主要有保生大帝、王任进药王、吕洞宾、药师佛等医药神。在印度尼西亚华人社会中，保生大帝和药师佛神灵较为常见。在棉兰的关帝庙、三宝垄的大觉寺都有专门的保生大帝的神龛。

图20 三宝垄万福宫的保生大帝和棉兰玉常宫的"王进仁"药神（郑一省摄）

不过，在棉兰的玉常宫设立了一个称为"王进仁"的医药神，这位神灵在中国的神灵书中未曾见过。此外，传播到印度尼西亚的真空教，也作为一位药神而存在，这是一种宣传其戒烟之功效的教派。该教认为，甩手跪拜可以加速血液循环，从而加速体内落垢的排泄；饮茶亦有清除体内积垢的功能；静坐、诵经则从精神层面集中人的注意力，不再迷恋吸烟，而是尽可能专心与静坐或是诵经。一般研究，真空教是从马来西亚传入印度尼西亚的巨港、勿拉湾、直名丁宜、峇眼牙比港、坤甸老港、三发、邦加省槟港和廖内等地。

3. 个人命运神信仰

民间信仰的基本功能之一即满足民众个人的生活需求，神灵是人创造出来为人服务的偶像。据此信仰，人一生的福、禄、寿、财、吉凶和死后归宿都有相应的神灵执掌。他们属于个人命运神，人们对之无不信奉。此类信仰为民众提供了以命运为核心的人生观，设定了以荣华富贵、健康长寿为主要内容的价值取向和追求目标，并通过死后转生赋予人生不朽的意义、使之跨越了短暂而进入了永恒。

从印度尼西亚华人社会来看，个人命运神灵首先是福神，其主要包括福星、赐福天官等。其中的天官是印尼外岛棉兰华人社会家庭主祭的神灵。在当地，华人的房屋的一楼外或二楼的阳台上都有"天官赐福"的神龛。在外岛，只需看房屋外有无"天官赐福"的神龛，便可以知道这座房屋是不是华人住的地方。在爪哇岛，不存在将这种"天官赐福"的神龛放置在房屋外一楼或二楼的现象。究其原因，是因为爪哇岛华人受爪哇文化的影响较深，除了70岁以上的华人能说中文外，60岁以下的华人已经基本上不懂中文了。当地大多数华人，对于华人传统宗教的内涵，特别是天官主要扮演什么角色已经是十分不清楚了。

图21 印度尼西亚棉兰华人居民住宅墙上的"天官赐福"神龛（郑一省摄）

其次是财神,这类神灵主要包括五路财神、比干等。五路财神,即以赵公元帅、招宝、纳珍、招财、利市五神。在印度尼西亚华人社会中,财神是一个很重要的神灵。因为华人社会是一个商业的社会,做生意的占多数。五路财神,在当地又成为五福财神。比干神灵应该也是财神,可是在棉兰的林氏宗亲会——西河宫却将其作为林氏的祖先神灵。

最后是吉凶神、死后归宿神。前者神灵主要包括太岁、青虎和各种凶神恶煞及妖魔鬼怪,后者神灵主要是阎王、判官及其他鬼吏鬼卒等。太岁神灵是两地华人社会寺庙中常见的神灵。在三宝垄的义勇庙的侧庙,专门有一个"六十太岁星君"神龛,里面放置了六十个太岁,大概是每年将其中的一个太岁作为主神而供起来。比如,2008年是戊子年,当时的太岁是郢班星君,所以该神龛就将其作为主神了。青虎,是一种防小人的一种神灵,在两地的寺庙中的主神下面都会有这种神灵的神龛。阎王爷、判官等死后归属神,一般都能在地藏殿或其他佛寺中看到。

4. 综合神灵信仰

民间信仰里有一种神灵,其职能无所不包,故亦无人不信之神,这种神灵便称之为综合神。这种综合性神灵主要有关公、观音等。关公即关羽,又称为关帝、关圣帝和关老爷等。此神也是权威无限、无所不能,且其职司具体而又广泛。"社会各阶层从关羽的事迹中不断地引申出符合自己愿望的神力。尽管各社会集团对关羽这一神话人物的解释不尽相同,有时甚至互相抵触……但日久天长,这些神话互相融合,使关帝成为无所不能的万能之神。"① 而观音,又称为观音菩萨,也是一个影响较大、信众较广的一座神祇。

在印度尼西亚华人社会,关帝、观音信仰较为流行。在棉兰和三宝垄两地都建有关帝庙和观音庙,像棉兰的关圣帝庙、清音禅寺等,三宝垄的关帝庙、大觉寺等。当地的华人把关公奉为忠义化身、人伦师表,并赋予其伸张正义、惩邪扶正、赏善罚恶的职责。民众最为看重他的神武、特别灵佑。各行各业都指望他提供保护、降福免祸,至于伏魔除怪、

---

① [美] 杜赞奇:《文化、权力与国家:1900—1942年的华北农村》,王福明译,江苏人民出版社2003年版,第98—99页。

招财赐力等具体诉求更是形形色色、无所不有。而观音与关羽相似，可以降雨治病、送子送财、救人苦难、保护群体；其职能既关乎人口保障，也涉及个人命运、群体监护，并与关羽一样是满足民众各种具体需求的神灵。

就小传统文化中宗教信仰来说，首先是民众在此环境中生活的经验的反映，是民众适应环境谋求生存与发展的手段。它为民众构筑了一个万物有灵的世界，形塑了其知识系统，包括其对生存环境的认识和解释。其次，小传统宗教信仰中各神灵的分工其实具有相对性。因为神灵职能的复杂化是民间信仰发展演变的趋势之一。在印度尼西亚华人民众心目中，许多神灵的职能并不单一，而是既有所主又有所兼、既有一专又有多能。例如婚姻神灵可使家人团圆，兼为家庭监护神。土地爷为家庭、宗族、社区监护神。财神既主个人财运，又是华人家庭及华人社区所有商行的监护神，等等。

第二节　印度尼西亚华人民间信仰体系的源流

一般来说，印度尼西亚华人民间信仰体系的源流可以分为两部分，其一是来自原乡的神灵，即祖籍国的神灵，这种神灵是中国移民在迁移时所带过来的，建构了所谓的原乡民间神灵体系；其二是华人为了适应当地，或主动接纳当地的神灵，即将当地的鬼神崇拜纳入自己神灵体系中，或者为了一些原因塑造新的神灵，并将其纳入在地化的神灵体系之中，从而形成了所谓的在地化民间神灵体系。

一　原乡民间信仰体系源流

对印度尼西亚华人来说，所谓原乡民间信仰体系，即由来自其祖籍国的民间神灵及宗教仪式所构成的信仰体系。

资料记载，中国人移居印度尼西亚群岛的历史可以追溯到唐僖宗乾符五年（878）。当时黄巢起义军攻入福州，经泉州南下广州。起义失败后，东南沿海有一些人因避战火或随军移居印度尼西亚诸岛。这些事例最早记录在阿拉伯人马素提的《黄金牧地》一书中，即他在后晋天福八年（943年）经苏门答腊东南沿海地区时，该书云："有许多中国人耕植于此岛，而尤以巴林邦（今苏门答腊巨港）区域为多。"这些人是黄巢起义军南下时为逃避战乱来此定居的闽、粤人。至元朝，元人周致中在其《异域志》中写道："泉州与爪哇杜板之间，已有定期船往返，留寓于其地之粤人及漳泉人极繁。"明朝期间，随郑和同行的龚珍在《西洋国志》中提到，他在爪哇时，已闻"杜板（在爪哇东部，华侨称之为'厨闽'），此地约千余家，中国广东及漳、泉多逃居于此"。而在同书"旧港"一条中还记载了苏门答腊"旧港即古名三佛齐国也。……国人多是广东、漳泉人移居于此"。从这些记载来看，移居印度尼西亚的大多来自闽（福建）和粤（广东籍）的移民，这为荷兰统治者于1930年所做的人口调查所佐证。（见表3—6）

表3—6　　　　　　印度尼西亚华侨籍贯比重（1930）

原籍别	人口总数	在荷印出生者	在荷印出生者占华人总数比例（%）
福建	554981	427962	77.1
客家	200736	121734	60.6
潮州	87812	32822	37.4
广府	136130	45636	33.5
广西等省	210355	128018	60.9
合计	1190014	756172	63.5

资料来源：荷印政府《1930年人口普查》（卷7），第294页，转引自杨力、叶小敦的《东南亚的福建人》，福建人民出版社1993年版，第112页。

从上表可以看出，20世纪30年代荷属时期的华人主要以闽（福建）籍人和粤（广东）籍人为主。不过，即使是目前的印度尼西亚华人社会，闽（福建）籍和粤（广东）籍的华人仍占有相当的比例。正因为如此，印度尼西亚华人的原乡民间信仰体系，应该是由来自闽（福建）和粤（广东）等地民间神灵及宗教仪式所构成。同时，由于印度尼西亚的华人民间信仰受到中华文化的"根柢"道教和佛教的影响较大，所以中华文化的"根柢"道教和佛教神灵及其仪式也嵌入印度尼西亚华人的民间信仰之中。

（一）中华文化的"根柢"道教与佛教神祇

所谓中华文化的"根柢"道教与佛教神灵，其实是源自原乡（祖籍国——中国）的神灵。这些神灵随着中国人迁移到印度尼西亚而在当地传播开来。在印度尼西亚华人社会，源自中华文化的"根柢"道教神灵主要有玄天大帝、关圣帝君（关公），佛教神灵主要为观音（观世音菩萨，其是中国式的女神）。① 在印度尼西亚华人民间庙宇中，中华文化的"根柢"道教与佛教似乎是交融在一起的。

1. 关圣帝君

关圣帝君，也是道教的一个神灵。在印度尼西亚，关圣帝君，也被称为关帝、关公、关夫子、关帝爷、协天大帝等。

有关关圣帝君的来历，有资料显示，关羽自东汉建安二十四年（219）被吴将潘璋、马忠斩于临沮后，数百年内一直默默无闻。在魏晋南北朝时期的一些杂记中，三国故事记载最多的当为曹操、诸葛亮等人，关羽基本上没提到。关羽被人想起和重提，跟一位高僧做梦有关。在隋文帝开皇十三年时（593），一位天台宗高僧智凯大师前往荆州当阳玉泉山时做了一梦，关羽托梦于他，于是造玉泉寺，这就为提高关羽的知名度开了个头。宋代的几位皇帝对关羽的推崇不断"升温"，例如徽宗崇宁元年（1102）追封关羽为忠惠公，高宗加封为壮缪义勇王，孝宗加封为英济王等。到明代时因关羽的忠义思想符合封建统治者胃口而更被神化。明太祖洪武元年（1368）诏天下神道皆去侈称，恢复关羽原爵汉寿亭侯。嘉靖十年（1531）时被尊为关帝，万历四十二年（1614）关羽又被封为"三界伏大帝神威远镇天尊关圣帝君"，关妻被封为九灵懿德武肃英皇后，其子关平封为竭忠王，关兴封为显忠王，周仓封为威灵惠勇公。于是敕封令下，"关帝庙遍及海宇，一村一庄处处

---

① 在印度佛教经典中，观音为一伟男子，但观音信仰在中国本土化传播过程中，中国信众将男性观音"嫁接"与"改造"成女性观音，此时的观音已经超越了佛教，变成了一位具有母爱的中国式女神。

有之。虽塞垣边障，祠宇亦多"。由此可见，在关帝信仰日渐深入人心时，统治者的大力提倡，使民间的关帝信仰更加炽盛。集仁义礼智信大成的关羽，作为被推崇的一尊道德偶像，其义理核心，已经不局限于兄弟朋友和君臣之间，而是遍及整个社会。近代社会的各政治集团、三教九流、行业帮会和市井锢民，都将关帝奉为尊神。总之，作为中国伦理道德的传统，关公崇拜古已有之。关公崇拜现象——人文与宗教在历史地平线上的结合，又由于华侨的出国而延伸到了大洋彼岸，遍及世界各地。

2. 玄天大帝

由于受道教的影响，玄天大帝在印度尼西亚华人民间庙宇中是一个常见的神灵。玄天大帝，又名玄武大帝、真武大帝、玄天上帝等。

玄天大帝本号玄武大帝，自古以来被奉为北方之神。玄武大帝是道教的主要神灵之一。玄武是由最初的星辰神，被改造成动物神，而最初又被改造为人格神。据资料显示，南北朝北魏太和八年（484）有个姓朱的老道，去游庐山，"忽见蟠蛇如堆缯锦，俄变为巨龟。访之山叟，云是'玄武'"。又五代于狄《灵应录》载："沈仲霄之子于竹林中，见蛇缠一龟"，将锄及杀至。其家数口，旬日相次而卒。有识者曰："玄武神也。"玄武在宋代身价倍增，并被人格化。据宋高承《事物纪原》卷七载："营卒有见龟蛇者，军士因建真武堂。二年闰四月，泉涌堂侧，汲不竭，民疾疫者，饮之多愈。"

玄天大帝信仰，是古代中国人民对超自然力崇拜的产物。在北方，将玄天大帝称之为"水神"，大概"龟是四灵之一，生活在水中，所以称之为'水神'"，而南方沿海一带则将玄天大帝奉为海神，是因为当地人以海为田，耕耘在其中，而出海有很大的风险，只能期待有神明来保护自己在海上的安全。由于玄天大帝被奉为水神，人们自然而然也将他奉为海神，祈求他的保佑了。后来，道教将玄天大帝列入其教门，并赋予玄天大帝威震北方的大神，使其成为道教信众的崇拜的道教神灵之一。随着华侨出国，玄天大帝信仰也传播到了海外。

3. 观音菩萨

观音菩萨不仅在中国民间，而且在印度尼西亚华人民间也是影响较大、信众较广的一尊神祇。

据资料显示，观音菩萨是一个中国式的神灵，即被改造的神灵。据《佛说圣观自在菩萨不空王秘密心陀罗尼经》解释："《传略》云：便观古今之世音，普察人间之善恶，故有观世音之号。"在印度佛教经典中，观音为一伟男子。但佛教传入中国后，逐渐中国化，至唐代观音便逐渐由男性变为女性，宋末元初，女性观音已基本定型。其原因在于当时中国境内战争连年不断，人们流离失所，不时遭受饥饿、疾病等灾难的煎熬，因而盼望有一位神明能帮助他们征服自然，消灾祛疾，拯救他们脱离苦海。佛教宣传观音能够解除各种苦难，人们在苦难的深渊中只要诵念观音的名字，观音就会立刻前来拯救。观音所表现出来的温柔的怜悯。深切的同情心、自我牺牲的精神都体现了一种母爱。作为女性神灵，更能唤起人们对慈祥母爱的回忆。正是这样一种心理需求的驱使下，中国民众完成了把观音性别从男性到女性的转变。而此时的观音已经超越了佛教，变成了一位具有母性的中国式女神。至元明清，观音作为一个女神崇拜几乎已经进入了各家各户①，而随着中国人移居海外，观音信仰也随之传播到海外。

4. 东岳大帝

东岳大帝，又称泰山神、泰山君、五岳君，排于玉清元宫之第二位，冠五岳之首。在中国民间传说中东岳大帝主管世间一切生物（植物、动物和人）的出生大权。东岳大帝作为泰山的化身，是上天与人间沟通的神圣使者，是历代帝王受命于天，治理天下的保护神，其也被称为国家（朝廷）祭祀之神，后也成为民间宗教信仰之一。东岳大帝是中国民间普遍信奉的神通广大的一位尊神，神之来历据东方朔撰《神异经》所言：盘古终世之时，其子名赫天氏。时有三皇代出，赫天乃人居一山，于此时代代相传，故其山后即名岱宗泰山。赫天有子前勃氏，骨勃子玄莫氏生二子，长子金轮王，次子少海氏。少海氏妻弥轮仙女。弥轮仙女夜梦吞二日入腹，觉而有娠。生二子，长子金蝉氏，后称东华帝君；次子金虹氏，后称东岳帝君。

---

① 李天锡：《华侨华人民间信仰研究》，中国文联出版社2004年版，第58—59页

秦汉以来，东岳大帝的影响逐渐渗透社会各阶层，进入人们的日常生活中，于是东岳大帝作为阴阳交替，万物之始的神灵，在保国安民、太平长寿的基础上引申为可以召人魂魄、统摄鬼魂的冥间之主。随着东岳大帝影响的扩大，唐武后垂拱二年（686）七月初一日封东岳为"神岳天中王"；万岁通天元年（696）四月初一日又尊封为"天齐君"。唐开元十三年（725）玄宗皇帝加封泰山神为"天齐王"。宋真宗大中祥符元年（1007）十月十五日，诏封为"东岳天齐仁圣王"。祥符四年（1011）加封尊号为"东岳天齐仁圣帝"。元世祖、明太祖对泰山之神，也都相继敕赠了较高的封号以荣神之威势，更扩大了东岳大帝的影响力。

5. 赵元帅

道教是一种多神的宗教，其在做道场祈禳时，常伴随有一重要方术，即请有关神明"降临"，帮助请者"驱魔降妖"，在这请的众神中就有"马、赵、温、关"四大元帅，其中"赵元帅"似乎是印度尼西亚华人一些庙宇中出现的神灵。赵元帅，即赵公明，即武财神赵公明，因道教神话中封正一玄坛元帅，故又名赵玄坛。在当今道教宫观中神像多为黑面浓须，骑黑虎，一手执银鞭，一手持元宝，全副戎装。据《三宝太监西洋记》记载，赵元帅生得黑黑的，黑如铁，其"铁作龟头连雾长，乌油袍袖峭寒生。喷划玉带腰间满，竹节钢鞭手内擎。坐下斑斓一猛虎，四个鬼左右相跟"。有关赵元帅的传说，魏晋南北朝时期成书的《搜神记》和《真诰》等，都有赵公明的神迹，但只是司土下冢中事，或是瘟神。元明之间，赵公明的神迹才有完整的记载称，赵公元帅姓赵名朗、玄朗，字公明，终南山人。原是日精之一。古时天有九日，九日被后羿射下以后，变化为九鸟，坠落于青城山，变成九鬼王。八鬼行病害人，但是赵玄朗却独化为人，避隐蜀中，精修至道。张陵在青城山炼丹时，收赵玄朗护卫丹室。天师丹成，分丹饵之，遂能变化无方。赵玄朗食丹以后，其形酷似天师。天师遂命其永镇玄坛，故号玄坛元帅。明代小说《封神演义》有姜子牙封神一节，封赵公明为金龙如意正乙龙虎玄坛真君，率领招宝天尊、纳珍天尊、招财使者和利市仙官等，统管人世间一切金银财宝。①

在中国民间财神有文财神和武财神之区分，赵公明作为武财神，传说他能保病禳灾，主持公道，买卖得利，这对于海外华人以经济为主的社会，更需要像赵元帅这样的财神神灵，所以华人民众便崇拜之。

6. 福德正神

无论是在印度尼西亚华人庙宇，还是在义山（坟山）都会寻觅到福德正神神龛或神庙。福德正神，又称土地神，简称土地、社公、后土②。福德正神源于中国民间的一个有趣神话。相传大禹治水以后，舜即禅位于禹，时当太平盛世，万民安居乐业。禹帝欲给当年治水随其左右的方福褒封，但方福却以"洪水已除，吾愿已足"为辞，乞准回乡。方福为人正直，民众敬仰，尊称其为方福伯。方福伯用禹帝御赐的银两在村中建造一座庙宇祭土地神，祈求庇佑四方黎民，永保万世升平，并以土地庙为家。方福伯去世后，禹帝不胜感慨，亲自前往土地庙，追封其为"福德正神"，用其塑像代替庙中原有土地神塑像，以供膜拜，并为该庙御书"福德并臻"匾额。于是，土地神便又称为福德正神，蒙受万民祭拜。因此，有些土地庙又被称为"福德祠""福德堂"等。

土地神，其实是人类最普遍的自然崇拜形式之一，始于原始社会农耕时期。原始时代的人们由于没有掌握科学的知识，对土地上所产生的自然灾害不理解，误认为土地就像人和动物一样有灵魂，有喜怒哀乐，控制着农作物的生长。于是土地有灵魂的观念便在他们心中产生。后来，随着人类思维的抽象化，在万物有灵的观念基础上发展成为土地神的观念。正因为如此，福德正神的传说实际上是一种土地神被人格化的现象。

7. 三官

在印度尼西亚华人社会，其民间的住宅和庙宇，都设置了三官神龛，虽然祭拜方式不一，但在祭祀时都显得格外虔诚。三官，又称三元大帝。

---

① 《赵元帅》，https://baike.so.com/doc/7774709-8048804.html。
② 又说后土是道教尊神"四御"的第四位天帝。全称是"承天效法厚德广大后土皇地祇"，与主宰天界的玉皇大帝相对应，正所谓"天公地母"。土地崇拜属于原始宗教的自然崇拜。后土的来历有些含混。有的把后土作为人名，有的当成神名，还有的说成官名，这也是自然神演化为人格神的必然现象。

所谓三官，即天官、地官、水官。道教宣称三官能为人赐福、救赎、赦罪、解厄，即天官赐福、地官赦罪、水官解厄。其实，三官信仰源于原始宗教中对天、地、水的自然崇拜。

在三官中，天官称之为赐福紫微大帝，地官称之为赦罪清虚大帝，水官称之为解厄润阴大帝。三官成为道教中的大神，但还不属于高级别，只是职掌十分厉害，与人们利害攸关，非同小可。如欲求功名富贵、延年益寿，可拜赐福紫微大帝；如欲获罪赦免，可拜赦罪清虚大帝；如欲消灾免祸，可拜解厄润阴大帝。如此，怀有不同欲望的人们，都可以在三官那里找到精神寄托，三官（三元大帝）得到了信众的广泛拥护。

（二）中华地域性文化的神祇

移居印度尼西亚的华人先辈，由于来自中国的不同地域，以及受不同地域文化的影响，在迁移海外时将不同地域的神祇及其信仰带到移居地，从而建立起供奉其地域性神祇的神龛或庙宇。

1. 闽籍华人信仰的神祇

（1）妈祖

妈祖神祇，原名林默娘（约960—987），福建莆田湄洲屿人，相传生于宋建隆元年（960），卒于雍熙四年（987）。据现存最早的有关文献《圣墩祖庙重建顺济庙记》及黄公度的《题顺济庙》诗记载，妈祖生前是一位"预知人祸福"的女巫，死后被当地人奉为神灵，建庙祭祀。由于湄州岛上的百姓多是渔民，所以妈祖一开始成为神灵就具备海上保护神的职能，不过最初的影响只限于湄洲岛。林默娘死后被神化，历代都有册封，其信仰逐渐扩大。北宋宣和年间（1119—1125），林默娘被首封为"南海神女"；南宋光宗绍熙三年（1192）被封为"灵惠妃"；宋徽宗宣和五年（1123），宋徽宗特赐莆田宁海圣墩庙庙额为"顺济"；元朝至元十五年（1278）加封为"天妃"；顺帝至正十四年（1354）被封为"辅国护圣庇民广济福惠明著天妃"；明朝崇祯帝时（1628—1644）被封为"天仙圣母青灵普化碧霞元君"；清朝康熙二十三年（1684）被赐封为"天后圣妃"。[1] 从南宋时期开始，妈祖信仰得到统治阶级的大力扶持，先

---

[1] 吕宗力、栾保群：《中国民间诸神》，河北教育出版社2001年版，第318页。

后赐封给各种封号达十四次之多,封号的等级也从"夫人"一直晋升为"妃",其身份也由巫转变为道教神仙。正因为妈祖信仰得到官府的承认,其信仰便以较快的速度对外传播。

(2) 开漳圣王

开漳圣王,又称为陈圣王、威惠王、灵著王、威烈侯、陈圣公、圣王公、陈府将军等。开漳圣王,原是一位历史上的真实人物,原名陈元光(657—711),他是唐代名臣陈政之子。他在13岁时曾随父亲陈政入闽平闽粤叛乱,后担任漳州刺史20多年,勤于吏治,政绩卓著。唐朝景云二年(711),陈元光在一次平叛中被叛乱者袭杀。历朝历代感念其开漳之功,相继对其进行褒封。自唐以来,历代朝廷对陈元光的追封计达22次,仅两宋就有15次之多。清乾隆年间,陈元光被追封为"开漳圣王"。至此,一代功臣,登上了神坛,受后人朝拜。

正如学者们所说的,开漳圣王信仰兼具开基祖灵与英雄崇拜双重属性[1]。而开漳圣王不但是中华之先贤,也是大众文化认同的符号。陈元光主导的开漳历史,其实也构成福建省以及华南各地华人的历史渊源。此后各姓子孙在华南各地开枝散叶,开发闽粤各地区。尤其漳州各姓,包括陈姓子孙,在华南其他地区与南海诸邦,多有祀奉圣王香火,祈求圣王精神同行同在,一路护佑后世弟子披荆斩棘、开疆拓土。[2]

(3) 广泽尊王

广泽尊王,又称郭圣王,俗称圣王公,是福建闽南地区流传非常广泛的民间信仰神祇。据说广泽尊王姓郭名忠福,福建南安"诗山人,生于后唐同光元年(923),后晋天福二年(937)卒。少年时为人放牧,赚得些微粮米来养活寡母,以孝行闻名乡里。有一天到凤山放牛,他上树玩,就在树上坐化,后人感其孝心,尊以为神,并在其居住与坐化处建庙祀之"[3]。此史料记载,广泽尊王起初是因身为孝子而被民众奉为神灵的,不过随着时间的推移,民众除了把他作为孝子供奉外,又不断赋予

---

[1] 石沧金:《海外华人民间宗教信仰研究》,学林书局2014年版,第175页。
[2] 王琛发:《盛德世祀:南洋开漳圣王信仰文化——落地生根、跨海互动与慎终追远》,《闽台文化研究》2019年第2期。
[3] 《南安县志》,江西人民出版社1993年版。

他新的功能，其功能主要有抵御外敌、消除水旱、禳瘟疫疾病、御寇等。由于郭圣王功能逐渐扩大，因而其信仰也逐渐由民间至官府又至朝廷，神爵也随之逐步提高，即名号由"侯"而"王"。南宋绍兴年间（1131—1162）被皇帝敕封为"威镇广泽侯"，赐庙额曰"威镇庙"，这是因郭圣王灭火，使皇宫避免一大灾难。这个敕封的名号，是郭圣王首次获得朝廷的承认与正式封赐，故郭山庙又称郭山威镇庙。庆元年间（1195—1200）被加封为"威镇忠应孚惠广泽侯"。开庆元年（1259），郭圣王正式晋爵为"王"，被加封为"威镇忠应孚惠威武英烈广泽尊王"、清同治九年（1870年）又被晋封为"威镇忠应孚惠威武英烈保安广泽尊王"，这是郭圣王的最高封号。由于得到朝廷的正式敕封，其信仰便在民间流传得更加广泛。①

（4）保生大帝

保生大帝，又称为"吴大人""吴真人""大道公"，是福建的地方神之一。据资料显示，保生大帝原名吴夲，即吴华基。吴夲为同安县人，少年父母早年病逝，无依无靠，逐立志学医，17岁时已医术精湛，行医期间，讲究医德，无论贵贱，都给治疗。在一次上山采药时不慎跌落悬崖而去世，后民众为感谢他的救死扶伤而建庙祭祀他。随着民众的传说，保生大帝的功能不断扩大，逐渐由为民间百姓治病，到为帝后丝线诊脉，治疗乳疾，进而又云米济贫、云头御寇。

在民众祭拜保生大帝，赋予其多种功能后，官府也加入其中，不断地对保生大帝褒封，使其神格逐步提高。宋庆元二年丙辰（1196），封保生大帝为"忠显侯"，嘉定年间（1208—1224）敕封"英惠侯"，宝庆三年（1227）敕封为"康佑侯"，嘉熙三年（1239）敕封"正佑侯"，四年（1240）敕封"冲应真人"。至明洪熙元年（1425）敕封"昊天金阙御史慈济灵医冲应护国孚惠普佑妙道真君万寿无极保生大帝"，由此确定了保生大帝在医药界的最高神格。②

---

① 李天锡：《华侨华人民间信仰研究》，中国文联出版社2004年版，第109—113页。
② 李天锡：《华侨华人民间信仰研究》，中国文联出版社2004年版，第148页。

（5）清水祖师

清水祖师，又称为"蓬莱祖师""普庵祖师""乌面祖师""绍应大师"等，有时俗称"祖师公"。资料显示，清水祖师，即陈普足，也是陈荣祖，原是福建永春县小岵乡人，幼年出家为僧。据《岵山南山陈氏宗谱》载，祖师俗姓陈，名荣祖……荣祖公儿时持斋诵经，日常与山下里人牧牛子戏，日暮念经，牛自如归。后化为清水祖师佛。清水祖师生前为民做过不少好事，或祈雨禳旱，解除灾难，以保人寿年丰；据说，清水祖师祈雨甚有灵验，每次均普降甘霖，满足民众的要求，并得到朝廷的敕封。宋孝宗隆兴二年（1164）十月敕封清水祖师为"昭应大师"；淳熙十一年（1184）三月赐封为"昭应慈济大师"；嘉泰元年（1201）三月加封清水祖师为"昭应广惠慈济大师"；嘉定三年（1210）五月清水祖师又被宋宁宗钦封为"昭应广惠慈济善利大师"。

从此可以看出，最初人们是把清水祖师作为雨神来崇拜的。后来，民众也向清水祖师祈求除病驱邪。据《清水岩志》记载："南安县由凤里双杭等保，劝首林赠等一百人，旨岩烧香，祈祷投疏，俾乡间目今瘟疫流行，人民遭灾，求请大师香火，前去镇静乡间，及请法水救治……荷蒙感应。"正是由于有了这些灵应的记载，就使民众对清水祖师的信仰范围进一步扩大到迎春民俗，意即请清水祖师下山绕境，驱邪镇魔，里社和平，国泰民安的功能了。①

2. 粤籍华人信仰的神祇②

（1）金花娘娘

金花娘娘，又称金花夫人、金花圣母，送子娘娘等，是粤（广东）等地传统民间信奉的生育女神。据屈大均的《广东新语》曰："广州多有金花夫人祠，夫人字金花，少为女巫，不嫁，善能调媚鬼神。其后溺毙湖中，数日不坏，有异香，既有一黄沉女像容颜绝类夫人者浮出，人以为仙，取祀之。因名其地曰仙湖。祈子往往有验。妇女有谣：祈子金花，

---

① 李天锡：《华侨华人民间信仰研究》，中国文联出版社2004年版，第129—136页。
② 粤籍华人也包括客家人和海南籍华人。在印度尼西亚，来自梅州、惠州等地区的客家人占大多数，而海南人因为在20世纪80年代以前，海南属于广东地区，故而将其划入。

多得白花，三年两朵，离离成果。"据此书说，有一位金花娘娘端午节观看龙舟竞赛时溺毙，尸体数日不腐败，还有异香，接下来湖中浮现一块木头雕像，神似金花。于是雕像被当地人膜拜，金花也被视为神明，因为求子较为灵验，被尊为送子娘娘。①

金花娘娘主司送子护产，掌握生育。其信仰大约产生宋元时代，信奉者主要在珠江三角洲一带，明清时期，地方士大夫阶层将对金花娘娘纳入到正规政治体系，特别是地方人士重新建构金花娘娘的故事，给其增添更多符合儒家正统的元素，从而使金花娘娘信仰得到充分发展。②

(2) 三山国王

三山国王是广东潮汕地区的民众，特别是粤东客家人中影响较大的神祇之一。三山国王神肇迹于隋、显灵于唐、受封于宋。三山，即明山、巾山和独山。唐朝开始，三山神成为当地山神，当地对三山神普遍顶礼膜拜，每年都要定期祭祀三山神，其职能在禳灾纳福。据说，这"三山神"协助宋朝宋太宗打天下，使得宋师太原大捷，受到太宗赵光义的褒封，即封巾山为"清化威德报国王"，封明山"助政明肃宁国王"，封独山为"惠威弘应丰国王"，并赐庙名曰"明贶"。至宋仁宗明道年间，"复加封广灵二字"。经过历代帝王的褒封，三山神由将军、元帅、护国王等嬗变为"三山国王"，体现了封建王朝对忠义烈士的推崇和民众对英雄豪杰的感佩。

据资料显示，每年农历二月二十五日"国王生"，民众到当地庙宇隆重祭拜。春节游神时，三山国王也是被扛上街游庆者之一。广东潮汕、梅州各地民众以往还视它为"地头爷"，新生儿女或亲人病故，都进庙向国王禀报，好比登记或注销户口。据不完全统计，粤东地区各地已知的三山国王庙超过 200 座。其中，汕头 65 座，揭阳 60 座，潮州 25 座，梅州 45 座，汕尾 109 座。③

---

① 《金花娘娘》, https：//baike. baidu. com/item/%E9%87%91%E8%8A%B1%E5%A8%98%E5%A8%98/285396? fr = aladdin.

② 黄建华：《明清广东金花夫人信仰研究》，硕士论文，暨南大学 2010 年，第 58 页。

③ 《三山国王》, https：//baike. so. com/doc/6480733 - 6694437. html.

（3）水尾圣娘

水尾圣娘，又称"水尾圣母""南天夫人""海南神""排海神"等。有关水尾圣娘的来历，大概有两种说法。一是水尾圣娘叫莫丽娘，元末明初出生在琼州府安定县梅村垌龙马田村，16岁时外出未归，据说是因其被玉帝选中归天而成为神圣。另一说是有一潘姓渔民在捕鱼时没收获鱼，却打捞到一块木头，并将其供奉起来后，这个渔夫每次出海捕鱼都会满载而归。民间传说此木是女神的化身，护身求财，十分灵验。

如此种种的水尾圣娘神迹故事传开后，海南许多地方建立了水尾圣娘庙。一位清朝时琼州府定安县的秀才张岳崧高中探花后，回乡亲临文昌水尾圣娘庙，写下"慈云镜海"匾额敬奉水尾圣娘，他还将搜集到的水尾圣娘神迹呈报朝廷，最终嘉庆皇帝敕封莫丽娘为"南天闪电感应火雷水尾圣娘"[①]。

二　在地化的民间信仰体系源流

所谓在地化的民间信仰体系源流，就是华人在当地创造或将外族鬼神移植过来的神灵和宗教仪式体系。就印度尼西亚华人社会而言，在地化的民间信仰体系源流体现在以下方面。

（一）创造并加以崇拜的神祇

在印度尼西亚华人社会，当地民众创造并加以崇拜的神祇，一是将开拓者（先驱者）的历史典型人物，二是将原乡的知名人物或传说人物神话化而就地加以改造。其主要有：

1. 三保大人

三保大人，又称"三保公""三宝大人"。三保大人是印度尼西亚华人将原乡的知名人物神化而加以创造的神祇。三保大人，即明朝的郑和将军。据说，当年郑和七下西洋期间，几乎每次都到爪哇进行友好访问。留下了不少关于郑和访问雅加达、中宝垄、淡目、泗水、井里汶和亚齐的遗物、遗迹与传说。例如淡目清真寺中古老的玻璃灯、瓷盘，雅加达安卓而地区忠义船庙的两把宝剑，以及亚齐的大铜钟都与郑和（三保大

---

① 石沧金：《海外华人民间宗教信仰研究》，学林书局2014年版，第225页。

人）有着密切的关系。而印度尼西亚的水果"杜固"、榴莲、"舢板跳鱼（三保公鱼）"都似乎留下了三保大人的痕迹。

为了纪念郑和多次到印度尼西亚，一些地方的华人与原住民将郑和作为神灵来崇拜，并赋予其神功。在三宝垄就建了一座三保公庙，即三保太监（郑和）庙。三保庙坐落在三宝垄郊外的一个石洞内，该洞以"石屋"或"三保圣洞"著称。三保洞外有三保井，据说是当年郑和亲手开掘，该井又名"龙潭"，常年不竭的井水被人们视为"圣水"。在三保圣洞洞口还有三保墩，相传为郑和的船沉没处。附近还有一座墓，又说是三保大人之墓。几百年来，不仅印尼各地的善男信女，而且连外国游客都经常前往三保庙、三保圣洞、三保井、三保墩，以及三保墓进行瞻仰凭吊或烧香膜拜，因此三保大人的遗迹"香火鼎盛，终年不绝"[①]。

图22　印度尼西亚三宝垄市的三保圣洞

图23　印度尼西亚三宝垄市的三保井（郑一省摄）

2. 泽海真人

泽海真人，也是印度尼西亚华人在地化所创造的神灵。在印度尼西

[①]　［印尼］学明：《印尼名胜古迹——三保洞》，香港《华人月刊》1987年第10期。

亚华人社会，奉祀泽海真人的宫庙有四座，即三宝垄的泽海庙、北加浪岸的泽海真人祠、直葛的泽海宫、南安由的晏清庙，以及在爪哇北部海岸地区的华人庙宇也设有泽海真人的祭坛，如雅加达的金德院、洛萨里的福德宫、乌鲁贾米的正义庙、井里汶的朝觉寺、万隆的灵光寺等。

有关"泽海真人"的身世，有两种说法。一是认为"泽海真人"，即郭六官。郭六官本是福建漳州海澄商人，出生于1695年，1737年经海路来到直葛港口，并定居直葛。他生活勤劳俭朴，与本地居民和睦相处、同甘共苦。传授他们捕鱼的技巧、农业和医药知识，极大地提高了生产效率，改善了人们的生活。1685—1695年曾任三宝垄港主和甲必丹。1740年红溪事件发生后，当时包括郭六官、郭安赛、黄英杰、陈磐江等华人领导者都痛心入骨。于是郭六官便在雅加达组织一股游击队抗衡荷兰殖民军，曾援救围困的卡琅泽鲁克的爪哇人，在一次与华侨联合抗荷起义军中和两位爪哇朋友一起失踪或被杀。另一种说法，由于抵不过势力强大的荷军，以致郭六官不得不退居井里汶，而后又迁至直葛一带地区。据说，在直葛地带失踪的郭六官变得神通广大，经常在个别不同的地方、同时出现，向直葛沿海一带渔民现身说法，提供教导，帮助渔民克服生活上的苦难。他常乘船往返雅加达与三宝垄之间，在整个爪哇岛北部沿海一带都有他的踪迹。人们都相信他是一位得道高人，一位法术高强的神仙，并非普通的商人，从此当地居民开始建庙传播和奉祭他，并尊称其为"泽海真人"。

3. 屈原大仙

屈原大仙，即楚国的屈原。相传战国时期，屈原因帮助楚怀王改革而遭谗言与排挤，并被几度流放，后听到故国灭亡的消息，悲愤之下怀大石投汨罗江而亡。当地百姓为防止屈原遗体被鱼所食，纷纷投下粽子喂鱼，后来逐渐形成一种仪式，即每年的农历五月初五为端午节，人们吃粽子、划龙舟以纪念这位伟大的爱国诗人。

印度尼西亚华人所建构的"屈原大仙"，也有一个美丽的故事。这个"屈原大仙"的建构者是印尼雅加达郊区的一个称为"丹格朗"（即"文登"）地区的华人。这个丹格朗地区生活着一群"伯拉奈干"（Peranakan Cina），即混血的华人群体，他们大多数是其先辈与当地其他友族，特别是与爪哇族结婚而形成的华人混血后裔。①丹格朗的华人大多居住在芝沙达尼河口附近的老市场（Pasar Lama）、新市场（Pasar Bam）和赛尔彭（Serpong）地区。丹格朗华人，有一部分生活在赛尔彭（Serpong）一个有名的地区"茅屋"，如辣椒茅屋、玉米茅屋、槟榔茅屋、剃光茅屋、巴哈尔茅屋的地方。居住在这些"茅屋"的丹格朗华人主要是从事农业耕种，他们大多属于较贫困的群体。笔者2010年曾前往这个"茅屋"地区调研时，偶尔发现一座供奉"屈原大仙"的庙宇，这也是我这么多年在印尼调查所发现的第一座以屈原命名的神庙。有关这个庙的来源，一位丹格朗华人这样说道：

> 我们居住在芝沙达尼河西岸，我们是从事种植的农民，每天我们都要乘船到河对岸去耕种。为何这里有一座屈原庙？听我们的父辈们讲，有一次我们的爷爷也要到河对岸去劳作。当时已经接近黄昏，我的爷爷与其他耕种的人有7—8个人看天色已晚，就决定收工并乘船从对岸回来。当船航行快到河岸的时候，也不知是什么原因，船突然断成两截，船上的7—8个人纷纷落水。还好，因为已经快到岸边了，水也不是很深，所以大家都游爬上岸了。当落水的人爬上岸后，那断成两截的船也漂到岸边。这些落水而惊魂未定的人们，看见这两截船骸后，十分气愤，一致说要将这两截船骸就地烧掉。可是这时天色已晚，大家全身已湿透，又没有带打火的东西。于是大家说，那就明天早上我们再来将这船骸烧掉吧！于是，大家都相

---

① 资料显示，15世纪就有华人移居到丹格朗，不过当时人数比较少，他们以经商为生。据《巽他历史圣经》（*Tinala Yang Parahyang*）记载，1470年一位姓陈的人带领一批华人从中国来到印尼丹格朗的芝沙达尼河口（Sungai Cisadane）。本来他们打算去红溪［1740年荷兰殖民者屠杀华人的地方，史称红溪惨案（Kali Angke）］，但是在芝沙达尼河口他们的船坏了，也没有食物，所以不得不向Sanghyang Anggalarang Parahyangan国王的手下求助。由于Sanghyang Anggalarang已帮陈先生，给了他在芝沙达尼东部南海边的一大块土地［现在被称为龙湾（TelukNaga）的地方］。陈先生用随行的九位美丽的女性回报，Sanghyang Anggalarang的手下跟九位美丽的女性结婚，然后陈先生（唐朝的人民）的手下跟丹格朗当地人结婚。这些婚姻造成华人世世代代都居住在龙湾的周围。之后，华人的人数越来越多，繁荣到芝沙达尼河、老市场（PasarLama）、新市场（PasarBam）和赛尔彭（Serpong）。19世纪丹格朗区域的华人占整个总人口的10%，丹格朗市区则有30%的人口为华人。

继回家了。

第二天早上,大家都如约来到那个放着两截船骸的地方。可是大家见面之后相互之间都在讲述着同样内容的故事,即大家那天晚上似乎都做了一个同样的梦。在梦中他们看见一个从天而降的男子。这位男子告诉做梦者,我是屈原大仙。你们昨天乘坐的那两截船骸,最好不要烧掉,把它供奉起来,这样会给你们带来好运……①

大家相互听完这个故事后,并没有把这两截船骸烧掉,而是虔诚地将这两截船骸搬上岸,并在岸边建起了一个小庙,用红布将这两块船骸包起并供奉起来。这个庙也取名为"屈原庙"。久而久之,供奉的小庙规模逐渐大起来,香客也越来越多,供奉者的运气也似乎变得顺畅了,而"屈原大仙"神祇也变得愈加神通。每年到农历的五月端午节,供奉者都会在"屈原庙"前举行宗教仪式,有许多乩童表演其神功,也有许多香客来庙内祭祀"屈原大仙",祈求给他们带来好运。宗教仪式的组织者也会组织龙舟赛手,在芝沙达尼河进行龙舟比赛,参加者和观看龙舟表演者众多,不仅吸引了大量的丹格朗华人,也吸引了其他民族来观看。每年的端午节在"屈原庙"举行宗教仪式,以及在芝沙达尼河进行龙舟比赛,已经成为当地一个不可多得的旅游景观和旅游资源。

图24 印度尼西亚丹格朗(文登)的"屈原庙"及其庙内的船骸供品(郑一省摄)

---

① 2010年8月13日笔者在雅加达丹格朗与陈先生的访谈录。

（二）将外族鬼神移植过来的神灵

所谓外族鬼神，即印度尼西亚华人在地化过程中，换句话说，是在逐渐融入当地社会时，将当地其他民族（友族）所信仰的神灵移植过来，并将其放入华人民间信仰体系之中。从目前调查来看，印度尼西亚华人所移植的外族鬼神，主要有"拿督公"神祇。

一般认为，"拿督"这名称源自马来语的 datuk，曾是马来人的原始崇拜的神灵。这种原始宗教信仰，曾流行于马来西亚和新加坡的马来人之中，也就是马来人在皈依伊斯兰教之前的一种自然崇拜。不过，也有学者认为，这种"拿督公"崇拜，不仅只是早期马来人才有，也有暹（泰人）拿督。①

其实，"拿督公"崇拜是一种原始精灵崇拜。在早期马来人的观念中，"拿督"是一种保护神，是马来人本身的原始神主精灵。这种精灵在大自然无处不在，比如山丘、河流、森林、坟地等都藏有这种精灵。而且许多动物，如老虎、鳄鱼、蟒蛇，普通庶物如古剑、枪、古炮、戒指等也会成为精灵。此外，不仅活圣人、言行特异或有特别神异传说者会显灵，一些长老、学者、回教祭师、巫师等死后也可以显灵。有的学者认为，"拿督"还是一种尊称，它可以是长者、祖父，是统治者给予的封勋，它也可以是民间对各种可能降威致灾或赐福助人的灵界生命的尊称，这种尊称，带有避讳的意思。②

学者们研究，马来人目前已经不崇拜"拿督公"了，而马来人的这种"拿督公"崇拜习俗已为马来西亚和新加坡的华人所承袭下来。换句话说，当地许多华人崇拜这种神灵。马来西亚的霹雳州、邦咯岛的潮州人和福建人对拿督公普遍崇拜，并出现了许多对"拿督公"的不同称呼和写法，如嗱嘟、那卓、哪督、蓝督、篮啅、啅、篮桌、篮卓等。在新加坡有"拿督马雅"，而在马来西亚的槟城一带，也有女拿督，称为"内内"（Nenek），即马来语的"祖母"意思。不仅如此，东马来西亚（即

---

① 陈志明：《东南亚华人的土地神与圣迹崇拜》，《广西民族学院学报》2001年第1期。
② 梅井：《马来人风俗》，（吉隆坡）马来亚文化协会1957年版，第35页。

沙捞越和沙巴）还出现了"唐番拿督"的祭坛。①

图 25　印度尼西亚棉兰锦江东岳观内的地主神与拿督公神龛（郑一省摄）

在印度尼西亚，华人崇拜"拿督公"的地区主要有苏门答腊岛和加里曼丹岛，因为这里马来人较多，当地的华人在与其接触中，移植了这些地区马来人的"拿督公"神祇，并将其纳入华人民间信仰体系之中。不过，拿督公在苏门答腊岛和加里曼丹岛华人的崇拜体系中具有不同的地位与祭拜方式。此外，拿督公在苏门答腊岛和加里曼丹岛华人中的印象与态度，由于受其文化、功利等因素的影响，而更多的被赋予了华人的元素，从而形成了与马来人不同的拿督公崇拜仪式与特征。

---

① 陈志明：《东南亚华人的土地神与圣迹崇拜》，《广西民族学院学报》2001 年第 1 期。

第 四 章

印度尼西亚华人民间信仰庙宇分布及祭祀空间

庙宇神社，是神圣的宗教场所，也是民间的活动中心，在某种程度上亦是当地文化认同的重要象征，也是当地人文沉淀的印记之一。就印度尼西亚华人民间信仰庙宇而言，其在华人族群中，特别是在早期的移民族群中，扮演着举足轻重的角色，它并非只是纯粹宗教信仰和膜拜的场所，同时也有团结同乡、提供福利和婚丧服务等社会功能。

在印度尼西亚调研过程中，发现当地的华人民间信仰庙宇比比皆是，尤其是在华人居住较集中的地方更是有一种三步一庙、四步一堂的感觉。

第一节 印度尼西亚华人民间信仰庙宇分布

我们所研究的主要是印度尼西亚爪哇岛地区的雅加达、三宝垄，以及属于"外岛"地区的棉兰和坤甸。由于所处地区的文化不一样，当地华人庙宇受当地文化浸染程度不同，其文化特征也有所区别。如爪哇岛的雅加达和三宝垄，因其华人移民当地时间较早，在文化上受当地爪哇主流文化的影响较深，而棉兰和坤甸地处"外岛"，受爪哇文化影响较浅，而又毗邻华人人数较多的马来西亚槟城、新加坡，所以棉兰和坤甸的"华人味"较为浓厚，其民间信仰文化的表现更是如此。

印度尼西亚华人民间信仰庙宇及其文化，其形成的历史与华人移民同步。这些华人民间信仰庙宇既是华人文化的一部分，也是当地旅游文化一个很重要的部分。据调查，印度尼西亚华人民间信仰庙宇大都集中在华人聚集区，其与华人的生活有着密切的关系。

一　雅加达华人民间信仰庙宇的分布

雅加达的华人主要居住在班芝兰（Gambir），以及安可（Ancol）、丹格朗等老华人居住区，而随着外岛新移民的到来和华人富裕阶层的形成，雅加达的普卢特（Pluit）、新巴刹（Pasar baru）等地也崛起了华人的新居住区。

印尼华人在异乡他域祈求神灵庇护，凭借血缘、地缘和业缘等关系开展互助、合作与发扬传统文化，建立了许多庙宇。据学者调查与研究，自17世纪中叶至1975年，雅加达华人在其社区至少建有72座庙宇建筑物①，见表4—1：

表4—1　印尼雅加达17世纪—1975年期间建造的华人庙宇与宗祠

时间	庙宇、宗祠等
1650年前后至19世纪末	金德院、大伯公安恤庙、报恩寺、丹绒玄天上帝庙、凤山庙或大使庙、陈氏祖庙、完劫寺、农民庙、天后宫、地藏院、丹绒加逸大伯公庙、鲁班庙、芝隆西庙、李铁拐庙、大保公或油米行会庙、南靖庙、新德庙、吕洞宾庙、陈氏宗祠、地藏王庙、三地庙、鲁国大夫庙、吧城义祠、红溪庙、刘氏宗祠、"查雅"庙、张氏宗祠、梁氏宗祠、"盖玛"庙、郭氏王庙、"勃拉那·巴拉米达"庙、福德宫、观音堂、药王堂
20世纪初至1945年间	鸡圣庙、天保堂、同善堂、玉莲堂、达那·阿邦商场观音堂、善缘堂、静福堂、祥庆堂、善福堂、南华堂、余庆喜堂、"董加尔"庙、玄坛宫
1945年至1965年间	古城堂、福莆恭总义祠（广化寺）、藏精舍、瑜伽庙、致远观音堂、竹园庵、慈云庵、赖氏宗祠、嘉威庙、杨氏祠、灵隐寺、观音堂、慈航庵、九鲤洞、永清宫、惠泽庙
1965年至1975年间	风火院、李氏家祠、"迪拉汉那"庙、廖氏宗祠、卢江堂、谢氏宗祠

资料来源：孔远志：《印度尼西亚马来西亚文化探析》，南岛出版社2000年版，第124—125页。

---

① Claudine Salmon & Denys Lombad, *Kelenteng – Kelenteng Masyarakat Tionghoa Di Jakarta*, pp，59.

第四章　印度尼西亚华人民间信仰庙宇分布及祭祀空间　139

据调查，雅加达华人的这60~70家民间庙宇主要分布在华人社区，比如金德院、地藏王庙、玄坛公、太史庙（凤山庙）和鲁班庙等分布在班芝兰区（Gambir），而大伯公庙等则分布在雅加达南区华人的安可（Ancol）地区，像屈原庙、新登（Ciodeng）三教庙、亘顿（Kedaung）观音庙、盛湾（sewan）菩提寺和龙湾光德庙分布在雅加达近郊的丹格朗地区。

图26　印度尼西亚雅加达胜利街的"凤山庙"的牌匾及八角香炉亭

雅加达华人的著名庙宇主要集中在老华人居住区班芝兰（Gambir），有关雅加达华人班芝兰老街区的庙宇情况，一位游客曾这样写道：

  雅加达华人庙宇多达六七十座，其中历史最悠久、香火最旺的就是在雅加达华人区班芝兰（Gambir）街的金德院，而且这一带华人庙宇相对集中，非常值得一游。金德院有360年的历史，建筑物古色古香，可说是雅加达华人道教徒心中的第一庙，数百年来香火鼎盛，游客络绎不绝。金德院也是荷兰殖民者占领雅加达后，由大批定居雅加达的华人修建的，创办人是如松大师和振耀大师。
  在金德院内保存着不少碑刻，其中有古碑记载华人修路和办学事迹，还有一张清朝雍正二年时的旧木桌，是金德院初建时留下来的古物。金德院挂于大门上方的"金德院"匾的题文是民国二十五年，据说是由当时金德院的主持妙义和尚所写。而于正堂的一副对联，也是由他所写。对联写道：金鼎揭开祥云遍开法界，德门呈瑞气广布人间。从正门望内上方有一块匾"一味慈悲"成于1892年，也颇有历史的。金德院正殿供奉有玉皇大帝、观音菩萨、福德正神、关圣帝君、天上圣母、泽海真人、城隍爷、达摩祖师、十八罗汉、花公花婆等广泛受到华人崇拜的神明。据说庙内神明非常灵验，每逢佛诞年节，烧香求佛的善男信女如潮涌来，整日烟火缥渺，油灯长明。

据说在1740年的"红溪惨案"中，金德院被毁，经1754年、1755年、1757年、1767年、1769年和19世纪等的几次重修，其周围又建了地藏庙、玄坛宫、惠泽庙，以及胜利街的凤山庙。

凤山庙也坐落在雅加达的老华人区，已有几百年的历史。1740年荷兰政府排华事件时（即"红溪惨案"），该寺庙被烧毁，后来1741年再重建。庙里有关圣帝君、观音菩萨、财帛星君、花公花婆、福德正神、圣母娘娘、弥勒佛、如来佛、济公活佛、包公、八仙等神明。有特色的八角香炉亭，其双层的亭盖首层八个端角是八条祥龙，再上一层八个端角是八支瑞凤和顶端是一朵大瑞莲。亭内放置一个插满香火的莲花托鎏金大香炉上香烟缭绕，给人以香火旺盛的第一感觉。①

从雅加达华人的庙宇来看，其反映了当地华人供奉多元神祇的特点：一是体现了当地华人坚持祖先崇拜，这具体表现在宗祠的建立；二是当地华人通过业缘，即共同的行业建立庙宇，祈求神的庇佑。当地的华人庙宇中与行业有关的就有16座，其中农民建庙4座、木匠建庙3座、铁匠和剃头匠各建庙1座，米商、药商建庙3座，集市商人建庙4座；其三是地缘庙宇也较多，如大保公安恤庙、郭寺王庙和"勃拉那·巴拉米达"庙等为福建籍华人所建；吧城义祠、刘氏宗祠、张氏宗祠和梁氏宗祠等

---

① 《雅加达班芝兰 Kemenangan 街华人庙宇游记》，http：//bbs.tianya.cn/post-12-531016-1.shtml.

则为客家籍华人兴建。

二 坤甸华人民间信仰庙宇的布局

坤甸是印尼西加里曼丹省的首府。据资料显示，印度尼西亚西加里曼丹省人口超过五百万，首府坤甸以及近邻城市山口洋（Singkawang）合起来超过一百多万人口。坤甸华人居住在当地有五六代、几百年的历史了，首府及邻市超过60%都是华人。①

资料显示，坤甸的华人早期主要居住在中兴街（JL. Kapauas Besar），即卡布阿斯江边，也就是现在的苏丹慕哈玛（Sultan Muhammad）老商业区。近三十多年又兴起了新的华人居住区加渣马达（JL. Gajahmada），以及新埠头等地。在这些地方分布着关帝庙、双忠庙、大伯公庙、三神庙。关帝庙、双忠庙和大伯公庙在市中心，即在老商业区苏丹慕哈玛（Sultan Muhammad）地区，即关帝庙坐落在的波尼歌罗路（JL. Dibonigoro）、双忠庙在丹戎布拉（JL. Tanjungpura），大伯公庙在苏巴尔曼（JL. S. suparman）。大伯公庙是当地最早的华人庙宇，即1789年建的。在大伯公庙内藏有一尊天地神炉，看年代是康熙十二年（1673）所造。"三神宫"在卡布阿斯江边，即中兴街（JL. Kapauas Besar）的起点。

图27 印度尼西亚坤甸华人的"双忠庙"（庙中祭祀的神祇为关云长和岳飞）

---

① 《佛法明珠照耀西加里曼丹首府坤甸》，(印尼)《国际日报》2019年12月2日，B7版。

有关坤甸华人庙宇的空间分布,以及神庙的名称似乎具有方言群的特质,一位曾在那里生活后又回祖籍国的归侨,对于坤甸华人庙宇与神灵留念地回忆道:

> 坤甸的华人以潮州人居多,潮州人称神为"老爷",神庙为"老爷宫",烧香拜佛为"拜老爷",因此在坤甸,几乎所有的神庙,无论是关公庙、天后宫、城隍庙,都统称为"老爷宫"。庙内或居家神龛上供奉的妈祖、观音菩萨、关公、岳飞,无论男女身,均称为"老爷"。坤甸"老爷宫"之多,在印尼是出名的。昔日在市区的老埠头,上档次的老爷宫就有"三神宫""双忠庙""城隍庙""天地宫""观音堂""妈祖庙";在客家人聚居的新埠头则有"大伯公庙""关帝庙""罗芳伯庙"。客家人称神为"大伯公",烧香拜神为"拜大伯公",神庙也通称为"伯公庙"。
>
> 在坤甸市郊,凡是有华人聚居点,必有庙宇。离坤甸二十多公里的"加甲""乌如""公牌""米仓"等渔港和乡村,虽几十户华人居住,也建有颇具规模的"天后宫""大伯公庙",甚至在华人很少的远郊区老港,仍保留着建于20世纪初的"大伯公庙",而且香火兴旺。二战期间,日本南侵,为逃避战乱,我随家人到过人烟稀少的"老港顶",在这原始的森林,居然还有一座道教的"道观"——师祖坛,有几位年已古稀的老道人在那里参禅修道,印证了当年流行的一句俗话:"凡是有海水的地方,便有华人的脚印;凡是有华人的声音,便有香火兴旺的寺庙。"①

据说,"三神宫"是坤甸规模最大、历史悠久的一座神庙。相传康熙十二年(1673),当地华人从家乡广东揭阳乔林恭迎"天后圣母"神灵来坤甸,在卡布阿斯江畔的胜喜路建造"天后宫";1904年扩建时,将明代

---

① 羊晚赤道人:《西加里曼丹风光:坤甸的老爷宫》,http://blog.sina.com.cn/s/blog_49066209010004td.html。

图 28　印度尼西亚坤甸的三神宫（郑一省摄）

建于市中心的"感天大帝庙"①（即大伯公庙）迁来此处，又新建了"哪吒太子庙（太子爷庙）"，三庙合建一处，称"三神宫"。

三　棉兰华人民间信仰庙宇的布局

棉兰的华人大都居住在该市人口较密集的"新街区"。在这里，20世纪60年代以前有许多以中文名字命名的街道。比如，北京街、张榕轩街、甲必丹街、大埔街、广东街、香港街、汕头街、福建街、养中街、客家街、关帝庙街、大伯公街、海陆丰街、山东街、汉口街、刘亚煜街和孙逸仙街。

据调查，除了"五祖庙"在离棉兰10多千米的近郊，以及"玉封宫"、慈光弥勒佛院和佛教圣城建立在离华人集中居住的社区较远外，上述华人的神庙（儒、释、道）有许多便分布在这些街道之中。像关帝庙街有关圣帝庙，福建街有天后宫，客家街有鼎佛堂，大埔街有太平寺和天福堂，大伯公街有保生大帝庙，养中街有东岳观，汕头街有鼎福堂、五同胞庙、普门道场，广东街有福镇殿、太上老君庙，刘亚煜街有锦江东岳观、福凌殿，孙逸仙街有紫竹林等。

---

①　潮汕地区供奉的感天大帝指的是伯益，俗称伯爷，伯公，伯爷公，老伯公，感天大帝庙遍布潮汕大地，伯爷信仰十分兴盛。伯益亦作伯翳、柏翳、柏益、伯鹥，又名大费。《史记·秦本纪》记载是五帝中颛顼的后代，嬴姓的始祖。

据棉兰三教庙宇联合会提供的资料显示，棉兰仅在册的华人神庙（儒、释、道）达 27 座，见表 4—2：

表 4—2　　　　在棉兰三教庙宇联合会注册的华人庙宇

庙宇名称	地址
关圣帝庙	JL. Irian Barat
天后宫	JL. Andalas
太上李老君庙	JL. Bandung
锦江东岳观	JL. sukaramai
东岳观	JL. Bandung
福镇殿	JL. surabaya
福凌殿	JL. Ceribon
鼎佛堂	JL. Nusantara
太平寺	JL. Nusantara
天福堂	JL. Nusantara
玉封宫	JL. Hang Tuah
紫棉阁	JL. suiyixian
紫竹林	JL. suiyixian
五祖庙	JL. Barongbagong
崇圣宫	JL. Sadonlina
五显宫	JL. Rongdongan
清音禅寺	JL. Sutanla
五同胞庙	JL. Wulanima
普门道场	JL. Qingsuta
慧泽堂	JL. Anidongsa
保生大帝庙	JL. Semarang
佛教圣城	JL. Zadasupa
慈光米勒佛院	JL. Sadadongxi
荣耀堂	JL. Patingmeng
宣道会	JL. Lailaina
圣道会	JL. Ronglandu
国语堂	JL. Yinglanmo

资料来源：本人在棉兰市调查所得。

第四章　印度尼西亚华人民间信仰庙宇分布及祭祀空间　145

关帝庙位于棉兰西瑞安路（原关帝庙街）二号，应该是棉兰最早的寺庙了，它是一间中国样式建筑的庙宇。应该来说，关帝庙是全棉兰华人进行宗教活动的中心，也是他们祭祀民间神的重要场所。

图29：棉兰的"关圣帝庙"（郑一省摄）

换句话说，关帝庙是属于全棉兰华人祭祀圈的中心庙宇。关帝庙的印尼语名字是"Bedia Budi"，其实这应该是闽南话的拼音。关帝庙何时建起，庙内的碑文这样记载：

> 关帝庙是于逊清光绪十一年（一八八五年），乃有华侨先贤张榕轩先生提议建庙，并塑神像奉祀降幅旅外国人，当时庙宇不光，又乏主持，后来乃有慧宗禅师、会心禅师两位主持。本庙先后修葺，迨至（公元一九六五年）本释驻锡来斯观，群众诚心善信，临庙求神日增，而且庙宇淹剥，乃由（公元一九七〇年）拓庙两翼，并建经楼土木工程之费，悉倾历来香积之庄，仍有不敷，向本门袍泽暂贷，不敢惊动善信众，奈何喘息未定，本庙后座又遭扩路范围割去本庙尽地之基三分之一也，不再重建，有失庙宇观瞻，故本释不惜心力交瘁，勉为其难，向社会名流，殷实商老，四境佛门信众，万方善信求他山之助，幸蒙各界咸承。关帝公造福黎庶，及鉴本释苦

心，各解义囊，共恭义举，今日落成，功德完满。本释不能报答各界善信之布施，只有在每日晨钟暮鼓之际敬求神圣各界善信多福多寿多男子。勒铭立碑善举重于百岁。

棉兰关帝庙主持释成雄谨识
公元一九七九年太岁己未年腊月落成

从以上关帝庙的碑文记载来看，关帝庙是1885年建立的，至今已有120多年的历史了。关帝庙的建起与棉兰华人的先驱者张榕轩的贡献有关。有关张榕轩这位有名的棉兰华人先驱的事迹，一位学者曾在印度尼西亚《国际日报》写了一篇题目为《印尼棉兰开埠功臣：张榕轩、张耀轩》的文章，文章中这样写道：

张榕轩是广东梅县松口镇人，17岁的张榕轩便跟随着乡亲下南洋。先是抵达荷属巴达维亚（今雅加达）谋生，在一个同乡的小店任职。因为张榕轩诚实守信，勤劳刻苦，善于经营，深为店主的信任和赏识，被委以重任。后稍有积蓄，便离开巴达维亚，来到苏门答腊岛的老富坑处安顿。当年的苏岛日里埠，即棉兰。当时它还是一片荒野地，虽然荷兰殖民当局早已有开发日里埠之议案，但仍迟缓未行。20出头的张榕轩甫抵该地，见该处土地膏腴，茂林蔽日，乃"英雄用武创业之地"，设"万永昌公司"，经营商业和垦殖业，广种甘蔗、烟叶、橡胶等经济作物，财富像滚雪球一样越滚越大。清光绪四年（1878年），在棉兰经商崭露头角的张榕轩雄心勃勃，与张弼士合资在爪哇日惹开设垦殖公司，经营橡胶、椰子、咖啡和茶叶，先后开辟橡胶园七八所和"茶叶加工厂"，地广达百余里，拥有工人数千人。后又与张弼士合资创办"日惹银行"，以调剂全埠侨商的金融。张榕轩经十余年的锐意经营，其资产已达千万荷盾，成为商界中翘楚，并荣获荷印当局颁发的"雷珍兰"头衔。[①]

---

① 《印尼棉兰开埠功臣：张榕轩、张耀轩》，印尼《国际日报》2017年2月20日，C5版。

在关帝庙，除了主神关帝外，还设有不少佛教神灵，如弥勒佛、泰国的四面佛等在这里供奉。走近关帝庙，一阵阵佛香味扑面而来。走进庙内，只见香雾笼罩的大殿内，许多手持佛香的信徒，虔诚地跪在关帝像面前，或口中默默念叨，或一一作拜。

在棉兰华人聚居区，除了关帝庙外，还有一些主要供奉道教神祇的庙宇如东岳观、锦江东岳观等。

图30　棉兰的道教庙宇"东岳观"（郑一省摄）

图31　棉兰的道教庙宇"锦江东岳观"（郑一省摄）

在棉兰华人聚居区的 Pelaban 街（以前的广东街）有一座太上老君庙，位于 Pelaban 街道的一个小弄子里。如果你从这个小弄子里路过的话，要是不注意小弄子里墙上的一个标有"太上老君"字样的小牌子，你根本不会知道里面有这样一个据说具有特别神效的"太上老君庙"。

图 32　棉兰贝拉旁街（Pelaban）的玄天上帝庙及其神祇（郑一省摄）

太上老君庙是一座由个人兴建起来的庙宇，2008 年笔者曾访谈过这座庙的主持，他叫王三和。据他说，他有一次身体不是很好，无论吃什么药都无济于事，正当他感到绝望时，有一天在迷迷昏睡中，突然看见太上老君轻轻地飞到他身旁，对他说，你建一座庙吧，并把它作为摆脱人间苦难的场所，你的病也会好起来。太上老君走的时候，用他手上的像一个棍子的东西轻轻点了一下王三和，王三和顿时坐了起来。等王三和醒来后，他马上感觉到身上充满力量，就像换了一个人似的，异常有精神。为了履行太上老君神谕，王三和就在现在这个庙宇的地方搭起一个简易的棚子，将太上老君像供奉在那里。

简易的太上老君庙建起来后，便有一些香客来光顾。这些香客怀有各式各样的祈求：有因生病多方求医未见好转的；有结婚多年未有子的，有生意场上遇到困难而无法解决的，等等。无论是何种原因而来到太上老君庙的香客，似乎都能在这里找到一个合理的解释并获得某种程度的神谕应验。当地华人林龙洲与我讲起他的一个姑姑来到太上老君祈求身体康复的故事，他说道：

> 我的姑姑曾经生了一场大病，虽然病后来好了，但她的一只左眼却因这次病而变得几乎接近失明了，这还不说，她的左眼经常流出一些黄色的液体，这种液体如流到脸上，都会使脸上的皮肤出现糜烂的现象。我的姑姑多方求治，都未见有所好转，无奈之下她便来到太上老君庙祈求神灵的恩赐。说来也怪，我姑姑在太上老君庙待了一上午后，她的左眼好像看东西就变得清晰了。太上老君庙的主持还从香炉中取出一些焚烧过的香灰，并从神坛的一个瓶子里倒出一些像水一样的东西拌和着取出来的香灰，拌好后敷在我姑姑的左眼上，过了一会，我姑姑再睁开左眼，出人意料地是她的左眼竟然不再流出那种黄色的液体了……①

正因为有如此的神效，太上老君庙在棉兰就变得越来越有名气了，来到太上老君庙进香的香客络绎不绝，太上老君庙也开始由简易的棚子变成现在稍具规模的大庙了。

从太上老君所供奉的神灵来看，体现了印尼华人有所求便设神坛的特点，即多种神灵供奉在一个庙内。在太上老君庙，除了供奉太上老君外，还有财神爷、忠义关公、观音菩萨、释迦牟尼、弥勒佛、青虎，甚至还有泰国的四面佛等。就太上老君的神位排坐来说，太上老君在大厅墙上的正中间一层的正中，在太上老君的上面一层是千手观音、关公，而在其上面一层是坐在莲花上的观音菩萨；在太上老君神像的下一层是弥勒大佛。在大厅门口摆放着一个香案，其前面是一个香炉。大厅的左边是泰国的四面佛，两层金碧辉煌的神坛上四周各放置一尊白色的大象

---

① 2008年8月20日笔者与林龙洲的访谈录。

雕像，体现了泰国小乘佛教的特点。大厅的右边是两尊金黄色的天地炉，其旁边有一个宝塔神灯，上面挂着一块标有"合境平安"字样的神牌。在靠近大门的右侧有一棵大菩提树，树下修建了一个小有绿瓦的小亭子，靠墙壁处有许多假山，其假山上标有一个"白虎洞"，一只虎视眈眈的青虎站在洞前，这是青虎神灵祭拜的地方。在印尼，青虎是一个可以防止小人的神灵，如果你觉得在生活或生意中有小人作怪，你就可以在此祭拜青虎，小人的阴影也会从你的生活或生意中消失。在靠近大门左侧一面墙上镶着的是八仙过海的图画，墙下有一只仙鹤屹立在那里。

其实，太上老君曾被称之为道教的老祖宗，即人们所说的道祖太上老君。在太上老君庙内供奉着如此多的神灵，因此无论是在生活上有难，或生意上有遇到不顺意的事的人都可以在这里找到安慰，并在太上老君庙主持的点拨和神谕下获得启示或解脱。一般来说，太上老君庙的重要祭祀的日子是农历的二月十五日、七月初一、十二月十六日。太上老君庙的主持亲授神谕的时间是每个星期的一、三、五上午，据说下午三点之后，他对前来求事的香客是不做任何解签的。为何这样，主持认为，这个时候已是日落西山的时刻，所以你信还是不信，效果是很难说的。正因为这样，在每个星期上述的日子的上午，来求事的香客格外多，主持就像医生看病一样还要叫号呢！

四 三宝垄华人民间信仰庙宇的布局

在三宝垄，华人主要居住在现在被称之为"唐人街"（Kawasan Pecinan Semarang）的地区，也就是围绕在"三宝河"（Kali Semarang）四周街道的地区，而三宝垄华人的主要神庙大多也建立在这里。比如，寿福庙（堂）就建在十九间街，泽海庙建在十九间街和甘皮兰巷（Gang Gambiran）的交叉路口，西河宫和威惠宫（陈圣王庙）建在塞班达兰街（JL. SebandaranI），大觉寺、指南斋建在龙目巷（Gang Lombo），东壁庙建在宾吉尔巷（Gang Pinggir），灵福庙在贝森巷（Gang Besen）等。

因华人移民当地时间较早，处于中爪哇的三宝垄华人社会在文化上受当地的影响较深，但据笔者调查，三宝垄华人在册的神庙（儒、释、道）堂也有23座，见表4—3：

第四章 印度尼西亚华人民间信仰庙宇分布及祭祀空间

表4—3　　　　在三宝垄三教庙宇联合会注册的华人神庙

庙宇名称	地址
泽海庙	JL. Gang Gambiran No. 105—107
大觉寺	JL. Gang Lombo No. 62
指南斋	JL. Gang Lombo No. 62
山敬堂	JL. Taman Pekunden Timur No. 1
济化堂	JL. Suratmo No. 146
上帝庙	JL. Grajen Karang Lo No. 103
灵福庙	JL. Inspeksi Utara
东碧庙	JL. Gang Pinggir No. 110
福盛庙	JL. Bugangan No. 42
三保大人庙	JL. Simongan No. 129
寿福庙	JL. Wotgandul No. 38
感福庙	JL. Layur No12
厚福庙	JL. Gang Cilik No. 7
敬德堂（忠仁义堂）	JL. Lingkar Tangjung Mas 2
西河宫	JL. SebandaranI/32
威慧宫	JL. SebandaranI/31
三皇庙	JL. ki Mangunsarkoro 72
松善堂	JL. Kenanga15
百河堂	JL. Kentangan Barat 93
万福宫	JL. Madukoro Blok. 45
仁义堂	JL. Sidorejo No. 45
关圣庙	JL. Tanggul Mas Raya 5 - 10
卢李庙	JL. Norongrong Tmr 13/10

资料来源：《印度尼西亚三宝垄三教庙宇情况》，三宝垄三教联合会2008年印，第12页。

除了以上具有中国式的华人庙宇外，华人基督教教堂大约有13座，大大小小的清真寺也将近有50多座。此外，还有许多未注册的小庙宇或私人家中的佛堂等。

据资料显示，三宝垄华人修建的第一座民间庙宇"寿福堂"是大伯公庙。这是在当地华人经济逐渐繁荣时期出现的。因为当时的华人认为，他们的幸福和安康都离不开他们的土地神或土地公。于是人们发起和捐献钱财，于1753年修建了三宝垄第一座庙宇——"寿福堂"，这是一间以福德正神（土地公）为主神的庙宇，庙址选在十九间街的入口处①，是因为华人通常相信：一切灾难都是从入口处进来的。但如果有土地公守住这个街口，灾难就不会来临。庙里的大伯公神像是专门从中国运来的，在该神像运到港口时，还举行了隆重的欢迎仪式，然后放入庙中，晚上还举行了宴会。

图33　印度尼西亚三宝垄第一座华人庙宇——"寿福堂"（郑一省摄）

大约在1765年，三宝垄华人居民在巴列坎邦（Bale Kampang）即现在的普隆庞巷（Gang Bloembang）附近，修建了一座观音亭。该观音亭修建后又于1771年把它搬迁到江街（Kang Kie），这条街后来叫作龙目巷（Agang Leombok）。该观音亭也从此改名为"大觉寺"。

1782年，当时的雷珍兰许鹏发起在东街（Tang Kee）修建一座庙宇。这就是现在坐落在宾吉尔巷的东壁庙（Dong Bi Mieo）。该庙的前厅，有一块匾，写着"流谦"两字，落款署名许国忠（Khouw Kok Tiong，即许

---

① 十九间街，即由十九间屋子组成的街道，现在已变成二十一间街了，因为有一家屋主已将其屋子卖给其他人，而买这屋子的人，将这间大屋改为三间房屋，所以变成二十一间街了。

鹏），就是他遗留下来的手迹。1792 年有几位住在北华人区（Patjinan Lor）的人，发起在幔帕街（Moa‐phay‐kee）即现在的新巴刹巷（Gang Pasar Baroe）修建一座庙宇，这就是"厚福庙"，其地点就在街的末端。

1814 年，时任甲必丹的陈长青在塞班达兰街（Sebandaran）西面修建了开漳圣王庙，即现在的"威惠宫"。这个庙宇又被称作"陈圣王庙"，因为它是陈姓族人所建和所有的。大约在 1862 年期间，为了祈求神灵的保护，刚升为玛腰不久的陈宗淮从中国定制了"保生大帝"。① 至阴历五月初一，神像抵达三宝垄，大觉寺的和尚立刻举行迎接庆典。这些和尚带着成群结队的游行者从港口到华人区游行，然后才走回寺院。从那时起，直到 50 年代，每年阴历五月初一，大觉寺的和尚就带领游行者到旧港口，以纪念"大伯公"抵达的日子。② 三宝垄的公众普遍把"保生大帝"称为"小三保"。因为，在此以前，游行队伍抬的只是三保公的神像，所以人们只认识三保公神像。后来，每年又举行比较简单的"保生大帝"的游行，群众就称"保生大帝"为"小三保"，原因是"保生大帝"的游行队伍规模比较小。③

大约在 1866 年底，贝森巷（Gang Besen）的华人发起修建了一座庙宇，坐落在这条街的南端，发起人之一是林玉成（Liem Giok Seng），他是这条街的华人住区区长（Wijkmeester）。庙建成后，举行了盛大的庆典，并取名为"灵福庙"。1881 年，华人林氏宗亲发起为"妈祖公"修建庙宇。发起人是林宗然（Liem Sion Djian）和林金宁。他们在林姓中募捐，并在孔塞翁街（Lengkong Se Ong）买下陈姓庙宇旁边的一块地皮，这就是现在的西河宫，即林氏宗祠。④

---

① 保生大帝，即中国民间传说的"吴真人"，是药王，且医术高明。经常给皇帝和官中的人看病。吴真人死后，皇帝就赐给他"保生大帝"的美称。
② ［印尼］林天佑：《三宝垄历史——自三保时代至华人公馆的撤销（1416—1931）》，李学民、陈巽华译，暨南大学华侨研究所 1984 年印，第 156 页。
③ ［印尼］林天佑：《三宝垄历史——自三保时代至华人公馆的撤销（1416—1931）》，李学民、陈巽华译，暨南大学华侨研究所 1984 年印，第 156 页。
④ ［印尼］林天佑：《三宝垄历史——自三保时代至华人公馆的撤销（1416—1931）》，李学民、陈巽华译，暨南大学华侨研究所 1984 年印，第 20—180 页。

第二节　印度尼西亚华人民间信仰的祭祀空间

据学者研究，凡一定空间的社会中若具有共同奉祀的主神、主神护佑境内所有居民、居民都具有当炉主或头家的权利和出资参与祭祀神灵的义务等特征，便可视为一个"祭祀圈"。[①] 印尼华人民间信仰体系中的"祭祀圈"，是以庙宇神祇为崇祀对象的祭祀活动，这种活动往往具有相对稳定的祭祀空间。这种祭祀空间是以不同神祇的影响力度，以及不同群体对神祇的虔诚程度不一为基础的。正因为如此，对以庙宇神祇为中心的祭祀空间结构的考察，可以成为印尼华人社会空间建构的一个重要途径。

从笔者调查和查阅当地的资料来看，印尼华人民间庙宇的分布，延伸出来不同的神灵祭祀空间。我们以三宝垄华人民间信仰庙宇为例，来分析这种祭祀空间结构。

一　具有全社会神灵的祭拜空间

在三宝垄，具有全社会神祭拜特征的庙宇有三保大人庙，其颇具社会性。三保大人庙不仅是整个三宝垄华人社区认同的象征，而且也是周边、中爪哇或全印度尼西亚华人，乃至当地伊斯兰民族朝拜的圣地。

三保大人庙

三保大人庙与三保洞密切相关，因为现在的三保大人庙是建在三保洞的前面。也就是说是先有三保洞，后有三保大人庙。据传说，三保洞的形成是郑和下西洋途径爪哇时，由于副使王景弘病重，船队被迫停泊于此。郑和率众登陆，发现此山洞，遂留下十名随从，给了一些养药品和一条船，将副使安置山洞里疗伤。经过长时间的休养和医治，王景弘逐渐康复。王景弘病愈后，并没有驾船追随郑和，而是率众垦殖建房，并允许部下与当地女子结婚，定居下来。三保洞一带地区，经过他们的

[①] 施振民：《祭祀圈与社会组织：彰化平原聚落发展模式的探讨》，《"中央研究院"民族学研究所集刊》第36期，1973年。

开垦，逐渐成为繁荣昌盛之地。许多土著居民也在这里从事耕作，从而使这里渐渐形成群聚的村落。王景弘本人除了务农外，还向当地居民传播伊斯兰教，并且教导人们崇敬三保大人的业绩和品格，他还塑造三保大人的雕像，放在洞穴里，带领他的追随者们定期向雕像膜拜。

图34 印度尼西亚三宝垄"三保大人庙"（郑一省摄）

据资料记载，1704年，在一次大暴雨中，三保洞塌陷，当时还埋葬了一对正在洞内祈祷、膜拜的新婚夫妇。不久，人们又把洞穴挖掘出来，恢复原貌，并在洞的前面修了一个庙，定名为三保大人庙。1740年，三宝垄遭到飓风的袭击，三保大人庙受到严重的破坏。后来人们又重建了一座新的三保大人庙，当地民众还特地从中国运来包括三保大人及其4名随从在内的5尊雕像进行供奉。

在三保大人庙内，早期还有福德正神庙、船舡爷庙、船锚庙、三保船队的水手们住过的纪念庙，以及万世师表孔夫子庙，而现在又增加了天上圣母妈祖庙等。

图35 三保大人庙内的"船舡爷庙"（郑一省摄）

图36 三保大人庙内的"妈祖庙"（郑一省摄）

  500多年来，当地人们一直珍重和爱护着这座作为中国与印度尼西亚人民友谊象征的庙宇。1966年，三宝垄市政府在几经修葺的新庙内立了一块纪念碑，碑上用中文刻着郑和的简历及其不朽的功勋，旁边附有印度尼西亚文和英文的译文。①

---

① 《三保公庙史话》，菲律宾《世界日报》2001年1月5日，第25版。

二 具有社区或地域神灵的祭祀空间

三宝垄华人社区或地域神祭拜的庙宇是大觉寺，它是当地华人社区认同的象征。其祭仪以社区为单位，参与者是当地的华人民众。社区庙宇俨然为社区的假想"衙门"，它赋予规范人行为，在仪式上联络社区民众的权力。社区或地域神崇拜，从宗教仪式的角度，体现了社区作为社会互助和认同的共同体。

大觉寺

大觉寺是三宝垄华人社区神祭拜的庙宇，它也是当地华人社会认同的象征。大觉寺于1771年建成。

图37 印度尼西亚三宝垄的"大觉寺"（郑一省摄）

大觉寺的兴建起因于一座观音亭的搬迁。观音亭曾建在巴列坎邦（Bale Kambang）即现在的布朗班巷（Gang Bloembang）的附近。当这个观音亭修好时，举行了盛大的宴会，持续了几个晚上，有许多华人到观音亭游览。从振兴街（现在的十九间街）直通到观音亭，即现在的普拉康巷（Gang Blakang 意后巷），路旁有许多阿森（Asem）树，因尚未盖起房子，夜晚来临时，此地非常阴森，令人有些害怕。华人上层人士认为这座观音亭建在这里的位置不够好，于是经过几次商议后，将其迁至江街（Gang kie，这条街后来成为龙目巷 Gang Lombok），即建立新庙，这座庙宇修建了一年多，竣工时取名为大觉寺（Tay Kak Sie），也称为大寺院。

大觉寺作为三宝垄华人社区神崇拜的庙宇，在当地发挥着维系华人社会的重要功能的作用。它"是华人团体和华人区的保护神，因为三宝垄东通泗水，西连北加浪岸、直葛及井里汶，南达马吉冷、普禾雷佐（Poerworedjo）、日惹、梭罗和般由马街、北至无棣（Boe－tee），人们从这四个方向都可以到此地膜拜神灵，祈求赐福"①。在大觉寺里，不仅供奉着"三教"的神灵，而且中国民间的各路神灵和当地华人所造的神都可以在这里找到。像释迦如来佛祖、先师孔夫子、玄天上帝、三保大人、关圣帝和五路财神爷等。

图38 大觉寺的三保大人神龛和五路财神神龛（郑一省摄）

大觉寺呈现出华人的那种多元宗教崇拜的特色文化。从每年的正月初一，直到年底的十二月二十四差不多隔几天就有一位神明的祭祀及仪式在那里举行，从而使那里成为华人聚会的场所。大觉寺基金会主席李伯图曾对笔者说，"即使在那些特殊的日子里，希望能感受到中国文化的华人们依旧会偷偷聚集到这里，说着自己的语言，唱着熟悉的歌曲。每

---

① ［印尼］林天佑：《三宝垄历史——自三保时代至华人公馆的撤销（1416—1931）》，李学民、陈巽华译，暨南大学华侨研究所1984年印，第136页。

天都会有很多华人来到这里，直到夜间 21 点，这里都能有'中国的气息，郑和的气息'"①。

三　具有部分社会群体神灵的祭祀空间

在三宝垄，具有部分社会群体祭拜的庙宇主要指以宗族为特征的庙宇，比如泽海庙，就是郭氏宗祠而成的庙宇。此外，像玄天上帝庙、关帝庙、敬德堂和松善堂等，这些专门以某位神明为主神的庙宇也属于此例。这种庙宇赋予规范崇拜专门神灵的信徒的行为，在仪式上联络这些信徒的权力。

玄天上帝庙

玄天上帝庙，坐落在以前三宝垄的马达朗大街（JL. Mataram），也就是现今的哈约诺罗大街（JL. MT. Haryono）。这座玄天上帝庙源于离三宝垄约 100 千米的韦拉汉玄天上帝庙。也就是说，三宝垄的玄天上帝庙是韦拉汉玄天上帝庙的分香（分镇）。

图39　印度尼西亚三宝垄100多公里处的韦拉汉的"玄天上帝庙"（郑一省摄）

---

① 2008 年 8 月 10 日笔者与林先生的访谈录。

有关三宝垄的玄天上帝庙,林天佑曾在其书中这样记述:"一九〇五年,住在卡朗图里街(Karang Toeri)的陈苍淡(Tan Tihong Tham)不吃烟火食,经过数天斋戒和沐浴之后,来到韦拉汉(Welahun)膜拜玄天上帝(Hian Thian Siang Tee)大伯公,并从这里要了一些香灰回来,放在他在加巴汉(Gabahan)村落里修建的一间小庙宇中。他这样做,是因为当时三宝垄及附近的华人居民都非常虔诚地信奉上述大伯公或玄天上帝。那时候有许多三宝垄华人常常要到韦拉汉去,因为韦拉汉的玄天上帝在那时候很有名。陈苍淡就是为了要减轻居民从三宝垄前往韦拉汉拜玄天帝的旅途艰辛和旅费,才在三宝垄的加巴汉建立这间小庙的。当计划要建小庙时,陈苍淡当然要事先祈求玄天帝公,并得到玄天帝公的同意(胜杯)。这样一来,加巴汉的小庙就建成了。它一直被保存到今天,人民称之为加巴汉庙。现在或许没有人步行到韦拉汉了,他们可以乘车去。

图40 印度尼西亚三宝垄的玄天上帝庙(郑一省摄)

但是在过去，人们步行到韦拉汉是常有的事情。据说这样做是为了使大伯公知道他们前往韦拉汉膜拜是出于一片诚心，所以他们对陈苍淡在加巴汉建立小庙宇的行动是非常赞赏的。当韦拉汉的香灰运到加巴汉时，人们用喧天的鞭炮声来迎接，还演出了布袋戏。"[1]

玄天上帝曾是中国北方之神，后来玄天上帝又被奉为海神，因为玄天上帝的塑像，一直都是披发仗剑，通身金甲，赤跣双足，踏着一龟一蛇。《后汉书·王梁传》曰："玄武，水神之名。"基于此，中国沿海一带人们便把玄天上帝奉为海神。在早期，三宝垄华人大都是福建和广东籍贯的，而更多的华人是来自闽南一带的。可以说，三宝垄的玄天上帝庙在早期主要是福建沿海一带移民所膜拜的场所。

四 具有某家庭成员神灵祭祀的空间

具有某家庭成员神灵祭拜的庙宇，是指为家庭祭拜而设立的祖先神位（龛）或佛堂。在三宝垄，当地华人大都在家里设置了祖先牌位，这是某家庭成员神灵祭祀空间的集中表现。此外，也有许多人在家里设立了佛堂。比如，笔者曾到过一个在家中设立的喇嘛教佛堂的家庭。除了在家里设立佛堂外，更多的是在家庭中设立神坛，以祭祀神、祖先和鬼神灵。

喇嘛教佛堂

喇嘛教又称为藏传佛教，或称藏语系佛教，是指传入西藏的佛教分支。藏传佛教，与汉传佛教、南传佛教并称佛教三大体系。藏传佛教是以大乘佛教为主，其下又可分成密教与显教传承。在三宝垄，有一间西藏喇嘛教佛堂。它是位于三宝垄马达朗街（JL. Madarong）126号杨益华先生的住所内。

这位杨先生，祖籍福清，1937年出生于三宝垄。在三宝垄上完小学和初中，高一时独自一人到雅加达中华中学读书，毕业后回到三宝垄，在当地政府一间经济开发银行工作，从小职员一直做到经理，即从1950

---

[1] ［印尼］林天佑：《三宝垄历史——自三保时代至华人公馆的撤销（1416—1931）》，李学民、陈巽华译，暨南大学华侨研究所1984年印，第221页。

图 41　印度尼西亚三宝垄杨先生家"喇嘛教佛堂"（郑一省摄）

年做到 1982 年。后来，这家银行因管理不善而破产了，他也因此失去了工作。在家待了 5—6 年后，应雅加达一位商人朋友的邀请，帮助打理手表的生意，一直做到 1994 年退休。他回到三宝垄，就遇见了一位来自西藏喇嘛教的师父。他与这位才 20 多岁的师父一见如故，就成了喇嘛教的信徒。于是，他在其住处的四楼专门开了一间喇嘛教佛堂。据他说，目前除了他夫妻两人是信喇嘛教外，还发展了 5—6 位信徒。在杨先生家中的喇嘛教佛堂内，供奉着师父赐给他的如八瑞物的宝伞、吉祥结、金轮、宝镜、三大菩萨和祥麟法轮等藏传佛教的法器、礼器、象征物和神器等。

　　三宝垄华人的民间宗教信仰如此多，但他们又到底主要信仰什么？对什么信仰最感兴趣？笔者带着这个问题，于 2008 年 8 月在华人集中居住的社区进行了一次随机问卷调查，问卷一共设计了 32 个题目，其中有一个题目是"你信仰何种宗教？"本问卷一共发出 160 份，收回 145 份，均为有效。在 145 位被询问者中，以华文答卷的有 94 人，以印度尼西亚文答卷的有 51 人；男性有 72 人，女性有 73 人；年龄在 20 以下的有 1 人，20—40 岁之间的有 18 人，40—60 岁之间的有 60 人，60 岁以上的有 66 人。问卷中的"你信仰何种宗教？"这个题目所得到的数据是：信仰佛教的为 65 人，信仰基督教的为 41 人、信仰孔教的为 22 人、信仰伊斯兰教的为 1 人，信仰其他宗教的为 11 人，不信仰宗教的为 5 人。此外，在这些被问者中有 4 人既信仰佛教又信仰孔教。

从问卷调查的数据可得出这样的结论：其一，三宝垄华人大多信仰某位神灵，这不仅是华人的一种精神寄托，也是印度尼西亚的一种国情的表现，因为印度尼西亚政府强调其人民必须信仰某种宗教，否则以信仰共产主义论处；其二，三宝垄华人主要信仰中国式的佛教和孔教，这表明当地的华人民众仍对中华文化有一种认同感；其三，信仰基督教的人数较大，一方面说明当地华人因历史的原因西化较强，另一方面也说明中国式的宗教面临挑战；其四，信仰伊斯兰教的人不多，这说明华人仍在宗教信仰上与当地的友族保持鲜明的种族边界。此外，也说明中爪哇的宗教氛围还比较宽松。

可以说，印度尼西亚华人社会的民间宗教场所大体分为五类：佛教寺、神庙、道教庙宇、德教堂和基督教堂。将棉兰华人的宗教场所划分为五类，其实这是一种理论性的划分，因为在印度尼西亚的华人社会中的各种宗教场所，除了佛教寺院、基督教堂或天主教堂供奉的神灵较单纯以外，无论是道教庙宇、德教还是神庙，除供奉自己的主神外，都有佛教神灵在此供奉。为何会形成这种情况，其一是与苏哈托时期的政策有关联的。当时苏哈托政府只允许伊斯兰教、基督教和佛教合法存在，因此道教和神庙不得不采取一种变通或糊弄的手法，引入佛教的神灵于庙宇内，遮人耳目地使当地人误认为其是佛教寺院，这是一种变通的策略；其二是与华人的功利主义宗教信仰观有联系的。一般来说，华人建庙立神是按照自己的要求来的，即自己需要什么神，或什么神灵对自己有用或有利，他便会设坛而供奉之。这样一来，道教、德教和神庙的庙宇便出现了既有自己的主神又有佛教等其他的神灵共存于庙宇的情形。

在印度尼西亚华人社会，佛教寺是指纯粹的佛教寺院，有和尚或尼姑驻院位持，有香客进香，但是没有"童乩"为香客或信众占问，这是佛教寺院与神庙基本的不同。如棉兰市区内的此类寺院有慈光弥勒佛院、佛教圣城大丛山寺等。民间道教庙宇，供奉的主神是道教的神灵，有"解签师""乩童"和"扶乩"的活动。这类神庙宇主要有关帝庙、锦江东岳观、东岳观、福镇殿、福凌殿、太上老君庙等。德教是从马来西亚传入的一种宗教，其教义是宣传道德，醒化人心。而棉兰的德教主要有紫棉阁。基督教为外来的宗教，棉兰市区内与华人有关的基督教堂有4座，即荣耀堂、宣道会、圣道会和国语堂。此外，许多未注册的华人小庙宇或私人家中的佛堂等，都成为当地华人信徒膜拜神灵的场所。

第 五 章

印度尼西亚华人民间信仰庙宇组织的历史演变及类型

在早期,印尼华人社团组织大多诞生于庙宇,或在庙宇的基础上形成,从而出现了一道民间信仰的社会景观,即寺庙与社团组织同处一所的景象。换句话说,社团组织设在庙宇中,或庙宇附设于社团组织的场所之中。随着时代的发展,由于香客和香火钱的增多,为了加强庙宇的管理,有些庙宇自行建立炉主制度,或成立基金会,并形成了统一的组织。在印尼华人社会,大多数庙宇都建立了相应的管理机构,这些机构也被称为神缘社团组织。

第一节 印度尼西亚华人民间信仰庙宇组织的历史演变

有的学者认为:"就迁民过程看,东南亚华人的帮派及宗乡社会的构成,似先从神庙入手,从而形成地缘、业缘及洪门帮会组织,从而有血缘的组织,进而有综合性超地域超宗教超同业的组织。"[1] 这种现象,似乎也在印度尼西亚华人社会中存在。

一 早期庙宇与社团合一的组织

华人移居到"异国他乡",人地生疏,遇到许多困难。他们既要与移

---

[1] 邱新民:《东南亚文化交通史》,新加坡亚洲研究会、文学书屋1984年版,第586页。

居地的险恶环境和各种疾病做斗争，又要受到殖民主义者的欺凌压迫，还得防范当地其他民族的冲击。为了在"异国他乡"求得生存与发展，华人奉祀从家乡带去的神明，以其为精神寄托，祈求神明保佑他们在当地能顺利生存与发展。于是，在神明崇拜的基础上，一些以血缘关系为纽带的宗亲会和以地缘关系为纽带的同乡会便应运而生了。

在印度尼西亚华人社会，早期有许多庙宇是与社团组织合二为一的，即社团在庙宇之上形成的。雅加达较早建立的"陈氏祖庙"，便是一个庙宇与社团合一的组织。"陈氏祖庙"现在称为"陈圣王庙"，建于1757年。这座位于印尼布兰达于街97号的"陈圣王庙"，是印尼雅加达华人最早建立的陈氏宗亲社团，它刚开始是作为一个陈氏宗祠，也就是雅加达的陈氏华人聚集的场所，其供奉的是"鼻祖圣王"。在"陈圣王庙"内有陈硕夫于乾隆三十年乙酉（1765）岁端月（一月）所奉牌匾，其中有"鼻祖圣王，功高唐室，绩著霞漳。尽忠建邦启土，累朝封爵赠官"等诗句。鼻祖圣王指开漳（州）元祖——唐漳州刺史陈元光。除设有主神鼻祖圣王外，"陈圣王庙"也设有福德正神、释迦牟尼佛堂、玄天上帝、太岁星君、白虎神、妈祖神、关圣帝、土地伯公等神祇。1943年日本南侵，占领印尼全国，陈氏宗祠当时成为收容华人难民、扶贫济困的场所；1950年更名为"颍川堂陈氏宗亲互助会"，后一直延续到印度尼西亚建国，期间曾更名为"雅加达陈氏宗祠基金会"，直到现在的"印尼雅加达陈氏宗亲会"。

在雅加达以外，苏门答腊北部的棉兰，还有加里曼丹岛西面的坤甸，其初期开漳圣王庙祀，也都表现出庙宇与社团合一的相同特征。早在光绪二年，棉兰当地的陈、钟、赖三姓宗亲，早就基于祖辈共用颍川堂号，互为联宗，在双溪马帝设立祭祀三姓先亡故人的总坟；约到1908年间，三姓先民又在老武汉港口县城建立会所，供奉陈圣王以及合称三姓历代祖先的神主牌位。而坤甸"陈氏颍川郡侯"，主祀妫满，1868年初设于玛腰街（今 JL. Sadang），两年后迁至大沟唇横街（JL. Ciliwung），1887年又搬到甘榜街路（Jln Sisigajahmada）。[①] 此外，印度尼西亚万隆的陈圣王

[①] 王琛发：《从开拓意象到在地演变——开漳圣王信仰在清代英荷南洋属地的跨海网络》，《闽台文化研究》2016年第4期。

庙，以及印尼巴东陈氏宗亲会，廖岛陈氏宗亲会，苏甲巫眉陈氏宗亲会、北干陈氏宗亲会、廖岛陈氏宗亲会、垄川陈氏宗亲会、巴谈陈氏宗亲会、北矸市陈氏宗亲会、占碑等陈氏宗亲会等都属于庙宇与社团合一的类型。

雅加达的鲁班爷庙建立于18世纪80年代，位于雅加达老城区槟榔社一街47号。这是雅加达的"广府人"所建造的庙宇。据资料显示，早期来雅加达的"广府人"以做木工居多，就在落脚聚居的地方建了这座祭祀"木工祖师爷"的鲁班庙，该庙既成为雅加达"广府人"的精神寄托和精神家园，其实也扮演着广府人的地缘社团的角色。鲁班爷庙正中祀奉着鲁班神像，其左右则分别供奉观音菩萨和关公，三教（儒道释）融合的特征很是明显。

1824年建立的印度尼西亚雅加达"南靖公会"，同样有出现庙宇与会馆同处一所的情形。"南靖公会"是居住在雅加达的漳州籍华人地缘性社团，其建立时便是设在供奉关帝的南靖庙之中。据"南靖公会立碑记：本会创始于1824年，考诸本庙历史，与夫基业之由来乃甲必丹戴亮辉先生所建，以垂吾靖邑在巴城永久纪念。盖此基业无论何人不能改移……"[1] 正如碑文所言，雅加达南靖庙创建于清道光四年（1824），是由来自漳州南靖县的华侨甲必丹戴亮辉创建，并在庙内设立南靖公会，以为乡人安身之所，也为其死后进行殡葬仪式之处。南靖庙是一个主祭关圣帝君的庙宇，其正厅供奉关圣帝君的神像，每逢关帝圣诞（农历五月十三）照例举行奉祭宴会，其后厅供奉戴氏神主。南靖庙规定每年农历五月十三日在庙中为关帝君举行圣诞日，照例奉祭并宴会，即清明扫墓一席，中元节二席，除夕一席。[2]

二 独立后的庙宇组织

1945年8月17日印度尼西亚独立。印度尼西亚独立后一直到1965年中期，期间虽然印度尼西亚也经常发生一些排华事件，但总的来看，

---

[1] 张尧耕：《雅加达的南靖庙》，《华声报》1987年12月22日。
[2] 黄昆章：《印尼华侨华人史（1959至2004年）》，广东高等教育出版社2005年版，第49页。

印度尼西亚的华人社会，特别是华人社团处于一个快速发展期。据不完全统计，1958年全印度尼西亚的华人社团约有2100多个。[①] 例如，雅加达在第二次世界大战后初期不过五六十个，不久即发展到200个左右，而三宝垄1950年有近40个。[②] 棉兰的华人社团从1945年的74个，发展到1950年的150个、1952年的172个、1957年的217个和1958年的222个。[③] 在这些不同地区的华人社团中，有一些华人庙宇组织也包括其中。

　　二战结束后至60年代中期印度尼西亚华人社团发展如此繁荣，其主要原因之一是虽然从20世纪50年代初开始，印度尼西亚政府排斥、打击华侨华人经济，不久又限制华侨教育及新闻事业，但对华侨社团却采取放任、宽松的政策，只要不违反当地法律，不干涉当地政治而从事慈善福利和文化等活动，一般社团都可申请注册成立。[④]

　　1965年爆发"九三〇"事件后，随着苏哈托统治政权的确立，印度尼西亚华人社会在各方面都受到全面的压制，从而进入被全面强制同化的过程。在1967年第37号法令下，印度尼西亚华人社会的政治类社团基本上荡然无存，而一些从事医疗卫生、宗教、丧事、体育和娱乐的社团得以保存并有所发展，庙宇的组织如炉主制在这个时候也逐渐建立起来。

　　不过，在当时的苏哈托政府，尤其是反华的印度尼西亚军人认为，华人庙宇保存了华人的传统文化，应该查封，有些地区的军队甚至已经进驻了华人庙宇。一位三宝垄大觉寺的住持曾谈到在苏哈托时期该庙宇所出现的这种情况，他说道：

　　　　我们大觉寺在那个时候也面临着危机。有一次，一位负责管理三宝垄的军事长官带着几个人来到大觉寺，看见大觉寺大门上方的牌匾"大觉寺"还挂在上面，就指着那个牌匾大声对我们骂道："你

---

① 高信、张希哲编：《华侨史论集》，台北"国防"研究院1963年版，第104页。
② 雅加达《生活报》1952年新年特刊，第48页。
③ 王刘波：《变动与分裂——二战后初期印尼苏门答腊北部华侨华人社会研究（1945—1958）》，中国社会科学出版社2019年版，第129页。
④ 黄昆章：《印尼华侨华人史（1950至2004年）》，广东高等教育出版社2005年版，第50页。

们怎么还保存这个中国字,赶紧取下来。"听到这话后,我们大家都不作声。后来,我说,那就请长官自己把这个牌匾取下来吧。可是,这位长官自己又不敢上去拿下这块牌匾,于是带着一行人骂骂咧咧地走了。后来,我们听说这位长官在3天后就暴亡了,也不知道是怎么回事。有人说,可能是得罪了神仙,是报应,所以,我们大觉寺的牌匾至今还挂在那里……①

在这种情况下,为了保存华人寺庙,印度尼西亚泗水一位著名华人庙宇凤德轩敬神社的主席、企业家王基财冒着生命危险挺身而出,率几位同仁游说东爪哇军团司令,力争华人庙宇不被封禁,而应受到保护。1967年5月王基财发动成立了"东爪哇三教庙宇联合会",1968年12月成立了"全印度尼西亚三教庙宇联合会"(Perhimpunan Tempat Ibadat Tridharmase – Indonesia,简称"三教会"),这就是目前印度尼西亚三教会的由来。该会的建立,使全印度尼西亚千余间华人庙宇改为"三教庙宇"得以合法存在,也促使华人庙宇找到了一个联合的途径。

20世纪80年代,即1978年后,印度尼西亚所面临的国内外形势发生很大变化。一是中国开始实行改革开放,其外交政策发生一系列的变化,给90年代的中印尼复交打下了基础;二是印度尼西亚苏哈托政权自确立以来已逐渐稳固,苏哈托政府虽然对当地的华人采取强制同化措施,但对华人的经济却采取了与哈托不一样的政策,即对华人经济有一定的限制,而总的方向是对华人经济加以充分利用,促使其为国家的建设所用;三是苏哈托为了获得国内华人对其的支持,于1980年、1990年和1996年陆续颁布有关允许华人入籍的总统决定书和相关政策,使大部分华人获得入籍的机会,加快了华人归化的进程。正是在这种情况下,1980至1996年,印度尼西亚华人社团以基金会名义注册的社团增多,其中也包括许多冠以"基金会"的庙宇社团组织。

1998年5月以后,即印度尼西亚进入后苏哈托时代。后苏哈托时代较为宽松的社会环境,为印度尼西亚华人社团的复苏和发展创造了条件,

---

① 2010年笔者在印尼三宝垄大觉寺与CH先生的访谈录。

各地华人社团如雨后春笋般涌现，其中也不乏庙宇组织。与此同时，许多庙宇从单个的庙宇组织发展到统一的地方组织，乃至全国性的民间信仰机构，并建立了庙宇间的信仰网络。

第二节　印度尼西亚华人民间庙宇组织的类型

印度尼西亚华人民间信仰是以"三教"为主的信仰体系，即儒、释、道合一的信仰体系，三教的华人庙宇被冠以印度尼西亚文"kelenteng"，多数庙宇称之为"庙""观""宫""殿"等。"三教"（儒、释、道）信仰，应该是印度尼西亚华人民间信仰的重要组成部分，因为在印度尼西亚华人的大多数庙宇中，儒、释、道都是存在的，即这三教神灵都会祭祀。当然，每个庙宇早期建庙的历史不尽相同，所祭祀的主神各异，有的祭祀主神为观音，有的祭祀主神是关帝，有的祭祀主神是玄天大帝，但大多数都会将这"三教"的神灵共祭在庙宇中。这种不同神灵共祭祀的方式，其实是印度尼西亚华人的一种多元神灵观念，或功利主义的表现，更确切地说是庙宇及其管理者的一种策略性的应变。

除了三教庙宇外，还有德教、一贯道等民间教派的庙宇。比如，德教主要以"阁"作为其信仰的场所，而一贯道主要是用"堂"等来表示其庙宇名称。当然，无论是三教庙宇，还是其他教派的庙宇都是保存华人文化传统的重要基地。一般认为，印度尼西亚华人庙宇的组织类型大概有以下几种。

一　炉主制

炉主制是印度尼西亚华人庙宇最基层的组织，其主要是负责某一个年度宗教仪式或某神祇神诞活动而设置的机构，这种机构是制度化的临时基层组织。在印度尼西亚华人庙宇，特别是大多数道教的"宫""观"庙宇都有"炉主"制的设置，是因为这些庙宇的神灵很多，祭祀仪式频繁，所以需要专门的人负责管理，从而将祭祀活动实施完满。

图42 印度尼西亚棉兰福镇殿的炉主及其成员名录（郑一省摄）

如图42，是印度尼西亚棉兰福镇殿的炉主及其成员名单，它是为"天上法主欧氏仙姑"每年的神诞而设置的管理机构。该炉主机构设置了正副炉主各1名，此外还设置了总务、顾问和委员若干名。其中有正总务1名、副总务2名、顾问5名、委员6名。据资料显示，这是福镇殿通过扶乩而选出的炉主及其成员。同时，特地注明该炉主及其成员们"每逢仙圣华诞日需到殿协助工作"。

可以说，华人庙宇炉主制度的形成应该与中国古代的"社祭"有很深的渊源。中国农业社会很重视"春祈秋报"。凡"社"祭祀最高的地点是宫廷传达政令之所，由士绅代为传达政令。而地方祭祀场所，则是在田间地头的神树下或村边的圣灵（显灵）之处，由村老或乡贤主持祭祀。华人庙宇的这种炉主制度，实际上是中国"社"祭的折射，或"社"崇拜在海外的延伸，乡贤士绅村老原型人物则替换为由神明授意的炉主。

一般来说，为了满足每年庙宇祭祀活动的正常运作，华人庙宇在举行宗教活动之前会设炉主、副炉主等头衔，供信众登记或填写名单，并放入特制的箱子或神龛上，再择日向神明公开，并在神祇或神龛面前扶乩或卜筶，请示神明意旨。为公平起见，以扶乩或筶杯请示神意择选适当人员担任。在举行扶乩或卜筶过程中，以扶乩被多次神谕者或卜得最多筶杯者获得"正炉主"的头衔，简称"炉主"；杯数次之者，则为"副炉主"，简称"副炉"。

对于扶乩或卜筶而担任"炉主""副炉主"者，他们是经神明公开扶乩或卜选的宗教仪式义务效劳人员，一般也将之称为"福头"。意即他们是经过神明特别拣选出来的效劳者，与神明之间很有善缘，倘若他们任职期间诚心服务，协助祭祀活动的顺利运作，日后也会受到神明特别的眷顾与关爱，并将其原有的灾厄劫难一一化解，也会庇佑他们身体康泰、阖家平安、事业顺利、财源滚滚。所以有信仰的人士，特别是经济能力许可者，往往也乐于参与登记来扶乩或卜选炉主一职。

图 43 印度尼西亚棉兰林氏宗亲会在妈祖神龛前卜筶选"炉主"（郑一省摄）

据资料显示，扶乩或卜筶选炉主之日，往往是年度的祭祀活动当天结束后，或准备进行下一次举行某神祇神诞前后来卜筶选的。例如，自1999年开始，灵福庙理事会把农历二月初二日福德正神神诞当天定为庆祝福德正神的神诞吉日；每一年举行庆祝，三年一次举行大规模庆典，大肆庆祝；庆祝的那一天，举行"出庙"游行行列，菩萨金身乘坐金轿出巡，绕转巡视整个唐人街，祈求神恩赐福。2014年三宝垄灵福庙以三月一日（初一日）、三月二日（初二日）为举行庆祝福德正神的神诞吉日。当晚，庙前有歌唱文娱节目演出，庙里则举行诵经法会。接着正、副炉主，理监事暨来宾们举行祭拜先圣孔子。晚上十点正举行虔诚祭拜仪式，恭迎祝贺福德正神圣诞千秋。三月二日星期日上午十时举行送客仪式，恭送各路福德正神回寺回庙。十二点整，举行选举新一任正炉主与副炉主。庆祝福德正神诞辰的一系列活动至此也宣告顺利结束。[①]

一般来说，在选举炉主的时候，多由庙宇的乩掌扶乩或卜筶请示神意，在这种公开的扶乩或卜筶活动中，会有信众围观和关切谁是下一年度或某神祇神诞的炉主。一经扶乩或卜选出来后，庙方会以红纸书写公告于庙方墙上，以告信众。至于扶乩或卜筶的炉主及其成员，作为神明所点选的信徒祭祀活动的代表，专门协助该年度的宫庙神祇的祭祀活动者，包括协助筹备祭祀活动的募款活动。被神明扶乩或卜选为炉主、副炉及其他成员，其应尽的义务一是参与分担祭祀一定的费用，其二是筹办该庙宇年度神祇的祭典活动及日常的管理等事务。

二 基金会

基金会，印尼语为"Yayasan"。在印度尼西亚，称之为"基金会"的组织十分广泛，无论是一些政治组织，还是专业性如医疗或教育的组织，以及娱乐休闲的组织都会冠以"基金会"的名称。

据调查，在印度尼西亚华人民间庙宇中，被冠以"基金会"的组织也不在少数。见表5—1：

表5—1　　　印尼华人庙宇部分冠以"基金会"的组织

名称	原住地	成立时间（年）	名称	原住地	成立时间（年）
万隆渤良安福利基金会	爪哇万隆	1983	棉兰福镇殿基金会	苏门答腊棉兰	1972

[①] 《三宝垄灵福庙庆祝福德正神圣诞吉辰》，《印尼国际日报》2014年3月3日，第7版。

续表

名称	原住地	成立时间（年）	名称	原住地	成立时间（年）
万隆圣光道观基金会	爪哇万隆	1987	仙人姑婆宫基金会	苏门答腊棉兰	1989
雅加达苏曼佛教基金会	爪哇雅加达	1989	棉兰太平寺基金会	苏门答腊棉兰	1989
三宝垄泽海庙基金会	爪哇三宝垄	1988	老武汉五祖庙基金会	苏门答腊老武汉	1990
三宝垄万福宫基金会	爪哇三宝垄	1990	万由玛斯文德庙基金会	爪哇万由玛斯县	1985
三宝垄灵福庙基金会	爪哇三宝垄	1999	万隆圣王庙基金会	爪哇万隆	1990
印尼佛教圣城基金会	苏门答腊棉兰	2009	三宝垄泽海庙基金会	爪哇三宝垄	1986
佛教慈济基金会印尼分会	苏门答腊棉兰	2003	万隆观音精舍基金会	爪哇万隆	1989
棉兰慈光弥勒佛院基金会	苏门答腊棉兰	2008	丹格朗斯万伟大菩提寺堂基金会	爪哇万丹	1992
棉兰千佛禅寺基金会	苏门答腊棉兰	1999	民礼镇元寺基金会	苏门答腊民礼	2001
棉兰天福堂基金会	苏门答腊棉兰	2000	三宝垄大觉寺基金会	爪哇三宝垄	1987
棉兰日月精舍基金会	苏门答腊棉兰	1985	马吉朗隆福庙基金会	爪哇日惹	1988
棉兰佛教慈善基金会	苏门答腊棉兰	2000	棉兰卫理荣耀堂基金会	苏门答腊棉兰	1983
棉兰关帝庙基金会	苏门答腊棉兰	1983			

续表

名称	原住地	成立时间（年）	名称	原住地	成立时间（年）
棉兰鼎福堂基金会	苏门答腊棉兰	1986			
棉兰福凌殿基金会	苏门答腊棉兰	1999			
棉兰福镇殿基金会	苏门答腊棉兰	1988			
棉兰东岳观基金会	苏门答腊棉兰	1998			
棉兰锦江东岳观基金会	苏门答腊棉兰	1965			

资料来源：根据本人调查以及查阅印尼《国际日报》2010-2019年电子版所统计。

基金会在印度尼西亚的产生应该源于苏加诺时期，而到苏哈托时代得以规范或完善化。印度尼西亚政府相关文件规定，无论什么团体成立基金会，都要事先拟定章程，其内容主要包括三个方面，一是成立的宗旨，需强调该基金会是一个非营利性的组织，为国家的和谐社会做应有的努力；二是需设定各自基金会的任务；三是设立基金会的机构，其机构主要有董事会、监事会和理事会。董事会是基金会的最高权力机构，监事会的任务是监督和建议理事会的工作，理事会的任务是主持和执行基金会的日常工作。此外，对基金会需召开的会议人数及地点，以及基金会的解散等都做了硬性的规定。

按照规定，董事会由主席、副主席及董事组成。董事会主席及副主席由董事会选举产生，任期三年，可连任两期。董事会在修改章程、任免主席、副主席及董事的会议，必须有2/3董事（或代表）通过。董事会有权核准年度工作报告和年度财务报告。董事会有权任免监事会和理事会的成员。董事会有权解释或整合基金会。董事会最少每年召开两次会议，第一次定于三月份，核准监事会和理事会所做去年的工作报告和财务报告，第二次定于十月份，核准监事会和理事会所做明年的工作计划和财务预算；监事会由主席和监事组成，监事会主席和监事由董事会任免，任期三年。监事有权检查理事会所做的一切事情，有权检查其财务状况，监事会可随时召开临时会议。理事会由主席、副主席及秘书、财政等工作小组的理事组成。理事会主席和理事由董事会任免，任期三年。理事会每年三月份和十月份有责任向董事会做关于工作和财务方面的报告。董事会最少每三个月举行一次会议。

图 44 印度尼西亚三宝垄唐人街的"灵福庙"（郑一省摄）

图 44 是灵福庙，位于三宝垄唐人街，也就是 21 街的 JL. Inspeksi Utara 街面上。灵福庙 1866 年建庙，至今已经有 154 年的建庙历史了。灵福庙在当地华人社会又称为"福德正神"庙，也就是供奉的主神是"福德正神"，此外该庙还供奉关圣帝君和天后圣母。灵福庙基金会是在 1999 年建立起来的。据访谈，灵福庙在 1999 年创会前，这间有着一百多年历史的庙宇无人打理，几乎处于停顿状态，创会后吸引各方善信，香火重

新兴旺起来。①

查阅灵福庙的档案，灵福庙自 1999 年建立"三宝垄灵福庙基金会"，其历任灵福庙基金会主席是：1999—2002 年陈毓琳、2002—2005 年陈毓琳、2005—2008 年陈汉协、2008—2011 年罗金华。2011—2014 年游有福、2014—2017 年陈毓琳。②

从调查来看，印度尼西亚华人的"三教"庙宇大多都设立了基金会。这些基金会的设立对华人庙宇的发展有很大的帮助。通过基金会的管理，庙宇炉主的设立，以及华人庙宇的建筑修葺及宗教仪式活动的开展得以进行。

三 庙宇的联合组织

正如学者所指出的，华侨旅居异域，人地生疏，遇到许多困难。为了在侨居地求得生存与发展，他们奉祀从家乡带去的神明，作为精神寄托，祈求神明庇护他们顺利进展。③ 可以说，印度尼西亚华人庙宇的形成是与华侨移居当地同步的。随着华人庙宇数量不断增多，信徒分布范围广泛，庙宇间的联系逐渐加强，进而形成了民间宗教的联合组织。

（一）三教会（Sam Kauw Hwee）

印度尼西亚的华人庙宇以"三教"庙宇（Tempat Ibadat Tridharma）较多，在 20 世纪 30 年代就成立了联合统一的组织，这就是"三教会"（Sam Kauw Hwee）。三教会（Sam Kauw Hwee）成立 1934 年，是由郭德怀等人创立的，同时三教会（Sam Kauw Hwee）还创办了《三教月报》（Sam Kauw Gwat Po）。

郭德怀（1896—1951），出生于西爪哇茂物，是一位多才多艺的土生华人，他在文学、社会分析、新闻界和宗教领域均有建树。郭德怀成长于土生华人圈子，从小就受到原住民文化、中华文化和西方文化的多元文化熏陶。起初，由于华人运动在荷属东印度（Hindia Belanda）风起云

---

① 2015 年 3 月 23 日在三宝垄灵福庙与张先生的访谈录。
② 灵福庙基金会提供资料。
③ 李天锡：《华侨华人民间信仰研究》，中国文联出版社 2001 年版，第 51 页。

图45　郭德怀与其创办的《三教月报》

涌，郭德怀深受孔教影响。所以，每当人们七嘴八舌争辩孔教的好坏时，郭德怀总会挺身而出为其辩护。当印尼的孔教会衰落之际①，深受多元文化影响的郭德怀决定亲自传播三教，即孔教、佛教和道教三教一体。在他看来，三教合一才是华人的宗教，因为三者相辅相成，难分难离，已经融入华人的信仰系统当中了，所以华人绝不可能只信仰其中一个单一的宗教。实际上，大多数华人信仰的都是三教的融合体，在印尼很少见到信仰单一宗教的孔教徒、佛教徒或者道教徒。这种混合性不仅仅是因为华人对宗教不够狂热，也因为这三种宗教的教义并无对立之处，所以佛教和道教并不禁止其信徒供奉祖先，孔教也不反对在寺庙里拜祭神灵。之所以印尼华人的宗教具有混合型，其根本原因在于华人具有信奉多神论和折中主义的宗教特点，导致宗教和宗教之间的界线模糊。尽管如此，从教义上来看，这三种宗教是很难统一在一起的。所以，郭德怀在成立三教会的时候，他在《三教月报》中解释，他们"不是要将三教合一，而是要保持每个宗教的特性"。虽然如此，由于大多数印尼华人认为这三

---

① 廖建裕：《三教会的创导者郭德怀》，印尼《国际日报》2019年10月4日，A7版。

种宗教已混为一体了，所以将三教合一也是情理之中的事情。①

正是由于郭德怀的这种思路，统一、弘扬和信奉孔教、佛教与道教，即将三教合一，把孔教的虔诚、佛教的超凡以及道教的养性分别或结合起来加以倡导，以重新确立和复兴华人宗教便成为三教会的宗旨。除创办三教的机关报《三教月报》外，三教会还出版宣传教义的杂志与书籍，并定期举行宣教会和庆典，如每个月都会定期在雅加达的芒卡勿刹（Mangga Besar）观音庙举行宣教会，每年都庆祝浴佛节（Waisak）和吠舍节（Ashada）。

三教会的信徒通常是土生华人。二战前，许多土生华人艺人在三教会非常活跃。此后，三教会不断发展，起初在爪哇岛，后来传到了外岛。至1955年，整个印尼已经成立了30多家三教分会。20世纪60年代，三教会被印尼化，成为"三达摩教"（Tri Dharma），该会一直传承至今。三教会最初是华人的宗教，而后来的发展已不限于华裔了。②

（二）全印尼三教庙宇联合会（Perhimpunan Tempat Ibadat Tridharmase - Indonesia）

"全印度尼西亚三教庙宇联合会"（简称"三教会"）是由印尼泗水华人王基财先生在印度尼西亚1965年"九三〇事件"之后成立的。该会成立的主要原因是当时华人庙宇即将面临被军人接管或摧毁的局面。据说，泗水华人庙宇凤德轩面临被军人接管的境地，时任凤德轩敬神社的主席王基财冒着生命危险挺身而出，使凤德轩得以留存。随后，为了使印度尼西亚的三教庙宇长期发展，王基财先于1967年5月成立了"东爪哇三教庙宇联合会"，又于1968年12月成立了"全印尼三教庙宇联合会"。全印度尼西亚各岛有千余间华人庙宇改为"三教庙宇"，得以合法存在。故此，"三教会"曾追认王基财为"全印度尼西亚三教之父"。

三教会以庙宇为会员单位。1976年又成立了全印尼三教教士学院和全印尼三教教育基金会，1979—1985年在东爪哇拉旺（Lawang）建起了规模宏大的全印尼三教总庙，被誉为印尼的佛光山。全印尼三教庙宇联

---

① 廖建裕：《三教会的创导者郭德怀》，印尼《国际日报》2019年10月4日，A7版。
② 王爱平：《印度尼西亚孔教研究》，中国文史出版社2010年版，第100页。

合会在东爪哇、西爪哇和中爪哇建立了分会，目前全印尼登记为三教会会员的庙宇有 450 多间。

2015 年 28—29 日，全印尼三教庙宇联合会在泗水举行 2015 年度工作会议，出席会议的有印尼宗教部佛教徒辅导司司长 Drs. Dasikin，M. Pd，全印尼三教庙宇联合会总主席王钦辉、东爪哇分会主席吴式健、西爪哇分会主席 Alex、中爪哇分会主席林万金以及来自全国各地的三教庙宇代表，其中有巨港 Jhony Prima、万鸦佬陈世富以及马辰等地的 20 多个分会代表。在第二天的活动中，由印尼宗教部佛教徒辅导司司长 Drs. Dasikin，M. Pd，与全印尼三教庙宇联合会总主席王钦辉共同签署百余块石碑，这百余块石碑上写着各地三教庙宇为印尼宗教部佛教司属下，并成为政府公认保护的三教庙宇。这些石碑将会镶在每个庙宇的墙壁上，表明该庙宇受到国家宗教部的保护，为今后三教庙宇的发展，提供有利的条件。

对于华人三教的作用，印尼宗教部佛教事务司司长查理亚蒂司长曾表示，政府坚持"潘查希拉"多元文化的意识形态，建国五项原则的第一项就是神的信仰（Ketuhanan yang Maha Esa）（必须有宗教信仰）。印尼存在了许多不同的宗教，对国家的政治、经济和文化生活有显著影响力，宪法保障宗教自由，华人三教亦是印尼多元宗教的重要组成部分。①

---

① 《各地华人庙宇执事逾三百代表聚集北干巴鲁》，印尼《国际日报》2019 年 10 月 11 日，A8 版。

第 六 章

印度尼西亚华人民间信仰的文化体系

印度尼西亚华人民间信仰的文化体系，主要表现在象征与视觉方面。祖先崇拜、鬼神崇拜和仪式构成了象征体系主要内容，而庙宇的外在形式和内在表征则建构了庙宇的视觉体系。

第一节 印度尼西亚华人民间信仰的象征结构

印尼华人的民间信仰文化，是随着其社会历史发展过程逐步发展起来的，其民间信仰体系内容中，既有华人自身民间信仰的遗存，又有所在国其他民族民间信仰文化的印记。在以祖先崇拜为中心的印尼华人宗教信仰中，神灵体系是相当庞杂的，多神崇拜是印尼华人宗教信仰的主要特征，这种信仰的多神性表现在祖先崇拜、鬼神灵崇拜和仪式等象征结构中。

（一）祖先崇拜

在印尼华人民间的自身信仰体系中，祖先崇拜可以分为家祖神崇拜、宗族祖先神崇拜和社区群体虚拟祖先神崇拜三大类。

1. 家祖神崇拜

家祖神崇拜，是华人祖先崇拜中最常见的一种现象，也是华人宗教信仰的基础。一般意义上来说，华人的宗教信仰最重视的是莫过于事亲和祀祖。与中国国内一样，印尼的华人最担心的莫过于"无嗣"，骂人最凶狠的用语莫过于"断子绝孙"。祖先崇拜，是华人宗教信仰和礼仪的主体，也是华人宗教文化的核心。

在印尼，不少华人家庭都设有家祠或家坛，或在屋内或在店内的墙壁上放有"祖先神主牌"。人们在既定节期，即对之焚香行祭奉之礼。一位棉兰华人这样说道：

> 我每天早上起来第一件事，就是给我祖先上香。为何要给他们上香？因为每天给他们上香，我就会想起他们。当我想起他们，我就会在脑海里回忆他们的所作所为，因为从小父亲就对我们好，为了我们的成长付出了许许多多。每当想起这些，我都会暗自下决心，一定要以父亲为楷模，做好生意，在我自己的子女面前要做一个好父亲。[①]

牌位崇拜是传统祖先崇拜的主要形式之一。所谓牌位崇拜，就是把逝去的先人名字写在一个木板上，然后经过一个仪式认定，把祖先的灵魂招引于牌内而行祭拜之。[②] 而在爪哇华人中，由于经历了许多代，许多华人已不懂华文，他们往往直接把已逝上辈的相片挂在墙上，并放置一些供品祭祀之。一位三宝垄华人家的正厅摆设着他祖辈相片作祖先的牌位，还有烛台、香炉，他对本人说道：

> 我是唐人，我虽是五代侨生，没有念过中文书，不会讲唐人话，但身上流着唐人的血。每逢初一、十五，我都会烧香向祖先跪拜。总有一天，我会教我的子孙到唐山看看。[③]

对先祖亡灵的崇拜，是印尼华人宗教文化的一个重要组成部分，许多华人，特别是老一代华人，相信先祖亡灵能对儿孙禳灾赐福。印尼华人的家祖神祭拜，各地华人操作相同的地方，都是在家中设置祖先的神位，除了清明节以外，初一和十五是重要的家祖神灵的祭祀日。而两地

[①] 2010 年 3 月 24 日笔者与 Chen 先生的访谈录。
[②] 李亦园：《宗教与神话》，台北立绪文化事业有限公司 1998 年版，第 175—176 页。
[③] 2010 年 4 月 28 日笔者与 Li 先生的访谈录。

华人不同之处是，棉兰的华人除了初一、十五祭祀外，平时也十分虔诚，几乎每天都要给家祖神位上香，并在清明节期间到安放在义山的祖先的坟墓上举行较为庄重的祭祀活动。

个案：一位棉兰华人家庭上坟祭祖活动

2010年3月29日，即该年清明节前夕，笔者在棉兰参加了一位姓郑的华人及其全家在其祖先墓地的祭祖活动，特作为当地华人祭祖的一个案例。

当天早晨大约8点多钟，本人与郑先生全家驱车来到棉兰市郊的Amilanishanhda义山。（在东南亚一些国家，华人去世后所埋葬的地方都称为义山）。

图46 棉兰市郊的Amilanishanhda华人义山（郑一省摄）

一进义山的大门内，就看见有一个小屋子立在那里，有许多人在那里面烧香。我忙问，这是什么？郑老板说，这是土地庙，也是"福德正神"庙。

这座土地公庙，建在生长着一片青竹子的小山坡的前面。土地公庙是一个中式的建筑，呈四方形，墙壁是白色的，再配以粉红色的琉璃瓦屋顶，从远处看去，显得异常醒目。在庙内墙的正中央贴着一幅土地公的画像，画像的上联是"福而有德千家祀"，下联是"正则为神万世尊"，画像的上面横批是"福德祠"。在土地公画像的下面是香案，放着几个香炉，供祭祀者上香时用。

在棉兰，土地公，即福德正神在华人的庙宇里随处可见，不过，它一般是在庙里与其他的神灵在一起，而在义山却专门做一个小庙来供奉它。可见它在义山中的重要性，因为去世的人无论是骨灰还是什么都要入土，而土地公正是管理土地的，所以人们不能忽视它，必须巴结它，款待它，专门为它立庙和首先祭祀它。

图 47 棉兰市郊 Amilanishanhda 义山的"福德正神庙"和"拿督公庙"（郑一省摄）

于是，我们赶紧下车。下车后，郑老板给我们每个人分发了一束香，点燃后，我们一一向土地公作拜。拜完后，郑老板又朝路旁边的转角处走了过去，我不明白是怎么回事，朝他走去的地方一看，只见在路旁边的转角处又有一个小屋，有些人跪在那里。郑老板这时对我说："我们还必须拜当地的土地公。""当地的土地公？"我有点迷惑。郑老板又说道："我们在印度尼西亚生存，也得拜拜当地的土地神，不然的话当地的土地神也会不高兴的。"我问郑老板："那当地的土地神叫什么？""它叫'拿督'。"郑老板回答道。

在路旁的转角处立着一间小屋，这就是被称为"拿督"的当地土地神庙。这间庙与刚才我们所祭拜的华人土地公庙建筑有所不同："拿督"神庙较小，大约有两米多高，庙内只能容纳 4—5 人祭拜。神庙的屋顶除了屋檐呈粉红色状外，屋顶的琉璃瓦是蓝色的，但其屋顶是两层的，最上面的一层比下面的要窄些，好像压在上面。而与华人土地公庙特别不同的地方是，庙内没有任何神像或画像的东西，空荡荡的，庙内只有上下三排放香炉或供品的地方。

从"拿督"庙的建筑来看，似乎有点中式化。我想，建筑此庙的工人应该是华人，在建"拿督"神庙时添加了一些中式庙宇的元素，比如琉璃瓦。不过，所建的这种当地的土地神又保留了伊斯兰教信仰的特点，即无偶像崇拜。可以说，华人建这种"拿督"庙，即表现了当地华人适应所居住的文化，也表明华人对当地神灵的一种尊重。

拜完"拿督"神后，我们又坐上车来到一个大的建筑物前面。这是地藏王庙，印尼文是"Vihara Siohi Garba"。地藏王庙内除供奉着地藏王外，观音、关公和福德正神等神灵都可以在这里见到。我们来到地藏王庙，首先拜了天公，然后就拜地藏王，祈求这些神灵好好款待地下的亲人。

我们从地藏王庙出来后，又坐上车来到华人的墓地。郑老板告诉我，棉兰的华人墓地是可以自由买的，只要你有钱，就可以买到大的。我从车窗望去，只见窗外有许多非常宏大的墓地，每个墓地至少占地几百平方米。当然，义山的大多数华人墓地一般占地在 10—30 个平方米之间。不过，总的看来，华人的墓地比当地穆斯林的坟墓要大得多。

郑老板父亲的墓地大约占地 20 平方米左右，是一个中等规格的华人墓地。这个墓地呈圆状，在坟墓前立有墓碑，墓碑有两块，一块是已故父亲的墓碑，一块是现在世母亲的墓碑。这种立碑的模式似乎与中国国内的一样，即已故父亲的碑文已涂上金色，而在世的母亲的碑文还是白色的。所不同的是，华人碑文的内容与中国国内墓碑的碑文有区别。比如，郑老板父亲墓碑的碑文除了正文内容外，在正文的两旁有一副繁体字的对联。上联是"多有少积为后代"，下联是"福字修来功先人"。这是将郑老板父亲的名字融入对联的内容之中。在墓碑正文上面的石檐，还刻有墓主的印尼文名字"THE TO HOK"（其实这是闽南话的读音，即郑多福）。在墓旁边的石栏上，不仅刻写了诸如"此生随万物，何处出尘芬""青山横北郭，北水绕东城"等对联，还刻着写有墓主的祖籍地"福建省永春下巷"、墓主的后代"某某、某某"的字样。

笔者在其他华人墓主的碑文上，还看见刻有"大房""二房"，以及"大门""二门""佳门"的字样，我开始不知是怎么回事？后来，郑老板告诉我，这是指儿子或女儿的意思，比如"大房"，即"大儿子"。"大门"，即"大女儿"等。在其他较小的华人坟墓上，我还看见，墓主的祖籍地及其子女的名字是一起刻在墓主的墓碑上的。

郑老板他们全家到了自己祖先的墓地，便开始祭祀祖先了。祭祀前，第一项任务是打扫墓地。所谓扫墓，就是要将墓地打扫干净，清除坟头上的杂草，以及墓碑下的杂物和其他的灰尘。于是，郑老板的家人拿出扫把清理墓地的杂物，并拿出带来的抹布将供台上的灰尘抹干净。

打扫好墓地后，他们从车上搬下来头一天就已准备好的供品、香烛和纸钱等。首先，他们在坟墓旁的土地公供台上点燃两根较小的红蜡烛，并插上两炷香祭拜华人的土地公。与此同时，又在坟地旁边的草地上插上两支红蜡烛、一包用芭蕉叶包着的鲜花瓣和一束香祭拜当地的"拿督"。

图48　郑老板一家在祖先墓地旁的草地上祭祀"拿督公"（郑一省摄）

在祭拜完拿督公后，郑家便开始祭拜祖先。郑老板一家人在祖先墓碑底座的供台上摆上供品。供品有米饭一盘、包子一碟、米发糕一盘、蛋糕一碟、一盘苹果（四个）、一盘橘子（五个）、一个菠萝和一杯茶。摆上供品后，点燃三炷大香和两根红蜡烛，全家人就开始祭祀祖先了。

祭祀祖先仍然是按照传统的规定进行。先是郑老板点燃香向祖先三鞠躬，然后是老板的太太、儿子、妻妹、妻妹夫。全家一一拜完后，又一起向祖先磕头，祈求祖先的保佑。这时，老板的太太拿出一对红色的小东西，朝上抛去，不一会这一对小东西掉到地上，呈一个朝上，一个朝下的样子，老板的太太高兴起来。我看到这个，赶紧问道："这是什么？什么意思？"老板的太太笑着告诉我："这是圣杯（卜卦工具）。如果抛上去的圣杯掉到地上，一边朝上，一边朝下，这就是'胜杯'，表明你要卜的事情成功了。如果两边都朝下，这就是'暗杯'，如两边都朝上，这就是'笑杯'。无论是暗杯还是笑杯，都表明卜卦没成功，需重新再来，一直到做到'胜杯'为止。现在我抛的是'胜杯'，表明祖先们已收到了我们来祭拜他们的信息，他很高兴我们来祭拜他。"

向祖先磕头和卜卦完成后，郑老板一家就开始烧纸钱了。烧纸钱的地方是在坟墓左边的一个池子。与中国大陆不同的是，这里的华人烧纸钱是先将一大堆印有金元宝图样的纸钱点燃，然后将装有纸钱的箱子放入已点燃的金元宝纸钱上面，让它与下面的金元宝纸钱一起燃烧。我问郑老板："为何不拆开箱子一张张的拿出来烧？"郑老板一本正经地说："不能这样，因为如果你拆开后烧的话，祖先会收不到的，因为地下有许多烂仔（即流氓）半路会将钱抢去的，到时祖先会有意见的。所以，我们装钱的纸箱还有'黄符'来封着的，为的就是怕出现这类的事情。"

在郑老板全家祭祀祖先的时候，笔者绕到坟墓的背后，忽然一个现象引起了我的注意，即在郑老板祖先的坟墓上长着一簇一簇像剑麻的植物，走远一看，有许多菠萝挂在上面，原来是菠萝树。再看看其他的华人坟墓，大多数坟墓上都长着这种菠萝的植物。为何人们要在坟墓上种植菠萝？它到底象征着什么？正在纳闷时，郑老板走了过来。笔者忙问这是怎么回事，郑老板说道：

我们华人的坟墓上种菠萝，这并不是仅我们棉兰华人是这样，像我们的邻国马来西亚和新加坡的华人义山都有这种现象。菠萝在我们这里叫作凤梨，也是黄梨。我们这里闽南籍的华人多，当地的华人社会通行的语言是闽南话。黄梨，在闽南话的音调中是"Wang Lai"，即"旺来"的意思。你想想，闽南话说"Wang Lai""Wang Lai"，就是"旺来""旺来"，所以坟墓上越多"黄梨"就越"旺来"。像刚才祭祀祖先的供品有一个菠萝，也就是寻求一个"旺"字。"黄梨"，"Wang Lai"，这对祖先们的后代多好，使家族的后代"旺"了再"旺"，永远"旺"。

祭祀祖先是华人的传统习俗，华人的祖先崇拜自原始社会起就已开始，这是从灵魂崇拜观念发展而来的。在传统上，华人深信灵魂不灭，某人如绝后而无人祭祀的话，那么他的灵魂就会变成孤魂野鬼，在阴间过着乞讨的生活，这种孤魂如来到人间便会给活着的人带来各种灾害。如果人们隆重祭祀祖先的灵魂，祖先的灵魂就会保护后代，使子孙得以兴盛。像其他感应一样，祭祖能使活着和死去的人之间具有心灵感应，祖宗们能从各个方面对人间发生影响。他们会特别关照自己的直系亲戚，成为宗族的保护神。

2. 宗族祖先神崇拜

宗族是以血缘为基础而聚合在一起的社会集团，亦称血族集团。费孝通对这样的血族集团有过论述："血缘是稳定的力量。……世代间人口的繁殖，像一个根上长出的树苗，在地域上靠近在一伙。"① 宗族祖先神，是华人依据其姓氏的关系，对同姓的最早共同先辈人物的崇拜。俗话说，同姓三百年前是一家。这种宗族祖先崇拜，与本宗族的族源认知有关。

宗族是同姓人组成的血缘或虚拟血缘的集团。在华人社会制度中，每个人大都是从父姓，而所有同姓者都视为来自同一祖宗。在印尼，本地的华人对"百家姓"都很熟悉。"百家姓"实际上包含了五百多个中国姓氏，并不是每个姓氏都可以在这两个地区找到，而且各姓氏的人数也

---

① 费孝通：《乡土中国》，生活·读书·新知三联书店1985版，第72页。

极不均等。在中国，不同姓氏主要是集中在某些地区，而在印尼华人社会中的姓氏人群是分散居住的，因为当地的条件不可能形成同姓聚集地。据调查，印尼华人的姓氏也存在"百家姓"的现象。不过每个地区华人数量的不等，以及所来自原乡的移民链不一样，所以有可能会形成不同的姓氏群体。棉兰华人的常见的姓氏大约有 30 多个，人数最多的是陈、林、黄、张、刘、吴、王、苏等八姓，而三宝垄的华人常见的姓氏大约有 20 多个，人数较多的是陈、林、郭、黄、刘等五姓。坤甸华人常见的姓氏大概有 10 多个，人数较多的是黄、李、彭、赖、温、吴、邓姓等。

在印尼华人社会，以姓氏关系组建成了宗亲社团。在雅加达建立了一个印尼百家姓协会的组织，该组织是一个结构完整的组织，其建立了全国、省级和市级的垂直机构。目前，印尼百家姓协会的省级机构有 29 个，各个城市机构有 200 个。印尼百家姓协会与全国许多以具体姓氏成立的华人宗亲会没有隶属关系，不过印尼百家姓协会是这些宗亲会负责人共同成立的华人组织，每个姓氏都有代表在印尼百家姓协会，印尼百家姓协会不干涉各宗亲会的内部事务。① 值得一提的是，印尼万隆渤良安福利基金会于 1986 年 4 月 1 日建立与正式启用了印尼华社独一无二的"百氏祠"，其祠内各姓氏供奉的祖宗牌位共 70 座，到今天已经供奉的祖宗牌位有 100 座。每年春秋两季，印度尼西亚万隆渤良安福利基金会都会在百氏祠主持百氏祭祖典礼。②

在棉兰，主要有棉兰颍川宗亲会、棉兰吴氏宗亲会、棉兰黄王温郭堂、棉兰庄氏宗亲会、苏北苏氏宗亲会、苏北卓氏宗亲会、苏北西河堂九龙堂林氏宗亲会、棉兰太原王氏宗亲会、苏北六桂堂宗亲会和苏北古城堂刘关张赵宗亲会等；在三宝垄，主要有林氏宗亲会、郭氏宗亲会和陈氏宗亲会等。在坤甸，主要有黄氏江夏堂、李氏陇西世家、彭氏宗亲会、赖氏颍川堂、温氏太原堂、吴氏延陵世家、邓氏联谊会、蔡氏济阳

---

① 印尼百家姓协会是印尼第一个全国性的华人社团，成立于 1998 年 9 月 28 日，熊德怡将军当选为第一任总主席。协会的成立与那一年发生的"五月暴乱"有直接关系，为了不让排华暴乱事件重演，华人必须团结一致，作为一个能代表所有印尼华人的社团，与政府对话，维护华族国民的权益。

② 《李湘生：那一生走过山高水长》，印尼《国际日报》2014 年 6 月 27 日，C5 版。

图49　印尼万隆渤良安福利基金会的"百氏祠"（郑一省摄）

堂、宋氏京兆堂、刘氏彭城堂、钟氏颖川堂、廖氏世彩堂、许氏高阳世家、郭氏汾阳世家、王氏琅琊世家，以及贝氏福利会和余徐公所等。

从印尼目前的宗亲会的情况来看，外岛华人的宗亲会比爪哇岛的宗亲会要多，且较活跃。究其原因之一是，外岛比如棉兰、坤甸华人的移民史晚于爪哇岛三宝垄的华人。从调查的资料来看，外岛地区的棉兰、坤甸华人大多数是二代或三代，而爪哇岛的三宝垄华人最少的也是三代以上；原因之二是，外岛地区棉兰、坤甸华人保存中华传统文化较多，其主要表现在语言——闽南语、潮州方言的通行，保存中华传统文化较多或浓厚，而目前三宝垄的华人由于移民历史较长，且不仅在社会交流上都以印尼语作为主要的媒介，即使在家中大多数华人也说印尼语，受当地文化影响较深，所以爪哇岛华人与外岛华人相比，其中华传统文化较为薄弱。

宗族祖先神的祭拜，主要是由宗亲会组织其成员进行。在外岛华人社会，这种活动来得比爪哇岛的华人要频繁。外岛华人宗亲社团祭拜宗族祖先神有"春秋"两祭的传统，这些祭祀活动主要是在各自的义山举行。至于爪哇岛的华人，由于其宗亲社团较少，且宗亲活动不多，所以实行宗亲祭祀宗族祖先神的机会就往往少于前者。

对于爪哇岛和外岛两地的华人来说，宗族祭祀是建立在祖先崇拜基础上的一种活动，这种活动又是加强祖先崇拜的一种很重要的手段。

个案：棉兰延陵吴氏宗亲会的春祭活动

棉兰延陵吴氏宗亲会成立于1984年，但其义山在1924年已建立了，是当时老武汉甲必丹吴锦锭宗老惠赠的约两公顷地皮，作为延陵义山用。也就是说，延陵吴氏宗亲会至今已有86年的历史了。棉兰延陵宗亲会现设辅导委员会，其中有主席一名，副主席四名和名誉主席若干名；设监事委员会，其中有正副监事长各一名，监事委员若干名；设法律顾问一名，顾问团若干名，以及海外顾问若干名；设总务部，总务长一名。下设联络部、福利部、教育部、青年及体育部、出版部等部门。

2010年4月4日，笔者应邀参加了棉兰延陵吴氏宗亲会的春祭祭祖活动。大约当天上午九点钟，笔者与吴氏宗亲会的其他理事坐车前往义山，延陵吴氏宗亲会的义山坐落在大约有半个时辰路程的棉兰郊区的南吧漳延陵山亭。当我们的车向右驶进一个小路时，笔者看见旁边有一堵长长的围墙，就问理事们这是什么地方。他们告诉我："围墙内以前是棉兰华人的中华义山，现在被当地的坏蛋侵占了。主要是因为时间太久了，在苏哈托时期华人的许多证件都被没收或遗失掉了。这个中华义山的地契和相关手续都不知道在什么地方了，所以当地人就霸占了这个地方，听说抢占这个中华义山的那个当地人的坏蛋，又被他们的同伙杀掉了。这也是一种报应吧。神灵是不容侵犯的，不义之财很难得到，会有报应的。"[①]

我们的车一直顺着这个小路朝前开去，只见车子的左边是许多零散的华人坟墓，坟墓旁杂草丛生，虽有阵阵春风拂过，但仍很有许多荒凉的感觉。

我们大约又走了10多分钟，便到达了延陵吴氏宗亲义山。该义山坐落在一片较为开阔的地方，在进入义山时，你便会看见一个有建的像小亭子一样的祭祀坛。在进入这个祭祀坛的门框上有一块牌子，写有印尼文"Yayasan Sosial Kese Jahteraan Marga Gon"即"延陵吴氏宗亲会义山"。

---

① 2020年4月4日笔者在棉兰与吴先生的访谈录。

图50 印尼棉兰延陵吴氏宗亲会义山（郑一省摄）

在祭坛外面的左侧是一个小屋，这是祭祀当地的"拿督公"的地方，小屋的两侧写有"英灵千古在"和"香火万年新"的对联；右侧是一个大香炉，供奉着天官，祭祀天官的神龛上写着"天官赐福"。

在祭坛屋内，有一张放祭品的大石桌子，两张小供桌。桌子后面是两个神龛：一个神龛内放置着三个香炉，中间书写着"吴氏历代显祖神位"，上联是"士农工商各守经营垂后世"，下联是"男女老少咸遵本末绍光辉"，横批是"志德流芳"。神龛外框是一副对联。上联是"遵维友爱推尊爱国抚衍派"，下联是"季扎谦恭避位埋名永传芳"，横批是"延陵堂"；另一个神龛内也放着三个香炉，中间书写着"福德正神"，上面的字是"福镇义山"。在神龛外框上左右有一副对联，上联是"福德护持安士庶"，下联是"正神庇佑俗光商"。

吴氏宗亲会的理事们将祭品从车上搬下来，将供品中的食品一一放在供桌上。在吴氏祖先神位的小供桌上放着一个水果篮、米发糕、肉包子等；在福德正神的小供桌上放置着一些简易的矿泉水、水果和一碟金元宝纸钱。而在大供桌上放着烤全猪、咖喱鸡肉、全鱼、各种丸子、米饭等。由于怕苍蝇，所以祭祀的供品都是用塑料纸罩着，还有一瓶酒、三个酒杯和十多个盘子及筷子摆在供桌上。在供桌上还放着一对"圣杯"。

在供品中还有几个麻袋放在供桌前面的空地方，这些麻袋装有许多金元宝纸钱，是准备给祖先们在阴间用的钱财。大约过了一阵子，理事们又将这些金元宝的麻袋，搬到祭坛外面前面，并一一将金元宝从麻袋中取出倒在一块空地上。倒出金元宝后，又从一些纸箱子里拿出做成像衣服、裤子的纸制品，覆盖在金元宝的上面。他们说，这是准备给祖先们穿的衣服和裤子。而在放置金元宝和衣裤的地方的四周，他们画了一个圈，并沿着这个圈插上蜡烛和香，并将其点燃。"拿督公"的小屋面前的一块空地上，也放置着金元宝和衣裤，也在这些金元宝和衣裤覆盖的地方画上一个圈，并插上香烛和香，将其点燃。

放好供品后，吴氏宗亲会的理事们就开始祭祀了。他们先来到祭坛的两个神龛，即点燃香烛。每个人手拿三炷香，先来到天官的祭台上上香、拜天官。然后来到"拿督公"的地方拜拜。"拿督公"的神龛前面也有香炉，其最大不同之处是在供台上还放置着一些鲜花和一些烟丝。我问理事们：为何要放鲜花和烟丝在"拿督公"面前。他们回答说，这些花叫"拿督花"，拿督公很喜欢鲜花，又喜欢抽烟，所以我们就将这些鲜花和烟丝供在这里。

拜完天官和拿督公以后，他们就开始拜祖先，他们很虔诚地跪在大供桌面前，紧闭着眼睛，口中在念叨着什么。拜完后，将香插上。然后，又拜福德正神。他们一边拜，一边打开一架随身听，放着佛教的音乐。等大家一一拜完后，理事长拿出圣杯，朝上丢去，圣杯"砰砰"落地了，理事长上前一看，是"胜杯"，这是祖先们收到了他们祭拜的信息了。

拜完祖宗等神灵后，最后的一道程序是焚烧纸钱（金元宝）和纸衣服给祖先们。理事们分别点着了放在祭坛外面和"拿督公"神龛前的金元宝和纸衣服等祭品。只见大火趁着风势越烧越旺，一片片烧成黑色的纸片慢慢腾空而起，随风飞向西方，飘向祖先们居住的世界，并带去吴氏子孙们无限的敬意和祈福的期待！

我们坐上车，带着所祭祀用过的祭品，向来的路上驶去。看着越来越模糊的延陵吴氏宗亲会的义山,理事们好像在沉思着什么?都没有说话。我想,他们的脑海里可能还在回忆父辈们那些说不完的故事,也许他们心里在想,未来这个义山的祭祀活动还能否像现在这样隆重和传统吗……

回到延陵吴氏宗亲会,许多宗亲们已经等候在那里了。会所的桌子上已摆好自助餐的餐具。在棉兰华人社会,聚餐是华人们联络和沟通感情的一种模式。无论是传统的节日还是举行各种庆典活动,当地的华人们都会相聚在一起。这次,延陵吴氏宗亲会祭祖完毕后不仅邀请了吴氏的乡亲,也邀请了棉兰华社各社团的领袖们前来会餐。12点钟,聚餐正式开始,一拨一拨的华人来到吴氏宗亲会,使不是很宽敞的会所变得似乎狭小和拥挤了,问候声、笑声、餐具的碰撞声夹杂在一起……

3. 社区群体虚拟祖先神崇拜

所谓社区群体虚拟祖先神崇拜,即向是血缘又非血缘的社区群体的共同祖先膜拜。这与曾玲提出的"社群共祖"现象有相似之处。她认为,新加坡华人的"祖先"或"先人"概念已经发生变化,不仅仅指与祭祀者有血缘亲属关系或"虚拟血缘"的死者,而且也向非血缘非同姓的关系扩大,呈现出泛血缘的特征。在此基础上,形成对两类先人——社群先人和家族先人的崇拜形态。[①]

笔者提出的这种社区群体虚拟祖先神崇拜,主要是指印度尼西亚华人社会中所出现的一种不分帮派,不注重近亲血缘,甚至不分宗教信仰而祭祀共同祖先的现象,这是与当地华人传统的祖先崇拜因应当地社会的需要而进行调适的结果。换句话说,由于印尼华人社会的历史发展较为久远(当地的华人至少有三代以上),华人的逐渐当地化,促使早期移民时代所附带的那种狭隘的"帮群"特征渐渐淡化,而趋向形成一种泛血缘、非同姓和跨宗教信仰的祖先崇拜形式。

社区群体虚拟祖先神崇拜现象主要表现在:祭拜华人社区的"先贤"。所谓先贤,是指历史上对当地华社有贡献的人物,这些先贤的祭拜

[①] 曾玲提出的"社群共祖"的概念是即社群共同的先人。见曾玲《阴阳之间——新加坡华人祖先崇拜的田野调查》,《世界宗教研究》2003年第2期。

场所，都成为虚拟的"共同祖先"。换句话说，"先贤"成为华人的"共同祖先"，以供当地华人祭祀。我们以三宝垄华人社会为例，当地华人社区祭拜华人的"先贤"，即"共同祖先"的地方有两处，一处是在公德祠（功德祠）[①] 大院，一处是在文献堂。

三宝垄的公德祠（功德祠）大院，坐落在现在的唐人街（十九间街），它是在三宝垄华人公馆的地基上建立起来的。资料显示，三宝垄的华人公馆诞生于1835年，是由当地的甲必丹陈烽烟设立的。当时甲必丹陈烽烟将华人公馆的场所设立在葛堂古拉（Gedong Goela），也就是现在十九间街的龙目巷。公馆设立后，于1837年挂起"指南斋"的招牌，意思是"指导处"。陈烽烟要求公馆的每一位华人官员轮流到公馆即"指南斋"办公，指导当地华侨群众咨询需要解决的事情。后来，华人公馆即"指南斋"被分为两个职能部门，一个是办理有关警察事务、税务和各项法令条例，还有婚丧、出生等事务。一个是办理有关庙宇、替无人料理的贫苦华人死亡者料理后事、料理华人墓地等。"指南斋"后来发展成为一个具有司法功能的社团。[②]

修建公德祠（功德祠）是在陈烽烟任玛腰的时期，建立公德祠（功德祠）的目的是以便长期为公众办好事，还有就是救济不幸者，救济孤寡老人，以及开办学校教育儿童。当时建公德祠时将旧的华人公馆拆毁，另在西边建新的公馆楼房。这样一来，公德祠（功德祠）建起后，该地便成为一个大院，也叫作"公德祠（功德祠）大院"。

"公德祠（功德祠）大院"分成三个部分，西面是华人公馆（指南斋），东面是公德祠（功德祠）建筑，中间是用作供奉神主牌的地方，后来又在中间的左右边也供奉了神主牌的神位。

---

① 据林天佑的《三宝垄历史：自三保时代至华人公馆的撤销（1416—1931）》一书中，当时是这样称呼"公德祠"，现在当地华人却是以"功德祠"命名的。现在人觉得以"功德祠"称呼较好，即所谓的做功德。

② [尼]林天佑：《三宝垄历史：自三保时代至华人公馆的撤销（1416—1931）》，暨南大学华侨研究所1984年印，第133页。

图51 西面的"华人公馆"(指南斋)建筑与东面的"公德祠(功德祠)"建筑

图52 公德祠(功德祠)大院中间的"神主牌"神台(郑一省摄)

  神主牌的神台有正中神主神台、左右神主神台。这些放置的神主牌,刚开始是那些捐助修建公德祠人的祖先或亲戚,无论何姓何族都欢迎。寄放神主牌神台的费用是:放在正中神台上的,每位一千盾,放在左右边神台上的,每位四百盾。自从马淼泉担任玛腰时,公德祠改为一个宗教机构，收存神主牌的费用也不像以前那样固定，只由这一宗教的董事会按照实际情况酌情收费。除了接受捐助者的神主牌外，公德祠对革新的神主牌都收存，这就使公德祠成为一个"共同祖先"的祭祀场所，既有"先贤"的神主牌，又有"宗族祖先"的神主牌，每到祭祀日子，就有许多华人来祭祀。

文献堂坐落在三宝垄的甘皮拉街（Gang Gambiran）17号，它是一座具有中国式建筑风格的两层楼建筑。

图53　印尼三宝垄的文献堂建筑（郑一省摄）

据资料记载，1876年荷兰殖民政府正式承认"文献堂"（Boeng Hian Tong）为合法的团体。当时文献堂的主任是雷珍兰陈荣宗，其创立者除他外，还有马美祥、林金宁、欧阳二桥和温肇基等。这个机构最早是供人娱乐和玩奏中国乐器的俱乐部（华人在当时还不熟悉西洋乐器）。后来组织逐渐扩大，并且对遭遇困难的会员给予帮助。这种行为引起了雷珍兰陈荣宗的注意，他本人也加入了这个组织，并且向政府申请取得合法地位，从而使文献堂成为三宝垄华人唯一最早成立又保持到现在的团体。①

　　进入两层楼文献堂的建筑内，一楼是大厅，在大厅内迎面就可以看见有一间貌似正厅的房间。这是一间有红色帷幕垂挂并配有铁栅栏的房间，房间两侧有一对联，上联是"感登乐土祭祀蒸尝尚典型"，下联为"华聚才蘋繁华酌昭忠信"，房门正中上方悬挂着一块草书体的"文献堂"牌匾。面对正厅门的正中央墙边放置着一座红漆木式神台方桌，方桌下方两旁各漆着两个金色的大字，即"尊重""先贤"。在红漆木式的神台方桌上前后放置着 30 个神主牌，而在这些神主牌的正中间有一块写着"先贤君子之神位"的神牌。在这 30 个神主牌上方的墙上，镶刻着两块石匾，其匾上镶刻着大约 600 多个先贤的名字。30 个神主牌和石匾上 600 多个名字，其实是当地华人的"众先祖"，即先贤。他们既是三宝垄文献堂的创办人，也是三宝垄华社的领袖。在这个石匾的左边是文献堂建立时的照片，右边是孙中山先生的画像。在大厅房间两侧的墙上方，挂满了如文献堂的创办人雷珍兰陈荣宗、马美祥、林金宁、欧阳二桥、温肇基等先贤的照片。

　　沿着楼梯，可以上到文献堂的二楼。二楼正中央的房间是一座"关公"殿，该神殿门口两侧有一副对联，上联是"文伟经邦荟萃贤才开"，下联为"献汉资治收罗载籍壮文献"，门上方悬挂着一块与楼下大厅一样的草书体"文献堂"牌匾。进入大殿内，迎面所见的是正对门的墙面上有一幅关公画像，画像下面是一个大神龛，大神龛内有一尊关圣帝君的神像，关圣帝君神像的旁边竖着一把"青龙偃月刀"，关圣帝君神像两旁点着两盏长明灯。一看，就知道关圣帝君是主神。主神关圣帝君坐像后面还有一个小神龛，这是次神的神龛，里面有张仙天君、关圣太子、周大将军和王灵官天君神像。在大神龛外左右两旁还有两个神像，左边是玄天大帝神像，其底座正面刻有"财源广进"四个金大字；右边是文昌帝君神像。在大神龛两旁还镶刻着一副对联，上联是"文明结社团幸有郎君发起到于今齐扬名誉乎川岛"，落款为"文献堂成立五十周年纪念"。

---

① ［印尼］林天佑：《三宝垄历史：自三保时代至华人公馆的撤销（1416—1931）》，暨南大学华侨研究所 1984 年，第 166 页。

图 54　印度尼西亚三宝垄文献堂一楼大厅（郑一省摄）

下联是"献礼奏音乐喜逢侨胞赞成至此日共庆纪念于厅堂"，落款为"三万兴会馆贺"。从这可以看出，此对联是其他社团，即三万兴会馆敬献的。三万兴会馆是当地一个秘密会社，其会馆内也祭祀关公，即关圣帝君。这从另外一个侧面表明，文献堂与三万兴会馆是因祭祀关圣帝君而建立了紧密的关系。

根据文献堂的资料显示，文献堂从早期的以娱乐中国乐器为主的社团，似乎也过渡到类似于举办神祇和神诞活动的组织。文献堂除了专门在二楼设置关帝殿外，其还每年举办各种神灵的圣诞及节日祭祀，其活动见表6—1：

表 6—1　　　　　　　文献堂神诞及节日祭祀时间安排

元月一日	元月初二日	元月初四日	元月初五日	二月十三日	二月初三日	四月十四日	五月初五日	五月十三日	六月十五日	七月初七日	七月十五日	八月十二日	八月十五日	九月初九日	十二月十六日	十二月十六日	十二月二十四日
元旦	头衙	接神	关圣夫子	文昌帝君	郎君爷	吕仙祖	端午	半年	关圣夫子	太魁夫子	中元节	郎君爷	中秋	五文昌	冬至	尾衙	送神

资料来源：印尼三宝垄文献堂神牌摘录。

与印尼其他华人社团一样，文献堂在苏哈托时期也难逃被封闭的厄运。苏哈托下台后，印尼的华人社团逐渐复苏，文献堂也开始恢复其功能，积极参与华人社会的活动。

2008 年 8 月 18 日，文献堂迎来了其诞辰 132 年的日子，此时也正是农历的中元节，为了纪念这些日子，文献堂理事会做出决定，特于当日举行全三宝垄华人的祭祖仪式。在仪式中，整个三宝垄华人的五个宗教，即佛教、孔教、道教、基督教和伊斯兰教的领袖出席了此次祭祖仪式，其场面热闹而又隆重，一位当地的华人记者这样描述道：

> 今天是文献堂成立132年的纪念日，也是中元节。文献堂在它的建筑内举行了别开生面的华人祭祖仪式，这个仪式是全三宝垄华人自上世纪90年代末以来所举行的第一次祭祖活动。参加该活动的不仅有许多华社的领袖和民众，而且到达这里的还有三宝垄的佛教主持李伯图、道教主持张明耀、孔教主持王益福、基督教主持王仁和、伊斯兰教主持李世荣。
>
> 活动从早上 9 点整正式开始，在靠近文献堂祖先牌位前的案桌上摆满了各式各样的供品、鲜花、红蜡烛和香。文献堂理事长郑毓洲先生宣布祭祖仪式开始，然后是参加祭祖活动的人们烧香叩拜。叩拜礼仪完毕后，由文献堂的副理事长林玉瑞致祭文。林先生在念祭文的时候，是跪着的且大声地宣读，据说这样才能显得对祖先的

虔诚和让其听得明白。在林先生念完祭文后，五个宗教的主持席地而坐围成一圈，他们低着头，或两手合一，或两手张开，或将一只手放在胸前，各自以各宗教的习惯和方式祭祀华人的祖先。稍后，他们站起来并分别走到麦克风前宣读各宗教的祭文、敬香……①

三宝垄的许多华人，或许已经生活了5—6代，甚至更多代，他们在语言、穿着、生活方式、价值观等方面可能已经完全当地化了，但他们家中唯一仍然保留华人特征的可能就是摆在客厅的祖宗的神位和信仰的其他的神。这次三宝垄华人举行的有史以来较大规模的集体祭祖，也是他们这种遵守中华传统的集中体现。笔者曾在现场亲身感觉到这种气氛，并为之而感动，即当地不同的华人宗教信众自动逾越了各自的藩篱，不约而同地加入了华人的祭祖活动。

图55　华人五大宗教信徒出席印尼三宝垄文献堂祭祖仪式（郑一省摄）

从印尼华人社会存在的所谓家祖神崇拜、宗族祖先神崇拜和社区群体虚拟祖先神崇拜这三大类祖先崇拜现象来看，祭祀祖先的实质就是相

---

① ［印尼］三宝垄华人记者林先生的文章草稿。

信死者在阴间依然是家庭的亲密成员,是他们后代的自然保护者。牢记着死者的忌辰、生日和清明节、中秋节等重要节日,虔诚地进行祭祀活动,以保证死者在阴间生活过得舒适。这样可使后代宗派延长,事业兴盛。因此为死者举行丧仪颇为隆重,而且随着时代的潮流而日益现代化,为死人念经,用各种五颜六色的色纸制作的物品模拟电视机、汽车或死者所喜爱的物品,一一加以火化送入阴间让死者享用,念经和焚烧纸糊物品交替进行着,举行丧仪颇为隆重。

(二) 神灵崇拜

神灵,既是民俗生活的产物,更是民间信仰的产物。从造神的数量和功用来看,民俗造神远没有民间信仰造神那么众多和系统。民俗造神多是直接取材于神话,或以历史名人作为题材,是由神话而神化,是由现实之需要赋予它功用;而民间信仰造神则是在神话的基础上不断的加工改造,或以历史名人为题材造神,是由神话而理念化而神化,是从现实之需要更从理想之需要去赋予它功用。神灵是民间信仰赖以维持其存在的偶像,随着民间信仰的产生,神灵也就随之不断地产生。

在印尼华人社会,除了华人基督教徒周末前往教堂,华人穆斯林面对《古兰经》做祷告外,更多的华人则是祭拜福德正神、关帝、妈祖、玄天大帝等神灵。

1. 福德正神

福德正神,这是来自原乡(中国本土)的一位神灵。在印尼,当地的华人一般习惯称福德正神为"大伯公"。[1] 福德正神崇拜是当地华人一个很常见的现象。无论是在华人的家庭,还是华人的庙宇都有福德正神的神龛或画像,究其原因有两点:一是福德正神作为一个土地神,当华人来到一个陌生的地方,首先求的不是添福寿,而是保平安,即需要得到掌管土地的神灵的保护;二是在因为在中国的民间信仰中,福德正神

---

[1] 当地华人认为,福德正神,又称土地公,是汉族民间宗教信仰之一,其供奉的土地庙属于中国分布最广的祭祀建筑。土地公本名张福德,自小聪颖至孝,36岁时,官至朝廷总税官,为官清廉正直,体恤百姓疾苦。张福德102岁辞世,死后三天其容貌不变。有一贫户建石屋奉祀,不久即由贫转富。百姓相信是神恩保佑,于是开始建庙并塑金身膜拜,尤其是被生意人奉为神明。(《二月二起庙会众香客四方来》,印尼《国际日报》2015年3月14日,C3版)。

也被作为财富之神来供奉。华侨在海外谋生，是以获取最大的经济效益为前提的，所以希望福德正神能招财进宝，使自己家财万贯。

有的学者认为，福德正神又称之为"大伯公"和"土地公"。例如《世界华侨华人词典》"大伯公（Tao Peh Kong）"条载："福德正神的俗称。又称土地神、土地爷、本头公。""土地神"条载："即大伯公。""福德正神"条也载："即大伯公。"① 不过，也有的学者认为"大伯公"并不等于"土地神（福德正神）"，更不能说土地神（福德正神）就是大伯公。② 在印尼华人社会，有关"福德正神"是否是"大伯公"，而土地公是否是"福德正神"，确实在一些信众心中还真的有些模糊。也可以说，"大伯公"名称在印尼有些泛化，即作为土地神的"福德正神"被称之为"大伯公"。比如林天佑在其《三宝垄历史》一书中叙述了当地大伯公庙建立的过程，其写道：

> 华人商业的繁荣昌盛，促使华人公众都倾向于修建一幢大伯公庙，因为当时的华人认为，他们的幸福和安康都离不开保护他们的土地神或土地公。于是就有几个发起人，修建一间大伯公庙……大伯公神像从中国运来之后，在港口举行了欢迎仪式，然后放入庙里，晚上还举行了庙会。

这就是"寿福堂"的由来，寿福堂也是三宝垄华人唐人街十九间所建的第一座福德正神庙，即土地公庙。林天佑描述的这间土地公庙，其神像是从中国运抵的。据资料显示，寿福堂每年都要举行福德正神祭祀，其分为春、秋两祭，春祭为二月初二（头牙），秋祭为八月十五（中秋）。二月初二春祭由灵福庙主办。这也是说，坐落于三宝垄十九间的另一座庙宇——灵福庙也是一个主祭福德正神的（土地公）庙。

灵福庙作为三宝垄华人的另一座祭祀"福德正神"为主神的庙宇，曾于2016年3月10—13日举办了150周年纪念活动，该活动邀请了39

---

① 周南京主编：《世界华侨华人词典》，北京大学1993年版，第27、23、847页。
② 李天锡：《华侨华人民间信仰研究》，中国文献出版社2005年版，第222页。

图56 印度尼西亚三宝垄十九间街的灵福庙（郑一省摄）

家庙宇。除了灵福庙本身，还有雅加达的金德院、圣心堂、张公庙、忠义堂，茂物（Bogor）的观音庙、新埠头（Bojonegoro）的福庆堂，勿加西（Bekasi）的南海庙，芝拉扎（Cirazza）的南海庙，布洛拉（Blora）的福德庙，拉森（Larson）的圣心堂，诺文绑（Rembang）的保安庙，古突士（Gutus）的福兴庙，梭罗（Thoreau）的镇国寺，乌鲁查米（Ulujami）的正义庙，韦莱里（Weleri）的玄天上帝庙，丹格朗（Tangerang）的妙花堂，三宝垄的关圣庙、威惠宫、三皇庙、泽海庙、东壁庙、西河宫、莲花堂、寿福庙，德果瓦奴（Tegowanu）的慈惠宫、格拉登的玄武堂等。

"福德正神"（大伯公）巡游于3月10日上午11点巡游开始，三宝垄市长亨德拉尔·普利哈迪（Hendrar Prihadi）和副市长赫基·赫菲里塔（Hj Heaverita）与信徒一起用轿子将福德正神（大伯公）从灵福庙抬出。巡游队伍中，第一排是灵福庙大旗，福德正神大旗，接下来是福德正神大轿，在唐人街沿街巡游。在福德正神轿子后面是军乐队，随后是舞龙队，二郎和财神神像，还有四大天王，八仙，观音，关公，孙悟空的妆艺等化装游行。巡游队伍从灵福庙出发到大觉寺，经过东壁庙，三皇庙，玄天上帝庙，忠义堂，威惠宫，西河宫，寿福庙，厚福庙后，再回到灵福庙。在这次福德正神（大伯公）巡游活动中，还进行了捐血、念经以及皮影戏、文献堂古典音乐、中爪哇的瓦拉克（SobokArti Warak）舞、"帝"音乐队等的表演，大约一万人前往观看，巡游活动热闹非凡。①

据调查，林天佑之所以称寿福堂为"大伯公"庙，是与当时印尼华人社会盛行称呼一些神明为"大伯公"，比如称妈祖、保生大帝、玄天上帝等神明都为"大伯公"有关的。在印尼的万隆，有一座"协天宫"，当地的华人也俗称"大伯公庙"。这个大伯公庙其实供奉的是"关公"或"关圣帝君"。该庙建于1885年，经过多次修建，至今仍保持古色古香的特色。后来在协天宫旁加建了"海会堂"，尊奉阿弥陀佛、大势至菩萨、观音菩萨"三圣"相，"关公"与佛教在华人心目中融为一体，华人佛教徒还崇奉关公为"菩萨"，所以"海会堂"一侧也附设有关公神位。②

据调查，印尼华人庙宇的"大伯公"除了祭祀原乡的神祇，即福德正神外，还有些大伯公庙供奉的是当地华人再造的神祇，即土地神与人格化合一的神灵。比如雅加达的安可（Ancol）的大伯公庙实际上是祭拜华侨先驱神格化的英灵崇拜庙宇，是一座土地神与人格化合一神的祭祀之地。

图57 印尼雅加达安可（Ancol）的大伯公与大伯婆庙

---

① 《三宝垄灵福庙举行150周年纪念活动》，印尼《国际日报》2016年3月21日，C3版。
② 《万隆海会堂的关帝》，印尼《国际日报》2006年5月18日，C3版。

安可（Ancol）地区位于雅加达丹绒不碌区域。几百年前，安可海岸边大部分都是属于杂草丛生与遍地沼泽的地区，其中只有一条可通大海的海港，建立有一座码头，大家称为"金星海港"，船只航行都通过此码头。当时并无安可的名称，只是在数百年前，就有华人建立了一座老神庙，每逢初一、十五都会有不少华人前往烧香膜拜。后来有人把该座老神庙称为"伯公庙"。

有史以来，华人供奉大伯公的信仰，普遍在各地建庙朝拜，但在安可所供奉的伯公庙，又被称为"大伯公与大伯婆庙"，这名称又从何而来呢？一位作者记录了这样一段传说：

据说，当时有三宝大人（郑和）的下西洋船队航行经过安可，停歇下来采购各种食粮，到了晚上，船上士兵都会上岸休闲和观赏，居住在附近的村民都乘机围聚到岸边做些小买卖，另外还有些舞女也跳起土风舞，希望能获得他们的打赏，而如今机缘巧合，有位船员就看上了其中一位舞艺出众的舞女，几乎每晚都到场观看，甚至进一步变成了异国鸳鸯。

他们结合的经过说来话长：当郑和船队靠岸几天采购食粮物资充足后正要启程时，那位钟情于舞女的船员却得了重病，被认为不宜随船航行，不得不留在岸上，暂时居住在那位舞女家里养病，而舞女因同情而接受船员在家中养病，细心照料直到痊愈。

想不到，这对异国鸳鸯由于日久相处，就此产生恩爱情意，彼此相互承诺愿做永世夫妻，因此这位船员也就不再想郑和船队再次回来接载他离开，而后来也没有行程经过安可。他也因此入乡随俗，成了当地的居民，过着当地的生活。

当年，安可早有一座华人神庙存在，供奉华人神明，一年又一年过去，而两位异国鸳鸯也随着日移月转进入老年，其日常工作也改变成照料那间老神庙，一直到他俩都先后死于这个职务。

华人老船员去世后，被安置有一座供奉座位，而后来其妻子（舞女）去世后，也安置有神座，当时各自分开。后来在1954年修理老神庙时，才把这对异国鸳鸯的座位移到后院合并安置座位，并取名"圣墓公",而华人却称为"大伯公与大伯婆"。①

图 58 雅加达安可(Ancol)大伯公大伯婆庙中两者的神龛

大约于 1650 年建的安可"大伯公大伯婆庙"的传说非常有趣。在南苏门答腊巨港的克玛罗岛,即大伯公屿,也有一个传说。

> 数百年前,因为一个名叫陈文安的中国青年在这里与印尼公主 Siti Fatimah 相恋,后因故相继跃入河中,双双殉情而去,两人的遗体化做一个土丘浮出水面,变成克玛罗岛。②

此爱情感天动地的凄美传说,使巨港人不分种族信仰,均把小岛视为圣地。每逢每年的元宵盛会,他们便会来岛上的福正庙,祭拜土地神大伯公和其他神仙,也在这里祭拜那对为爱而死的异国恋人。人们虔诚地敬奉香烛、金银纸、糖果和七色花,祭拜后即观赏丰富多彩的元宵庆典节目,有戏剧、舞龙舞狮、赏月听歌、登佛塔而观焰火。

无论是爪哇岛安可的"大伯公大伯婆庙",还是苏门答腊巨港的"大伯

---

① 苏艺:《大伯公与大伯婆庙的传说》,印尼《国际日报》2018 年 8 月 3 日,B6 版。
② 《这里是守望传统的热土 他们是心灵家园的筑梦人》,印尼《国际日报》2019 年 2 月 27 日,A9 版。

公屿"这些都似乎与三宝垄郑和庙、郑和井，以及郑和坟墓如出一辙，从中也显示出华人移民在印尼的经历，并与当地民族建立友好关系的事例。

这种将土地神与人格化合一的神灵所建的庙宇，在印尼其他华人聚居的地区也有所发现。如西加里曼丹坤甸的东万律在19世纪末建有一座关帝庙，该庙里除关帝神祇外，也安置了供奉罗大伯的神位，当地华人称该庙为"罗大伯庙"，时常有华人祭拜。后来因发生火灾而被焚毁，庙宇仅剩败瓦残墙。

图59　印度尼西亚坤甸东万律罗大伯庙（关帝庙）残留部分（李欣祥提供）

"罗大伯"，即罗芳伯。罗芳伯是南洋一个传奇式的人物，他是广东嘉应州人，于1772年到印尼加里曼丹坤甸东万律谋生，成为当地华侨领袖，于1777年在东万律创建兰芳公司，管理华侨事务。罗芳伯去世后，除了在坤甸东万律建有"罗大伯庙"外，在坤甸的其他一些地方也为罗芳伯建了庙宇，并在春秋祭祀。[①] 如19世纪末在坤甸老埠头所建造的一

---

① 杨庆南编著：《世界华侨华人历史纵横谈》，厦门大学出版社1994年版，第107页。

座"罗芳伯庙",庙宇的建筑中华文化元素极浓。光绪版《嘉应州志》云"……立庙通恒,规模壮丽,穷极土木,堂上金匾,字打四尺,曰:雄镇华夷。中国人至此,必入而瞻之……"者,即此庙也,但该庙20世纪初毁于一场大火。坤甸新埠头的伯公沟也建有一座"罗芳伯庙"。该庙是在刘台二当年执政时期所建的兰芳公馆废墟上建起来的。据说,兰芳制度灭亡后此地的兰芳公馆毁于战火,华人便在原址上建造了"罗芳伯庙"以延续香火祭祀。不过,1953年一场大火将该庙宇烧毁,后由谢官友主持修建了现在这座小庙。[①]

图60　印尼坤甸新埠头伯公沟的罗芳伯庙及罗芳大伯神龛（李欣祥提供）

据学者李欣祥记载,坤甸新埠头伯公沟的罗芳伯庙前数十步街边有一根残旧的赤铁木旗杆夹,约剩五尺高,身有两孔,表面斑驳陆离,据说仍是二百多年前罗芳伯之遗物。庙里正面一左一右供奉着罗芳伯和关羽画像,罗芳伯画像右侧竖书"罗芳大伯神位"六个大字。画像两旁有楹联曰:芳名流万古,伯业纪千秋。供桌上摆满了祭品和香烛,四周墙上有帷幔和图案装饰,庙内气氛庄严肃穆,据说每年都有许多来自世界各地的华人在此瞻仰膜拜。此外,在坤甸县的淡水港（Sungai Purun）有一座"罗伯宫"。"罗伯宫"坐落在淡水港街面的一片店铺中,该宫是一座数百平方米的建筑,由一道鲜红色油漆装饰的木栅栏围着。进入木栅

---

① 李欣祥:《罗芳伯及东万律兰芳政权研究》,中国文化出版社2014年版,第95—96页。

栏五六步，抬眼可见门楣上一块黑色硬木大匾，上书"兰芳公馆"四个浮雕镏金大字，字体雄浑苍劲，颜色鲜艳明亮。进入门廊后走过一座两旁有栏杆的木桥，迎面就是神堂。神堂为敞轩式木结构平房，面积百余平方米，当中有一座五扇木制神龛，中央悬挂一幅"罗芳伯遗像"，相框两侧有对联曰：逢迎远近逍遥过，进退连还道运通。①

图61 印尼坤甸淡水港的"罗伯宫"建筑及神堂（李欣祥提供）

坤甸淡水港"罗伯宫"的庙宇建筑之地，实际上是兰芳公司在淡水港的兰芳副厅及裁判所遗址。② 当时淡水港兰芳副厅及裁判所的面积比现在还大，后来该厅毁于战火，土地逐渐被人挤占，当地华人为了保存罗芳伯公司的遗迹，就在此遗迹上建造了这座"罗伯宫"。每逢每年的农历二月初九，坤甸当地和南吧哇、山口洋、邦戛、三发的华人，甚至马来西亚古晋和诗巫等地的华人都会来此进香朝拜，场面热闹非凡。

此外，在印尼坤甸东万律有一座感应大帝庙，里面供奉着感天大帝、大伯公公和三山国王之神位。当地的潮州籍华人和客家籍华人居多，所以建立了感应大帝庙。该庙的主神为感应大帝，次神分别为大伯公和三山国王。

---

① 李欣祥：《罗芳伯及东万律兰芳政权研究》，中国文化出版社2014年版，第97页。
② 兰芳公司曾在刘台二治理时期，新任命了总厅和新港、宁南、沙拉蛮、八角亭、南吧哇、淡水港、坤甸新埠头等几处副厅的头人。副厅一律改称公馆，头人据称为甲必丹。

图 62　印度尼西亚坤甸东万律的感应大帝庙及其神龛（郑一省摄）

在印尼东万律感应大帝庙的"感应大帝"应该是伯益公，尊称感天大帝，俗称伯公。在潮州民俗敬神中，都很普遍。据《辞海》记载：伯益，"益"一作翳，亦称大费。伯益，古代嬴姓各族的祖先。相传伯益善于畜牧和狩猎，被舜任为虞。虞者，古时官名，西周始置，掌管山泽之职。伯益为禹所重用，助禹治水有功，被选为继承人。禹去世，禹之子启即继皇位，伯益与启发生争夺，被启所杀；一说是伯益推让，启才继承皇位。因伯益是古代掌管山泽之职，且是辅助大禹治水有功，他既做不了皇帝，后人就崇拜他为山神伯爷，让他在民间继续保护山泽。但潮语伯益的"益"与"爷"，音相近似，且伯益已作为神供拜，当然也就作为伯爷尊称。[①] 印尼东万律感应大帝庙有关感应大帝的传说，似乎与福德正神有异曲同工的故事。

从以上可以看出，将福德正神称作"大伯公""土地公"，或将"大伯公""土地公"比作福德正神的称呼，在印尼华人庙宇中是十分普遍的，也就是所谓的泛化，即可能将"福德正神"称之为"大伯公"，也可能将历史人物称之为"大伯公"。其实，这种将福德正神这个土地神泛化为"大伯公"现象，似乎在东南亚华人社会中较为常见。例如，马来西亚的"大伯公"庙宇与神龛也十分多，当地的华人为此还专门成立了一

[①] 《伯益公》，https：//baike. baidu. com/item/%E4%BC%AF%E7%9B%8A%E5%85%AC/639650？fr＝aladdin。

个"世界大伯公联谊会"的组织,每年轮流在各国举行"大伯公节",纪念大伯公诞辰,目的是增进与各国大伯公庙的相互联系与交流。①

图63 印尼井里汶潮觉寺的"大伯公"神龛

图64 印尼邦加岛的"大伯公"（福德正神）神龛

与福德正神相关的"土地公",还有所谓"五方五土龙神""唐番地主财神"和"后土"。"五方五土龙神"是指东西南北中五位土地神。②"唐番地主财神"是指华人与当地人（民族）的地主财神,又称地基主,是保佑做生意的财源广进,生意兴隆的土地神。后土,即后土神,是守墓神,也就是后土娘娘。后土原是道教大神"四御"中的第四位天帝,即承天效法厚德光大后土皇地祇,俗称后土娘娘。

---

① 《马来西亚大伯公节》,印尼《国际日报》2014年11月8日,A6版。
② 五方土地神是指东西南北中的五位土地神。其中东西南北中共五道。分别是指东方青帝青灵始老九炁天君,此君头戴青精玉冠,衣着九色青羽衣。南方赤帝丹灵真老三炁天君,此君此君头戴赤精玉冠,衣着三色丹羽衣。中央黄帝玄灵黄老一炁天君,此君头戴黄精玉冠,衣着五彩飞衣,常骑着黄龙,挥舞着黄旗。西方白帝皓灵皇老七炁天君,为管理时间的神灵。北方黑帝五灵玄老五炁天君,此君又名水晶老祖,北华帝君,头戴玄精玉冠,衣着玄羽飞衣。

图65 印尼棉兰华人会馆中的
"土地神"（郑一省摄）

图66 印尼棉兰华人义山的
"后土"神龛（郑一省摄）

一般认为，福德正神崇拜起源于大禹治水之后，舜即禅位于禹，时当太平盛世，万民安居乐业。禹帝欲给当年治水时随其左右的方福褒封，但方福却以"洪水已除，吾愿已足"为辞，乞准回乡。方福委任正直，民众敬仰，尊其为方福伯。方福伯用皇帝御赐的银两在村中建造一座庙宇祭祀土地神，祈求保佑四方黎民，永保万世升平，并以土地庙为家。方福伯去世后，禹帝不胜感慨，亲自前往土地庙，追封其为"福德正神"，用其塑像代替土地神塑像，以供膜拜，并为该庙御书"福德并臻"。于是，土地神又称福德正神，备受万民祭拜。①

这种对土地神"福德正神"的来源，是以大禹治水时期的方福伯为对象，即以辞官回乡做一介平民的形象来建构的。但印尼华人社会对"福德正神"的来源却是另外一种版本，即所指的是周朝一位叫张福德官吏，其官至朝廷总税官，为官廉正，勤政爱民。张福德去世后，有一贫户以四大石围成石屋奉祀他，不久，这一贫民由贫转富，百姓都觉得是受张福德神恩的保佑，于是合资建庙并塑金身膜拜，取其名而尊为"福德正神"。印尼华人大多从商，所以他们所供奉的"福德正神"极有可能

---

① 李天赐：《华侨华人民间信仰研究》，中国文联出版社2005年版，第215页。

还有一种"财神"的功能。换句话说，印尼华人对"福德正神"的泛化，即将"福德正神"称为"大伯公"，而又将"大伯公"称为"福德正神"这种名称的转换，是将"福德正神"或"大伯公"当作土地公，又将福德正神或"大伯公"当成"财神"来祭拜，从中表明是生意人的心理，为获得更多的财富，而又求生意上的"土地神"的保护而常祀之。

从印尼华人对福德正神、大伯公、五方五土龙神和唐番地主财神，以及后土神的祭祀活动来看，各个神祇的安置和祭祀的空间不尽相同。作为"福德正神""大伯公"主要是在庙宇中作为主神或次神出现，也有华人的义山专门建有"福德正神"庙供人祭祀；"五方无土龙神，唐番地主财神"的神龛，主要在华人社团（会馆）、店铺、私人住宅等出现，而后土神龛则被安置在华人义山的私人坟墓旁，以便人祭祀。

在印尼华人社会，"福德正神"或"大伯公"和"土地公"的神龛几乎无处不在，或见于华人庙宇、华人义山，或见于华人会馆、店铺和私人住宅。不过，土地公，即"五方五土龙神"神龛的表征物在不同的华人聚集地也是不尽相同。外岛地区像棉兰华人家庭的"土地公"神龛，除了有手持金元宝的"土地公"神像外，而且在神像两旁都有对联存在。大多的对联语句是：上联"五方五土龙神"，下联是"唐番地主财神"，横批是"聚宝堂"。这些内容不仅有内外之分（即称当地为"番"），而且十分现实和类比化（即直接说该神是财神），且将"土地公"神龛放在屋中某一个地面上，表明它是土地神。而在爪哇岛的三宝垄华人崇拜的"土地公"，有放在庙宇中，也有放在会馆或社团的角落，以及家中神台之下。在这些"土地公"神祇既有土地神的特征，也突出其"财神"。如在三宝垄的一个文艺爱好者的社团"云林阁"，在其角落就设置了一个"土地神"神龛，放在一个高音喇叭的音箱之上。

这个放置在云林阁角落的高音喇叭音箱之上的"土地公"神龛，其对联也具有与经济的意味。这个土地公神龛内面有一副对联，上联为"五方五土龙神"，下联为"唐番地主财神"，横批是"生金"；土地公神龛外面也有一副经济意味的对联，上联是"土能生白玉"，下联是"地能出黄金"。换句话说，印尼华人将"土地公"既当成保护他们的土地神，也当成是能够获得金银财宝的财神。

图 67　印尼三宝垄文艺社团云林阁的"土地公"神龛

2. 关帝

关帝，又称为关公、关圣帝君、关帝爷和协天大帝等，这是一个源于中国的民间神灵，而在印度尼西亚华人社会也是一个备受关注的神祇之一。在印度尼西亚，华人社区似乎都专门建有关帝庙，即使不是主祭关帝的庙宇，也会将关帝神祇放入其庙宇中，作为一个重要的神灵来祭拜。

由于资料的残缺，我们到现在为止还不能断定关帝信仰是什么时候开始在印尼落足传播的。不过，应该可以知道早期华侨出国前有些人到家乡奉祀关帝的庙宇祷告，祈求关帝庇佑，如福建籍华侨主祀关帝的惠安县崇武镇武庙。更有一些华侨将关帝的神像、香火、符纸、香袋等随身携带远渡重洋。就像有学者指出，华侨们出国要经历重洋大海，"有时船行海上，风狂浪急，船上的人有的呼天，有的默祷关帝。风过浪平，船舶靠岸，回忆风险之际，所闻所见，聚点成形，敷衍成章，互相传播，风靡全埠"。关帝信仰崇拜便随着早期华侨先驱者的足迹而踏上异国他乡的印尼群岛。

在爪哇岛。最早创建主祀关帝的庙宇应该是东爪哇杜板（Tuban）的关圣庙，是清朝乾隆三十七年（1772）时期建立的，至今已有近300年的历史，庙宇占地面积6.5公顷左右。东爪哇杜板关圣庙，主祀关圣帝君和关平、周仓，关帝的坐骑亦在奉祀之列，庙内现保存有同治十年（1871）刻的对联："千古英名垂宇宙，一生忠义满乾坤。"光绪三年（1877）和光绪六年（1880）分别有华侨善信捐建两侧护厝，"凑成东西龙虎两翼，少壮观瞻"，以"敬答神恩，惟祈鉴慈"。迄今可见，吸引着来自爪哇各地的华侨善男信女，杜板（Tuban）关圣庙成为东爪哇华侨各种宗教文化活动的中心。

有关杜板关圣庙的来历，是说在建庙一两百年前，关帝金身供奉在杜板埠西边约30千米处近省界一个名叫"鳄鱼塘"地方的私人家中，后来侍奉的人想把金身送到妈祖庙里供奉，卜盃征得关帝公同意后，就用船载着金身前往，但行到现在的地方时船只打转。侍奉人一看此地，前不着村，后不着店，是一片螃蟹出没的沼泽地。难道关帝公想在此上岸不成？问过卜杯，侍奉人就在这片沼泽地盖起简陋的小屋安置关帝公。从此香火不绝，远近华人都来参拜。

图68　印尼东爪哇杜板关圣庙

正像传说所描述的，杜板关圣庙以螃蟹为标志，是关帝公迁来时这里是螃蟹出没的沼泽地。其实杜板这个滨海小镇形似一只螃蟹，还有一种认为在福建的习俗中螃蟹可以镇邪。

近期，杜板关圣庙落成成一座高达 30.4 公尺的关公像，东爪哇的华社曾为此捐资达 25 亿盾。曾被"印尼世界纪录博物馆"宣称这座关公像是东南亚最高的神像，当时还邀请到印尼人民协商会议议长哈山担任典礼嘉宾。不过，哈山出席揭幕式没几天，这座关公像很快在社交媒体引发争议。当地的穆斯林团体对这座雕像提出许多负面评论。[①]

除了东爪哇杜板的关圣帝庙，爪哇岛建立较早的关帝庙是雅加达南靖庙，其于清道光四年（1824）由来自漳州南靖县的华侨甲必丹戴亮辉所创建，正厅供奉关圣帝君，每逢关帝圣诞（农历五月十三）照例奉祭宴会，其后厅供奉南靖戴氏神主。

爪哇岛最大的关帝庙是位于西爪哇万隆市的万隆协天宫（又称万隆圣帝庙），清光绪十一年（1885）由华人雷珍兰陈海龙、和顺栈、陈碧湖，以及来自吧城（雅加达）、井里汶、展玉、加拉横、三宝垄等地华人侨领富商创建。主祀关帝，配祀观音和广泽尊王。协天宫主殿为三开间，屋顶造型是单檐歇山顶结构，采用具有闽南传统庙宇特色的翘脊，其正脊、附脊、垂脊和脊端的鸱吻，所组成的整个屋脊结构纵横交错，活灵活气，交相辉映，使整座庙宇显得富丽堂皇，其建筑风格、建筑特色与泉州通淮关岳庙一般无异，充分体现了华侨建筑匠师们的高超技艺。

爪哇岛主祀关帝的庙宇还有日惹镇灵宫，光绪三十一年（1905）创建，占地面积 3000 平方米，由闽南运来建筑材料按传统庙宇建筑形式修建。泗水古城会馆，位于泗水华埠瓦斯帕达街 52 号，由泗水华侨刘、关、张、赵四姓于民国九年（1920）联合创建，供奉刘备、关羽、张飞、赵云的塑像。罗沙朗威德庙，罗沙朗市位于西爪哇，威德庙规模较小，一度毁坏，第二次世界大战后重建。三宝垄丹古玛腊亚街（JL. Tanggul Mas Raya）的关圣庙，建于 1955 年，至今也有 60 多年的历史了；雅加达金德院，虽系佛教寺院，但其前身是观音庙，约创建于清顺治七年（1650），目前主祀三尊大佛（惭愧祖师）、天后、关帝。换句话说，关帝

---

① 《东爪哇图班关圣君雕像》，印尼《国际日报》2019 年 1 月 4 日，A7 版。

也是其主神之一。

印尼外岛地区的棉兰的关帝庙有两个，一个是位于棉兰10多千米的巴雅巴贡村（Bar Bagong）的关帝庙；另一个是坐落在现在棉兰市区的利安巴拉街（JL. Irian Barat）关圣帝庙，棉兰巴雅巴贡村的关帝庙建于1865年，至今约有200年的历史，而棉兰市区的关圣帝庙则建于1885年。当时张煜南曾在《棉兰关帝庙建造题缘芳名碑》写道：

常思物华天宝，山川华钟毓之奇；人杰地灵，庶汇着阜康之盛。夫砂湾居日理之中，不通海口，上至马山，右出哩令，左往笼葛，龙盘虎卫，水绕山环，正四时产物之圻，乃商贾辐辏之衢也。夫我华人经营斯地，士农工商，屡欢大有，无非藉圣德之覃敷，岁岁降祥于市井；赖帝恩以默祝，时时锡福于人间。若不降其祀典，何以奉答神庥□兹通商公议，即以砂湾下地购基，创建庙宇，奉祀关圣帝君，财帛星君、福德正神，新塑灵像，恭进香灯。则丰□□□，斯足增赫耀，而愈显威灵，亦荐享式凭，既上妥口明神，即永叨福庇。第思工非一木，术愧点［金］。独力难持，众擎易举。爰集同人，设立章程，募簿劝捐。伏愿仁人君子，当思百粤情联；□冀□信男善女，各抒诚意，踊跃题捐。慷慨之士，钱拾杖头；殷富之商，金流布指。将见裘成囊腋，瓦□□鳞。由是早观厥成，神人赖斯。赫赫英灵，表恩光于万古；虔虔礼乐，荐俎豆于千秋。从此为官者簪缨奕世，为商者紫标朱提。喜看海国咸宁允矣。泽普众信□□□庆□□□，福有攸归。是为序。

光绪十一年己酉岁孟冬日梅城张煜南榕轩氏敬撰

民间对于关羽的崇拜，由来已久，至清初开始，中国各地纷纷建立关帝庙，隆重祭祀。中国人移居海外，把关公信仰传播于异国，以求保平安，消灾难，赐福祉，东南亚各地尤甚。印尼的关帝庙很多，凡华人居住的地方都建有专门的关帝庙，即使不是主祭关帝的庙宇，也会将关帝神祇放置在其庙宇中。其实，关帝在印尼华人社会不仅仅是忠义之神，而且也是财神等神灵的化身。有的庙碑长篇介绍关公的历史功绩,如何义薄云天;有的碑记讲述关公如何威灵显赫,有求必应。

3. 妈祖

妈祖,又称天妃、天后、天上圣母、天后圣母、姑婆(阿婆)等。一般认为,妈祖是福建民间的神灵,海外的妈祖信仰是由福建籍人传播至海外的。其实,在印度尼西亚华人社会,不仅福建人崇拜妈祖,广东、海南人和客家人也对天后有特殊的感情。

印尼是福建、广东华侨出国时间较早、人数最多的国家之一。① 据资料显示,中国人早在五代后唐同光年间(923—926)就开始移居印尼,以后逐渐增多;尤其是鸦片战争以后,荷兰殖民当局前来中国拐骗大批劳动人民前往当苦力,出国华侨更是大量增加。于是,妈祖信仰也就在印尼传播开来。

在印尼华人社会,妈祖,或天后或姑婆神祇一般设置在庙宇,以及宗亲会馆之中。设置妈祖神祇在庙宇的,一般都称之为"宫"或"神庙",而设置在宗亲会馆的妈祖(天后或姑婆)神祇,很多是林氏宗亲会等会馆。

(1)设置妈祖神龛的庙宇

爪哇岛是华人最集中的地方,也是妈祖庙建立较多的地方。无论是在东爪哇、中爪哇还是在西爪哇都有主祭妈祖或配祭妈祖神祇的庙宇。

据资料显示,印尼华人最早建立的妈祖庙(天后宫),应该是东爪哇泗水锦石(Gresik)的锦兴宫,主祭天上圣母。锦兴宫于公元1153年建立,距今867年。② 此后,各地的妈祖庙(天后宫)也陆续建造起来。

雅加达南班登安(Bandengan Selatan)街的天后宫。这座天后宫建立于1751年,当时是为了保护过往华侨、行贾坐商和中国海员的商船所建。该庙供奉妈祖,每年由华商轮流值炉主,每逢天后圣诞均备办礼物演戏庆祝。后经1858年、1864年、1904年、1952年、1957年多次修缮,并

---

① 《福建省志·华侨志》,福建人民出版社1992年版,第28页。
② 《锦石锦行宫庆祝建宫864年暨天上圣母诞辰吉日》,印尼《国际日报》2017年5月6日,C7版。

改名为女海神庙。①

在东爪哇，历史比较悠久且出名的供奉妈祖的庙宇有：福安宫，又称天上圣母庙，其坐落在泗水华埠巧克力街 2 号（JL. Coklat No. 2），相传 18 世纪末由当地的华侨所建；福安宫主祀天上圣母，配祀哪吒、福德正神、关帝、广泽尊王与韦驮。② 慈灵宫，坐落在杜板（Tuban）苏迪尔曼街 104 号（JL. Sudirman No. 104）。慈灵宫主祀天后，配祀福德正神与伽蓝；虽然创建年代不详，但在 1850 年就进行过大规模重修；慈德宫，坐落在岩望（Pasuruan）龙目街（JL. lombok）。慈德宫自 1853 年开始创建，至 1857 年竣工；1856 年，当地华侨将中国定制的天后、观音、土地公与伽蓝塑像被安置于殿堂内，1857 年举行落成庆典。③

除此之外，东爪哇主祀妈祖的庙宇还有：相传建于 1823 年的福善宫，其坐落于莫佐克托苏迪尔曼将军街 1 号；1876 年建立谏义里的慈惠宫，其靠近布兰塔斯河岸，该宫中保存铭刻最早。土隆阿贡（Tulungagung）苏普拉特曼街 10 号（JL. W. R. Supratman No. 10）的慈德宫、格雷西（Gresik）寺庙街 107 号（JL. Klenteng No. 107）的天上圣母庙、谏义里（Kediri）靠近布兰塔斯河（Kali Brantas）的慈惠宫、茉莉芬佐克罗阿米诺托街 69 号（JL. Cokroaminoto No. 69）的惠荣宫、莫佐克托（Japan）苏迪尔曼将军街 1 号（JL. PanglimaSudirman No. 1）的福善宫、宗邦（Jomhang）志愿者街 72 号（JL. Veteran No. 72）的福隆宫。泗水华埠杜库赫街 11/2（JL. Dukun 11/2）的凤德轩，相传与福安宫同样古老，主祀广泽尊王，配祀福德正神、文昌帝君；大约在 20 世纪 50 年代扩建时，又增祀天后、观音与玄天上帝。④

在中爪哇：淡目市西哇兰街 3 号（JL. Siwalan No. 3）的保安宫创建于清道光年间（1821—1850），主祀天上圣母和福德正神，配祀观音菩萨等。南旺（Rembang）海岸蒂博尼哥罗亲王街（JL. Pangeran Diponegoro）的慈惠宫，于 1814 年由甲必丹林国泰、郭德宗与福建漳州平和华侨黄开

---

① 《华侨华人百科全书·社区民俗卷》，中国华侨出版社 2000 年版，第 467 页。
② 《华侨华人百科全书·社区民俗卷》，中国华侨出版社 2000 年版，第 362 页。
③ 《华侨华人百科全书·社区民俗卷》，中国华侨出版社 2000 年版，第 470 页。
④ 《华侨华人百科全书·社区民俗卷》，中国华侨出版社 2000 年版，第 362 页。

三等人创建；主祀天上圣母，配祀广泽尊王、福德正神、中坛元帅和陈黄二公。

图 69　印尼中爪哇南旺（Rembang）的慈惠宫（郑一省摄）

南旺华人还在另一座名叫梅园（Tama Bwee 或 Bwee Ie）的小寺庙中供奉天后。① 此外，拉森市达顺街的慈安宫也均主祀妈祖。

西爪哇是印度尼西亚爪哇岛上的一个省，首府为万隆，其他城市还有茂物、井里汶、苏加武眉等。西爪哇省位于爪哇岛西部，西部与东南部分别与万丹省和雅加达特区相临。西爪哇省是华人聚集地之一，也有许多供奉妈祖的庙宇。

西爪哇省加拉璜县（Karawang）的仙母庙，大约在公元 1600—1700 年代就已经存在。该庙又称为仙人姑婆寺庙，是因为那里有姑婆（当地华人叫奶奶的称呼）的骨灰。据当地华人的传说，姑婆是来自中国的婆婆，生前喜欢助人为乐，其过世后骨灰被三位姓氏的人，即刘姓、钟姓和许姓带上船而下南洋，他们到达印尼勿加西河口上岸后，沿着芝塔龙河上行，最后来到加拉璜县，并把姑婆的骨灰安葬在称为祭坛的地方，这个简易的圣坛建在离现在仙母庙大约有 100 米外的地方。1791 年当地的一位华人风水

---

① 《华侨华人百科全书·社区民俗卷》，中国华侨出版社 2000 年版，第 290 页。

图70　印尼西爪省加拉璜县（Karawang）供奉"姑婆"的仙母庙

大师认为该圣坛的大门朝向需由西向东，所以就将圣坛迁至到现在仙母庙的地方。1863年至1865年开始建筑砖结构的永久性建筑，1985年又进行了整体的翻修而成为现在的宏大建筑，并成立了基金会。

在外岛，东加里曼丹三马林达（Samarinda），1906年建成了天仪宫，主祀天上圣母、玄天上帝与关圣帝君，配祀福德正神与观音菩萨。西加里曼丹建有妈祖庙多座：坤甸市中心的三圣庙，是该市最大、最古老的华人庙宇，主祀天后圣母、大伯公与太子爷。坤甸北部松柏港（Sungei Pinyu）的三神宫是当地唯一的华人庙宇，崇奉大伯公、妈祖与观音。此外，山口洋（Singkawang）的天后宫、曼帕瓦北部上巴刹（Upper Basar）的天后宫、邦戛（Pemangkat）大伯公庙后面小山上的天后宫也都主祀妈祖。

苏门答腊是印尼的第二大岛，位于爪哇西北部。在北苏门答腊就建有两座妈祖庙。棉兰潘杜巴鲁街2号（JL. Pandu Baru No. 2）的天后宫供奉天后圣母，于清末由广东华侨张煜南（榕轩）、张鸿南（耀轩）昆仲发起并捐款而兴建，宣统元年（1909）落成；现在宫中还保存有清宣统三年（1911）日里华商总会立的乐捐碑，及1980年释妙戒和尚撰写的《印尼苏岛棉兰天后宫重建碑》。①

图71 印尼棉兰的天后宫（郑一省摄）

位于民礼（Binjai）市的中镇元宫，是苏门答腊岛的另一座供奉观音与妈祖的庙宇。

廖内群岛位于大坡与今丹戎槟榔的新加兰有一座天后圣庙，供奉天后元君，是该群岛最古老的华人寺庙之一，而在小坡有一天后宫同样供奉妈祖。② 苏拉威西省乌戎潘当（Ujung Pandang，旧称望加锡，即锡江）市苏拉威西街（Jalan Sulawesi）上有一座天后宫，是该市历史最悠久和最著名的华人庙宇，大约创建于18世纪前半期，主祀天后圣母，配祀哪吒三太子、关圣帝君、玄天上帝、注生娘娘、观音和三姑（该市华人信女区阳备琼，1967年去世）。③ 同一街上还有一座龙显宫（又称"仙妈宫"），由闽籍华侨于1864—1868年创建，主祀妈祖（又称"圣祖仙妈"）。马都拉（Madura）岛苏民纳保（Pabean）村相传于18世纪末即建造了善灵宫（但现存为20世纪建筑物），主祀天后，配祀广泽尊王和福德正神。三发谢法宫与众神庙中也崇奉天上圣母与三山国王等神明④。

---

① 《华侨华人百科全书·社区民俗卷》，中国华侨出版社2000年版，第429页。
② ［德］傅吾康主编：《印度尼西亚华文铭刻汇编》（第一卷），（新加坡）南洋学会1988年版，第106—112页。
③ ［德］傅吾康主编：《印度尼西亚华文铭刻汇编》（第一卷），（新加坡）南洋学会1988年版，第362—364页。
④ 《华侨华人百科全书·社区民俗卷》，中国华侨出版社2000年版，第335页。

（2）设置妈祖神龛的宗亲会馆

在印度尼西亚华人社会，有妈祖神龛的会馆主要是林氏宗亲会。中爪哇的三宝垄有一座西河宫，里面供奉着妈祖神祇。印度尼西亚土生华侨学者林天佑在《三宝垄历史——自三保时代至华人公馆的撤销（1416—1931）》一书中写道："一八八一年，华人林氏集团中发起为'妈祖公'（Ma Tjouw Kong）修建庙宇（按：即上文所言的三宝垄林氏西河宫）。发起人是林纵然（Liem SionDjian）（施开熹的岳父）和林金宁，在林氏中募捐，并在伦孔塞翁街（Lengkong se Ong）买下陈氏庙宇旁边的一块地皮。《先府九龙族谱》（See Hoe Kioe LiongTjok Phouw）一书记载了有关'女大伯公'的来源：她的真实姓名是林默娘（Liem Bik Nio），出生于公元九六〇年，即宋初建隆二年（按：此处有误，应是元年。），出生地是福建莆田。她一生出来就很特殊，从来不哭。满月时，亦即到了该给她取名之时，被取名为'默'，就是沉默的意思。……这姑娘乐于帮助受苦受难的人。到处都听说她在人们有患难时就来解救。……于是人们都敬拜她，并且称她为'天上圣母'（Thian Siang Seng Boo）。当林姓的庙宇建成后，同其他各庙一样，举行了庆典。"[①]

图72　印尼三宝垄斯班达兰街的林氏西河宫（郑一省摄）

---

① ［印尼］林天佑：《三宝垄历史——自三保时代至华人公馆的撤销（1416—1931年）》，李学民、陈巽华译，暨南大学华侨研究所1984年印，第174—175页。

第六章　印度尼西亚华人民间信仰的文化体系　225

　　印尼棉兰的林氏宗亲会，即苏北省西河林氏宗亲会（西河九龙堂）坐落在现在的棉兰哈夷阿旦马力路23号。据资料显示，棉兰的林氏族人与其他宗族的华人一样，从中国到印尼苏门答腊时都散居于老武汉（即日里旧港）、巴椰巴西、民礼等一带。最早的西河九龙堂就建在老武汉旧港（即现在的老武汉市），这座西河九龙堂的建筑仍在，但因曾多次翻修以及文物被盗窃，已无法考证其正确年代。据访谈，老武汉的西河九龙堂已经有百多年的历史，它和当地已经有127年历史的寿山宫共是同一个时期建的。老武汉的西河堂的屋契，仍属西河九龙堂基金会所有。随着棉兰的发展，人口的增多，西河公所也在棉兰成立，会所设在亚细亚街。1958年，位于棉兰的西河公所被当时的苏加诺政府限禁会务活动，是因为当时任职的主席是国民党派的一员，从此，林氏的宗亲活动都是以私人名义举行。

图73　印尼棉兰林氏宗亲会所及其妈祖神龛（郑一省摄）

　　1965年"九三〇"事件后，苏哈托总统全面封禁华社活动，林氏宗亲会的活动终于停止。直至80年代，政府才解禁姓氏的宗亲活动，当时，林氏宗亲会会散人离，西河公所也再没有活动了。1992年林氏宗亲再发起筹资建所，置于棉兰市郊南巴樟镇。1997年，因金融危机的影响，当地政局不稳，治安成了很大问题。林氏董事会通过迁馆议案，决定于棉兰市中心再建新会所，该所于2002年1月6日建成，现在位于棉兰哈夷阿旦马力路23号的"西河九龙堂"。[①]

[①] 林来荣：《苏北省西河林氏宗亲会》，《印尼苏北华侨华人沧桑岁月》（上册），印尼苏北华侨华人历史社2015年印，第230页。

棉兰林氏宗亲会设有祭祀天后圣母（妈祖）的神龛，除供奉天后圣母外，还祭祀始祖林坚公和鼻祖比干公。

4. 观音

观音，是佛教诸神中在中国民间影响最大、信众最广的一种神祇。相传观音发誓要普救世上一切受苦众生，方愿成佛。然而人世间的苦难是无穷无尽的，因此观音放弃了成佛的愿望，而致力于发大兹悲，施大发力，普救世上受苦受难的芸芸众生。这一点是观音信仰最主要的东西，也即是中国百姓信仰观音的思想基础。

早期华侨出国，须得乘槎浮海，生命安全毫无保障。在那自然科学知识有限的年代，他们只有祈求神明庇佑，以求得心灵慰藉。由于观音是"大慈大悲、救苦救难"的菩萨，人们也把她奉为航海保护神，以图能在航行中获得她的保护。而当出国华侨安全抵达侨居地后，又会面临举目无亲，许多不确定的因素影响华侨的人身安全，于是又想祈求观音显灵，保佑他们能在异国他乡生存与发展。正是这些种种缘故，所以来到异地的华侨就会建造寺庙来供奉她。

一般认为，印尼华人较早建立祀主观音的庙宇，是坐落在雅加达班芝兰唐人街边的金德院，又名观音亭，建于清同治七年（1650），是吧国公堂官员每年农历正月初四"礼佛致祭的宗教场所"。金德院已有400多年的历史，是雅加达规模最大、香火也最旺的寺庙。

图74　金德院最早的建筑　　　　图75　金德院现在的建筑

金德院院内依次坐落着观音殿、玄坛宫、地藏王殿和惠泽庙4栋建筑，充分体现了儒道释三教高度融合的特征。仅在观音殿内，就供奉着观世音菩萨、弥勒佛、天上圣母（妈祖）、元始天尊、灵宝天尊、财神爷等神灵。雅加达另一座历史悠久的主祀观音菩萨的寺庙是完劫寺，其也称牛郎沙里寺，建于1760年，位于牛郎沙里华人塚地，是雅加达华人为清明节祭奠亡魂的场所。

在爪哇岛其他地方，祭祀观音的庙宇有很多。其中西爪哇井里汶潮觉寺，位于井里汶市港口街，创建年代不详。最初名为观音亭，后来已毁坏，直到1790年才由甲必丹陈曰英及井里汶以外的华裔捐资修复和扩建。1823年、1887年两次重修，1829年和1889年立有三方重修碑。1829年开始出现潮觉寺名称。

图76 印尼井里汶潮觉寺及其观音神龛（郑一省摄）

井里汶潮觉寺主祀观音，但也奉祀佛教和道教诸神，如伽蓝、玄坛公、妈祖、关帝（山西夫子）、福德正神、郭六官等。此外，潮觉寺还有一只铁锚，据说是郑和船队所用，也作为一神物而祭祀之。[①]

在外岛的苏门答腊棉兰，当地的华侨在清道光元年（1821）就建造了水月宫，奉祀观音。而当地的崇圣宫、清音禅寺也是主祀观音。离苏北棉兰几十里的老武汉有一座寿山宫也主祀观音。

---

① 郑来发：《爪哇华人的泽海真人信仰》，印尼《国际日报》2018年4月3日，B4版。

图 77　棉兰老武汉的寿山宫（郑一省摄）

在苏西省巴东市，其庙街（JL. Kelenteng）的西兴宫创建于 1905 年 11 月 1 日，其前身是由华侨先辈于 1861 年始建的观音亭。早先的西兴宫为木结构建筑，后来毁于火患，仅留下一座香炉作为历史的见证。西兴宫的前院开有一方形池塘，种满圣洁的荷花，池中置立一尊圆形的大铜鼎，刻着"天地父母"四个红色的大字，左右有两条彩色的龙护卫着，百年来香火鼎盛，是本省华裔对祖上先辈崇拜敬奉的延续。西兴公因 2009 年的地震被毁，仅留下剩余的后殿，由于难以在旧址重建西兴宫，而剩余的后殿尚有历史价值，于是在原址近百米处建起全新的西兴宫。西兴宫新庙背山朝海，尽量参照老庙的风格，建筑面积约 600 平方米，前面留下约 500 平方米的场地。2010 年 7 月 30 日破土动工，于 2013 年 3 月 30 日竣工并举行开光典礼，官民观礼、信众朝觐，盛况空前。

西兴宫新庙前，但见红瓦飞檐在斜晖下熠熠生辉，沿街的照壁刻着"能以众生施无畏，普使世间得光明"的对联，内侧雕着盘旋的龙，两旁以红色行书"示现诸佛深妙法，开发众生菩提心"及篆文"无上胜妙土，离垢清凉园"。

正殿更是玄墀扣砌、玉阶彤庭、斗拱迭托、彩梁画栋，石阶旁安着两座花岗岩雕塑的石狮，其外侧放置两只由老庙搬来、体积较小的老石狮，更增威严之势。正殿大门雕着两尊护法门神，侧旁两道门上画着四

图 78　印尼苏西省巴东市的西兴宫

大金刚。而四根大柱上以行书刻就"西方佛法慈云霭馥荫寰区，兴起民生化雨涵濡沾宇宙"以及"地位清高日月每从肩上过，门庭开豁江山常在掌中看"两副对联，字体苍劲有力而寓意深远。宽敞而肃穆的神龛上敬列着数尊仙佛的圣像，横幅大书"普济群灵"，两旁是"西土洒杨枝超众生于苦海，兴邦翻贝叶醒下界之迷途"的对联。侧壁镶上数百块一尺见方的白色大理石，其上刻画流传民间的连环故事，右边是《三国演义》，而左壁则是《西游记》。

黄铜铸造的大香炉及袅袅青烟让大殿倍增空灵和庄严，天井洒下的阳光带来了温暖和希望。两组木柱上深雕着"西来救世济慈航永显神通广大，兴见引人登觉岸长沾佛法宏深"以及"寻朝救苦杨柳枝头甘露香，随处化身莲花座上清风静"的两组对联，加深了人们对传统宗教的感恩，对世事红尘的修悟。①

在三宝垄，主祭观音的寺庙是大觉寺。三宝垄祭祀观音的还有翁雅兰观音寺寿山堂。寿山堂于1950年就存在，1965年建成大庙。原本这里只有一个小寺庙，寺庙虽小，香火很旺。为了不惊动尊神，在原址扩建。当年的小庙原封不动，坐落其中。小庙正面是圆形洞门，洞门有一副对联，道是"受命于天，为民必昌"，体现出中国古代敬天保民的思想。

此外，在印尼的大多数佛寺院都有观音的坐像，以供信徒善众膜拜。

---

① 《新建的巴东市西兴宫》，印尼《国际日报》2018年7月16日，A5版。

而一些三教庙宇无论大大小小，都似乎有观音神龛在其中为信徒所祭拜。

5. 玄天大帝

玄天大帝是统理中国北方的道教大神，在中国民间信仰中占有重要地位，武当山是玄天大帝的圣地。玄天大帝在印尼华人社会中影响较大，虽然专门建的玄天大帝庙宇不多，但一般的华人寺庙似乎都有其神灵的神龛。清朝康熙八年（1669），印尼巴达维亚（今雅加达）华侨在丹戎罗戈尔区建造了迄今海外最早的"丹戎玄天上帝庙"①，此外，中爪哇的三宝垄、廖内岛的丹戎槟榔、呀谢、峇眼亚、肯多等地也建有大小不一的玄天上帝庙。

廖内岛的丹戎槟榔建有一座玄天上帝庙。庙中挂着一镶有"玄天上帝"的云板，上面同时镶有"沐恩弟子王福口口敬，嘉庆甲戌年吉"的字样，可以推论该庙至迟建于1814年。庙中悬挂有"北极上帝""玄波风动"等牌匾。

在中爪哇的韦拉汉（Weleri），传说这个地方是华人最早登陆中爪哇的地方，早在东晋时期，法显大和尚因在海上遇险而来到韦拉汉，是他首次把玄天上帝带到印尼。传说，法显大和尚将神像供奉在老庙里，当地居民在夜里看到庙里放射金光，于是纷纷前来祭拜。由于祭拜玄天上帝非常灵验，就有分香供奉在爪哇岛各地，故爪哇华人有到韦拉汉祭拜的传统。

韦拉汉每年举行玄天大帝圣诞庆典，中国俗称"三月三"（农历三月初三）。2018年韦那汉举行了玄天大帝圣诞庆典活动，其从4月18日就已开始，这次有大约有一万人参加，齐聚韦拉汉的玄天上帝庙。人们蜂拥而至，在这里跪拜进香祈福。参加庆典的有32家庙宇，来自各个地方，他们带着玄天上帝的分香（亦称分灵），供奉在韦拉汉最早的玄天上帝庙里，希望可以增加分香的灵性。

这次也有来自三宝垄的16家庙宇参加，它们是玄天上帝庙、关圣庙、莲花寺、忠义堂、元兴庙、灵福庙、福盛庙、惠威宫、白莲堂、大觉寺、厚福庙、三皇庙、玄务堂等。其他城市庙宇：乌鲁贾米（Ulujami）

---

① 周南京主编：《世界华侨华人词典》，北京大学出版社1993年版，第133页。

的正义庙、万丹（Banten）的福庆庙、日惹（Yogyakarta）的平祥庙、韦拉汉（Weleri）的玄天上帝庙、哲帕拉（Jepara）的福德堂、邦唐（Bongtang）的灵安堂、玛琅（Malang）的勇安宫、朱瓦纳（Juwana）的祖德庙、巴蒂（Amuk）的福德庙、古督（Gubug）的福安庙，雅加达的忠义堂、圣心堂、昆仑庙、古突士（Gutus）的福德庙。各个地方玄天上帝的分香活动高潮，是各家庙宇抬着神像在街上巡游，市民争相围观，当日韦拉汉万人空巷。[①]

6. 开漳圣王

开漳圣王又称为陈圣王、威惠王等，其作为一种流行于中国闽南、潮汕等地信仰文化，也随之闽粤人迁移至海外。特别是迁移至海外的陈氏族人，将开漳圣王作为其开基祖灵而在海外供奉。这种供奉开漳圣王的习俗，尤其在印度尼西亚华人社会盛行，因为闽粤籍人在印度尼西亚较多。不过，开漳圣王的信众，似乎逐渐突破了"陈氏"、籍贯的范围。

清朝顺治七年（1650），巴达维亚的闽南籍华人陈姓为了自身族人的平安，在荷属印度建设起第一座陈氏祖庙（开漳圣王祖祠），提供宗亲维持共同福利之场所。至今，此地庙大门前的对联是以楷书书写着"圣泽长流，望港水而观庙貌；王灵远及，奠巴山以飨明禋"，表明开漳圣王精神自始至终降临当地，守护着坐山望水之庙势，镇守着河海交接之要冲，佑护着子孙与信众们水陆上下平安，在此开基立业、开枝散叶。到乾隆年间，开漳圣王祖祠重建，其中还有子孙特地模仿漳州祖地牌坊，在乾隆三十年（1765）将"盛德世祀"做成石匾额，嵌在前檐右下方的墙上，进一步说明圣王开拓精神主张生生不息、应理而变，行于南海诸邦，亦如中华故地。[②]

除了雅加达有开漳圣王庙外，在印尼的其他地区也有一些。三宝垄威惠宫，即当地陈氏籍华人建立的陈氏家庙。1815年有当地的富商，曾担任过甲必丹和玛腰的陈长青倡议建立。三宝垄的威惠宫主祀开漳圣王

[①]《玄天大帝圣诞庆典活动》，印尼《国际日报》2018年4月3日，C5版。
[②] 王琛发：《盛德世祀：南洋开漳圣王信仰文化——落地生根、跨海互动与慎终追远》，《闽台文化研究》2019年第2期。

**图 79　印度尼西亚雅加达陈氏祖庙（开漳圣王祖祠）的
"盛德世祀"牌匾（王琛发提供）**

陈元光，中堂设有陈元光雕像，后面部分为陈氏宗祠，安置陈家神主牌。威惠宫内存有清朝嘉庆庚午年（1810）"雷珍兰"仪仗木牌、清朝嘉庆辛末十六年（1811）"甲必丹"仪仗木牌、"重修威惠庙连南山寺碑"（清朝同治二年，即1863年）等文物。

万隆的陈圣王庙建立于1976年，其每年都要举行庆祝仪式。2017年3月13日为庆祝其创建41周年暨陈圣王1360周年诞辰，在陈圣王庙内举行恳亲会，并举行共修"贤却千佛""上供佛"仪式。同时在庆祝仪式中，还举行了陈圣王庙新一届炉主选定会。在会友、佛友们见证下，18位佛友在诸神像前以"神筶（shenkao）"祈求诸神意旨（指示自己是否可以当选），选定了新一届正副炉主。最后，万隆圣王庙以歌咏团合唱，武术组表演中国功夫、万隆劲松基金会舞蹈完美地结束了庆祝会。①

7. 拿督公

一般认为，拿督公是一种马来人的原始宗教信仰，曾流行于马来亚半岛的马来人之中。在马来人心目中，"拿督"是一个尊称的字眼，它可以是长者、祖父，是统治者给予的封勋，它也可以是民间对各种可能降

---

① 《万隆陈圣王庙周年既陈圣王诞辰庆祝会热烈举行》，印尼《国际日报》2017年3月18日，C2版。

威致灾或赐福助人的灵界生命的尊称,这种尊称,带有避讳的意思。按原来的说法,作为灵界生命的拿督,分布每一山林地界。然而,论及拿督公的来源,却有几种类型,即(1)普通庶物成精,如古剑、枪、古炮、戒指;(2)自然界之灵,如山岭、石头、河;(3)动物成精,如老虎、鳄鱼、蟒蛇;(4)巫师或巫师死后显灵;(5)圣人死后显灵,如回教祭师、经学者、长老;(6)活圣人显灵,一些言行特异或有特别神异的传说者。

马来人相信,某些地方的拿督公也有恶作剧的,他们会令居住在其"驻在地"的居住者染上只有巫师才可以解除的怪病,而一般人也因此在选地建屋前,找巫师测地,奠基前先拜拿督,并选择一棵树或石块作为将来祭祀的固定地点,尤其是房子建筑在过去的坟场区域更不容易忽视这项过程。有的马来信徒认为,凡是供奉有拿督公固定神位的家庭,每星期必须用香花、槟榔、佬叶、烟草鲜果即蜡烛等物祭拜一次。最恰当时间是在回教礼拜前夕(即星期四夜间),这种仪式一经举行就不能中断,否则会引起拿督公的不满而赐予种种麻烦,唯倘能请罪补行祭拜拿督公也可以随时息怒。从这看来,拿督公是属于某一土地范围原来栖属的精灵,人们必须与他们相安无事,又以他们作为居住地的家户神,这可说是土地神的性质。

就本人调查来看,拿督公崇拜在印尼外岛如棉兰、坤甸的华人社会中出现较多,而在爪哇岛华人社会较少发现,当地祭祀的拿督公只是在三宝垄的义勇公庙中有所发现,即有这种神灵的祭拜。究其原因是外岛和爪哇岛两地所处的环境不同。外岛棉兰靠近马来半岛,在历史上有许多马来人从马来半岛移居到棉兰居住,成为当地的重要族群之一,他们到达棉兰时也将其拿督公崇拜带到了那里。此外,棉兰的华人有许多是来自于新马两地的,他们在移出地生活时也接触到或者原本就在当地信仰过这种神灵,而后来移居到棉兰后便继续崇拜之。至于爪哇岛的华人,他们生活在爪哇人及其文化的海洋,而爪哇人没有这种拿督公信仰,所以当地的华人较少信仰这种神灵,不过为何在三宝垄华人社会有这种神灵的神龛,虽然目前只是在三宝垄的一个神庙即"义勇公庙"出现,也表明拿督公神灵崇拜也在当地的华人社会出现过,并作为一个在地化的神灵纳入华人的神灵信仰体系中。

其实，无论是外岛还是爪哇岛的华人大多数是在十八九世纪从中国或马来西亚移居到当地的，他们到达异地后，对异乡的危机与灾难会有不测感觉。当他们与印尼的马来人接触时，自然会把彼此的关系投射在对方神明的身上，华人这种对拿督公的印象就是如此建构出来的。

**图 80　印尼三宝垄义勇公庙的　　　图 81　印尼坤甸大伯公庙门前的
　　　　"拿督公"神龛　　　　　　　　　　　"拿督公"神龛**

据笔者调查，印尼华人的拿督公崇拜有其鲜明的特点，即在祭祀礼仪方面除了吸收原马来人的膜拜方式，还加上华人的"本位"，把原来的祭祀拿督公的白蜡烛换成了红蜡烛，除了放置鲜花和烟叶，也另加线香、纸钱，奉献更为重厚。而对神明的来历和解说，则受到华人民间根深蒂固的阴阳五行说法的影响，把拿督形容为七色旗代表的"七兄弟"。除了拿督大（Dato Tua）和哑拿督（Patuk Bisu）。另外还有五行五色拿督，以及一位不知身份是妻子或姐妹的婆婆。如此一来，拿督变成了大家族制了。

据说，马来人祭祀"拿督公"时喜欢用香花、槟榔、佬叶、烟草、鲜果等，使用蜡烛是白色的蜡烛，而到了华人这里却简化了许多供品，除了香花、烟叶、水果和芭蕉叶外，没有了槟榔和佬叶（这可能在城市里很难买到这类东西），并将白蜡烛换成了红蜡烛。白色的蜡烛对于华人来说，是很"不吉利"的，因为华人认为"白事"也是喜事，而且华人很中意红色的东西，更主要的是华人没有使用白色蜡烛的习惯。按照当地华人的习俗，祭拜"拿督公"不仅要使用红蜡烛，而且还要点上一束香，因为棉兰华人将"拿督公"比作是当地的土地神，用香来祭它，实际上是使其享受与华人的土地神"福德正神"一样的待遇。

不仅如此，印尼华人对"福德正神"和"拿督公"的崇拜，存在着一种有趣的现象，即似乎是同性质的神明，却具有不平等的地位。比如，在外岛棉兰的华人庙宇中，"拿督公"与"福德正神"同样是土地公的性质，但福德正神是可以在住户的大厅供奉的神明。它的神位两旁，往往有对联写着"福而有德千家敬，正则为神万事尊"的赞誉①，而拿督公却常被视为"阴神"，从来不可登堂入室，更不要说坐镇大厅，它是属于屋外角落和街头巷尾的神明。即使与当地华人的神灵神龛放在一起设置，也有许多"边缘化"的现象。换句话说，福德正神与拿督公在华人庙宇中可以觉察到这种"亲疏之分，优劣之别"的场景。

图82　印尼棉兰锦江东岳观里的"福德正神"和"拿督公"神龛（郑一省摄）

---

① 不过，笔者在参加棉兰的吴氏宗亲会的义山祭祀时，发现其义山旁也设有一个祭祀拿督公的小屋，它是在义山的主祭祀坛旁，不过，这间小屋似的拿督公祭坛的两面也贴有对联，即"英灵千古在，香火万年新"，其意思好像是祭祀当地的先人的。

以上的两张照片出自外岛棉兰"锦江东岳观"道教庙宇中。左边的是"福德正神"神龛，右边的是"拿督公"的神龛。这两座神龛都是在"东岳观"庙宇的主神殿的庙外，当作土地神来祭祀。不过，从这两个神龛的方位、装饰、神物的摆设来看，两者有着显著的不同。

"福德正神"的神龛坐落在紧靠主神殿，而且神龛内布置得相当精致和堂皇，除了神龛的空间能容纳人进去摆设供品外，在神龛的门梁上镶有金色的"福德堂"三个大字，神龛内整齐地摆设着许多大小不一的九尊"福德正神"的神像。虽然神龛内的墙面是用白色瓷砖铺设而成，但门槛和供台上却镶以红色的瓷片，突出了华人崇尚红色的传统。再福德正神坐像下，还镶有一块"本屋福德龙神位"的牌位，并以红色的香炉和蜡烛祭之。

"拿督公"神龛只是坐落在墙角，与同样是在庙外的"福德正神"神龛相比就显得异常矮小与不正规。"拿督公"神龛的空间十分狭小，大约只有一米高，如果要摆放供品，还需蹲下身来才能放置。神龛内的布置也显得简单，神龛内是用白色的瓷砖铺设，神龛的瓦用水泥做成的。除了有两个插香烛的简易白色香炉外，还有插在香炉中的三支黄色令旗。

从外岛棉兰"锦江东岳观"道教庙宇祭祀的土地神"福德正神"和"拿督公"来看，"福德正神"的祭祀占主导地位，这可以从其神龛的摆设、供品以及空间的布置得知。在"福德正神"的神龛内，其空间较大，不仅使人可以在里面立身恭恭敬敬地烧香祭拜，还可以大大方方地摆放许多供品，以示虔诚之至。而"拿督公"的神龛由于矮小且空间狭窄，又不能摆放较多的供品，因此人们对这种神灵只是对其稍作拜拜，草草行事而已。此外，"拿督公"神龛内虽然遵循了当地人的习俗，没有"偶像"摆设，但也赋予了一些"华人的元素"，如在香炉中插上红色的蜡烛，并在神龛内的白色瓷砖上镶嵌了红色的线条，以及张贴一些黄色的符咒。

从调查来看，印尼华人对"拿督公"这种神灵的印象，在不同的华人信徒中是不尽相同的。换句话说，当地华人信徒对这种外来神灵重要性的认识要么深刻，要么停留在表面层次。

一些华人信徒认为，"拿督公"是当地的土地神，因此在祭祀华人自己祖先的时候，不能忽视它的存在。本人曾与一位郑老板前往其祖墓祭拜，在祭拜祖先前，专门在祖墓旁烧香祭拜"拿督公"。我问，"为何要祭祀它？"这位华人说道，"我们在印度尼西亚生存，也得拜拜当地的土地神，不然的话当地的土地神会不高兴的。"① 这种将"拿督公"作为当地的土地神，并在祭祀祖先时不能忘却它，在一般华人平民百姓中较为普遍。在他们看来，先辈们入土异乡，需告诉当地土地神并得到它们的许可。

在华人义山祭祀场所，当地华人在"福德正神"的神庙旁，也专门修建了"拿督公"的神庙或神龛，以利于华人祭祀。华人宗亲社团在每年举行的春秋两祭对其祖先祭祀时，也会在此对"拿督公"作隆重的祭祀。笔者在棉兰调研期间，参与了延陵吴氏宗亲会的春祭活动。在祭祀过程中，延陵吴氏宗亲会的主持及人员曾先后在延陵吴氏祖先的牌位和"拿督公"的神龛前摆放祭祀的供品。一位延陵吴氏宗亲会的领袖说道，"拿督公应该是与福德正神一样有灵的，会保护我们华人祖先及其子孙的"②。

不过，如果我们仔细研究印尼华人对外族神灵"拿督公"祭祀的过程，可以发现：当地华人对"拿督公"神灵的态度，其实并不是建立在对对方的教义、价值观和思想的认识基础上的，而是有着一种"功利性"和"主我"意识较强的倾向。

从上述的案例可以得知，当地华人在引入外来神灵"拿督公"时，是将其作为保护神来看待的，如果对该神不重视或轻视，害怕会招致该神对自己的祖先和家人的不利。正是如此，当地华人便会以一种功利性角度来祭祀"拿督公"，最终的目的是将这种神灵变成人们获取利益的对象。

在祭祀"拿督公"神灵的过程中，当地华人的这种"主我"意识表现浓厚，即对同一性质，可提供相同功能和服务的神明，表现了不同的待遇。比如，在祭祀土地公的过程中首先是祭祀"福德正神"，其次才是

---

① 2008年8月12日笔者在棉兰与郑先生的访谈录。
② 2010年4月12日笔者与延陵吴氏宗亲会主席吴某的访谈录。

"拿督公"。摆放供果时,也是将最好的供品摆在"福德正神"的面前,而"拿督公"面前只能摆放些较差的部分。

从当地华人建筑的"拿督"庙或神龛来看,所建的这种建筑虽然保留了一些伊斯兰教的建筑风格,但更多的是赋予了较重的"华人元素"。如果不是仔细辨认出该庙宇的一个"无偶像"特征,乍看就像是另一种形式的华人庙宇或神龛。不仅如此,"拿督公"的神庙或神龛既比"福德正神"庙修的小且简陋,而且在奉祭外来神灵的礼仪方面,总是将自己的礼仪方式加诸其中,使其崇拜的方式增加了不少"华人"的因素。像每次供拜都要上三炷香、红色的蜡烛,甚至还要泼洒一些酒水,从而使这种"主我"意识更加凸显。

(三) 鬼崇拜

在印尼华人社会,除了祖先崇拜和神灵崇拜外,还有另一类的崇拜,这就是鬼崇拜。

一般认为,鬼崇拜源于对鬼的观念,而鬼观念的产生,这是一个极其复杂的问题。首先是从"万物有灵"到"灵魂不灭",再到出现鬼灵,经过长时间的发展,日益丰富,日益繁荣,惊心动魄,令人悚然,成为一种奇妙无比,影响深远的独特的鬼文化。

鬼的观念产生后,逐渐有了善恶之分,即有了善鬼和恶鬼。善鬼是给人们带来好处,保护生者的,而恶鬼则会给人们带来灾难。至今在一些民族中还有这种信仰。善鬼一般是祖先鬼、保家鬼,恶鬼有饿痨鬼、野山鬼、棒头鬼等。恶鬼多是非正常死亡者变的,如死于刀枪之下,溺死、跌死、吊死、饿死等。善鬼、恶鬼的分化是由于社会原因造成的,人们现实生活中的感受折射到早期宗教意思中去了。[①]

在印尼华人社会,鬼崇拜的形式主要有两种,一种是在自家墓地、当地所建的地藏王庙或在佛寺中的地藏王神灵面前所进行的家庭或个体的亡灵祭祀。依据当地华人的说法,地藏是佛教四大菩萨之一,与观世音有所不同,地藏菩萨主要救助地狱中所有"罪鬼",而观音菩萨则以救度世间众生为主。其实,依佛教经典中的解释,地藏王作为阴间地狱主

---

① 马书田:《中国鬼神》,团结出版社 2007 年版,第 8—10 页。

宰，以救助地狱中有罪鬼为己任，自然是大慈大悲，十分宽厚。

在当地，一般华人都不用"饿鬼"一词，而只说是"好兄弟"，或称这些孤魂野鬼为"门口公"。依据华人习俗，清明节是鬼世界的大节日。清明是扫墓祭祖的日子，同时也要祭"好兄弟"。除了上坟祭祖时顺便祭祀"好兄弟"外，人们除了在庙内的地藏王神灵面前祭祀外，也会在大爷和二爷神灵前祭祀。

另一种是在当地社区的庙宇中专门为孤魂野鬼而举行的"普渡"活动。在前一种鬼崇拜形式中，除了在地藏王神灵面前祭拜亡灵外，一般人家在农历每月月底也拜"饿鬼"，有人则在每月初二和十六行之。后一种鬼崇拜形式中，是较前者更为隆重的，即每年一度都要举行，且活动相当盛大。

农历七月对印尼的华人来说，是个很重要的月份。在这个月，有三个重要的节日，即三官大帝圣诞、盂兰胜会和地藏王菩萨圣诞。在七月这一个月中，地狱门大开，一些无主的"饿鬼"乃游荡，寻求食物。不过，就理论上而言，凡是留在阴间的鬼魂，都可能在这个月来到阳世游荡。但是在一般人的观念中，只有为后世子孙所忽视而未得到适当奉祭的鬼魂才成为七月节的"饿鬼"。由历史背景来看，每月月底的祭拜（"门口公"），和每年七月的"普渡"二者或有不同。不过，在印尼华人的观念中，二者区别似乎并不存在，即他们似乎并不觉得这二者之间有矛盾之处。

在当地华人的观念中，七月间鬼魂四处飘荡，不免会作祟人间，因之在寺庙各处乃有盛大的"普渡"活动，供奉大量食品并演戏以娱诸神诸鬼。在棉兰的地藏王殿内，当地的华人专门在两面建有一处放置华人尸骨的大坟墓。据说埋葬在其中的大约有一万多具尸骨，这些尸骨是1960年福建义山和广东义山被地方政府强行撤除时，因而无人认领或被人遗弃而放在地藏殿的。这些遗骨一直放在那里，直到2008年才由当地的一些华人慈善者专门建造坟墓统一埋葬起来，并立了一块"万事流芳"的石碑。每到中元节（盂兰盛会），当地的华人都要在这里举行盛大的"普渡"仪式，而每逢初一、十五也会有许多华人到这里祭祀这些无人认领或遗弃而共葬在一起的魂灵。

印尼华人每年举行的七月普渡，使我们对于他们祖宗崇拜的本质有了进一步的了解。生者供奉死者之所需，也就是要使得死者在阴间丰足无匮，才不会为祟人世。在前述的三宝垄文献堂所举行的祭祖案例中，可以找到这种观念的痕迹。三宝垄华人在文献堂举行的那次盛大的祭祖活动中，专门为祭祖撰写了普渡的祭文，其祭文这样写道：

垄川东街文献堂普渡疏文
　　伏以
普渡门开八难三途皆解脱
吉祥会启九玄九祖尽超升
公元二〇〇八年七月十八日吉时
中国各省府县人氏，今寓印度尼西亚中爪省居位
奉文献堂理事长郑毓洲暨全体委员会
文献堂众神会员内外合坡合财人等同诚焚香叩拜
南无人天教主释迦牟尼　文佛
南无大慈悲观音菩萨普渡会上诸神
菩萨罗汉圣僧各皇莲座下恭中意者
言念众等为见十方法界男女孤魂
春杳无祭昼夜乏光明实切哀怜
何由祭　兹逢中元佳节同岁诚心公定
赈恤冥途各求福庇如意生财即叩
佛天大垂赐庞渭向今月今是日　恭就本
文献堂设坛延僧发文上通分弑天京
下达坤府龙宫编行知会运心修三界
四府冥阳遮普正三昼夜道场初日分
　　中午发奏祝日
韦天主宰开函顶礼慈悲宝载彼皇大乘
盘诺尊怪兼咏诸咒品章　午供酥配
梨园歌唱　上奉十方三宝　万德千尊
中日分坚杨五色神播灯祝九品慧炬

连宵晚课楼待有情未日分经功美满另
斛食内资会内宗亲外拨男女幽魂
承斯喜利沛大吉祥　伏愿
伏光普照合会众等精神绚彩命运亨
通另增百福女纳千祥祈求生意兴隆
财源广进凡在台具叨五福
　　　谨疏上
　　二〇〇八年七月初十八

从三宝垄以上的祭文来看，在这次七月普渡活动中，不仅仅是祭祀华人共同的祖先，也祭祀那些"孤魂野鬼"，何以祭祀他们呢？是"兹逢中元佳节同岁诚心公定，赈恤冥途各求福庇如意生财即叩"。

个案：印度尼西亚坤甸华人"烧洋船"仪式

在人类学的研究中，宗教仪式是一个被重点关注的领域。自涂尔干构建宗教仪式的理论以来，许多学者相继进入到宗教仪式所举行的田野中，参与观察，深度访谈，取得了许多人类学视野中的典型宗教仪式的案例。笔者于2011年7月30日至8月15日前往印尼西加里曼丹的坤甸（Pontianak）和山口洋调研，在此调研过程中，有幸参与了2011年8月14日坤甸华人社会举行的"烧洋船"仪式，笔者以这次考察所获得的资料为基础，对"烧洋船"仪式进行了一些描述和分析，试图从中寻找它所具有的社会功能的意义。

就涂尔干的观点来说，宗教仪式是行仪式者赖以与神圣事物发生联系的一组实践。"烧洋船"是坤甸华人的传统习俗之一，也是当地每年固定的文化和旅游节。

所谓"烧洋船"，是坤甸华人在秋祭活动中举行的一种宗教仪式，旨在叙述其移民的历史、不忘本源，以及强化族群认同、建构华人宗教文化。这种"烧洋船"仪式是坤甸华人在中华民族的传统节日"七月半"（中元孟兰盛会）中进行的，它由以下一系列活动组成，真实地体现了行仪式者与神圣发生联系的一组实践。

1. 谒祖

谒祖是坤甸华人举行"烧洋船"仪式的第一个活动。谒祖即祭拜祖先，这是海外华人得以保存的传统。一般来说，海外华人祭拜祖先的形式可分为家祭和社祭。

所谓家祭，即在华人家中所设的祖先牌位前或到其祖先的坟墓前祭祀，而社祭则是由华人社团组织人们在祖先的墓地（总坟）前进行祭祀。

坤甸华人"烧洋船"仪式的祭拜祖先活动是一种社祭活动，但所不同的是，当地华人社团祭拜祖先的场所设在西加孔教华社总会，祭拜的祖先是孔子。

大约早上7点多钟，西加华社总会的理监事及一些民众来到该会的会所，集中祭拜设在会所二楼的孔子神像。在上二楼之前，祭拜的人们来到二楼的楼梯口，即一楼大厅的右侧，首先祭拜放置在那里的土地神。这个土地神神龛，是一个有着传统色彩（中国红）和结构的神位，约有80厘米高、30厘米宽。神龛正中贴有"地主神位"，前檐为"合会平安"的字样。神龛靠右墙而立，其正中是一个插着许多香的小香炉，而左侧则是一个红色的陶瓷大罐，正前方是一个装满水果的红色果盘。祭拜的人们一一在此驻足，跪下来虔诚祭拜。

图83 坤甸华人在孔子画像前敬香　　**图84 坤甸华人在土地公神龛前祭拜**

祭拜土地神后，华人们便顺着楼梯按秩序来到二楼祭拜孔子神像。孔子神像设在二楼朝楼梯口面墙的正中央，它是一幅约一米高、一米宽的画像。孔子神像的两侧贴有对联，上联是"五经哲教神"，下联为"六艺学宗师"。而在面向楼梯口的横梁和楼梯两旁的柱子上也贴有对联，上联是"诗书鲁国门贤七二播文风"，下联为"经学杏坛弟子三千沾化雨"，横批是"万世师表"。在孔子神像的下方，有一张香案，其正中摆着一个大香炉，香炉两旁各有一个神灯。

为了这次祭拜，还特地临时摆放了另一个香案，上面放了一摞装满水果的果盘，果盘的两旁各放有一支电蜡烛。祭拜的人们上到楼梯后，按顺序直接来到孔子的神像前，一一跪下虔诚地向着孔子，也就是向着当地华人的"祖先"祭拜。

在西加孔教华社总会祭祀"祖先"孔子后，华人们便驱车前往离坤甸市10多千米远的双溪拉亚义山，准备参加"烧洋船"仪式中的第二个活动。

2. 拜义冢

拜义冢是坤甸华人"烧洋船"仪式的第二个活动。当地华人的义冢坐落在坤甸市郊双溪拉亚的"西加孔教华社墓园"中。这座墓园是当地安葬华人的较老的义山之一，据说此义山的建立离现在已有几百年的历史。

该义山现由坤甸的华社总会，即西加孔教华社总会管理。在此义山中，最早的义冢是民国十五年建的"华侨义冢"，还有一座是1969年建成并于2000年重修的"西加孔教华社义冢"，此外，还有一座近年建造的"难民祖宗纪念碑"。拜义冢的活动很隆重，在义冢或纪念碑前摆满了祭祀的供品，而且还有在中国国内祭祀活动中都很少看见的"全猪""全羊"等祭品，从中可以看出当地华人仍保持着较强的传统习俗。

上午大约10点钟，"拜义冢"的活动开始了。首先，由西加孔教华社总会秘书彭如庭宣读祝文：

> 农历辛卯年七月十五日（公元二〇一一年八月十四日），印尼孔教华社第十九届秋祭扫墓仪式开始，主祭者就位，助祭者就位，司事者各司其事。盥相、行、平身后位。主祭治子西加孔教华社第十九届总主席郑幼城暨各社团氏族理事长、理事代表及社会贤士向后土尊神神位前跪，主祭以下皆跪，上香、叩首、再叩首、三叩

图85 印尼坤甸"西加孔教华社义冢"及祭祀的物品（郑一省摄）

首，行，平身复位。向后土尊神参神鞠躬拜，主祭以下皆鞠躬，一鞠躬、二鞠躬、三鞠躬。后土尊神神位前跪，主祭以下皆跪，荐茶、荐酌、荐馔、祭群首、祭五牲，叩首，再叩首、三叩首。再荐茶、荐酌。谨以"青山如笑，秋霜将降，桃李芬芳，节届中元，礼行秋祭，荐新扫墓"先神告处。

主祭治子孔教华社总会第十九届总主席郑幼城等，有事于后土尊神，敢请诸神降居神位祇荐祀事，伏冀降鉴，恭维尚餐。殿酒、再荐馔、荐牲胸，荐粿品庶馐、庶品，三荐茶、荐酌，读祝、读祝者跪、选读、读祝者平身，荐晃宝、叩首，再叩首，三叩首，行，平身复位。

在读祝文者的念祷下，西加孔教华社总会主席郑幼城带领坤甸华社各氏族团体的领袖和社会贤达，以及其他华人民众向土地神呈献丰富的各种供品，并一一鞠躬，表现出对土地神的虔诚。

当对土地神的祭拜活动结束后，参加拜义冢仪式的人们来到"华侨义冢""西加孔教华社义冢"和"难民祖宗纪念碑"前，此时，西加孔教华社总会秘书彭如庭宣读了拜义冢的祭文：

维孔子降生二五二六年，农历辛卯年，秋旺，七月十五日丙申辛丑之本日。主祭西加孔教华社总会第十九届总主席郑幼城等敢昭告于孔教会义山、妈祖尊神之神位前曰：我华先侨，德厚留芳，来居斯土，斩棘开疆，栉风沐雨，辛苦备尝，冒险犯难，不避艰强，各尽其能，为工为商，建设斯邑，各展所长，不辞劳疾，努力是将，孜孜从事，无闻无涞，促进社会，繁荣地方，降及今日，成果辉煌，如斯功绩，没世难忘，幸而还生，归休梓桑，不幸而殁，埋骨他乡，无名英雄，竟而不彰，言念及此，无限心伤，值此佳节，聊莫酒浆，灵如不昧，来格来尝。

伏维

尚飨

西加孔教华社总会第十九届监理事暨各社团氏族等同敬祝

拜义冢时，先由西加孔教华社总会的主席郑幼城进行膜拜，随后是总会的监理事，再后是其他氏族社团的领袖及代表。按照义冢建造的年代，依次对"华侨义冢""西加孔教华社义冢"和"难民祖宗纪念碑"进行祭拜。

3. 恤孤

恤孤是坤甸华人举行"烧洋船"仪式的第三个活动。恤孤，也叫"抢恤孤"，活动的内容就是将上午祭祀华人义冢的各种祭品，以及将"七月半"这天华人各社团在其会所、华人民众在其家中所祭祀的供品等都收集过来，放入义山，即西加孔教华社墓园内的空地上，由需要这些祭品的穷人按秩序进行"抢夺"。

恤孤活动举行的时间是下午3时。当笔者与西加孔教华社总会的监理事到达时，义山已经是人山人海了，放有各种祭品的场地已被围得水泄不通。这些来到华人义山，并准备参加"抢恤"的人们，大都是当地的友族，主要有马来人、马都拉人和爪哇人。

望着这些放在空地上的各种物品，他们不时地大声喧哗，并争先恐后地占据对自己有利的位置，以便"抢夺"。大约3点钟，恤孤活动开始举行。在郑幼城主席的带领下，西加孔教华社总会的理监事、华社氏族团体的领袖和代表来到放祭品的场地,参加"抢恤"活动前的仪式。参加"恤孤"活动的华人们在插满各色令旗和铺满一地的供品旁肃穆地站立着,手持点燃的香烛,伴随着"恤孤"活动的主持彭如庭先生所念的祷文,一会儿跪下,一会儿鞠躬……

大约持续到3点半,只听警报声响起,当我们还没来得及退出这块布满供品之地时,早已等候在周围的当地友族便蜂拥而至,争先恐后地进来抢夺供品了。当然,这种场面是有"秩序的",因为当地政府特地派来许多警察维持着秩序。

4. "烧"洋船

"烧洋船"仪式的第四个活动,也是整个仪式过程最后的高潮,就是真正的"烧"洋船。

图86　西加孔教华社墓园(义山)的"洋船"(郑一省摄)

在义山,即西加孔教华社墓园,早在几个月前就在此制造出了"洋船"。这个"洋船"长21.2米、宽3.62米、高1.12米,与真正的船的结构和配置相比,似乎没有两样。该洋船为"广顺兴"号,船的上弦为红色,底部涂以黄色。该船前、后有两块白布制作的风帆,前一风帆写有"一帆风顺",后一风帆则写有"顺风得利"。在船上还有许多用纸制成的海员、船员,以及妈祖神像等。

据当地华人说,每年制作洋船的尺寸是不一样的,即每年洋船的尺寸会比上一年的多一厘米。为何要这样，当地的华人认为，人间每年都会去世许多人，因此每年的船就要制造得大一点，不然的话，那些将要坐船归去的灵魂会坐不下。在这次"烧"洋船的活动中，举行该活动的华人特地邀请了当地的政府官员，如坤甸警署署长、拉雅县县长等来参观，而当地政府也派出了大批警员以及消防车来维持秩序。

大约下午5点钟，"烧"洋船活动正式开始。西加孔教华社总会全体理监事、华社各氏族社团的领袖和代表在郑幼城主席的带领下，来到"广顺兴"号的船头前。这时，船头下已摆上了香炉，来参加祭拜的华人们手持香烛站立在那里，听着主持仪式的祭司彭如庭念烧洋船的祭文，他念诵道：

> 维孔子降生二五二六年，农历辛卯年，七月十五日丙申辛丑之本日。西加孔教华社总会于盂兰盛会，奉烧洋船仪式现在开始。各参加仪式的人等向诸尊神神位前跪，主祭以下皆跪，叩首、再叩首、三叩首，行，平身。向诸神献牲醴庶馐，并在此烧洋船，米粮具备、向列位先人先灵奉飨，恭维尚餐。谨于烧洋船之仪祭于诸先灵，敬昭告于尊神之神位前，惟兹洋船，仗赖神功，保佑幽冥，福荫全神，凡属我众，以安以康，工商农学，广进财源，风调雨顺，神其如在。
> 伏维
> 　　　　西加孔教华社总会第十九届监理事暨各社团氏族
> 等同祭

全体参加"烧"洋船活动的人们，在主祭的昭示下，或恭敬地向洋船船头下的香炉叩首，或向其奉献各种祭品，现场笼罩在神秘而庄严的气氛中。

船头前举行的"烧"洋船祭拜仪式大约进行了20分钟后，参加仪式的华人点燃了预先准备好的火把，围绕在船的周围，并在主祭的一声号令下，同时点燃了静候在那里的"洋船"。不一会儿，洋船燃烧了起来，火借着风势越烧越旺，迫使那些原先还在船周围观看火势的人们纷纷向安全的地方退去。这时，停放在船周围的三辆消防车拉起警报，车上的消防员拿着水龙头向船的四周喷射水柱，以免火势太大而发生危险。燃烧了将近20多分钟后，洋船慢慢地只剩一堆烧剩下的铁骨架。又过了将近10多分钟，虽然熊熊的火势还在不断地吞噬着船的骨架，但燃烧起来的浓黑的烟雾已随着风的减弱，渐渐变成淡淡的白烟，盘旋在坟场、空旷的田野，以至消失在天际，人们开始离去。至此，"烧洋船"仪式完满地画上了句号。

综上所述，印度尼西亚华人的民间信仰中存在一个共同的象征体系：祖先、神和鬼。当地华人宗教信仰的祭祀以家庭或宗族的神坛和社区的庙宇为中心，而且家庭或宗族和社区的祭拜两者都涉及三种超自然物。正如某位学者所指出的，祖先、神和鬼之间的差别不在于他们各自代表什么阶层，而在于他们形成一种象征上结构关系：祖先和神象征着社会对它的成员内在包括力和内化力，而鬼象征着社会的排斥力和外化力。例如在家庭的祭祀中，神（土地神）和祖先两个超自然力量共同起着界定家内家外的概念和关系的作用，而鬼从相反的角度（家外）界定家庭是什么。对于一个社区来说，神和鬼的作用是类似的，其功能在于用象征和隐喻划出社区的内外之间的界限。[①]

第二节 印度尼西亚华人民间信仰的文化表征

从宗教学的观点来看，宗教的仪式形态是包含各种角色的许多不同参与者复杂的集体行动。这些仪式形态的特点，是活动的多个中心展现出的多样混合的仪式结构和事件。印尼华人民间信仰的文化表征，其体现在寺庙文学和寺庙艺术，其主要由建筑艺术、匾额、楹联、碑文，以及民间信仰仪式等构成。

任何一种文化的产生，都有它的特定的历史因素。庙宇文化也如此。寺庙的出现与建立，是民间信仰的物化标志。民间信仰是一种特殊的社会意识形态，它的产生有一定的历史渊源。它与人们的生活、思想心理密切联系。

[①] 王铭铭：《社会人类学与中国研究》，生活·读书·新知三联书店1997年版，第165页。

印尼华人的民间庙宇文化，既有无数显示着中华文化痕迹的装饰，也有当地文化的显著特色。在当地，有建立在美学基础上的中式的、中式与当地民族风格融合的庙宇建筑艺术，有形态各异、栩栩生动的各种雕塑、壁画，数量更多的则是匾额与楹联，以及碑文等。

一　庙宇建筑艺术

在中国传统社会，民间宗教建筑常常是民间艺术的具体表现形态之一。中国的庙宇一般都是仿造中国的宫殿进行构筑的，故俗称宫庙。在印度尼西亚，许多历史悠久的庙宇也是如此。雅加达的金德院、棉兰的关圣帝庙、天后宫，三宝垄的大觉寺、西河宫和威惠宫等是仿中古时代的宫庙式，屋顶用泥土以精工巧技，塑造各种珍禽奇兽，并备有古代图案。此外，由于福建籍华人人数在印尼占有很大的比例，福建的建筑风格或特色也在许多华人的庙宇中显示出来。

（一）庙宇屋顶及其装饰

在印尼华人神圣的民间庙宇建筑中，特别重视其屋顶的形式及装饰，虽然各个庙宇屋顶的形状不尽相同，但物件的装饰似乎一致。据考察，华人的庙宇屋脊形状一般设计为"燕尾"状，即两头翘起，这很有闽南的建筑特色，这种弯曲的屋脊都会配以龙的装饰，一般是两条龙，且各条龙都有胡须、龙爪、龙尾，两条逼真的龙，在表演"二龙戏珠"的场景。龙在当地华人的文化具有最重要的意义，因为在他们的哲学里，龙是至尊。

当地华人一些庙宇有时也将凤凰与龙放在一起，有所谓"龙凤呈祥"之意。除了龙与凤凰外，华人庙宇的屋脊还有用鱼作为装饰的。鱼，特别是金鱼，似乎是财物的象征。养鱼者，是富贵的标志。当地华人还认为鲤鱼是龙的化身，大有所谓"鲤鱼跳龙门"的感觉。还有的华人庙宇，其屋脊采用螃蟹作为装饰，这是源于福建人的传说，螃蟹能给人们带来财富。

图87 印尼直葛市的"泽海宫"的屋顶龙装饰

图88 印尼雅加达鲁班庙的屋顶龙装饰

图89 "龙凤呈祥"做屋顶装饰的庙宇

图90 "招财螃蟹"做屋顶装饰的庙宇

寺庙的屋脊除了有一些动物作装饰外，其屋顶采用的建筑材料也各异。有的是琉璃瓦，有的是青灰布瓦等。寺庙的屋顶压座也有不同的形状，有的是几何的形状，有的是云卷的形状，有的是云浪的形状和尖锐顶形状。屋顶以勾连搭形式相连。

(二) 庙宇建筑的对称结构

对称是中国传统建筑一贯追求的形式美感。不论是建筑布局的中轴对称，还是装饰部件的对称使用，都以对称为基准展开。与西方教堂建筑体块感相比较，东方庙宇建筑装饰更注重于线的意蕴表现。所以在装饰的过程中，往往会根据建筑材料的不同而采用木作装饰、石作装饰、砖作装饰及彩绘等形式，内容多以传统动物、植物、人物以及抽象图形为主。在制作过程中遵守装饰部件的结构特征，通过灵活搭配组合将独特艺术造型的单体形象进行或写实、或夸张、或变化等手法井然有序地安排规划，从而实现在严整的对称中追求一种视觉的均衡感。同时，错落有致的屋顶设计打破建筑单体布局上的对称呆板，装饰题材、纹样等多采用对称形式应用在建筑梁、柱、额板、滚墩石、裙板、窗扇、瓦当等部件上。纹样构成上常采用左右对称、上下对称、中心对称等形式，在使用过程中注重对称的同时又讲求重心、曲直、呼应、动静、繁简、比例等多种关系的把握，使得建筑装饰艺术在规律性的秩序中形成视觉美感和主题突出的意蕴意义。

华人庙宇建筑似乎也继承了这种传统，即根据建筑功能特征，其建筑装饰更加注重对称形式的把握以表达建筑环境的庄重感。在印尼华人社会，其庙宇建筑装饰根据使用环境的功能而发展，在艺术表现上十分重视造型艺术的对称关系，而这种对称关系同时也表现在装饰的形、色、艺术、质等多个方面。我们以印尼爪哇拉森（Lasem）的安慈宫和万丹的观音庙为例，来说明对称结构的传统。

图91　印尼慈安宫外在的装饰对称结构

图92　印尼万丹观音庙的神龛的装饰对称结构

左上图慈安宫是中爪哇拉森的天上圣母庙。拉森（Lasem）是中国移民登陆印尼最早的地方，该地以所谓"爪哇的小中国"而著称。据史料记载，1815 年拉森有 1977 名华人，而同期三宝垄只有 774 名华人。拉森是中爪哇北海岸一个小城，距离中爪哇的首府三宝垄大约两个小时路程。几个世纪前，拉森的码头很出名，有许多造船厂。拉森有三间古老的庙堂：慈安宫（Tjoe An Kiong）、保安庙（Poo An Bio）和义勇公庙（Gie Yong Bio）。达顺路（Dasun）是拉森最古老的街道，慈安宫就坐落在这里。据说，慈安宫建于 1450 年，为全爪哇最古老的妈祖庙。①

图 92 是印尼万丹省（Banten）西冷区的观音庙中观音神龛的装饰。爪哇万丹省（Banten），印度尼西亚一级行政区，位于爪哇岛最西部，隔巽他海峡与苏门答腊岛相望。据资料显示，万丹地区在古代先后属于信奉印度教的多罗摩王国、巽他王国。1552 年，当地兴起信奉伊斯兰教的万丹苏丹国，1579 年灭印度教巽他王国。其强盛时，领土包括整个爪哇岛西部大部分地区、苏门答腊岛的最南部的楠榜地区、婆罗洲西部的地区，控制着巽他海峡，是国际性的商品贸易集散地。② 据资料显示，16 世纪时就有中国人迁移至万丹居住，人口有 3000—4000 人，他们从事种植水稻、蒸酒、种植胡椒，大多数经商，并建立了"唐人街"。③ 这个观音庙是在万丹王朝时建立的，也被认为是印度尼西亚华人最古老的寺庙之一，其时间大约是在 1652 年期间，即万丹苏丹国王苏南·古农·查提（Suana Gunng Jati）统治时期建立的。

就拉森的慈安宫和万丹观音庙来看，其对称装饰结构相当明显。从

---

① 达顺路（Dasun）是拉森最古老的地方，慈安宫就坐落在这里，据说慈安宫建于 1450 年，为全爪哇最古老的妈祖庙；而保安庙大约建于 1740 年，主要供奉广泽尊王（拉森多南安人，而南安人多供奉此神灵）；义勇庙大约建于 1740 年，其供奉了再造的神灵，即黄英杰、陈克威，以及 Raden Panji Margono。黄英杰和陈克威是抗荷英雄，而 Raden Panji Margono 则是爪哇人的抗荷英雄，据说他是摄政王（1714—1727）。当地华人敬他们为神，依此作为祭祀。

② 《万丹省》，https://baike.baidu.com/item/%E4%B8%87%E4%B8%B9%E7%9C%81/3588858。

③ ［日］岩生成一：《下港（万丹）唐人街盛衰变迁考》，《南洋问题资料译丛》1957 年第 2 期。

慈安宫庙宇的外表看，有两个威严的石狮子，守候在门两边，而在狮子后面则是两位手持宝塔和宝剑的门神雕像。在慈安宫的大门有一副对联，上联是"圣神功化可以赞天地"，下联为"母德显灵堪致保国家"，而门楼上则有两条青龙在戏珠。进入慈安宫大门，主庙的屋脊上也有戏珠的两条青龙在欢腾。而观音庙内的装饰建筑则是一个观音神龛，也有明显的对称结构。比如，神龛是一件精致的木雕，其中镶刻了一些植物和动物木雕，最主要的部分，即中间部分是两条戏珠（太阳珠）的金龙。围绕着金龙，又雕刻了一对凤凰、一对金龟，左右一朵祥云，围绕着戏珠（太阳珠）的，是上下各一对牡丹花。

从以上拉森慈安宫和万丹观音庙的对称装饰可以看出，华人民间信仰庙宇建筑装饰祥物造型中对称手法表现比较突出的是龙、凤、狮子、麒麟等的石雕、木雕和砖雕等雕刻艺术。比如狮子在当地华人文化里是一种流行的动物形象，其作为辟邪的动物而发生作用，而狮子又是力量、勇气和坚强不屈的象征标志。狮子是庙宇建筑门前滚墩石上作为常用的动物形象，然而同为狮子其形象又各有特色，有雄狮戏珠，也有雌狮闹幼狮，有的静静地守候在那里，狮子的姿态各异。庙宇滚墩石上石狮子位于庙宇左右两侧，遵守传统排列方式左边雌狮、右边雄狮布置，这又是阴阳之间的对称。再比如，庙宇屋脊的二龙戏珠对称纹样的龙锦纹样装饰，两边藻头配以抽象旋子斑纹。华人民间庙宇建筑装饰在讲求对比的同时也重视造型过程中的微妙变化，如屋顶的曲线，构件装饰的比例、尺度，彩画的退晕等都在整体风格之上追求视觉心理的细微变化，这种统一中的微妙变化使得建筑物本身具有了强烈的艺术感染力。

此外，华人庙宇的庙宇色彩对比也是一个很重要的方面，这种对比主要反映在屋顶、檐下、墙面、门窗、台基等。比如，庙宇蓝色琉璃瓦屋顶，檐下彩绘青绿色调的斗拱和额枋，蓝绿色调与柱、门窗的朱红，金黄、橙黄与红色等形成鲜明的对比，换句话说，黄与红似乎是印尼华人庙宇的基调，表达传统文化寓意的同时产生强烈的视觉冲击。

图93 印尼万隆的"潮觉寺"建筑色彩（郑一省摄）　　图94 印尼北加浪岸镇的"宝安殿"建筑色彩（郑一省摄）

庙宇建筑装饰都具有一定的秩序性，在特定的秩序中进行设计规划以此体现文化思想的伦理性与宗教思想的政治性。庙宇建筑屋顶装饰跑兽排列顺序严格按照等级规定将各个形象有序地排列在翘角之上；主殿天赐殿檐下旋子彩绘采用传统三段式结构，庙宇建筑中檐下彩绘旋子画中坊心装饰多采用花卉、几何图样等一字排列。雕刻、彩绘纹样根据装饰界面的面积、形状、材质等因素，采用二方连续纹样、四方连续或八方连续等形式进行重复组合构成作为辅助纹样。如卷草纹、万字纹、几何纹等抽象纹样通过雕刻或彩绘形式装饰于装饰界面次要位置之上。这些辅助纹样的使用相对于具有特定寓意的龙凤、狮子、麒麟、鹿虎、天马等形象具有烘托环境、升华意境的重要作用。

除了具有中华文化元素庙宇的特色外，印尼的华人庙宇建筑艺术，也有许多赋予了一些当地的建筑艺术风格。例如，三宝垄的玄天上帝庙，其屋檐的建筑就是印尼式的建筑元素，还有像印尼巴厘岛的"公祖庙"，以及普罗博林戈的龙源寺等。

图95　印尼巴厘岛的"公祖庙"
（郑一省摄）

图96　印尼普罗博林戈的龙源寺
（郑一省摄）

二　历史文化痕迹

庙宇的历史文化痕迹，主要是指庙宇内悬挂的牌匾、神灵神龛两侧，以及庙宇柱子等书写或镶刻的对联等文字。

（一）牌匾

牌匾，这是寺庙文化的一个很重要的部分。一般来说，寺庙中牌匾上的题字必须精炼简要，其大多为四字，或三字、两字，且多经典成句，并要在这几字中表达对主神性格、职司的准确理解。1753 年修建于三宝垄的第一座华人庙宇"寿福堂"，因这是一间以福德正神（土地公）为主神的庙宇，所以其牌匾题字为"保我黎民"。而建于 1772 年的三宝垄大觉寺，其主神释迦牟尼等佛像神龛上有两块牌匾，牌匾的题字分别为"银海清澄""慧眼争辉"。左侧三保大人神龛上的牌匾也有两个，分别是"晶天普照""悟真机"，而右侧妈祖神龛上的牌匾为"灵光慧照""昭坤德"。就印尼来看，历史较为悠久的庙宇其牌匾就较多，如爪哇岛三宝垄华人的庙宇历史较为悠久，所以牌匾的使用也比较晚建立的庙宇更为丰富。几乎三宝垄的华人庙宇都有数量不等的牌匾存在，其牌匾的题字也更显得正规与古朴。

表6—2　　　　　　印度尼西亚华人一些庙宇牌匾一览

庙宇名	地址	主神	牌匾内容	庙宇名	地址	主神	牌匾内容
金德院	雅加达	观音	法海清化	关圣帝			忠义千秋
大伯公庙	雅加达	大伯公/大伯婆	保彼黎明	三圣宫	西加里曼丹喃吧哇	大伯公	慈云普照
鲁班庙	雅加达	鲁国大夫	万世师表（左）、言辞安定（右）	镇海宫	苏门答腊岛峇眼亚比	临水夫人	夫人妈、临水夫人、阴姑娘
观音庙	万丹西冷	观音	万道丹成、云坛腾晓救渡生异业	福安宫	泗水	天上圣母	后德同天
福德庙	茂务市	观音	慈航普渡	兴水宫	亚齐怡里	清水祖师	显佑南邦
潮觉寺	万隆	观音	慈光普照、无上正觉、台上品				
妈祖庙	茉莉芬市	天上圣母	惠泽无疆、粉疆被泽				
妈祖庙	巨港	天上圣母	慈云广照				
永福宫（1928年）	廖岛	福德正神	大广神恩				

资料来源：根据调查和其他资料整理而成

从印尼华人庙宇的牌匾来看，这些匾额的撰写者或提供者大致是当地的庙宇请当时的书法家或著名人士所题写，比如三宝垄唐人街宾吉尔巷（Bang Pinggir）的东壁庙前厅，有一块匾，写着"流谦"两字，落款署名许国忠（Khouw Kok Tiong），即当时任三宝垄华人雷珍兰的许鹏留下来的手迹。

图 97　印尼三宝垄唐人街宾吉尔巷东壁庙前厅许鹏书写的"流谦"牌匾（郑一省摄）

除了书法家或著名人士提供牌匾外，还有庙宇的门人或信徒捐赠牌匾。如在南苏门答腊巨港供奉观音的水月宫中有"揭邑治子（按：即为其统治下之弟子）吴益兴"于"光绪念叁年岁次丁酉"（1897年）敬酬的"凤山寺广泽尊王"匾额；在廖内口眼亚比镇海宫中，也有"弟子侨秘源、余仁德、王台、康朝浩"于"癸丑年（按：1973年）阳月十八日"敬奉的"凤山寺广泽尊王"匾额。可见它们也都供奉南安凤山寺广泽尊王。

牌匾是有许多存在的价值的，其中一个是可以通过牌匾的文字来推断其庙宇的建立时间或建立者。如北苏门答腊丹戎浮拉的凤田宫，又称广泽尊王庙，也奉祀广泽尊王。从宫中"光绪贰拾年四月中浣吉立"的"广泽尊王"匾额，及同年所立的《凤田宫乐捐碑》来推测，该宫可能建于清光绪二十年，即1894年。首先，因为该匾额下款还署有"许舟傅、王振德、谢如仁、邱德道，总理黄豆种、邱思来"。在一般情况下，是初建时主其事者才会这样敬奉；其次，《凤田宫乐捐碑》标题前没有冠上"重建"或"重修"字样，可见该碑是初建时的《乐捐碑》。因此，清光绪二十年当为该宫的创建时间。另，北苏门答腊棉兰镇莲寺奉祀广泽尊王和玉皇大帝，寺中有"囗吧（按：疑为'邑'字之误）弟子陈恩凤叩谢"敬奉的"广泽尊王"匾额，及"镇土俗人情，足征神下有赫；连人民物化，益信王道无私"对联，下款均署"中华民国拾贰年癸亥桂月谷旦"，即 1923 年 8 月，可见该寺至迟当建于此时。

从印尼华人庙宇牌匾中可以看出，庙宇的牌匾既可以发现当地名人的手迹，也可以从牌匾文字来推断该庙宇建设的时间或建筑者，因此庙宇的牌匾具有一定的历史文物价值。

（二）楹联

楹联，又称对联。这是中国寺庙的一大特色，它是根据主祀神的主要功能或庙宇的庙名而撰写的。印度尼西亚华人的寺庙也不乏这样的楹联。不仅如此，这种楹联也在棉兰华人的坟墓上得以体现。兹列举数例如下：

爪哇岛三宝垄的三保大人庙，坐落在四周环山，树木扶疏，郁郁葱葱之中。首先映入眼帘的是巨大的拱门，门顶左右两条蛟龙盘檐，对着一颗明珠张口相争，示"双龙戏珠"状。门前一对石狮，其身后各立着一位守门大将的石像。整个庙门，飞檐斗拱、雕梁画栋，完全是中国式建筑特色。大门两侧刻写着一副对联。"滇人明史风来世，井水洞山留去思。"横批为"德绥威服"。

三宝垄华人的东壁庙的楹联："东风云时际会期，壁霖雨际苍生旦"，额作"东壁庙"。在东壁庙内供奉的主神福德正神坐像上面的牌匾题字是"恩敷东壁"，楹联为"致福，积德"；三宝垄华人的灵福庙的楹联："齿德达尊自昔英灵敷柏面，山川毓秀从今庙貌换垄坡"，额作"福德正神"。

棉兰延陵吴氏宗亲会祖先神龛的楹联："源塑延陵家传礼让，美绳渤海至德流芳"；棉兰鹅城惠州慈善基金会的神龛的楹联："帝德无私能判人间祸福，皇威显赫方知世上荣枯。"

与牌匾一样，楹联也有极大的历史价值的，其中价值之一也可以根据文字来推断该庙宇建设的时间或建筑者。例如，南苏门答腊巨港有一座凤山寺，供奉广泽尊王。关于该寺的创建年代，未有文献资料可稽查。但寺中有一副木柱刻文云："大清咸丰乙卯年吉，沐恩弟子谢顺禄酬。"清咸丰乙卯年为公元 1855 年。依此可见，此时该寺若非重修，则当为首建。现在庙中还保存着一副 1942 年甲必丹林□□叩谢的对联："广厦潭居祀灵神，庄严已接□佑圣佛；泽泉润境奉威容，虔肃常邀锡枯尊王。"

而在北苏门答腊棉兰福临宫中,主神虽为清水祖师,但在《福临宫纪念碑。添造福临宫后座纪念碑序》首句却云:"神威广大,泽被群生,晋爵尊王",由于"广泽尊王"四字分别嵌在其中,故可以认为该宫也陪祀广泽尊王,至少曾供奉过广泽尊王。此外,在南苏门答腊巨港有闽南人建造的一座威镇宫。从宫中一副"光绪捌年霞月吉置、沐恩弟子林安昭谢"的木刻柱文,可知该宫当建于清光绪八年,即1882年。由于在中国传统文化中"宫"与"庙"一般通称,故该宫很可能也是安溪威镇庙的分庙,即同样供奉广泽尊王。

亚齐华人庙宇兴水宫的对联云:"清风徐来,万物同沾化雨;水不扬波,四海共庆升。"则表达了当地印尼华侨华人对清水祖师的虔诚崇拜。

楹联的文字单联可以是"七子句",两者加起来就是"十四句"。也有的可以是"四五句",即一单联为"四",另一单联为"五"。还有可以是"九字句""十一字句"的。这些字数不同的楹联,既可以放在柱子上,也可以放在墙上。

图98 印尼韦拉汉玄天上帝庙墙上的楹联(郑一省摄)

总的来说,楹联是除了木刻、石刻史料,可以帮助今人研究史实以外,也可视为华侨士子文学,有助于了解其时海外中国文人的文艺涵养,在华侨文学史上也有一定价值。

（三）碑文

碑文，这是华人民间庙宇中最具有史料价值的文物。在印度尼西亚的大多数华人民间庙宇中，都保存着此类碑文。这些碑文除了是石刻史料，可以帮助今人研究史实以外，也可以视为华侨士子文学，有助于了解海外华人的文艺涵养。我们以三宝垄三保大人庙不同时期的碑文来说明这点。

19 世纪下半叶，三宝垄三保洞一带的地皮落入一个名叫乔哈纳斯的犹太人后裔的手中。他对前去三保洞进香的华人横加敲诈。他公然提出，若将三保洞开放一年，必须付给他 2000 荷盾。在当时，2000 荷盾是相当大的一笔费用，华侨难以筹集。后经华侨组织与乔哈纳斯磋商，最后付了 500 荷盾。这也是一笔高昂的费用。若长期受此勒索，严重阻碍人们前往三保洞膜拜。三宝垄的华侨黄志信（即糖王黄仲场之父），也对此愤愤不平。他便向三保大人起愿，一旦他的事业获得成就，一定要买下这块地皮。不久，黄志信果然在事业上飞黄腾达。1879 年他从乔哈纳斯手中买下了这块地皮，并立碑以志纪念。碑文如下：

> 时望安为王公三宝大人归真之地，山明水秀，树木葱笼，麓有石门，天然成洞，三保圣神著灵于此，俗称为三保洞者，以神得名也。我唐人旅居稚地者，咸叨庇佑，而航海经商，洞尤资保护，功在民庶，口悉为碑。是以每逢朔望，善男信女，诸参信神，用申烟喉，肩摩踵接，车辘马嘶，诚盛迹也。是山向为宋仔故业，岁索路金五百，我公馆征诸店户，以供斯款，虽为数无多，而慢神害理，历代相洛，宁有既也。信目击情殷，祀忱徒抱，乃于己卯夏月，拍卖黎弄，赖神默助，竟逐初心，于是除路资，修废记，新洞庭，浚沟洽，庶士女得尽皮诚，馨香永荐，借以冀荫，阖境康安，炽昌勿替者也，窃恐后人不体此意，炭述所由，勒诸坚石，啤后之承我业者，遵守勿违，且以明我之所得土地，草陋规者，皆出神圣默助，致使然也，是为识。清光绪五年岁次乙卯，荷兰西历一千八百七十九年，望山主人黄志信敬勒。

1966年华人林清志（Liem Djing Tiie）在三宝垄的三保公庙立了一个郑和纪念碑，以纪念郑和当年光临三宝垄。碑文用英、汉、印尼三种文刻写。碑文全文如下：

三保圣碑

这个供人瞻仰的洞和名为石屋的庙宇是为纪念三保太监的功绩而建立的。三保太监是明朝（1368—1644）初年的一位中国使者，生于云南，卒于1433年。作为一位使者，他访问了爪哇、苏门答腊、马六甲、暹罗、孟加拉、锡兰和阿拉伯诸国，旨在与那些国家建立商业和友好关系，同时加强一千年以来的传统友谊（法显的来访约在公元400年）。为了崇敬和确认三保太监的丰功伟绩，许多国家分别派遣自己的使节访问中国。三保太监在1406年和1416年先后访问爪哇。其中在1416年，他在当时尚位于海边的塞蒙安登陆。三宝垄市的居民认为，使节三保太监的来访是民族间的一件大事，故立此碑，谨表对三保太监的敬意。

至今此碑依然矗立于三保庙内，它固然是对伟大的航海家往临三宝垄的纪念，更重要的是体现了当地华人敬崇友好使者郑和，珍惜中国与印尼两民族间的传统友谊。

从调查来看，印尼华人庙宇碑文的撰写体例既有现代文体，但更多的是中国古文体例，即骈句为主，也有以散句为主的撰写风格。除了上面郑和庙宇的碑文撰写体例外，我们还可以列举以下庙宇来证实这类写作的风格或文风。

在北苏门答腊省棉兰的"天后宫"，也存有一块佚名的《天后宫乐捐碑》，落款时间是1911（宣统三年），其碑文写道：

圣人以神道传教，能服天下之心；思王者以国社植基，能壮舆图之气。象懿铄哉！盛世规模，创于昔时，未尝不见于今日也。系夫天光普照，后德宏深。表齐圣而普恩威，作慈母而恢仁寿。如天后圣母者，其于往来商贾，远近居民，果经至诚所格，夫固感应而响，获福无疆。日里棉兰地，乃苏门答腊一隅。迩来舟车荏止，辐辏并臻，士商云集，日新月盛，诚为南洋一大都会也。予不敏，忝膺职守，不［承］乏其间。举凡所以护佑华商，俾之利赖穷者，罔不悉心讲求，冀臻治理。因思天后圣母，布慈云于世上，航海者尽沐恩波；作生佛于人间，经商者悉被灵赐。自宜崇奉维殷，馨香勿替。爰集合端口绅商，筹建一庙宇之费，是以发缘薄，遍告同人。随意乐捐，俾德成乎巨款；同心共济，口能口于成功。行见庙貌事新，神灵在上。则他日民阜物康，胥沾乐利于靡涯；男妇平安，悉伏灾殃于何有矣。予上叨荷庭之知遇，下系苍赤之劝瞻。勉尽厥职，而承流布治者既久。去岁商之十二公司，蒙假与新口胜地一区，以建造庙廊，诚为浮嚣莫近，宏敞得宣。予不敢委以烦剧，力任倡理。谨议章程数则于后，所愿善商善士大发慈心，共成善举，此则吾所厚望焉。是为序。

这篇乐捐碑，出自印尼棉兰当地一位华人首领之手。因为天后事迹尽人皆知，故无须介绍，只用十来句概括。下面讲如何鸠合绅商，发缘乐捐，集资建庙。叙述清晰，措词得体，格式与各种募捐之义相近。骈句占一半左右，文字有所脱落、讹误，选词造句似乎尚可推敲。序文不著撰人，文末有曰"谨按天后宫，发起于榕轩张钦使大人昆仲"。可能出自张榕轩手笔。

在印尼东爪哇的庞越，当地有一座"龙泉庙"，这是一座祭祀陈真人的庙宇，庙内有一《始建龙泉庙信善芳名录碑》，该碑立于光绪十五年（1889），撰写者为佚名氏。该碑铭写道：

盖闻卜地崇神，世之超然；筑庙奉神，佛之崇祀。伏查陈府真人公，祖籍本潮广世也。幼年勤业，事母至孝。雁行有三，昆仲友恭。格有仙风之范，艺如其工之巧。造王宫于峇厘岛，立仙籍外南梦埠。然而神光之赫，谁不讴颂不辍。窃以庞越隅奇镇良稀，人烟稠密，商贾往来之地，舟车辐辏之区，山川秀茂，港湾优良。云从高岫，结翠（微）之景；风从根亭，扫不轨之兆。四时昭序，八节循环。真乃古今之奇区。即于同治四年间，蒙温宝昌公等……感沐鸿恩，佥商妥便，设缘募捐福户，卜地建筑神庙。愿筹向青彩云形龙地，倚沧海水泉滔（涛）声，因号龙泉庙。业即役驰赴外南梦，虔请主持前来庞越督建。公祖宝刹，巍巍尊大，赫赫称神，（内）外求祷，无不保赤为怀，遂定建庙。庙成，本拟砌石记存，不遂。遂于草率权书帖于壁上，不觉二十余载矣。恐墙损坏，建庙义举遗失，是以谅等细心改书于木板，而访教年高有德，咨询公祖始终底蕴，细心询问无遗。爰将前时捐献姓氏，谨写于此木板上，以招（昭）善信，则后世仁人君子，谁不好义于鉴前功庶。

此文前半段以骈句为主，后半段以散句为主，文字有错讹，语句似欠通畅，但叙述大体清楚。峇厘岛，今称巴厘岛，是著名风景区，旅游胜地。庞越、外南梦，皆地名。从碑文看，庙主陈真人是一位道士，从广东南下印度尼西亚传道，得到信众崇敬，为之建祠立庙。该庙从1865年到1889年、1928年、1978年先后四次重修，可见影响不小。

东爪哇泗水有一著名的"文庙"，庙中存有一块佚名氏的碑刻《重建泗水文庙记》，该碑是1906年（光绪三十二年）撰写，其碑文记述道：

先五洲而开化者，中国也。居中国而集群圣之大成者，尼山夫子也。夫子生周之季，道大不行于当时，而行于后世。且不徒华族也，彼欧西异种，景仰至教，谓能实力奉行者，即可致世界第一等之富强。而不知果行圣教，实足以统一天下，而使万国合同也，区区富强云乎哉！属者泗水华侨，深以不学华文为耻，奋然兴教，创建学堂，远近相师，金爪淋漓，盛矣乎！其普教育也；诚矣乎！其切师资也。然犹曰，文庙隘而不宏，无以表尊崇之至，而见亲炙之殷。发议将茄吧山文庙，光绪初年吴庐二公所募建者，改良旧制，拓大新模，佥请增地。于故地主大妈腰德泰郑公之令嗣，钦赐甲必丹泰兴君果也，敬圣具有同心，欣然许诺，无少吝色。既献宅六间，复捐千金盾，以为阖埠倡。呼！世固不乏好义之人，然如郑公桥梓者，真近代所希也。由是乃集殷富，筹款聚资，鸠工庀材，定基造址，虔心筑之，斧之凿之，黝垩之，丹癯之。经六阅月，厥功告成。巍巍峻宇，有阶有庭，有殿有楹，高门五列，大廊六局。临斯庙者，举欣欣然有喜色曰：而今而后，凡我华人侨居泗水，得以升其堂，而入其室，瞻仰乎至圣先师者，微郑君之力不及此也。谨将其事而为之记。

东南亚各国的文庙不止一处，皆为祭祀孔子而立。此文与前人不同的是，作者生于20世纪初，颇具世界眼光，认为孔子之道不仅行于华族，还可以行于世界；不仅可致国家于世界第一等之富强，还可以统一天下。这是对孔子学说的极高评价。华侨们以不学华文为耻，奋然兴教，创建学堂。文庙既是纪念堂，也是教育场所。文章前半段以散体文表达上述观点，文风有些近乎梁启超的新民体。后半段以骈句为主，主要叙述改建文庙，拓大规模，得到甲必丹郑氏父子大力支持，从而使得文庙焕然一新。形容描绘，多用对仗。语言整齐，井然有序。在骈散兼用之文中属于上乘之作。"茄吧山"当是地名，"大妈腰"是封号，即玛腰。

三　民间信仰仪式

仪式是民间信仰的行为表现，包括人对神的所有崇拜行为。仪式是民间信仰的外在表现，它在本质上具有沟通人神关系的意义，是联结信仰主体——人与信仰客体——神的中介和桥梁。

（一）民间信仰仪式中的媒介

仪式经验的每一个层面都是由一个特殊的仪式传统而产生的——从灵魂附体到宗教仪式，到祭祖习俗以及以某区域联盟而作的集体仪式——每一个传统都是一个特定时期的核心的、最有效的仪式形式。所有这些层面都是需要特定范围的身体经验，要求集体劳动和资源，并调动神的力量的仪式形式所产生。从印尼华人社会来看，当地华人借助神的力量来获得仪式的完满，这便是在民间宗教仪式活动中出现的一个神明或鬼魂与人交往的媒介，这就是所谓的"乩掌""道士""乩童"与"扶乩"。

乩掌

乩掌是道教"扶乩"宗教活动中的一个重要角色。扶乩，又作"扶箕"，因为它早期曾以饭箕为工具；扶乩又称扶鸾，因为它宣称有神仙凭乩显灵，而神仙是可以乘鸾的。换句话说，扶乩是一种降神的巫术，其不同于神灵附体的跳神乩童，而是以文字书写的方式来获得神明的启示，来预言吉凶、开示符方、传经劝世等，带有着浓厚神道设教的色彩。乩掌一般有两个，即拿乩笔的正乩掌和副乩掌。在道教仪式中，乩掌是一个不可或缺的人物，因为它一直出现在这个仪式的整个过程之中。比如，在外岛棉兰锦江东岳观"肃坛持戒"仪式开始前，乩掌需扶乩出乩童的人选、为仪式的进行成功开示符方，随后在举行仪式的过程中，乩掌需带领门人顺利地入坛与出坛，而在仪式结束后，乩掌还得扶乩出神灵对仪式是否成功，以及门人的辈分排行的神谕。

道士

道士是道教仪式中出现的第一个角色，他主要是在入坛仪式开始前在庙内的大厅内外做醮。据中国古籍记载，"醮"的原意是祭，为古代礼仪。道教继承并发展了醮的祭祀一面，借此法以与神灵相交感。一般认为，醮有清醮与幽醮之分。所谓清醮有祈福谢恩，却病延寿，祝福迎祥，祈晴祷雨，解厄禳灾，祝寿庆贺等，属于太平醮之类的法事。所谓幽醮有摄召亡魂，沐浴度桥，破狱破湖，炼度施食等，属于济幽度亡斋醮之类的法事。在道教仪式的入坛之前，道士做醮就是做平安，祈求神灵保佑这次活动得以成功，并请各方神灵来见证即将入坛门人的身份，因为新入坛门人的身份需得到庙内神灵的认可。

乩童

乩童，是当地华人宗教仪式中神明或鬼魂与人交通的媒介，其实质是中国古代专职的宗教职业者——巫师，即"巫，祝也。女能事无形，以舞降神者也"[1]。这是由祭祀活动，派生出来的介乎人与神之间、专门以沟通神鬼与人类之间的联系为职业的人，他们负责执行祭祀的各项秩序。巫能够斡旋于人神之间的超凡本领就在舞，能达到"以舞降神"的

---

[1] （汉）许慎，（宋）徐铉校定：《说文解字》，中华书局2004年版，第83页。

作用。也就是说，"乩童"就是同时面对了鬼神世界和人间世界的巫师，他们把人们聚集在周围，为这些人注入精神的力量，坚定其对神的信仰，同时坚定其对生命的信仰，使人们相信能够借助这些神秘力量影响甚至控制自然界和人类社会。同时，乩童要使人们包括自己相信这仪式的确沟通了"神灵"，借来它的力量为人们消灾解难，所以在乩童的人员选择上也具有了"神"的意志。

在华人民间宗教信仰仪式中，乩童的选定主要通过占卜（以占卜的工具"圣杯"来决定）和扶乩中的神谕来举行。依据乩童在仪式中行为方式，乩童可以分为文乩与武乩。其中，文乩起乩大致以吟唱、口述的方式，帮信众医病、解惑；比如，在棉兰的太上老君庙、玉封宫等都有这种文乩起乩的场面；武乩主要是帮信徒镇鬼安宅，在仪式运行的过程中有手执五宝（七星剑、鲨鱼剑、月斧、铜棍、刺球）巡街绕境的乩童，就是武乩。比如，棉兰的锦江东岳观的肃团持戒仪式中出现的乩童行为就是这种。无论是文乩还是武乩，乩童作为"神"的化身，具有驱妖避邪的功能意义，人们相信这些仪式沟通了无形的"神明"，借来了它的力量为人们消灾降福，逐祟除疫。

扶乩

据说，扶乩最早始于中国的南朝宋代，南朝宋代刘敬叔的《异苑》所记厕所紫姑神的故事，可能是它的源头之一。后来发展成为一种以神秘的书写创作现象为特征的占卜术。《太平广记》卷一百五十八"支戬"条记江左时俗："取饭箕，衣之衣服，插箸为嘴，使画盘粉以卜。"此条出自五代南唐人徐铉的《稽神录》，可能是现存关于扶乩的最早记录。可以说，扶乩是中国民间一种古老的占卜术，始于宋朝，至明清时期在读书人中间日益风行，同时也为不少民间宗教所吸收，成为重要的宗教仪式。随着中国移民移居海外，这种宗教仪式也随他们带至移居地。

在印尼外岛苏门答腊棉兰，扶乩是当地华人民间宗教活动的一种重要仪式，特别是在那种道教的庙宇如锦江东岳观、东岳观、福镇殿和福凌殿，其不仅在一些重要的宗教的活动中，而且在每个月的初一、初十五都会举行这种宗教仪式。在这些庙宇里都设有一扶乩乩坛，每个庙宇的乩坛可能大小不一，但样式基本相同，即每个乩坛都是用坚固的木头制作的，整个乩坛的高度为 1 米 8 左右，宽度为 1 米 2。乩坛分为上下两层，第一层为底座，其高度大概为 80 多厘米，底座上面放置了一个边长为 70 厘米的四方盘子，这就是扶乩的乩盘。乩坛底座的上面为第二层，由两根雕着龙头的柱子和一块横匾组成，柱子分左右立在底座两旁。在这两根柱子和牌匾中挂着黄色的幕帘，可以拉开和合上。牌匾上书写着"某某殿（庙）东方纠察部院"的字样。

图99　印尼东岳观的扶乩场面（郑一省摄）

乩坛后面是一个类似八仙大桌的大椅子，这是神灵的座位。扶乩用的工具称之为"乩笔"，呈 Y 字形，乩笔又称柳笔，也就是由柳木制作的。乩笔长度大约有 60 厘米，Y 字形乩笔的前端是一个雕刻的龙头。拿乩笔的人有两个，其称为正乩掌和副乩掌，在乩盘旁边还站着一位报谕者和抄写文字者，报谕者即观看乩掌们划出什么字而告诉抄写文字者。

每逢举行扶乩之前，乩掌们需举行奉香及净体的仪式，然后站在乩盘前稍稍进入冥想的状态，不久神佛就开始降灵。这时，正对着乩盘而立的正掌右手握，副掌左手握着 Y 字形柳笔，用其前端开始在沙盘上快速画圈，然后划动写出字来。人们被告知是神佛降灵下来，借用乩掌的手而写出文字。在扶乩时刻，其场面的氛围显得十分紧张，四周一片寂静，只有乩笔触碰在乩盘上的声音，不时报谕的声音响彻厅堂，参礼者的视线都集在柳笔上，大家都全神贯注地听报谕。报谕一般是用闽南话来念。报谕者所念的乩文，由站在乩盘一侧的录谕者记录。这些乩文多数是韵文形式的，虽然其被称为是在无意识的状态下写出的，但正乩掌的文章叙述能力和记忆力，以及报谕者和录谕者识乩文能力之高还是令人叹服的。对照当时记录下来的乩文和日后出版的善书之内容，就可发现并没有作很多编辑工作。由神佛降下来的乩文承续着中国经典及诗歌的内容，且具押韵的形式，表现出一定的文学涵养。因此，具备这些学识的正乩掌在庙宇内受到尊敬。据说，正乩掌在扶乩过程中，有时会失去正常的意识。但据本人观察，其并未闭目，且听觉也显正常。但在扶乩结束时，常常可见到正乩掌昏厥的情形，由此可以推断出其进入了恍惚的状态。

（二）民间信仰仪式

从印尼来看，当地华人的民间信仰仪式可按照仪式不同的表现形式分为巫术、祈祷、献祭三类。按举行的时间不同可分为日常例行仪式和特殊仪式。日常例行仪式是指信徒或香客日常举行的民间信仰仪式，主要包括巫术、献祭、祈祷仪式；特殊仪式指在特别的日子举行的仪式，主要是指在民间信仰节日里举行的各种活动。

巫术仪式。这是巫师或神汉或乩童借用神灵的力量预测、禳解危机的仪式行为。常见的巫术仪式包括占卜问事、降神驱病邪、超度亡灵等。与献祭和祈祷相比，巫术仪式所应对的危机更直接而具体。从印尼来看，较多举行巫术仪式的应是在外岛的华人社会。其原因一是前者比后者的宗教活动来得更为频繁，二是前者比后者所保存的宗教传统更为浓厚。如在棉兰华人社会，有许多庙宇不仅保存了许多禳解的咒语和仪轨，于此相适应地，还形成了专门主持这些仪式的咒师、法师、乩童。

献祭仪式。这是一种赞颂、瞻仰、供奉、讨好神灵的仪式，"献祭是以物的形式向神明和亡灵表示敬畏、感恩和祈求"①。献祭仪式主要包括献供、布施和祭祀。献祭，即向各种神灵敬献供品、表示崇敬的行为；

---

① 陈麟书：《宗教学原理》，四川大学出版社，1988版，第153页。

布施,即信众或香客给庙宇的香火钱,或给修建庙宇及法事等活动的捐款。祭祀,即对不同的神采用不同的祭祀仪式。

祈祷朝拜仪式。这是从祭祀中分离出来的仪式,是用言辞和身体行动向神明表达颂扬、感恩和恳求的仪式。相对于献祭的物质供养而言,祈祷是一种精神性供养。祈祷是申诉自己的诉求而恳请神佛赐予佑护和救援。祈祷朝拜仪式丰富多彩,主要包括叩拜、诵经、祈愿等。其主要的特征是庙宇法事人员高声诵经,信徒或香客默默无声的祈愿。

个案:印尼山口洋华人民间信仰仪式活动——元宵大游行

山口洋(Singkawang)是印尼西加里曼丹省的一个城市。它位于西加里曼丹省的坤甸、三发之间,其西面临海,东面与南面分别由三座山,即尖山、芭西山和鬼头山(手指公山)所环抱,三岭透迤,形成一道天然屏障,一条河流即山口洋河流(大港)贯穿市内而过,蜿蜒入海。这个地方之所以被称为"山口洋",按通俗的说法是因为这个地方坐山朝海,即面向大海,这也十分合乎逻辑。

山口洋的居民主要有华人、马来人、达雅人和爪哇人等。山口洋是印尼城市中华人最多的地方。根据2007年的估计,山口洋的人口大约有197079人,华人大约有12万,占了全市人口的61%。[1] 山口洋的华人之中,方言群体较多,主要有客家人、潮州人、福建人、广府人、兴化人等。

不过,这些方言群体无论来自什么地方,他们都讲流行的"河婆客家话",有所谓"潮州人也成客家人"之说。考察河婆客家话的来源,有的认为是移居此地的华人先民来自广东的海陆丰等地,也有人认为其来自潮汕地区的揭西,因为在揭西有一个"河婆镇",那里的人说的方言为河婆客家话。

至于华人何时移居山口洋,从一些历史资料来看,应该始于18世纪。根据史学家N. J. Korm的记载,18世纪的婆罗洲(西加里曼丹的旧

---

[1] 袁霓:《客家语言与文化在印尼几个地区的影响》,印尼《坤甸日报》2010年12月8日。

称）分属二十多个马来王国所有，当地的采金业历史悠久。当地的考古发现，早在15世纪，爪哇移民已在内陆的上游河岸附近，从事采金活动。大约在1740年，华人矿工受当地马来苏丹之邀，从北部的渤泥（现今文莱）到西加里曼丹开采金矿。华人以坚毅耐劳的性格，苦干的精神，获得了非凡的成果。华人矿工的好声誉让其他苏丹尽相仿效，纷纷招揽到各自所属的境内开矿。18世纪中叶，三发县苏丹直接从中国请来了有经验的华工来采金，这些华工从采金中获得了财富，因此婆罗洲有金矿，遍地黄金的消息不胫而走。[①] 怀着淘金梦的年轻人，纷纷结伴南来。这些华工，大多来自广东河婆、海丰、陆丰、揭阳、梅县、潮州、福建等地。后来，有许多反清复明的义士、洪门组织成员，在太平天国失败后，也纷纷乘船出海，一部分来到婆罗洲。[②]

来到婆罗洲的华工，后来发展到山口洋各地。民国初年，有许多被卖到邦加、勿里洞锡矿的契约劳工，约满后，有的便来到西加山口洋等地，到山里开垦荒山，种植胡椒或橡胶，这些人大多数是河婆客家人，山口洋人讲的河婆客家话，也许与这些落户的矿工有关。除了这些华人矿工，聚集到山口洋的华人还有许多是在20世纪60年代中期从西加的其他县市而来的。1965年，印尼全国大动乱，处处排华。1967年年底，山口洋附近的三发县全县骚乱，住在内地、山里的华人被凶残彪悍、持枪持刀的暴民抢掠，部分被杀戮，华人居住的村庄被烧毁，一片火海中，历代前辈开垦的耕地、胡椒园，尽毁一旦。至亲骨肉各奔东西，几千难民从山里逃亡城市，大部分涌进山口洋，后来被安置在难民营之中。这些难民，后来有的到印尼各地谋生，有许多在山口洋等城市留下来安身。[③] 笔者曾于2011年8月前往山口洋调查，在该市的郊区发现了两个华人与达雅人混杂的村庄，那里面也住着两千多名从三发等地逃难而来的难民。

---

① 林世芳：《试论印尼西加华人近代史上的几个问题》，《西加风云》，2009年版，第223页。
② [日] 冬忍草文：《西加客家人生活点滴》，印尼《国际日报》.2010年5月3日，A7。
③ [日] 小隆文：《1967年山口洋华人难民真人真事逃亡记》，印尼《国际日报》2010年8月6日，A7。

山口洋的华人与达雅人、马来人一起，开荒耕地、捕鱼种菜，设厂经商，为当地的经济建设和繁荣做出了巨大贡献。在山口洋市，以"大港"为界，划分为老埠头和新埠头，各有三条主要街道，成"三"字形并列而建。在老埠头有一条著名的"河婆街"，这是华人最先建立的第一个街道。早年的河婆街两旁房屋，采用盐椒树板作建筑材料，时达八十载的该街皇后旅馆，成姓的主人便是地道河婆人。中兴街，为新埠头当年最为繁盛的商住大街。山口洋新埠头开发较迟，第二次世界大战后才逐步发展。早年的新埠头，荒地一片，少数华人在此种菜。为了获取肥料种菜施肥，菜农们搭建了许多"屎缸"（厕所），供人方便，这新埠头新街道形成，初时取名为"屎缸街"。由于过于粗俗，欠文雅，随后更改名为"中兴街"，寓意为中兴兴旺之街。在20世纪的50年代，山口洋人口仅有三万多人，由于山口洋地理位置重要，来往坤甸、三发、邦嘎、孟加影的游客都途径山口洋，并于此处投宿，故当年山口洋有多间旅馆，包括皇后、良友、丽华、新和、澳洲、庐山、印华等。现在这些旅店有许多已不复存在，不过皇后旅馆仍然完好，二至四楼已成为燕子安乐窝。此外，还有幸福旅店、亚洲旅馆等还在继续营业。

在建设山口洋的同时，当地的华人也十分重视教育。在早期，山口洋华人建立的学校就有5—6间，即有中华公学第一校、第二校和第三校、南华中学、山口洋近郊的福律中华公学、新光明印华学校和咖啡山印华学校等。其中南华中学较为出名，该校自1918年2月25日办校至1966年1月22日被迫关校为止，先后有32届毕业生，人数近二千人，南中校友遍布世界各地。而在苏哈托政府严禁华文使用的三十多年里，当地的华文教师在恶劣的环境中，还暗地坚持教学，现在是整个印尼师资生源最充沛之地。目前，山口洋华人所建的各种类型的华文补习班或补习学校多达十多个，主要有山口洋教师联合会补习班、南中校友会补习班、新光明印华学校、福律新生华文补习学校等。

与印尼其他地区的华人一样，山口洋的华人很早就出于自身的安全，以及和衷共济的需要而逐渐建立了各种类型的社团组织。早年，中华公会和中华商会是当地华人的最高机构，它们在服务华侨、每年的国庆节、集体结婚、象棋比赛以及沟通当地政府，团结市民等方面起了积极作用。

此外，还有一些诸如江夏公所等宗亲会组织。目前，类似以往的中华公会那样的社团组织已经不复存在。除了诸如山口洋教师联合会、南中校友会、山口洋客家公会，以及一些专门办丧事的"死佬会"如义务互助社等比较活跃，还有一个设在雅加达的"山口洋地区乡亲会"，与当地的华人有某种联系。

中华传统的民间宗教文化，一直是山口洋华人得以生存与延续下来的精神力量。在山口洋的大街小巷，建有规格不同的寺庙，其数量众多，致使山口洋市被誉为"千寺之城"。在山口洋的中兴街口有一座闻名遐迩的大伯公庙，其建于1878年。据说该地的荷兰殖民当局起初不同意建立此庙，但后来殖民当局的首脑又同意建了，传说是他有一夜得到了大伯公的奇梦而至。大伯公庙建立的缘由，是早期山口洋在未开发前还是森林之地，来到此地的华人相信每个森林里都藏有神灵，所以必须建立一个寺庙保护这些森林之神。大伯公庙的主神是大伯公和大伯婆，手拿表示着权力与好运的"RU YI"，而主神的右边和左边各竖立着广泽尊王、安济圣王雕像，它们分别是药神和生命之神。除了大伯公庙，还有华光帝庙、观音庙、济公庙、三宝公和天皇庙等几十个大大小小的庙宇，每年都要举办各种祭神和游神活动。

山口洋市元宵大游行，是山口洋每年中最重要的节日。在山口洋，从每年的农历大年三十晚上至正月十五日闹元宵，为时近半个月。该地华人在几个月前就成立了元宵筹备组，准备这半个月的庆祝活动。每年农历大年三十晚上起，为时半个月的春节元宵庆祝活动正式拉开序幕，正月十四日举行闭幕式，正月十五举行元宵大游行。

山口洋华人的元宵大游行活动，由来已久。据当地的华人说，此活动已经有200年的历史，即1717年时就有了。这个元宵大游行，其实说到底是一场宗教仪式。

就本人来看，这种游行不仅是华人庆祝其传统节日，也是当地不同族群之间交流，展示各自文化魅力和重要的宗教活动。因为，参加此游行的主要是华人，但也有达雅人和马来人等。而参加游行队伍的既有各种舞蹈和礼仪的表演者，还有身穿鲜艳彩服、面颊穿透着大大小小银针或树枝等、坐在刀轿上、挥动利剑、频频做出许多震撼人心动作的乩童们。

可以说，元宵大游行其实在最初是华人的一种"迎神日"仪式，后来慢慢发展成"神人交汇"的盛大的多民族文化活动，它主要通过以下一系列活动而组成。

（一）金龙劲舞

元宵大游行的正式活动是从"金龙劲舞"开始的。在 2011 年的正月十五的凌晨 4 点半钟，山口洋的坐标"大伯公庙"广场前已经是人山人海了。随着庙里的一声重重鼓响，广场上空飘荡起"大富大贵大旺年，今年初一是新年，圆圆团团又一年，迎春接福喜绵绵，新年乐乐继旺年……"的歌声，同时黎明的夜空闪耀着阵阵礼花和焰火。在欢快的歌声和五彩缤纷的焰火中，一条约五十米闪耀着灯火的金色长龙上场了，在近四十名舞龙者的操作下，一会儿龙首挺胸昂首，追逐宝珠，飞腾跳跃；一会儿龙身漫游，时而入海破浪，时而飞入云端；一会儿龙头钻裆，一会儿头尾齐钻……舞龙者的动作千变万化，真让人目不暇接。据在场的组织者介绍，以往的龙是用草或布做的，虽然很轻，但表现时容易损坏。现在都用竹子扎制，并配以内燃蜡烛或油灯，成为"火龙"。按节数来说，以前最多只有十一节，今年是十三节，制作工艺在不断地改进。"火龙"的目的是在夜间表演比较壮观。以前的舞龙者只有十多人，现在的舞龙者已经达 37 人了。

一些在场的华人还告诉本人，山口洋华人舞龙的历史很久了，虽在苏哈托时期不复存在，但自印尼改革以来又开始恢复起来，山口洋华人平时经常进行舞龙比赛。除了在元宵时舞龙，也在一些喜庆日子里舞龙，其目的是来祈祷得到龙的保佑，以求得风调雨顺，五谷丰登。

（二）花车游览

金龙劲舞大约展演了近半个时辰，天似乎已经微微发亮，元宵大游行便进入第二个活动"花车游览"。在当地警车一阵阵的警笛声开道中，花车浩浩荡荡地从大伯公庙广场前，沿着中兴街，一路向前进发。走在花车游览最前面的是仪仗队、自行车队和摩托车队伍，这是一组饶有地方特色的队伍，他们由军乐队和自行车队组成。军乐队在乐队指挥下，"咚咚咚咚、咚咚咚、咚咚咚咚、咚咚咚"，敲着军乐鼓、举着各式各样的旗帜，步伐划一、昂首挺胸地唱着军歌向前行进，而紧跟军乐队的是自行车队、摩托车队，他们骑着五颜六色的山地车或摩托车缓慢地行驶在游行队伍之中。第一辆花车，载着兔年的吉祥物"提着红灯笼的小白兔"，紧随其后的是运载观音坐像的花车，只见慈祥的观音，正手拿花瓶，将"福气"尽播人间。在花车的游览队伍中，既有满载当地官员的花车，也有穿着绚丽民族服装的华人、马来人，还有袒露上身的山地民族达雅人的花车。不仅有靓丽华人女子装扮的"七仙女"、观音、济公等神仙，也有装扮成菜篮神、大伯公和树神等地方神灵的花车。而当地的达雅人也装扮成他们的各种自然神灵，展演在他们的花车之上。

　　花车队伍自大伯公庙前出发，从中兴街一直到亚答街，再到华都街，绵延了5—6千米。花车队伍中，有各式各样灯笼的彩车、各式各样民族建筑屋顶的花车，偶尔中间还夹有当地政府派出的消防车，它们一路行驶，一路鸣着笛声，与在场的歌声、人声、笑声、汽车的轰鸣声融为一体，恰似一组协奏曲。

　　（三）乩童出巡

　　时针指向八点，元宵大游行进入最后阶段，也是最重要的时刻，即乩童出巡的活动。据当地华人介绍，这里的乩童多来自于华人和山里的达雅人，他们平时像正常人一样工作与生活，只是在一些宗教仪式上才发挥他们异常的功能，比如他们可以用银针、树枝、钢丝等异物穿面颊、嘴唇、耳朵等，还可以用刀子插腹部、以利器割手臂等，最奇妙的是这些人被异物穿皮肤或用利器割肢体时都不会出血。笔者曾在当场见证一组乩童的穿异物的神功。一位年纪在三十多岁，穿着白色背心和披着红色围巾的乩童，他正在表演给乩童用异物穿面颊。在穿异物之前，这位三十多岁的乩童手里捧着一些铁砂类的东西，只见他口中吹了一下口哨，然后将手里的东西朝地下扔去，随后手掌向上，口中还念念有词。当这位三十多岁的乩童做这些动作时，其他年纪大约在二十多岁的3—4个乩童，便一左一右地扭动着身躯。这时，这位三十多岁的乩童走到一位二十多岁的扭动身躯的乩童跟前，拿起随身带的银针先后穿过这个乩童的左右耳朵，又拿了两根一公分粗钢丝分别穿过其左右面颊。而最为奇怪的是，这位三十多岁的乩童还拿起早已搁在地上的大铁钩，将其钩穿在那位二十多岁乩童的下嘴唇上。看这个大铁钩，大约有手指粗，它与一个自行车轮胎的钢丝圈连接在一起。这个钢丝圈的重量至少有十多斤。这位被穿了4—5根异物的二十多岁的乩童，不仅没有出一滴血，反而拿起穿在他嘴唇上的钢丝圈若无其事的飞舞起来。

参加山口洋元宵大游行中的乩童是武乩，包括华人武乩和达雅人武乩。在这次元宵大游行中，有七百多个乩童，分别乘类似轿子的东西边走边表演，有的坐着，有的站着，有的则两脚踩在大刀上，有的用铁链穿进鼻子，游行队伍约3—4千米长。这七百多个乩童分别代表各路神仙，有许多神仙是来自中国大陆，诸如关公、观音、哪吒、齐天大圣等，还有客家人所信奉的"菜篮神"，以及山地民族达雅人的自然神灵如山神、树神等。乩童们一路表演的种种慑人心弦的诡异动作，令在场的观众窒息而透不过气来，全场也似乎处于"神人交汇"的场景之中。

可以这样说，山口洋华人每年一度的元宵大游行活动，其实是当地华人对传统文化的遵守、对信仰的坚守，也是当地不同民族、不同文化交流的产物。通过元宵大游行活动的展演，既表现出不同族群的文化属性，也反映了不同族群的文化心态及性格，还能从中觉察到当地民众对那超自然世界的想象与诠释，以及体现仪式从娱神到娱人的变迁过程。

（一）中华传统文化的传承

民俗本身所要表现的，是民众精神心理方面的习惯、礼仪、信仰等民族现象。一般来说，各个民族的民间活动都是在该民族的社会结构、经济生活以及风俗习惯等条件下形成的。山口洋华人的元宵大游行活动，是当地华人庆祝新年的一种民间民俗事象，而活动过程中的各种展演实质上是中华传统文化的传承。

山口洋华人的元宵大游行活动历史悠久，至今已经有二百五十多年了。这种活动在苏哈托时期被迫停办，自2000年之后才得以恢复。据了解，元宵大游行在恢复初期还遇到许多阻碍，不过最终在华人社会以及友族的共同努力下，才正式得以复办。在元宵大游行中，中国龙、狮子舞、麒麟舞、红灯笼、十二生肖、琉璃瓦屋顶、牌坊等中华传统文化元素一一展现在参加游行的当地的华人面前，而诸如汤圆、年糕、钵饭等中华传统的美食，不仅引起在场华人的食欲，更重要的是使他们感觉到自己有着这样独特的饮食文化。此外,各种神灵如观音、关公、大伯公、菜篮神等神像的出巡,使在场的华人们潜意识地认识到他们与其他族群有着不一样的崇拜习俗与信仰体系,从而使其文化认同得以建构。正像当地的一位老华人所说的:"我们老一辈的人就是希望借助于这种大张旗鼓的节日庆典活动,唤起华裔新生代对本民族传统文化的兴趣,延续本民族的香火。"①

(二) 不同族群文化的交流

在人类的历史上,一种社会活动或会众活动,它不仅具有活跃社会气氛,也同时具有文化交往功能,它既可以使同一种文化的人在此场景下加强其认同,也可以使不同文化、不同人群在文化活动中得以交流、沟通和互动,从而达到相互了解、理解和谅解。

山口洋华人元宵大游行,参加者不单单有华人,还有山地民族达雅人、马来人和爪哇人等族群参加。从华人与这些族群的历史关系来看,华人先民移居到西加里曼丹时起,他们之间就保持了较好的关系。一位学者曾写道:"早在罗芳伯时代(1772—1795年),从罗芳伯、张亚才到许多部下,都开始与达雅族、马来族通婚,后来成为西加的融合族群。"②只是在苏哈托统治时期,由于当时政府的别有用心,造成华人与当地的族群如达雅人的关系一度紧张。比如,1967年9月11日,苏哈托以对付北加游击队为借口,挑拨达雅人驱赶全部在西加里曼丹各村镇进行农业、农园建设的数十万华人,违背人权侵占华人先辈辛辛苦苦建立的住宅和园地,造成多达数万华人死亡,十多万华人流离失所,成为20世纪最悲壮的一次反人权大事件,这就是史上所称的"红头事件"。不过,自苏哈托下台后,当地的达雅人已意识到这是受苏哈托军政府利用所发生的事件,他们现在仍像其先辈那样加强了与华人来往,并支持华人为自己的生存与权力而斗争。其突出的表现是在2008年印尼的地方选举中,达雅人与其他选民一道先后支持华人黄汉山成为西加里曼丹省省长、黄少凡成为山口洋市市长。山口洋的元宵庆祝活动在前几年受到其他族群的阻

---

① 2011年2月17日笔者与林先生的访谈录。
② 李卓辉:《西加华人的历史贡献和今后的发展》,印尼《坤甸日报》2010年12月25日。

挠，曾经发生过一些不愉快的事情，华人竖立在市中心的一条巨龙也受到破坏，后来，经过各种努力，尤其是在黄少凡市长上任后协调各族之间的关系，做好民族团结工作，才逐步使华人的元宵庆祝活动走上正轨，不再受到其他民族的阻挠。而在这次山口洋华人元宵大游行中，达雅人派出了许多辆颇具其民族特色的花车来参展，并组织许多歌舞表演者和乩童来展演他们独特的舞蹈、服饰和巫术。而其他像马来人、爪哇人等族群也组织了其游行的方阵，诸如军乐队、自行车队和摩托车队等，从而展现了山口洋多姿多彩的文化，并加强了不同族群之间的文化交流与互动。

（三）巫文化的显现

一般认为，那种能游离于人神之间，而且还能在善与恶、美与丑、真与假的转换与交替中发挥着媒介或中介功能的，这就是巫。巫是随着人类社会的历史阶段的产生、发展和演变而形成的。巫实质上反映了先民的信仰、幻想和心态。在山口洋华人元宵大游行中，七百多个乩童各式各样的展演，其实也是巫文化的一种独特存在和表现的方式。

有的学者认为，巫文化是以祭祀鬼神、扮演鬼神，沟通鬼神、传达鬼神之意和驱鬼逐疫而显示其神秘性。[1] 而在山口洋元宵大游行，七百多位乩童扮演着诸如齐天大圣、济公、三太子、关公、菜篮神、山神和树神等神灵，充当着神明或鬼魂与人沟通的媒介。他们在巡游中，手拿各种尺寸的银针、钢筋和木根，以及各种兵器如七星剑、鲨鱼剑、月斧、铜棍、刺球等。他们除了表演异物穿肢体，还进行了"耍刀轿"的仪式。所谓"耍刀轿"，即扮演某神明的乩童坐在由许多刀口朝上，椅背上还插着几根三角形令旗的刀轿上。有的乩童还在脚蹬和靠背上安放了好几把利刀，有的在左右扶手的位置上也安置利刀，使人感觉到这些乩童是坐在或站在利刀上的。这些乩童坐在这些以刀架起来的刀轿上，由刀轿夫（他们也是乩童）抬着他们出巡。在出巡时，坐在刀轿上的乩童有时会突然站起来，拿着利剑割自己的舌头或用利剑刺胸、砍头等，有的直接站在刀刃上，用脚使劲地蹬着刀刃。这些坐在刀轿上的乩童，在刀轿上所

---

[1] 刘冰清：《巫文化与傩文化关系新探》，《怀化学院学报》2004年第3期。

作出的各种动作，既显示了他那种所谓至高无上的地位，也同时彰显出他有着特殊的法力，而他们扮演着各种神灵以及对自己的躯体所作出的各种动作，更显示了他们作为神人沟通媒介的神秘感，这正是一种巫文化的集中表现。

（四）从娱神到娱人

从当地华人的叙说和查阅资料来看，早期山口洋华人元宵大游行中虽然有娱人的功能，但娱神的色彩较为浓厚。比如，元宵节在山口洋被称为"迎神日"。也就是说，早期当地华人庆祝元宵节主要受鬼神观念的束缚。在元宵节这天，山口洋周边的神轿、刀轿都陆续汇集在山口洋大伯公庙。游行开始前，信众需向大伯公庙中的大伯公奉献三牲，顶礼膜拜，以便迎新祈福。这是一种祭奠神灵的仪式。如果在祭拜仪式中不虔诚，或不先举行之，将被认为是对神灵大为不敬的行为，不仅不能达到迎新祈福的目的，反而可能会招来祸祟。在祭拜仪式中，巫师（乩童）们也需在此虔诚地祈求神灵，其目的是以获得刀枪不入的神力。在游行过程中，出游者从大伯公庙中抬出大伯公神像，簇拥着它向前行驶，而各类型的神仙、神灵坐像或雕像紧随其后。除各种神仙神灵外，乩童成为游行队伍中的主角。这些乩童在游行队伍中做出许多令人惊心动魄的动作，既表明他们与众不同，也给游行场面增添了一种神秘的气氛。可以说，早期的元宵大游行巫术鬼神观念极重，偏重于娱神。

随着时间的推移，原先纯粹是华人参与的元宵大游行，其他族群如当地的达雅族、马来人等也参与进来。这些族群的加入，给以华人为主的元宵大游行赋予了不同的文化元素。比如，达雅人的自然神灵崇拜，以及马来人的歌舞、打击乐等。尽管在元宵大游行中所祭祀的主要对象是鬼神，以及乩童仍在表演其神力，游行中却出现了许多载歌载舞的队伍。虽然大游行的主要目的还在于娱神，但是那些能使人倾吐情怀，能使人娱乐心身的歌舞表演，无疑会使宗教的色彩在逐渐淡化，关爱人间、注重人间冷暖的世俗色调在增强。换句话说，山口洋华人元宵大游行被赋予了许多现实的精神，其宗教精神已渐渐转换成一种陶冶性情的娱乐精神，并更加社会化与生活化。实质上，元宵大游行已从浓厚的娱神性逐渐过渡到娱人的阶段。

第七章

印度尼西亚华人民间信仰文化的传承与创新

从印尼华人民间信仰的历史来看，它所走过的全部路径，它所经历的发展轨迹不外乎传承与创新。可以说，印尼华人民间信仰文化发展史，其实就是当地华人民间信仰文化传承与创新的历史。

第一节　印度尼西亚华人民间信仰文化的传承

从文化学来看，文化传承的过程，是一个不断在时间上承继，在空间上传播的过程，其实质是一个不断在历史和地域的传承中协调矛盾、平衡矛盾、解决矛盾的过程。而文化传承与文化传统是不同的概念，前者是动态概念，指文化的流传承继，后者是指文化的内在核心、核心信仰，包括价值观念、思维方式、行为模式等。

印尼华人民间信仰文化的传承主要是核心内容的传承，即印尼华人民间信仰文化传统的传承。无论是祖先神灵，还是其祖辈们漂洋过海而带来的原祖籍地的各式各样的神灵，都会在当地华人中找到忠实的信徒。不过，由于印尼所处的环境不同，爪哇和外岛华人在传承民间信仰文化传统的过程中，是会受到当地或周边文化影响的。换句话说，印尼的华人传承的民间信仰文化传统的程度是不同的，如外岛棉兰、坤甸华人保存传统文化较浓，而爪哇雅加达、三宝垄等地的华人由于受到移民的历史，爪哇文化的影响，其所传承的民间信仰文化传统的程度是不同于前者的。比如，外岛棉兰的华人道教信徒在理解道教教义、操作道教仪式等方面，就要来得比爪哇三宝垄的华人更准确，或更原汁原味些。

在印尼外岛棉兰华人社会，除了纯中国式的道教庙宇如锦江东岳观、东岳观、福镇殿、福凌殿和太上老君庙外，还有一些中国式或中国地域性特色较浓的佛教寺庙如鼎佛庙、太平寺和天福堂等。特别是在棉兰的道教庙宇内，中国道教所惯用的道教法事手段如扶乩、乩童等都在这里得以运用，而有时一些在中国已失传或已经难在中国找到痕迹的民间信仰仪式也在这里获得了充分的保留和传承。

一 原乡民间庙宇建筑风水文化的传承

风水是博大精深的中华传统文化内容之一，我们不能简单的把风水归结为迷信。学者研究认为，风水是中国古代的一门有关生气的术数。只有在避风聚气的情况下，才会得到生气，生气是万物生长之气，是能够焕发生命力的元素①，这就是风水学。风水学与建筑学有着密切的关系，因为从建设角度上看，需要考虑整个地域的自然地理条件生态系统，这就是建筑风水。应该说，建筑风水是中华民族古代建筑理论的灵魂，其在中国本土建设史上具有崇高的地位。传统建筑风水的内涵是崇信"天人合一"，主张人与自然相辅相成，协调统一。这种建筑风水，也随着早期华侨传播到东南亚地区，他们在当地建了许多庙宇建筑，从而形成了与众不同的庙宇建筑风水文化，即将原乡庙宇建筑风水文化延续并传承下来。

（一）"四水归堂"式庙宇

"四水归堂"是风水著名格局，其中所指的"水"是缓和的河流，"堂"是明堂，明堂是面前空旷地，代表财位，风水学中以水为财，顾名思义，"四水归堂"是聚天降的雨水与才气，不流向外，源源不断地流入堂中。印尼华人庙宇有许多采用"四水归堂"式结构，其庙宇一般坐南朝北，大门多开在中轴线上，迎面正房为大厅（南房），左右为东厅（东房）、西厅（西房），并附设二层楼房（北房），这种类似四合院围成的

---

① 秦春仙：《浅谈庭院式传统民居与建筑风水》，《山西建筑》2010年第28期。

第七章　印度尼西亚华人民间信仰文化的传承与创新　281

中间部分是天井，作通风和排水用，因为屋顶内侧坡的雨水从四面流入天井，所以这种住宅布局俗称"四水归堂"。

在中爪哇三宝垄，当地著名的华人庙宇——大觉寺就属于这种"四水归堂"的结构。据林天佑先生记载，大觉寺的前身是"观音亭"。观音亭先是建在巴列坎邦（Bale Kampang），即现在的普隆庞巷（Gang Bloembang），后又搬迁到江街（Kang Kic），并取名"大觉寺"（Tay Kak Sie）。为何将观音亭搬迁并取名为"大觉寺"，一是因为刚开始那里没有什么人家住，路旁有许多阿森（Asem）树，每当夜晚来临时，此地显得非常阴森，使人感到有些害怕。二是在观音亭前曾发生一起打架斗殴事件，结果有数人身受重伤。当地华人上层人士认为观音亭的位置不好，于是就将观音亭搬迁，建成后并取名为"大觉寺"。大觉寺建成时，将观音亭的神像搬入大觉寺，并举行了十分盛大的庆典。专程从巴达维亚请来了一台布袋戏来助庆，演出时间达两个月。为了使大觉寺更加完善，还从中国定制了不少认为必要的"大伯公"土地神像。①

图100　印尼三宝垄大觉寺大门　　图101　印尼三宝垄大觉寺内的
　　　　（郑一省摄）　　　　　　　　　　　天井（郑一省摄）

从大觉寺的布局来看，大觉寺的大门开在中轴线上，进入大门是一前殿，前殿中间是一天井，天井的左右是供信客走路的走廊。越过天井

---

① ［印尼］林天佑：《三宝垄历史——自三保时代至华人公馆的撤销（1416—1931）》，李学民、陈巽华合译，暨南大学华侨研究所1984年印，第78—79页。

后是一拜亭，中间有一条过道，过道正中央靠天井的边沿放置着一个一米多高的香炉，众多香客在此上香、人头攒动，香烟缭绕。跨过拜亭，便可进入后殿（主殿），这是供奉神灵的地方。

一到后殿（主殿），便可见其左右两厢有供奉罗汉的神龛，每一厢的罗汉神像各有9尊，其都放置在玻璃柜中，罗汉们个个神采奕奕，令人敬畏。在后殿（主殿）的正中央，是一张长约5—6米的大供桌，桌上并排放置着三个小香炉，有时也有许多供品摆放在那里。在大供桌前面的地上，放置着几个垫子，以供参拜人叩首时使用。大供桌后面的后殿正中央，则是一主神神龛，前排是观世音菩萨的坐像，后排是释迦三尊（释迦牟尼佛，文殊菩萨与普贤菩萨）坐像。而在主神龛的左右又有两个神龛，左边的神祇为三保大人，而右边的神祇则是天上圣母。

除了前殿、后殿（主殿）外，大觉寺还有左殿和右殿，这两个殿同样供奉着各路神灵。可以这样说，后殿、左殿和右殿共同构成了大觉寺的祭祀空间。如想进入大觉寺的左殿和右殿，可直接经过拜亭的那条过道。沿着过道向左或向右直接通过左殿或右殿的小门，便可直接到达左右两殿内。

如进入左殿，可以看到对面有一排神龛，而靠左手边的墙边则有一小天井，其与天空连接。左殿的一排神龛依次分别供奉着地藏王菩萨、关圣帝君、福德正神、至圣天师、玄天上帝、清水祖师，而姜太公则坐在地藏王菩萨神龛前的一个水缸前钓鱼。如进入右殿，靠右手边的墙边也是一个连接着天空的小天井，小天井对面也是一排神龛，其依次分别供奉着保生大帝、五路财神、城隍老爷、广泽尊王、太上老君，而靠天井的地方则放置着一个葫芦型的大香炉，供信客焚香所用。

大觉寺的空间结构是以前殿、拜亭、后殿（主殿）、左殿、右殿，并辅之以三个大小不一的天井，凸显了排水、院落整齐，并充分利用空间结构的布局，既达到防风、防盗、防火，又可以使排水道暗藏不露，而且排水弯曲而长，不直流而去的特征，进而形成了聚天降的雨水与才气，不流向外，源源不断地流入堂中的"四水归堂"结构。

（二）庭院式庙宇

庭院式庙宇，是源自于儒家思想的"家"的观念，也是百姓真实生

第七章　印度尼西亚华人民间信仰文化的传承与创新　283

活的反映。一般认为，庭院式庙宇类似于中国的四合院建筑，这种庭院（四合院）一般最好是坐北朝南，基本形式是由分布四周的北房、南房、东房、西房，再围以高垟形成四合，开一个宅门，宅门位于宅宇大院东南角"巽"位，于此处开门是讨出入顺利、平安的彩头。

印尼华人社会的庙宇，有许多也采用了这种庭院式结构，这种结构的庙宇也与"四水归堂"庙宇类似。庭院式庙宇的建筑设计，有的是采用主庙及附属庙宇，即构成北殿、南殿、东殿、西殿；有的庙宇因场地的限制，即只有一个独立的庙宇建筑，但该庙也会根据主次神灵的分布而构成北、南、东、西神龛的布局。

在印尼苏北省棉兰市，当地的华人庙宇"东岳观"就是庭院式建筑的一种结构，即主庙及附属庙宇。东岳观坐落在苏北省棉兰班洞路（JL. Bandung）。该庙于20世纪60年代从锦江东岳观分香而出，由于信徒较为活跃，集巨资而建立起恢宏的建筑群。

图 102　印尼棉兰华人庙宇"东岳观"大门（郑一省摄）　　**图 103　印尼棉兰华人庙宇"东岳观"北殿（郑一省摄）**

走进棉兰东岳观，便可以看见竖有一块红底白字的庙名"东岳观"（印尼文是"VIHARA GUNONG TINOR"）牌匾的庙门屹立在右边，紧靠其右边是一排平房，而左边是庙宇建筑群。东岳观属于道教的庙宇，其分为北殿、南殿、东殿和西殿，北殿是属于主神道教神祇的神殿，正中为东岳天齐仁圣大帝（注生大帝）神祇，左边为蒲阳卓真人诸神祇，右边为柳金圣侯诸神神祇；南殿为北极先天大帝神祇，东殿为张洪都元帅

神祇，西殿为释迦三尊神祇、地藏王菩萨神祇。

东岳观的庭院建筑群错落有致，虽进入庙宇建筑群的通道则较为狭窄，但庙宇建筑群内部环境相当优美，使信徒在其中处处觉得宽敞而随意。比如在北殿建筑群专门建有一个几百平方的大院子，阳光普照下，显得格外明亮。这种外部结构单调，内部建筑空间宽敞体现出当地华人对传统居住空间的环境设置观念有一定的水平。

这种庭院式庙宇，即错落有致的建筑群也在印尼华人其他庙宇中有所体现，如雅加达的金德院庙宇群，它既有供奉观音的金德院主殿，也有供奉地藏王菩萨的地藏庙，以及供奉道教康元帅、马元帅和田公元帅的玄坛宫。这种庭院式的庙宇建造在科学依据，即日照充足，通风良好的基础之上，信徒们来到这些庭院式庙宇既沉浸在神灵感召的氛围之中，又闲庭信步，体现了与大自然的融通，从而使其身心得以无限宽慰。

庭院式庙宇的另一种形式，即因庙宇场地的限制而只有一个独立的庙宇建筑，但这种庙宇也依据风水的设置，即将主次神灵依次分布而构成北、南、东、西神龛的庭院式布局。这种庭院式庙宇在印尼华人社会也较为常见，如棉兰的关圣帝庙、锦江东岳观等就是这种庙宇结构。

二 原乡民间教派的传承

所谓原乡民间教派的传承，是指海外华人将故乡或家乡的民间教派在异国他乡传播与发展。在印尼华人社会，有许多来自原乡的民间教派在当地传承与发展。我们以苏门答腊棉兰华人社会为例，当地的华人民间庙宇中就存在着一种道教法派"金轮法院"。[1] 每到一定的年限，这种"金轮法院"的道教法派庙宇便要举行"肃团持戒"的宗教仪式。这种金

---

[1] 有关"法教"这个概念，马来西亚华人学者王琛发认为：所谓"法教"，其成员多是社会上各种工作的人士，因有兴趣玄学术法或发愿扶世救人，住在民间官庙，义务或半义务开坛服务。他们常自称源于道教内部某一道脉或教派的"教门"，也是有内部传承、有规定的戒律，又有按不同阶段的学习与规范的内部制度，甚至和他们自称渊源的道教教派同样认祖归宗庭。但他们大多只懂得各种较简单或简化的符咒、小法、民间医疗，不一定读经经文，无从科仪斋醮，更不必穿上道袍。"教门"其中某些人物，自修习法教到一定地位，也会通过正式受禄成为祖庭认可传承的道士。见王琛发《清代以来马来西亚道教的落地形态与演变》，《弘道》2018年第1期。

轮法院道教法派实际上是来自原乡，即中国福建省莆田或兴化神灵信仰体系。[①] 而所谓"金轮法院"，即中国福建兴化信仰神灵信仰体系之一，其奉玄天上帝为主神，并全称"金轮大法院"，简称"神教"。[②]

1. 原乡民间教派的跨国和区域化网络的建构

据调查，流行"金轮法院"道教法派的庙宇在印尼主要有四个，即位于北苏门答腊棉兰市苏家拉美（Sukaramai）的锦江东岳观、福凌殿，位于汉都啊路（JL. Hang Tuah）的东岳观，位于棉兰市亚洲路（JL. Asia）的福镇殿。[③] 这些庙宇所建立的金轮法院道教法派，是源自中国福建兴化神灵体系的道教法派。从调查来看，在北苏门答腊省，原籍福建莆田的华人较多，是他们中间最早流传这种教派，因为锦江东岳观、福凌殿庙宇早期建立者似乎都是福建莆田籍华人，而这个教派及其庙宇在棉兰地域传播与发展。

有关这种教派到底是什么时候传入苏门答腊的棉兰，有两种说法。一种说法认为，自清代以来就有中国的道教法派在新加坡、马来西亚和印度尼西亚三国的土地上跨域传播。而另一种说法认为，金轮法院道教法派是在20世纪50年代才由福建莆田传入棉兰。后一种说法，为锦江东岳观的简史碑文所证明。

从这段碑文中的文字得知，现在的锦江东岳观庙宇的地方原先只是一间小小的土地庙，后由福建莆田籍华人吴初帆等一批主事人的艰苦努力，从1955年开始，历时两年半的时间，终于在1962年农历八月在土地庙的原址上发展起来的。该碑文还记载了庙宇间的"分香"的事实，即福建莆田籍华人将自己家乡的东岳观信仰"分香"到南洋，称之为"分

[①] "兴化"称谓源自宋太平兴国四年（979）析莆田、仙游、福清、永泰县地等部分区域设立兴化县，建太平军（后改兴化军，治所兴化县），后改兴安州；元称兴化路；明清为兴化府，辖地相当于今日莆田市。莆田县地方志编纂委员会：《莆田县志》，中华书局1994年版，第66—67页。

[②] 兴化神灵信仰体系分为三大派别，即琼瑶派、金轮派、庐山派。这些教派各有不同的神明谱系。琼瑶派奉卢士元仙长为主神，全称"琼瑶大法院"，简称"仙教"；金轮派奉玄天上帝为主神，全称"金轮大法院"，简称"神教"；庐山派奉三殿真君为主神，全称"庐山大法院"，简称"道教"。

[③] 在苏北省另一个小镇奇兰沙还有一座金轮法院教派的福兴殿。

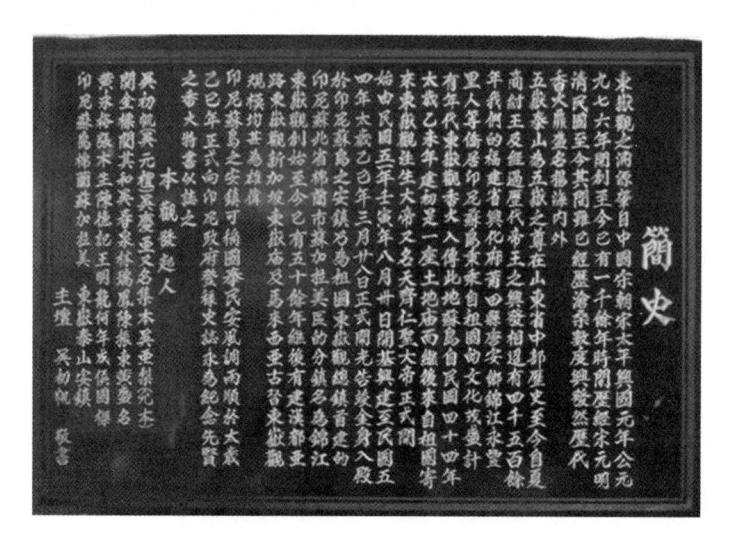

图104　锦江东岳观碑文（郑一省摄）

镇"。这样就形成了以印尼棉兰的"分镇"对应于中国莆田的"总镇"的海内外民间信仰网络。饶有趣的是，碑文中还特别提到故乡（家乡）名称"福建省兴化府莆田县唐安乡锦江永丰里"。从这里可以看出，福建莆田籍华人还将其故乡（家乡）的名称"锦江"提炼出来，作为在海外建立庙宇的名称，这也就是"锦江东岳观"庙宇名称的由来。这种"总镇"与"分镇"，以及用自己家乡的名称"锦江"作为海外庙宇名称的现象，从一个侧面说明海外移民将自己故乡的信仰生活复制在异国他乡土地，并通过对神圣对象的崇拜与认同，建立起对"总镇"所在地一脉相承的精神认同。

锦江东岳观建立起来后，为了让更多印尼莆田籍人士聚集起来，莆田籍华人信徒还使这种与原乡"总镇"对应的海外"分镇"信仰网络进一步的扩张，相继以"分香"的形式建立了东岳观、福镇殿、福凌殿等。这种在海外建构金轮法院道教法派的信仰网络，一方面是使信徒和信仰圈的扩大；另一方面则表明海外华人借助"分香"而使其信仰的"在地化"或本土化。

东岳观是在地化"分香"的第一座庙宇。有关东岳观何年建立，一块志明"太岁丙寅年仲夏蒲二十五周年纪念谷旦立"的《东岳观重修并扩建后座佛殿碑记》记载道：

> 本观自太岁壬寅年正月十五日开始创立，当初假天后宫后殿奉祀东岳天齐仁圣大帝、北极玄天上帝暨诸仙神文武列圣香坛，为善信指点迷津、前途祸福、布施灵丹符水愈其疾病，救其凶危，曾蒙仙圣垂佑，岂能尽述？是以各界善男信女老少为尊崇而敬奉焉。至癸卯年季春，幸得本市汉都啊路空地暂盖茅屋，照旧朝夕不怠与各善信降鸾问卜，随即集资兴建。因当时屋顶照古老建设，上面用本地土产屋瓦，下面皆用木板，以致历年经受风雨剥蚀之下，朽者朽、敝者敝，渐有岌岌不能终日之势，如不早日加以修葺之，其何以永传而弗替也。乃于岁之丙辰花月初九日爰集本观诸门人和棉兰同乡善信捐资重修，然因当时购置地皮兴建后座佛殿经费浩大，单靠本埠捐助不敷甚巨，故即议决赴椰城向同乡诸殷商再募资而重建。幸蒙该埠同乡热心同出募捐，出钱出力，踊跃乐助赞襄美举，众志成城，五年建设至庚申年桐月落成，观宇堂皇壮丽一新，成万年宝盖、祀百代馨香，报德崇功，勒碑永垂纪念。

东岳观的碑文显示，在 1955 年建立锦江东岳观不到十年间里，莆田籍华人信徒通过不懈的努力于 1962 年（壬寅年）以"分香"的形式又建构了一座金轮法院道教法派的庙宇，虽然它也建在棉兰市，但立于其不同地区。细读东岳观的碑文，深感其内容较为丰富，显然留下其创建时许多的艰难和曲折变化历史故事。刚开始它是借棉兰的"天后宫"后殿开展神灵的祭祀，以及从事其他法事活动。至 1963 年（癸卯年），终在棉兰一个叫作汉都啊路的地方寻得一块空地，于是开始建立自己的庙宇。由于资金较少，开始是茅草屋，但没过几年因受风雨侵袭已近倒塌，乃拟"重修并扩建后座佛殿"。由于当地财力有限，信徒们于是"赴椰城向同乡诸殷商再募资而重建"。从这寥寥数句，既说明了兴建庙宇不易之境，又反映了莆田籍华人对建立"分香"的热情与相互帮助。正如一块志明"太岁丙寅年仲夏蒲月二十五周年纪念榖旦立"的《东岳观董事部同人勘功立碑》所记载的,"幸得林天麟、黄文金两道兄受神灵感应传授灵乩,初假座天后宫后殿设立神坛,随时降乩朝夕不怠,乐为各界善男信女指点迷津、前途祸福,布施灵丹符水治癒疾病,救人凶危,无不灵验,名传遐迩,故得各同乡之爱戴,认为是乐善好施之盛事。于是自动参加者众,爰是召集乡贤成立建筑委员会集资兴建庙宇"。这块于 1986 年刻立的碑记,可知最初的主要服务对象和信众依然是莆田籍"同乡",而筹款建庙考虑的对象仍都是莆田籍"乡贤"。

另一座在地化"分香"的庙宇,是 1972 年成立的福镇殿,其规模较小,地址紧贴着棉兰的"鹅城慈善基金会"会馆。有关福镇殿建立的缘由,棉兰福州同乡组织的《棉兰三德慈善基金会》小册子提道:"1972 年一批乡亲兴建福镇殿,以宗教信仰筹募资金建立神庙,附设互助部,协助同乡料理喜庆丧吊事宜;救济贫穷乡亲。旨在奉行印度尼西亚国家宪法和建国五基,遵守当地法律,为同乡谋福利,互惠互助,发展慈善福利事业。"而另一座在地化"分香"的庙宇,则是坐落在棉兰苏家拉美(sukaramai)区的福凌殿,其位置贴近锦江东岳观。我们将 1982 年(壬戌年)的《公建东岳宫碑记》名单与福凌殿悬挂的发起人相片对比,发现东岳观碑文上的发起人名单有刘天汉,碑文所志的第二/三七庙宇理事则有黄玉璋其人,而福凌殿庙中悬挂的发起人相片里也有黄玉璋和刘天汉的玉照。由此可知,有一部分东岳观的发起人和支持者都参加了创办福凌殿。

图 105 棉兰亚洲路(JL. Asia)的福镇殿(郑一省摄)

图 106 棉兰苏家拉美(sukaramai)区的福凌殿(郑一省摄)

无论是东岳观，还是福镇殿和福凌殿，其建立都实在不易。就这些庙宇建立的时间，正逢苏哈托统治印尼时期，当时的华人组织全被禁止和接管，就只剩下宗教场所举行仪式可以使用中文。即便如此，印尼华人的宗教庙宇其实也面临着被废弃的境地，从而迫使他们做出一些宗教文化策略上的调整，即或将印尼政府承认四大宗教之一的佛教神祇纳入其民间神灵体系，或将庙名改为政府承认的佛教名称。如福镇殿藉着宗教自由的灰色地带保障，名为佛院（Vihara）实为神庙。正是印尼华人庙宇的种种变通，确保了华人民间庙宇本身的伸展空间，满足了当地人民求签问乩以应付不可测未来的需要，又为乡人处理养生送死大事。华人庙宇所进行的这些，都将族群认同、文化、传统价值构成信仰的内涵落地生根，令族人对开拓的异地更感熟悉，无殊于生活在故乡的安全感。

2. 原乡民间教派神灵祭祀信仰的移植

原乡的神灵既是海外华人心目中的原乡文化象征，又在原乡族人的集体寄望中被转化为保护其海外亲戚落地生根的"本土"神明。据访谈，锦江东岳观的主神东岳大帝神像，是吴初帆亲自到中国莆田的香火源头虔诚请神，一路护送，把神像捧到了棉兰的庙里。而在建立锦江东岳观时，其信徒还前往"喃吧"乡区的一座玄天上帝庙奉请玄天上帝神像。这座"喃吧"乡区玄天上帝庙，大约离棉兰六十多千米。其庙门门额上挂志明"光绪丁酉"（1897）的"武当山"牌匾，里头用的签诗都沿用了中国陆丰碣石玄武山元山寺的签诗，庙中的用符也似元山寺的风俗称真武为"元天上帝"以及"佛祖"。不仅如此，锦江东岳观的信徒还以不同的途径请来了各路神灵。见表7—1：

表7—1　　　　　　　　　锦江东岳观的神祇

主神	天济仁圣大帝（东岳大帝）　　（北极）玄天上帝
道教神灵	刘公元帅　温公元帅　玄坛赵元帅　法老（天）张公圣　康元帅　马元帅　田公元帅　金光神　南北斗星君
佛教神灵	佛祖　关圣帝君　太岁爷　玉皇上帝　齐天大圣　天官　孔祥将军　曹使将军　通天章圣侯　财神爷　福德正神

续表

主神	天济仁圣大帝（东岳大帝） （北极）玄天上帝
福建民间神灵	莆阳卓真人、三一教主① 天上圣母 注生娘娘 善德陈仙长 广泽尊王 大伯公正神 惠济圣侯 柳金圣侯
其他	华佗大仙 甲马

资料来源：锦江东岳观基金会提供。

东岳观是在地化"分香"第一座庙宇，其神灵与锦江东岳观相比，似乎多出了许多，而且有自己别具一格的特色。见表7—2：

表7—2　　　　　　东岳观帝仙神位座殿表

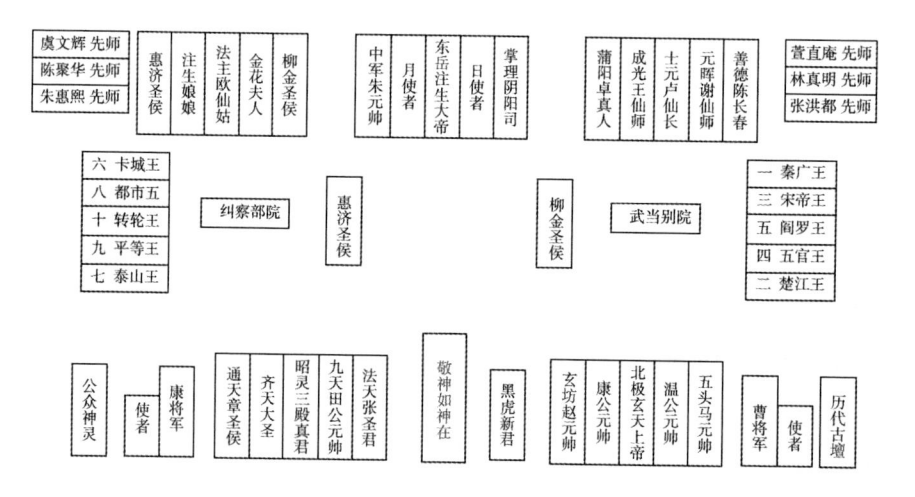

虞文辉 先师 陈聚华 先师 朱惠熙 先师	惠济圣侯	注生娘娘	法主欧仙姑	金花夫人	中军朱元帅	月使者	东岳注生大帝	日使者	掌理阴阳司	蒲阳卓真人	成光王仙长	士元卢仙长	元晖谢仙师	善德陈长春	萱直庵 先师 林真明 先师 张洪都 先师

六 卡城王 八 都市五 十 转轮王 九 平等王 七 泰山王	纠察部院	惠济圣侯		柳金圣侯	武当别院	一 秦广王 三 宋帝王 五 阎罗王 四 五官王 二 楚江王

公众神灵	使者	康将军	通天章圣侯	齐天大圣	昭灵三殿真君	九天田公元帅	法天张元帅	敬神如神在	黑虎新君	玄坛赵元帅	北极玄天上帝	康公元帅	温公元帅	五头马元帅	曹将军	使者	历代古坛

在《东岳观的帝仙神圣座殿表》中，最上一排的神龛正中央在锦江东岳观是主神天齐仁圣大帝，而该神在此称之为东岳注生大帝，其左右是月使者和日使者，以及中军朱元帅和掌理阴阳司。而与主神神龛并排

---

① "三一教"，又名"三教""夏教"，明嘉靖三十年辛亥（1551）兴化府（今莆田市）布衣林兆恩创立的一种民间宗教，是一种产生在明代中后期，盛行于明末清初，至今仍在福建省、台湾省的一些地区和东南亚一些国家流行的民间宗教。目前莆田有各类三一教堂约1300座，门人8万多人。一般的教堂，正中央供教主林兆恩，左祀张三峰，右祀卓晚春。大一点教学，如东山祖祠等，在张、卓的下首分别供奉"四配"神，卢文辉、林至敬、张洪都、朱逢时四大门徒。

的左神龛的神灵分别是柳金圣侯、金花夫人、法主欧仙姑、注生娘娘、惠济圣侯，而右边神龛的神灵则是莆阳卓真人、成光王仙师、士元卢仙长、元晖谢仙师、善德陈长者。最左角神龛有卢文辉仙师、陈聚华仙师、朱惠照仙师，最右角神龛有董直庵仙师、林真明仙师、张洪都仙师；东岳观的祭祀空间也设置了一些神龛，其正中是惠济圣侯、柳金圣侯两大神位，而左角边神龛分别是秦广王、宋帝王、阎罗王、五官王、楚江王，右角边神龛则是卡城王、泰山王、都市王、平等王、转轮王；在东岳观祭祀空间的最下一排也有一系列的神龛，其左神龛分别是历代古坛、使者、曹将军、五显马元帅、温公元帅、北极玄天上帝、康公元帅、玄坛元帅、黑虎星君，其右神龛依次是公众神位、使者、康将军、通天章圣侯、齐天大圣、昭灵三殿真君、九天田公元帅、法天张圣君。

　　位于棉兰鹅城慈善基金会旁边的福镇殿，是第二座在地化"分香"的庙宇，其神灵的安置与锦江东岳观、东岳观是不能相提并论，但它的庙宇中也安排了许多来自原乡的神龛，见表7—3：

　　至于第三座在地化的"分香"庙宇福凌殿，除了与福镇殿一样主祀玄天上帝，从祀玄坛赵元帅、马元帅、康元帅、温公元帅、齐天大圣外，也祭祀如玉山法主欧氏仙姑、士元卢仙长、卓祖真人、三一教祖等附祀殿内的神明，这些都是福建莆田或兴化神灵信仰体系的乡土神圣。

　　不过，从锦江东岳观、东岳观、福镇殿和福凌殿的神灵体系来看，似乎有一种有趣的现象，即这些庙宇所建构的神灵信仰体系的形成有两种路径，其一是源自原乡的国家（朝廷）神灵祭祀信仰体系，其二是来自民间（道教）神灵信仰祭祀体系。换句话说，棉兰（主要是莆田籍）华人的神灵信仰祭祀体系是一种混合的体系，其中既有原乡的国家（朝廷）神灵祭祀信仰体系，也有民间（道教）神灵信仰体系。比如，锦江东岳观的天齐仁圣大帝、东岳观的东岳注生大帝和福镇殿的玉皇大帝其实都是属于原乡国家（朝廷）祭祀的神灵，而这些神灵也随着中国移民迁移海外而使之在海外延伸，所以天齐仁圣大帝、东岳注生大帝和玉皇大帝便作为这些民间道教庙宇的主神。最明显的例子莫过于对应原乡中国莆田"总镇"的"分镇"锦江东岳观，其作为祭祀主神玄天上帝的金轮法院道派庙宇，应该是将玄天上帝作为主神来祭祀，但它从中国莆田

表 7—3　　　　　　福鎮殿諸仙佛神聖座位圖

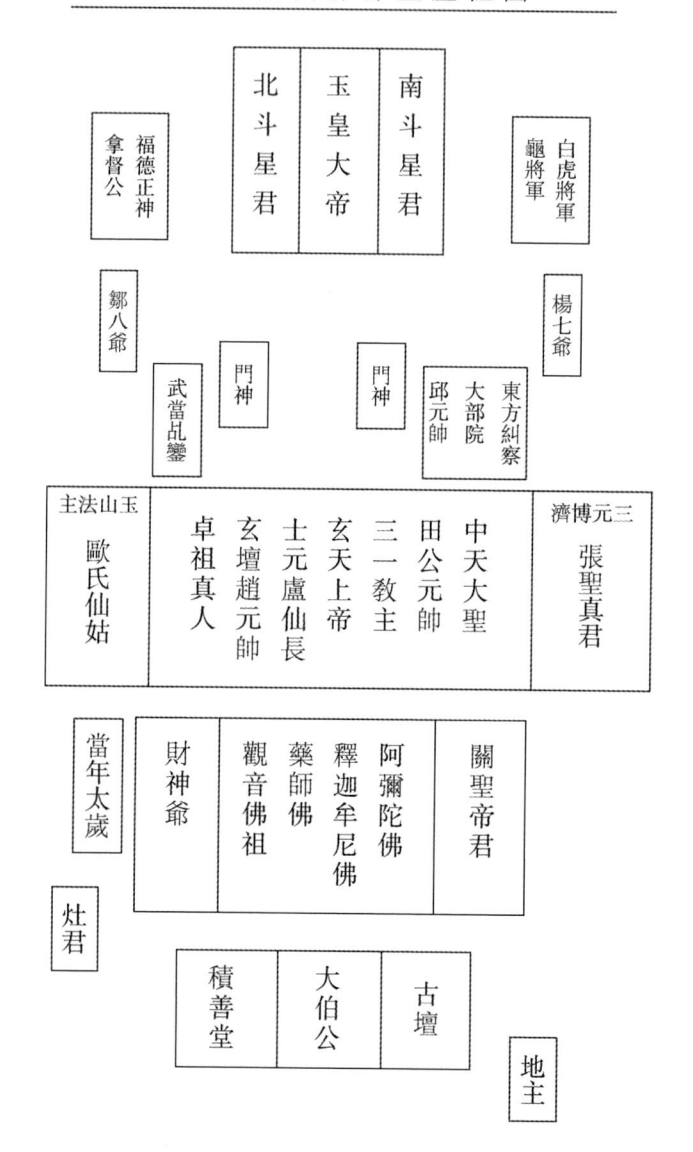

福德正神　拿督公	北斗星君	玉皇大帝	南斗星君	白虎將軍　龜將軍
鄒八爺	武當乩鑾	門神	門神　邱元帥　大部院　東方糾察	楊七爺
主法山玉　歐氏仙姑	卓祖真人　玄壇趙元帥　士元盧仙長　玄天上帝　三一教主　田公元帥　中天大聖			濟博元三　張聖真君
當年太歲	財神爺	觀音佛祖　藥師佛　釋迦牟尼佛　阿彌陀佛		關聖帝君
灶君		積善堂　大伯公　古壇		地主

请来东岳大帝后却将其作为主神，将东岳大帝安位在庙宇大殿中轴线对正庙门的神龛，而从南吧乡区玄天上帝庙请来的玄天上帝神像及其神龛则安位在比东岳大帝神龛稍前的屋梁上，玄帝神像就在这梁上对正庙宇的中轴线之处居高临下望着庙门外。这种神灵及其神龛的安放，凸显了当地华人的一种既有国家（朝廷）神灵祭祀与民间（道教）神灵祭祀相

混合的神灵祭祀信仰体系。

图 107　锦江东岳观里安位在东岳大帝神龛稍前屋梁上的玄天上帝神像及其神龛（郑一省摄）

3. 原乡民间教派吟唱文本的保存与弟子的培育

据资料显示，印尼棉兰所产生的四个"金轮法院"体系庙宇，是从原乡的"总镇"，即中国莆田东岳观"分镇"而来，又随着当地华人逐渐在地化所"分香"形成的。在金轮法院体系庙宇"分镇"与"分香"的20世纪60—70年代，正逢中国与印尼时局变化的时期。印尼棉兰莆田籍华人吴初帆亲自到中国莆田请来东岳大帝后不久，中国便开始掀起了"破四旧立四新"，以及"文化大革命"运动，这些变化促使原乡基本上与海外"断绝"了联系。而在这一时期又恰逢苏哈托上台，其政府从全方位方面打压当地华人，不仅造成大量的华人回到祖籍国，还关闭华人学校、社团和报刊三大支柱，并试图从文化上将华人特征抹去。印尼苏哈托政府只承认伊斯兰教、基督教和佛教三大宗教，并于1967年发布总统14号法令，规定一切华人的仪式、信仰活动以及风俗习惯只能在封闭的场所举行，印尼的华人信仰组织纷纷将庙宇注册改称"Vihara"（佛寺），在庙宇后殿或旁殿供奉佛像，所有种种都是为了变相求存。

正是在这种与原乡文化的"断根"，以及中华文化只仅存于华人的庙宇中，棉兰莆田籍华人这个时期起开始了自我文化的维持与延续，即对原乡教派吟唱文本的保存及对庙宇弟子的培育，建构其民间信仰文化。

从调查来看，印尼棉兰华人的四个"金轮法院"的庙宇保存了该教派大量的吟唱文本，特别是"咒语"文本至今仍在个庙宇中。这些"咒语"虽是民间信仰教派仪式吟唱的主要内容，但其实是原乡文化表现的形式之一。

咒语是民间信仰仪式中请神的话语，在棉兰四处"金轮法院"体系庙宇都存有来自原乡神灵的咒语比如《东山三一教主》《莆田卓真人咒》《欧氏仙姑咒》等，而且在这些咒语中还标有莆田方言发音，以便主持民间信仰仪式的主持按莆田方言吟唱。

此外，对比锦江东岳观、东岳观、福凌殿以及福镇殿四处庙坛的请神咒语，可发现它们之间互有渊源。其中锦江东岳观和福镇殿所采用的《玄天上帝请神咒》内容相同，而东岳观和福凌殿则是一起采用了属于另一系统的咒语。

图108 "东山三一教主"咒语文本和"莆田卓真人"咒语文本

比如，东岳观和福镇殿采用的请神咒的内容如下：

谨请玄天大上帝，香气沉沉引乾坤，应开北极武当门，秽迹金轮太阴君，立在北方天门上，头戴三台盖七星，手持降魔七星剑，脚踏灯蛇八宝龟，万法教主吾师傅，三十六将列两遍，子午酉卯登宝位，温康马赵我亲兵，周公先生黑旗执，桃花仙姑印剑随，左有青龙右白虎，前有朱雀后玄武，六丁神将随我召，六甲将军护吾身，弟子焚香奉咒请，玄天上帝降来临。

而对比福凌殿和锦江东岳观的请神咒，其内容又有别于东岳观和福镇殿：

香气沉呈满乾坤，香芳引列武当门，威镇坎宫壬癸水，循安太极两仪分，披发伏剑收龟蛇，身腾龙马上玉门，旗展七星清法界，剑县三尺鬼神尊，万法修成位真主，三百六将听号幡，元功坎向离宫座，二十八宿布干支，东南西北四大将，张普桃花旗印神，爻占阴阳明六丁，卦开震巽六甲神，青龙白虎方向立，朱雀玄武金陵池，风调雨顺民安请，玄天上帝降来临。

以咒语以及创建年代互证各庙的渊源，大致可以发现是先有锦江东岳观，再有另起炉灶的东岳观；然后是从锦江东岳观的系统，分出了专为照顾同乡养生送死事务而设立在殡葬服务的福镇殿。再稍后，又有源自东岳观的部分同仁，回到了莆田人早期以来主要聚居的苏家拉美地区，他们建立起第一间以传播金轮道脉为主旨的玄帝庙坛。

虽说单凭请神咒语不可能厘清金轮法院的道脉源头，但两处的请神咒都提到"武当门"，同时两首《请神咒》在当地的实践都是由福建莆田方言吟唱，可见金轮法院确是个源自莆田的教派。再看两首《请神咒》都能从各自的切入点简单扼要去颂赞玄帝事迹、神仙地位以至神谱中的随从诸神，可知金轮法院奉玄天上帝为教祖，对玄帝的认识是相符于传统道教的说法。

除了保存诸如教派请神咒语这样的文本外，为了能使庙宇得以长久下去，传承原乡民间信仰体系的传统与模式，培育弟子，即集中门人在坛中斋戒和学习道法，并在一定的年限举行一种称之为"肃团持戒"的宗教仪式。

为何要弟子学习道法，是因为棉兰的"金轮法院"体系庙宇，虽以玄帝为教祖，可是其教法的最大特色是以"神谕"指示为主，门人之间没有师徒相传的制度，也不像其他道派或法教拥有授职制度。根据金轮法院的教法，其门人的入道时间也不由日常的人事安排去决定，而是先要有"神谕"嘱托先前的弟子主办"肃坛持戒"，新人只能通过集体参与"肃坛持戒"成为门人，从而取得属于自己的"字辈"。而通过肃坛持戒所确立的"字辈"又反映该次肃坛持戒的地点和次数，无形中，"字辈"等于一种身份识别，确认门人学法的年份以及所归属的法坛。

以锦江东岳观辈谱为例，神灵批示的辈分排行是"百年燕翼何修德，万里鹏程再读书"，因此参加此庙首办肃坛持戒的门人只要把自身姓名中间的一个字换上"百"字，那就是他自身终身使用的辈分"道名"，如弟子的名字是单字，只需在姓和名之间加上"百"字；到了第二度肃坛持戒，该度入道的门人就不能再用"百"字，只限用"年"字辈，金轮法院的所谓"辈分排行"即是如此类推。至于东岳观，神灵批示的辈谱是"百世经书传玉局，万年圣教阐金轮"。参加东岳观首度肃坛持戒的门人虽说和锦江东岳观首代门人通用了"百"字辈分，但从东岳观的第二度肃坛持戒起，以后历度肃坛持戒的入门者依序沿用"世""经""书"等。而福凌殿的辈分排行是"福德通天宝，凌云护法坛"。

换言之，在金轮法院的所谓"字辈"并不是传统教派常用的师徒辈分，它是各个有传授教法的庙坛和其他庙坛所不共的身份认同，适用于了解一个人是从哪一间庙宇入道，以及确定这个人入道年份的长短。这样一种制度构成金轮法院自身的教派特点，金轮法院的道脉传承也显得独立于武当山任何道派的宗门谱系之外。可是庙宇各有各的辈谱，互相不受管辖，甚至可以不相往来，也会造成追溯教派历史渊源的困难。

肃坛持戒的目标就是为了学习道法。由于只有参加过肃坛持戒的门人才是最有资格到庙坛里服务，庙里门人不足亦无从应付公众求神问乩的需求，我们因此可以把"肃坛持戒"交代给门人的正式辈分，视为保障金轮法院传承的核心条件。

但各庙坛的"辈谱"既然只能是由神灵在庙里降乩批示,各庙"辈谱"又是庙与庙之间所不共有的,结果金轮法院的神圣性首先就表现在辈谱的不可变易,而这种不可变易又令到金轮法院的教派传承端赖于神谕。像福凌殿按传统每年初四根据批示决定该年是否举办肃坛持戒,到戊子年(2008)举办第八度肃坛持戒,其辈谱已经排行到"护"字辈,但迄今未得神明批示,就不可能有人知道接续的第十一字辈,也不能以人事代替神谕说明是否需要接续。而东岳庙在2007年也是已传到"阐"字辈,原来的辈谱只足以应付再两度的肃坛持戒。另外,最先传播金轮法院教法的锦江东岳观,本有奉谕逢闰年举办肃坛持戒的传统,到2006年肃坛持戒的"书"字辈已经办到当年神明批谕的辈谱的最后一字。正如蒙主席所说,他们正等待例常指示办事的赵公明元帅在2010年农历正月十五降乩指示如何再办肃坛持戒,还要再等神灵批出新的辈谱。如此即意味着,经由神谕排出的辈谱关乎金轮法院传承的兴衰存亡。神明如果未曾批下辈谱,各庙既不受允许采用其他庙的辈谱,即无从自设法坛,肃坛持戒也无从延续。

总的来说,金轮法院道教法派通过字辈的传递,以及通过举办门人在庙宇参加学习,以及举行"肃坛持戒"仪式过程。而这些都需交由灵乩神谕决定,既是人神相通也有凡圣之分,持戒现场因此而不再是日常的俗境,而是诸神降临之圣地。按信众与门人的心理,他们所学的一切无疑也因此超越凡俗而且具有神圣意义。

个案:印度尼西亚棉兰华人的"肃坛持戒"仪式

一切宗教活动总是通过一定的礼仪形式(仪式)来表现和实现的。一般被认为没有仪式规定的宗教活动是渎神的行为。[1] 仪式的意义就在于,它是人接近神、实现从人到神的道路,也就是说,宗教必须有促进人转化为神的作用[2]。仪式,通常是指与宗教或巫术有关的,按传统所定

---

[1] 吕大吉:《宗教学通论新编》(上册),中国社会科学出版社2004年版,第418页。
[2] [日]竹中信常:《宗教学绪论》,山喜房佛书林1978年版,第157页。

的顺序而进行的一整套或一系列的活动①。印尼棉兰华人锦江东岳观、东岳观、福镇殿、福凌殿等庙宇每年都要举行"肃坛持戒"仪式,这种仪式是指将庙宇在某段时间改为法坛而对外封闭,集中门人在坛中斋戒和学习道法。换句话说,它是门人在神的教诲下所进行的一种修行法事活动。2010年4月20日—5月18日,笔者前往印尼棉兰调查期间,曾考察和参与了当地锦江东岳观举行的十五度"肃坛持戒"仪式活动。该仪式过程主要分为两个阶段,即入坛阶段和出坛阶段,而这两个阶段是在庙内与庙外院内交替进行的。

(一) 入坛

入坛是"肃坛持戒"仪式的第一个阶段。这个阶段又可分为三个时间段,即:大约从上午8时至10时,道士在庙内外做醮;大约从上午10时至12时,寺庙主持和理事及老门人摆放供品;大约从下午1时至3时,乩掌在庙内扶乩、门人正式举行仪式入坛。

第一个时间段首先是道士的做醮法事。在笔者考察的这次"肃坛持戒"仪式中,做醮的是来自棉兰普门道场的道士。这位道士头戴一顶黑色的帽子,身穿黄色与黑色相间的道服,带领理事们在庙内唱经,以示向神灵们祷告,祈求其帮助世人消灾解厄,祈福祈安,并请各方神灵见证即将入坛门人的身份。

当道士结束做醮法事后,便开始给庙内的诸神上供供品,因为孝敬众神是首要的。摆放好供品后,由两位乩掌(正乩掌与副乩掌)在庙内的乩坛进行扶乩,其目的是获得主导"肃坛持戒"仪式的乩童。大约在下午1时30分,乩掌开始从已预备好的名单中扶乩"神谕"的乩童。扶乩之前,乩掌们举行了奉香及净体的仪式,然后静静地站立在乩坛的乩盘前。片刻后他们似乎进入了冥想的状态,这是神佛开始降临的征兆。这时,正对乩盘而立的正乩掌、副乩掌分别用右手和左手握着Y形柳笔,用其前端开始在乩盘上快速画圈,并写出字来。人们被告知这是神佛降临下来,借用乩掌的手而写出文字。参礼者的视线都集中在柳笔上,大家全神贯注地听报谕。此时,场面的氛围显得十分紧张,四周一片寂静,

---

① 吴泽霖:《人类学词典》,上海辞书出版社1991年版,第112页。

只有乩笔触碰在乩盘上的声音和不时报谕的声音响彻厅堂。最后，乩掌们终于扶乩出主导仪式的三位乩童，据说他们是"神谕"的极佳选择。①

乩童扶乩出来之后，便正式开始举行门人的入坛仪式。这时，庙院内变得异常热闹起来。来自棉兰东岳观、福镇殿、福凌殿、石庭宫、明安殿，棉兰附近的丁宜九鲤洞、奇沙兰福兴殿、奇沙兰九鲤洞、雅加达九鲤洞，以及中国福建莆田九鲤洞总镇、顶旧厝九鲤分镇，新加坡九鲤洞和马来西亚芙蓉东天宫等的数百位道友参加了仪式。这些道友也是老门人，他们都穿着印有各自庙宇名称的服装。

大约在下午2时30分，锦江东岳观庙内外香烟袅袅，来自国内外的道友们在锦江东岳观主持的带领下，跟着乩掌来到庙内的乩坛前。只见正副乩掌走到乩坛旁，手握乩笔在乩盘急速地画起圆圈，而道友们则一边摇着道铃，一边虔诚地唱起请神咒语。唱完咒语后，道友们又跟着乩掌来到寺庙院内的主祭坛举行入坛前的仪式。主祭坛设在寺庙院内的由三张红色桌子拼成的供桌，供桌上放着一个圆形的大香炉和两个红色的四方形小香炉，大香炉插着三根燃着的香，而两个小香炉各插着一根红蜡烛。供桌上还摆放着四个装着苹果、橘子的果盘、一个菠萝（凤梨）、一碟发糕以及一个插着菊花的花瓶。仪式开始前，全体道友虔诚地跪下，锦江东岳观主持李金龙先生高声一一念叨着祭文，全体道友一一附和着。念完祭文后，主持李金龙走到供桌前面的一个焚香处，点燃祭文，入坛仪式正式开始。

下午3时，由乩掌开路，30位身穿印有"锦江东岳观"字样的服装、腰缠一块红布的新人列队朝庙内走去，这就是准备入坛的准门人。这些准门人来到庙门口，一一跨过放在庙门口的一个燃烧着的火炉而进入庙里。这时，在庙内诸神的面前早都竖立着各自的牌位，而诸神的供桌上也摆满了各式各样的供品，大大小小的香炉插上了香烛、鲜花。当诸位准门人一边给诸神上香，一边摇着道铃并高声唱着咒语时，三位乩童出现了。开始时他们肃立在那里，过了一阵后似乎进入了恍惚之中，不一会便左右摇摆起来。在他们恍惚之际，旁人给他们穿上玄坛"赵元师"

---

① 2010年4月10日笔者与林先生的访谈录。

"张公圣君"和"康公元帅"的法衣，并递给他们每人一把七星剑。他们接过剑，绕起了七星步，并在乩掌的牵引下带领准门人朝庙门外的院内走去。

锦江东岳观的院内站满了许多信徒和看热闹的人们。只见两个乩掌手拿着乩笔冲在前面，左转右转地扭动着乩笔，乩童手拿七星剑，来回地踱着七星步，而准门人则分别手拿红色、黑色、黄色的七星旗紧随其后围绕着院内的场地行走。这种行游场面是一种神与凡人的互动。神灵附体的乩掌、乩童或冲入游走的人群之中，或拿着手中的法器指挥准门人行走七星方阵。这种场景大约持续了半个多小时后，乩掌、乩童带领准门人冲入庙内，不一会，乩掌又冲出庙外。当乩掌再进入庙内的一刹那，早已等候在庙门口的老门儿"砰"地一下关上了庙门，这时里面的神灵试图再冲出庙外，而门外的道士及老门人赶紧在庙门贴上扶乩神灵所盖印的"金轮法院太岁庚寅三月二十一日封"的封条。至此，入坛仪式结束。

（二）出坛

在锦江东岳观十五度"肃坛持戒"中，准门人从 2010 年 5 月 3 日（农历三月二十日）下午 3 时入坛进行 7 天封闭式的"学道"，其内容主要是日常受到大众认同的道德伦理，并通过神谕忠告个人修养，其实质就是重温正确的人生价值和道德。准门人在庙内法坛学习道德伦理，并不只是自己在那里静坐和反省，而是在诸神灵的帮助下获得人生的真谛。

至 2010 年 5 月 9 日（农历三月二十六日）凌晨 5 时，消灾解厄、祈福祈安的"出坛拜斗"典礼开始。参与该典礼的有棉兰东岳观、福凌殿、福镇殿、石庭宫、明安殿、丁宜九鲤洞、奇沙兰九鲤洞、奇沙兰福兴殿、雅加达九鲤洞，以及中国福建莆田九鲤洞总镇、顶旧厝九鲤分镇，新加坡九鲤洞和马来西亚芙蓉东天宫等的数百位道友和当地众多的善男信女。

大约 5 时 10 分，锦江东岳观的庙门内传来急促的敲打声，不一会，庙门"轰"的一声打开，从里面跃出两个乩掌，他们冲出庙门后，左扭右转地又折回到庙内，而庙门又"砰"地一下关上了。这一过程大约持续了 3—4 次。最后，在庙内外的巨大呼喊声和敲打声中，庙门终于彻底打开了，只见从庙内冲出两个乩掌，他们在神的驱使下左扭右转，随后是三位手拿七星剑，且手舞足蹈的乩童，而紧随其后的是聚集在庙里的门人们，在锣鼓声和庙外善男信女的呼喊声中，他们开始"出坛拜斗"了。

在庙外院内的广场中，正对着庙门的是一个高高的旗杆，旗杆下设置了一个祭坛。祭坛分上下两层，各层摆放着各种供品，并插着几支令旗和放置着"马大元帅""温公元帅"等牌位。从庙内出来的门人缓缓来到祭坛前，一一虔诚地跪拜和上香，然后在乩掌、乩童的带领下行走于庙外院内的广场。他们有的手里拿着令旗，有的扛着"北极玄天上帝"的大旗，有的举着印有"湄洲天后圣母""东岳观注生大帝""凌云昊天玉皇大帝""北寰宫北极真武大帝""东山祠三一教主"字样的灯笼，或举着"回避"的牌子，一会儿走着七星步，一会儿穿梭，一会儿交叉行走，似乎在与神灵沟通着什么，呈现出神灵与凡人和谐融通的场景。

到上午 10 时"肃坛持戒"仪式结束了在庙外的行游。这时乩掌们与庙宇的理事又回到庙里，为这次"出坛拜斗"的成功与否祈求"神谕"。只见众理事在李金龙先生的带领下，虔诚地向庙内的众神上香跪拜，乩掌们手持乩笔在乩盘上快速地画圈，不一会便扶乩出"神谕"来。站在乩盘旁的一位报谕者大声宣道："万满源出坛道法，南北斗拜光东灵；肃戒意大广成德，合成友利福平亮。"

至此，以"大开法教之门，劝世度人，消灾解厄，指迷路径"为宗旨的十五度"肃坛持戒"仪式圆满画上了句号。

三 "肃坛持戒"仪式的结构及其关系

一般认为，社会结构是指一个文化统一体当中，所表示的人与人之间的关系，这包括人与人组合成的各种群体以及个人在这种群体中的位置。而结构功能主义者布朗则将社会结构定义为"在某个较大的统一体中，各个部分的配置或相互关系的组合"[1]。从以上"肃坛持戒"仪式的过程来看，该仪式自开始至结束，都有着一致性和连贯性，这其实也凸

---

[1] ［英］A. R. 拉德克利夫布朗：《原始社会结构与功能》，潘蛟等译，中央民族大学出版社 1999 年版，第 46 页。

显了该仪式所具有的结构性特征。

（一）仪式结构中的两个构成

结构主义人类学认为，一切关系最终都会还原于两项对立的关系，每个关系中的每个元素都可以根据其在对立关系中的位置，被赋予社会价值。①

"肃坛持戒"仪式的结构，主要由两个部分构成。一是仪式的主体，主要有乩掌、道士、乩童和门人。前三者是与神灵沟通的媒介，他们通过"扶乩、做醮"和"跳神"等巫术活动，来传授神意，预言吉凶，而后者通过仪式学习道法，获得修行；二是仪式的客体，即以玄天上帝为主，以及从其左右的赵、马、温、康元帅等诸神灵，这些神灵的职责是监护仪式活动的整个庙宇，并将这些庙宇变成神圣的场所，以及指导庙坛诸门生如何与神灵沟通。

（二）仪式结构中两个构成的关系

一个整体的结构，并不是指整体内部的诸元素，而是指连接和结合诸元素的关系网络。只有通过分析存在于部分之间的关系，才能解释整体。在"肃坛持戒"仪式的整个活动中，其结构中的两个构成部分紧密相连，在"神"与"人"之间架起了一座无形的桥梁，实现凡俗与神圣实体的交融与贯通。

1. 仪式主体之间的关系

"肃坛持戒"仪式的主体由两部分人构成，一类是乩掌、道士和乩童，还有一类是门人。前一类是人与神灵沟通的媒介，而后一类则是崇拜神灵的忠实信徒。这两部分人的关系，在仪式过程中呈现出一种交融而不可分离的状态。

乩掌是"肃坛持戒"仪式中的一个重要角色。在"肃坛持戒"仪式过程中都要举行"扶乩"的法事活动，而乩掌是"扶乩"法事一个不可或缺的人物，并且一直出现在仪式的整个过程中。比如，在"肃坛持戒"仪式开始前，需乩掌扶乩出乩童的人选，为仪式的成功进行开示符方；

---

① ［法］列维—斯特劳斯：《结构人类学》，谢维扬等译，上海译文出版社1995年版，第247页。

随后乩掌须带领门人顺利入坛与出坛；而在仪式结束后，乩掌还得扶乩出神灵对仪式是否成功以及门人辈分排行的神谕。

道士是"肃坛持戒"仪式开始时出现的第一个角色，他主要是在入坛仪式开始前在庙内的大厅内外做醮。据中国古籍记载"醮"的原意是祭，为古代礼仪。在"肃坛持戒"仪式的入坛之前，道士做醮就是做平安，祈求神灵保佑这次活动得以成功，并请各方神灵来见证即将入坛门人的身份，因为新入坛门人的身份需得到庙内神灵的认可。

依据乩童在仪式中的行为方式，乩童可以分为文乩与武乩。在"肃坛持戒"仪式中出现的三个乩童是武乩。他们穿着古装，拿着七星剑，带领门人入坛和出坛。他们作为"神"的化身，具有驱妖避邪的功能和意义。人们相信乩童沟通了无形的"神灵"，并从"神灵"那里借来力量为人们消灾降福，逐祟除疫，使新人入门成功。门人，这是棉兰华人对当地道教庙宇"弟子"的一种称呼。门人是崇拜神灵的忠实信徒。在仪式中出现了三种门人，即老门人、准门人和外来的门人。老门人，即已经通过入坛和出坛仪式的弟子；准门人，即须通过集体参与入坛与出坛仪式才能成为正式"弟子"的俗人；外来的门人，即外地前来观摩仪式活动以及交流宗教心得的其他庙宇的弟子。在"肃坛持戒"仪式中，准门人的入道时间不是由日常人事安排来决定的，而是先由乩掌扶乩出"神谕"，并嘱托先前的弟子（老门人）主办"肃坛持戒"仪式，由乩童带领准门人参加7天封闭式学道的入坛和出坛活动，准门人方能由俗人成为正式的门人，即弟子。

2. 仪式客体与主体之间的关系

从调查来看，当地的道教庙宇大都供奉玄天上帝为主神。虽然本书所描述的举行"肃坛持戒"仪式活动的道教庙宇——棉兰锦江东岳观所祭祀的主神不是被奉为教祖的玄天上帝，而是由当地莆田籍华人从福建锦江江畔老庙迎请来的东岳大帝，但是，玄天上帝的神龛被高高地挂贴在庙殿的屋梁上，象征着该神在这个庙宇众神中的特殊地位。仪式的客体，即以玄天上帝为主的道教诸神灵体系，与仪式主体，即乩掌、道士、乩童和门人的关系是异常紧密和互动的状态，其主要表现在"请神咒语"和"神谕"方面。

在"肃坛持戒"仪式开始前,必须由乩掌带领诸门人举行请神的仪式。所谓请神咒语,即请求神灵降临的话语。在锦江东岳观藏有许多请神咒语的文本,这些咒语有"玄天上帝神咒""曹使将军神咒""莆阳卓真人咒""马元帅神咒""温公元帅神咒""护法康元帅神咒""惠济黄圣侯神咒""柳金圣侯咒"等。其中玄天上帝神咒十分特别,现摘录如下:

香气沉呈满乾坤,香芳引列武当门,威镇坎宫壬癸水,循安太极两仪分,披发伏剑收龟蛇,身腾龙马上玉门,旗展七星清法界,剑县三尺鬼神尊,万法修成位真主,三百六将听号蟠,元功坎向离宫座,二十八宿布干支,东南西北四大将,张普桃花旗印神,艾占阴阳明六丁,卦开震巽六甲神,青龙白虎方向立,朱雀玄武金陵池,风调雨顺民安请,玄天上帝降来临。

从以上玄天上帝神咒来看,它提到了"武当门",而且还简明扼要地赞颂了玄天上帝的事迹、神仙的地位以及神谱中的随从诸神灵,由此可知棉兰锦江东岳观其实是奉供玄天上帝为教祖的,其对玄帝的认识与传统道教的说法也是十分相符的。

在以上请神咒语中,莆阳卓真人咒也十分有趣,该咒语这样说道:

莆阳闲客卓为仙,不怕时局不怕天;凡间若遇侵邪祟,酒气喷出尽倒颠;扶威度厄夏午圣,修真得道在天师;咒诵威仪吾来降,念吾从吾一片心;弟子焚香板命请,卓氏真人降来临。

莆阳,是今莆田、仙游的原称,是以莆田、仙游所处的地理位置而得名的,所指的应是莆田、仙游二县,而不单纯是莆田县。在莆阳,卓真人是当地传说的一个人物,因修真得道而成为仙人。现在的莆田和仙游两地都建有卓真人的庙宇。

一些来到印尼棉兰的莆田籍人士将卓真人的神灵带到锦江东岳观,在锦江东岳观的正厅左侧就供有卓真人的神像。当地的莆田籍华人称卓真人为"大伯公"。笔者从锦江东岳观的"肃坛持戒"仪式中发现,当地门人在吟唱请神咒时都是用福建莆田方言吟唱的,以此可见锦江东岳观是一个源自福建莆田教派的庙宇。

除在"肃坛持戒"仪式前须举行请神咒仪式外,以玄武大帝为首的诸神的"神谕"也须由乩掌们扶乩。笔者在"肃坛持戒"仪式中发现,仪式的整个过程都由扶乩与神谕来决定。此时,庙堂内外,即"肃坛持戒"仪式举行的场所似乎已经不是凡人或俗民的境地,而是人与神相通或交融的场所,确切地说已成为诸神灵降临的圣洁之地。正因如此,诸信众和门人自认为在此所学的一切,无疑具有超越凡俗而神圣的意义。

在"肃坛持戒"仪式里,来自玄武大帝系统的"神谕"具有决定性的力量。从仪式的整个过程中,我们可以发现,诸位神明对门人的关心呵护体现于仪式的每个具体环节中。

首先,乩掌们在"肃坛持戒"开坛前先扶乩出净场的"神谕",即在庙中张贴"承玄前赵元帅"的通知,在"肃坛持戒"期间"严禁女士们参拜探戒",其目的是在信徒心目中建立起庙内纯洁和神圣的印象。

其次,为了保证仪式的顺利进行,也须选出吉日良辰。乩掌们于5月1日(农历三月十八日)扶乩出有关2010年《第十五度肃坛持戒晓谕》的"神谕",是由"玉虚主宰"(玄天上帝)在"庚寅年三月十九日发坛前慈批",说明"择定庚寅年庚辰月壬戌日甲申时(农历三月二十日下午3时)入坛训练神变至戊辰日庚寅时(即农历三月二十六日凌晨)出坛拜斗"。5月2日(农历三月十九日)乩掌们扶乩出"神谕",并张贴《第十五度肃坛持戒供善福餐诸善信芳名列表》,要求刊录榜上的"呈戒膳善信"应该"各定依时到坛缴纳,毋违此谕"。到5月3日(农历三月二十日),准门人入坛时,乩掌们扶乩出"温公元帅"的《前禁止邪魔侵境事》的谕令,以此来解释该元帅奉命"守界护坛"的缘由是"当今肃坛持戒宣道化人、珍灭妖氛、保安疆土,拂蕾风于四野,薰瑞气于全岛",并通告"当界城隍、土地、里域等神"来听此谕令。而在5月5日(农历三月二十二日),为了勉励已入坛的新学子认真学法,乩掌们又扶乩出"护法南安玄坛赵元帅"要求"修道者真诚敬神,转迷为悟,遵神道之教诲而修正,改邪归正"的教谕。

在"肃坛持戒"仪式中,乩掌们还要扶乩出玄武大帝统领的诸神的

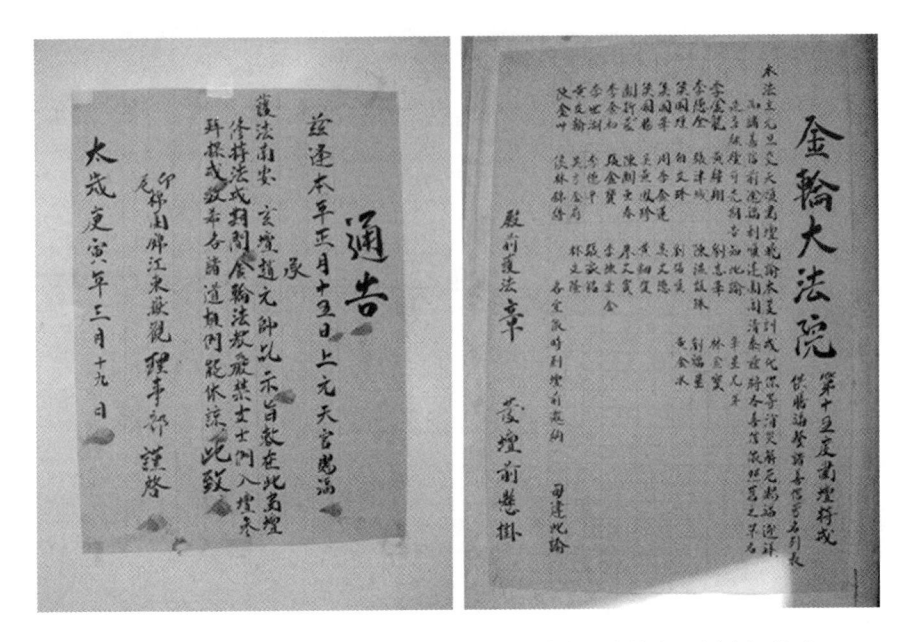

图109　肃坛持戒中禁止女性进入庙宇和金轮大法院第十五届肃坛持戒
　　　　仪式善信芳名表的通告（郑一省摄）

一个重要"神谕"，即神灵批示的"辈分"排行。在锦江东岳观的众辈谱中，神灵批示的首度辈分排行是"百年燕翼何修德，万里鹏程再读书"，因此参加此庙首度肃坛持戒的门人只要把自身姓名中间的一个字换上"百"字，那就是他终身使用的辈分"道名"，如弟子的名字是单字，则只需在姓和名之间加上"百"字；到第二度肃坛持戒，该度入道的门人就不能再用"百"字，只能用"年"字，锦江东岳观门人的所谓"辈分"排行即如此类推。在2010年锦江东岳观十五度"肃坛持戒"仪式中，神灵批示的辈分排行为"千缘君生有道礼，高圣贤语转教种"，表明今后门人的辈分排行就以"千"字往后推了。

由此可见"肃坛持戒"仪式的整个过程实际上是乩掌、乩童与诸神灵，以及信众与诸神灵交融的过程。信众们十分相信庙宇中的诸神灵，在仪式举行期间都会十分慎重地临坛护道，以祈求神灵的保佑。

四 "肃坛持戒"仪式的文化内涵和功能分析

法国社会学家涂尔干开创了对宗教仪式社会功能研究的先河。按照他的观点，宗教仪式是行仪式者赖以与神圣发生联系的一组实践。① 象征人类学代表人物格尔兹则认为：通过仪式，生存的世界和想象的世界借助于一组象征形式而融合起来，变为同一个世界，而它们构成了一个民族的精神仪式。② 对仪式研究最有影响力的英国人类学家维克多·特纳，则直接把仪式行为等同于社会对秩序建构的手段之一。③ 从棉兰华人的"肃坛持戒"仪式活动来看，其既具有丰富的文化内涵，也具有多种功能。

（一）仪式的文化内涵

可以这样说，印尼棉兰华人举行"肃坛持戒"仪式，既是当地华人遵守传统、恪守信仰的结果，更是人们叙述历史、不忘本源的产物。仪式不仅体现了普通民众对于超自然世界的想象与诠释，从中也可透视一个族群的文化属性，反映一个族群的性格和文化心态。

1. 巫文化的特征

巫从产生、形成到各个社会历史阶段的发展、演变，在漫长的历史长河中游弋于人与神之间。巫反映了先民的信仰、幻想和心态。在棉兰华人社会，当地道教庙宇的"肃坛持戒"仪式其实也是巫文化的一种独特存在方式。人类学家认为，巫术指的是人们企图借助某种神秘的超自然力量，通过一定的仪式影响与作用客体的活动。④

在棉兰，这种从事巫术的人则被人们称为"乩掌"和"乩童"。乩掌和乩童在"肃坛持戒"仪式中体现和表达神灵的意志，而这里的神灵特

---

① ［法］爱弥尔·涂尔干：《宗教生活的初级形式》，林宗锦等译，中央民族大学出版社2001年版，第39—40页。
② ［美］格尔兹：《文化的解释》，纳日碧力戈等译，上海人民出版社1999年版，第129页。
③ 王铭铭：《西方人类学名著提要》，江西人民出版社2004年版，第446—456页。
④ 陈育燕：《模仿中的期盼——以湄洲岛元宵"闹妈祖"舞蹈"耍刀轿"的乩童为例》，《北京舞蹈学院学报》2009年第1期。

指道教庙宇中的诸神灵。正如某位学者所说,其虽无巫师之名,实为巫师之实。其一,对乩掌和乩童的选择一般都是精神上有些异常的人,这类人易于亢奋,充满激情,不忌生,不怯场,常常手舞足蹈,如痴如狂。其二,在表演前人们必须通过扶乩"神谕"选出乩掌和乩童,这表现了人们对能通诸神灵的"乩掌"和"乩童"的敬畏之情。其三,乩掌和乩童在入坛和出坛仪式上的一些动作,既突出了他们至高无上的地位,同时也显示出他们有着特殊的法力。他们作为"神"的化身,具有驱妖辟邪的功能意义,人们相信他们沟通了无形的神灵,并从神灵那里借来了力量来为人们消灾降福,逐祟除疫,使新人入门成功,使信徒们得到神的呵护。[①]

2. 祖籍地的文化传承

在传承文化方面,民俗主要展现的是民间百姓的各种习惯、礼仪和信仰等方面的民间活动,而这种活动是在某个民族所具有的社会结构以及风格习惯等条件下形成的。棉兰华人"肃坛持戒"仪式活动就是民间向神灵祈求保佑和驱避灾难的一种民间信仰的民俗事象,它表现了当地民众的习惯、礼仪和对诸神灵的信仰,而仪式过程中的各种表演实质上是对祖籍地文化的传承。

从信仰传播的角度来看,棉兰锦江东岳观举行的道教法事活动都是以武当的名义进行的,对内对外它都在试图表述其信仰传承和活动的合理、合法与权威的神圣性。但是,该庙实际上并不一定要隶属于武当的任何门派。也就是说,这个庙宇在道教的传播上并不局限于传统的道教体制,而是要凸显出它的民间性。具体来说,这是一种来源于中国福建莆田民间的道教教派,其特点主要是调动信徒们在家定期体验守戒的生活,或者组织其门人在庙中学习道法。这样一种深入民间的信仰体制,与拥有完整规章制度以及经典法器的所谓正统的道教派别是有很大区别的。换句话说,这种从中国福建莆田民间传来的道教教派,具有草根性,虽然在印尼经历了岁月的磨难和压抑,但仍然属于那种不忘本源的民间信仰体系。

[①] 庄孔韶主编:《人类学通论》,山西教育出版社2003年版,第391页。

图 110　第十五届肃坛持戒门人出坛时走在仪式队伍前的"乩童"（郑一省摄）

3. 道德文化的重塑

仪式是在集合群体中产生的行为方式，它们必定要激发、维持或重塑群体中的某些心理状态。按照涂尔干的说法"仪式首先是社会群体定期重新巩固自身的手段"①。仪式必须保证信仰不能从人们的记忆中抹去，必须使集体意识最本质的要素得到复苏。通过举行仪式，群体可以周期性地更新其自身和统一体的情感；与此同时，个体的社会本性也得到了增强。那些被共同的信仰联合在一起的个体，在共同的仪式活动中意识到他们在道德上的回归或升华。②

印尼棉兰华人"肃坛持戒"仪式主要是让新门人在庙内进行 7 天封闭式的"学道"，其内容是学习日常受到大众认同的道德伦理，并通过神谕忠告个人修养，其实质就是重温被日益淡化的做人道理和人生价值取向。换句话说，在神圣化的场所，进入庙中学道的新门人需认真学习正

---

① 王铭铭：《西方人类学名著提要》，江西人民出版社 2004 年版，第 446—456 页。
② ［法］爱弥尔·涂尔干：《宗教生活的基本形式》，渠东、汲喆译，上海人民出版社 1999 年版，第 507 页。

义之道，这种学习是在神灵的教导下进行的，而新门人通过在庙内的静坐反省，不仅可修炼自身的心性，更重要的是今后走出庙门，可以做一个有正确人生观和良好德行的门人。

（二）仪式的功能

宗教仪式不仅可以透视一种文化属性，而且还具有许多实际的功能。仪式所具有的许多功能，无论是在个人层面上，还是在群体或社会层面上，都可以成为情感的表达渠道，引导和强化行为模式，或恢复和谐与平衡。① 从印尼棉兰华人的"肃坛持戒"仪式来看，其具有以下功能：

1. 信徒宗教信仰的强化

功能主义认为：仪式有助于个体想到圣洁领域，复兴和加强对于这个领域的信仰。② 宗教仪式是宗教信仰外在的象征表现，它象征性地表现了人神关系。由此，一方面，宗教信仰为行为规范套上神圣的光环，并为它们提供最高的辩护；另一方面，宗教仪式则又引发并表现出种种态度，借以表达并因此而强化对这些行为规范的敬畏。③

在"肃坛持戒"仪式中，门人入坛修炼7天，内容包括学习罡罗步斗、扶乩、静坐、符法等必备知识，从而获取宗教理论以及宗教的实践经验。门人和信徒们通过参与这种仪式，无形中将自身纳入一个规范化的行为模式和统一的宗教生活之中，特别是这种仪式通过对宗教的基本信仰与教义的重复宣扬，无疑可以增强门人与信徒之间的联系和内聚力，并从根本上起到强化与巩固信仰的作用。

2. 社会秩序和等级的肯定

仪式所涉及的不仅是族群文化认同的建构，而且还涉及社会秩序及个人等级的强化，因为宗教仪式活动是一种社会活动或公众活动。在这种活动中，群体要重演与神圣对象的关系，并通过神圣对象来重演与来世的关系；而在这种重演过程中，群体自身的团结得到了相应的强化，

---

① ［英］菲奥纳·鲍伊：《宗教人类学导论》，金泽、何其敏译，中国人民大学出版社2004年版，第175页。
② ［美］亚历山大：《新功能主义及其后》，彭牧等译，译林出版社2003年版，第143页。
③ 王铭铭：《西方人类学名著提要》，江西人民出版社2004年版，第446—456页。

图 111　锦江东岳观十五届肃坛持戒中的"入坛"与"开坛"（郑一省摄）

群体自身的价值观念也就得到了再次的肯定。①

　　印尼棉兰当地的华人通过共同举行"肃坛持戒"仪式活动，将华人社会群体中的不同个体暂时或永久地联系在一起。在仪式活动中，团体关系、领袖与其追随者的关系都得到体现、紧密和加强。② 而信徒为标示他属于这个群体，就得遵守象征其社会身份的各种规定。比如，通过神灵告谕下的各次"肃坛持戒"仪式所确立的"字辈"，不仅反映出仪式的地点和次数，而且这种"字辈"的排行实质是一种身份的识别体系。

　　3. 族群文化认同的建构

　　从文化学的角度来说"肃坛持戒"不仅仅是一种宗教仪式，也是一种信仰符号。同当地华人社会其他民间信仰一样，宗教信仰具有整合当地华人族群及延续与巩固华人文化认同的功能，其已成为凝聚当地华人社会的黏合剂和强化当地华人族群文化意识的一种象征。

---

　　① 罗惠翩：《宗教的社会功能——几个穆斯林社区的对比调查与研究》，博士学位论文，中央民族大学，2005 年，第 90 页。
　　② 罗惠翩：《宗教的社会功能——几个穆斯林社区的对比调查与研究》，博士学位论文，中央民族大学，2005 年，第 90 页。

与印尼华人其他地方的庙宇一样，棉兰华人的庙宇在苏哈托时期也是处在一种"宗教自由"的灰色地带，即在苏哈托时期，华人的文化教育虽然遭到空前的极度的摧毁和压制，但在华人的庙宇内却仍然保存了华人的一些宗教物品，如牌匾、经书等。它们不仅是当时华人接触祖先文化的载体，而且也成为日后华文教育复苏的基础。例如"肃坛持戒"仪式中请神的咒语是汉字，在这些汉字旁边又根据莆田的方言添加了印尼语拼音，这不仅方便后人念诵这些请神咒语和仪文，同时也给信徒提供了一个有限的识认汉字的机会。而在仪式的前后，各种各样的奏疏、告示或灵乩谕示，以及对于这些奏疏、咒语等的解说，都是采用中文或莆田方言，这无疑是以宗教的内容成就了华人文化的认知。特别是"温康马赵我亲兵，周公先生黑旗执"之类的请神咒语，以及玄天上帝部下三十六天将的名称，似乎都在反复地提醒大家，即使成为神者也未曾丢弃自己的祖姓或忘记自己的祖宗。因此，"肃坛持戒"仪式中所出现的华文文化色彩或表征，不仅起着传承华人祖籍地文化的作用，甚至具有建构华人族群文化的认同功能。

第二节　印度尼西亚华人民间信仰文化的创新

从文化学来看，文化在发展中，创新是非常重要的。因为创新有助于排除因循守旧、故步自封的积弊，有助于改良、完善和丰富文化的内涵，有助于文化的发展、提高。

对于宗教文化而言，宗教文化创新的内容，包括了新神灵的创造、新派别的形成、义理学说的创新、仪轨制度的调整等。宗教文化创新的类型多种多样，基本类型有原始创新、模仿创新和综合创新等，其中博采众长并经过创造性转化而形成的新综合体的综合创新尤为重要。

从印尼来看，当地华人民间信仰文化的创新，主要体现在构建适合当地民众的民间信仰文化，其途径之一就是使民间信仰在地化（本土化），即创造在地化（本土化）的神灵。

一 "郑和神灵"与"郑和崇拜"建构

据资料显示，1405—1433年郑和七次下西洋时曾多次访问印度尼西亚，对促进中国与印度尼西亚的政治、经济和文化交流起了积极的作用。有关郑和到达印度尼西亚的事实，中国史籍多有记载。据《明史·郑和传》（卷三〇四）记载。"五年九月，和等还，诸国使者随和朝见。和献所俘旧港酋长。旧港者，故三佛齐国也，其酋陈祖义，剽掠商旅，和使使招谕，祖义诈降，而潜谋邀功。和大败其众，擒祖义，献俘，戮于都市。十年十一月复命和等往使，至苏门答腊。其前伪王子苏斡剌者，方谋弒主自立，怒和赐不及己，率兵邀击官军。和力战，追擒之喃渤利，并俘其妻，以十三年还朝。十四年冬，满剌加、故里等十九国咸遣使朝贡，辞还。复命和等皆往，赐其君长。十七年七月还。十九年春复往，明年八月还。二十二年正月，旧港酋长施继孙请袭宣卫使职，和赍敕印前往赐之。和经事三朝，先后七奉使，所历占城、爪哇、真腊、旧港、暹罗、古里、满剌加、渤泥、苏门答腊、阿鲁、柯枝、大葛兰、小葛兰、西洋琐里、琐里、阿拨巴丹、南巫里，凡三十余国。"①

曾随郑和下西洋的马欢、巩珍等在回国后，也分别著书记载了郑和到达印度尼西亚等地的情况。马欢在其《瀛涯胜览》书中写道，郑和的船队抵印度尼西亚时，"其国有四处：杜板（Tu–ban）、新村（Geresik）、苏鲁马益（Surabaya，今泗水）满者伯夷（Maj 即 hio）"。"国人最喜中国青花瓷器并麝香、销金宁丝、烧珠之类，则用铜钱交易"。同时，马欢还写下当地华人情况，"杜板此处约千余家，其间多有中国广东及漳州人流离于此"②。巩珍也在其《西洋番国志·满剌加条》书中记载，郑和的船队以满剌加为外贸基地，"立栅栏墙桓，设四门更鼓楼，内石置重城，盖造库藏完备。大䑸宝舡已往占城、爪哇等国，并先䑸暹罗等国还舡只，俱于此国海滨驻扎各舡并聚，又分䑸次前往诸番买卖"③。

---

① （清）张廷玉等撰：《明史》卷三〇四，第7766—7768页。
② 马欢：《瀛涯胜览》。
③ 巩珍：《西洋番国志·满剌加条》。

从中国史籍记载中看郑和下西洋时曾多次到达印尼的许多地方，而在中国的正史《史记》中还特别提到有关印尼的两个突出的事件，即郑和在第一次航海途中，经印尼旧港，其酋陈祖义，甚豪横，称霸海上，劫掠过往商旅。欲谋郑和，被郑和缚回南京，诏戮于都市，除掉了阻碍海上交通的一大障碍；郑和第四次出航，途经苏门答腊。苏门答腊原国王受那孤儿国花面王侵扰，战时中药箭而死。当时有一渔翁率众杀死花面王，收复失土，替先王之子报了杀父之仇。先王妻如约，奉渔翁为国王。先王嫡子长成后，欲夺回王位，谋杀渔翁，赶走其子苏幹剌。郑和来到后，将王位赐给先王之子，追擒苏幹剌于南渤利（即南巫里），回朝后，诛苏幹剌。新王立，感明朝威德，朝贡不绝。

除了中国史籍外，在印尼也有许多书籍记载了郑和到达当地活动的情况。但值得一提的是，一些在中国典籍里未见记载的郑和资料，却在印尼当地的中文文献，特别是在印尼文资料中被大量发现。例如中国史籍从未提到郑和远航曾到过印尼三宝垄地区，而印尼华人林天佑以马来文撰写的《三宝垄历史》却多次谈及郑和对三宝垄的访问以及当地的三宝洞、三宝公庙、王景弘墓等与郑和及随从有关的庙宇、历史遗迹，和当地马来人和华人及土著祭祀郑和的宗教仪式与活动。

在印尼，凡是郑和所到过的地方，都多多少少的留下了一些遗迹、遗物。当地华人便妥善保存了这些东西，并塑造了郑和的塑像，建造了三保庙，把郑和当成神来供奉，从而形成了当地的"郑和崇拜"。

有关印尼华人的"郑和崇拜"，我们可以印尼中爪哇三宝垄三保庙为例来证明这种情况。这座建于1434年的三保庙从那时起便成为当地居民进行宗教活动的主要场所。而到当今，不论印尼各地的善男信女，还是外来的香客，都会自愿前来"瞻仰凭吊或烧香膜拜"。一篇有关三保庙祭拜活动的纪实文章曾这样写道：

> 三保庙坐落在三宝垄市西南10余公里处，背枕迤迤群山，面前绿山环绕，像一颗璀璨的明珠，镶嵌在椰林交翠的碧野上。庙宇富有浓厚的中国建筑风格，入口处耸立着一座高大的牌楼，楼檐金碧辉煌，呈扇形翘起，显得堂皇秀丽。供有郑和佛像的大殿，由四根

朱红色的高大圆柱支撑,殿顶呈伞开,顶上的红琉璃瓦在阳光下特别耀眼。殿四周朱栏环绕,形成一段别致的回廊。殿内设有祭坛、铜香炉,供朝观者上香之用。

庙宇庭院中建有一个古色古香的配亭,一个高约2米的铁铸巨锚放置亭内。相传此锚为三保太监船队的遗物,朝观者把它视为圣物,争相向它朝拜进香。

到三保庙进香者不仅为华人或华裔,也有许多当地人。他们按照中国的传统习俗,每逢春节、元宵节以及三保太监首次抵达此地的日子,都要前来烧香。

进香之日,人们往往簇拥着一匹精心制作的高头"骏马"向三保庙走来,以示三保太监的亡灵骑乘"骏马"前来故地重游,为民消灾降福,使人合家欢乐。"骏马"在庙宇前绕行三周,然后方进入庙内。此时,朝观者跪拜在三保太监佛像面前,一面磕头,一面口中念念有词。不久,乐曲声四起,人们开始表演中国传统的狮舞和龙舞。

中午时分,祭奠仪式开始。人们排成一条长龙,把一炷炷燃着的香轻轻插进香炉内,燃着的蜡烛把整座庙宇照得通亮。虔诚的信徒们面容肃穆,喃喃细语,祈求三保太监大发慈悲,保佑他们万事如意,全家幸福。祷告毕,有些人在事先准备好的容器里抓把香炉灰,再装入少许三保洞内的泉水,带回家服用,以求驱邪避灾;亦有人向庙内僧人索取写有神话故事和历史人物事迹的黄颜色书签,企望从中预见人生的福祝吉祥。据庙内僧人介绍,自此庙兴建以来,每当朝观期间。整个庙宇人山人海、比肩继踵,热闹非凡。[1]

从文化学来说,郑和作为一种信仰符号,同印尼华人社会其他民间信仰一样,具有整合当地华人族群及延续与巩固华人文化认同的功能,其成为凝聚当地华人社会的黏合剂与强化当地华人族群文化意识的一种象征。以上的描述表明,三保庙不仅是当地人的宗教活动场所,还是其

---

[1]《三宝垄市的纪念活动》,菲律宾《世界日报》2001年1月8日,第20版。

娱乐场所。每逢节日庆典，除了祭祀祖宗神灵外，多举行娱乐性的活动。据说，每年的农历6月29—30日的三保大人出巡日，是当地华人与原居民最为隆重的节日。当日，信徒高举彩旗与木制的矛、盾、剑、戟、标枪等各种古老兵器，抬着三保大人的塑像沿街游行，纪念他对中印（尼）文化交流做出贡献，祈祷已经圣贤化的三保大人降福祛灾。届时，人们一路敲锣打鼓，舞狮舞龙，载歌载舞，热闹非凡，这是一种带有娱乐成分的宗教活动。该活动除了在庙内燃香祈祷外，"路人争先恐后地抢着扛三保大人的塑像。据传，这样可以获得三保大人所赐的福祉，求得祛祸避灾、万事如意"。此种情境，更多地显示了信众的凡心俗情，现世的宗教情结，这也正反映了华人的一种文化认同。

　　文化认同指的是人们之间或个人同群体之间的共同文化的确认。使用相同的文化符号、遵循共同的文化理念、秉承共有的思维模式和行为规范，是文化认同的依据。认同是文化固有的基本功能之一。拥有共同的文化，往往是民族认同、社会认同的基础。人们之间在文化上的认同，主要表现为双方相同的文化背景、文化氛围，或对对方文化的承认与接受。印尼华人的这种文化认同，反映在"郑和崇拜"中便是对郑和其人及物的神化。从文化学的角度来说，印尼华人的"郑和崇拜"是当地华人造神的结果。在华人社会，传统中华文化的精髓在于"天人合一"，华人行事须合时，即合天时、地利、人和。譬如农业靠天吃饭，跟着四季走，讲究不失农时。从种田到拜神，都有其时间表，见诸历书。华人活在一个神圣的"时""空"之中，天地自然莫不具有神圣的力量，时间的神圣包括岁时节庆、神明或祖先诞辰，必须庆祝；大自然（日月、星辰、山川）可成为崇拜对象，各地方角落（门、厨灶、井）等皆有保护神灵。华人的这种"信鬼神，重淫祀"人文传统孕育了郑和信仰的发祥。

　　实际上，华人民众赋予郑和以神的现象是与华人的祈愿有着明显的关系。自郑和到达印尼后，印尼许多地方就以不尽相同的传说承载着郑和信仰的流传。这是因为早期华侨乘船出国，生命维系于茫茫大海毫无安全保障，只能祈求神灵保佑旅途平安，而到达异乡后，人地生疏，寒暑相逼，疾病等侵扰，"在家千日好，出外半朝难"，逆旅的艰辛可想而知，而这种逆境和困难所带来极大的冲击，致使人们感到无能为力。因

第七章　印度尼西亚华人民间信仰文化的传承与创新　317

此，人们只有寄希望于虚幻中的神灵，幻想借助于超自然的力量来消除恐惧，摆脱困境，实现依靠自己的力量难以实现的目的，希望冥冥中有一个保护神来帮助自己，希望通过烧几炷香，磕几个头来得到祖宗或其他神灵的保佑，也就是通过民间的鬼神、宗教信仰求得心理上的平衡与慰藉。正如一位学者所说的那样："按照民族学和民俗学的一般理论，信仰和仪式具有相当的心理慰藉和心理暗示作用，并因此实际影响着民众在现实生活中的状态。生活中的有些问题不是'技术或组织手段'所能圆满解决的，那么，通过对神秘力量的祈求、控制、利用，能给自己一个解释，给问题一个解决的办法。"[①] 郑和七下西洋，时间之长，航程之艰险在世界上都是空前的，而郑和每次都能化险为夷，胜利归来。这在华侨看来简直就是一个奇迹，因而郑和有如妈祖一样，便被视为无所不在、无所不能的神灵而加以崇拜，这种对郑和的个人崇拜便逐渐发展演变成为一种信仰崇拜。因为，这对于那些需要庇护之神，祈求神灵保佑的海外华侨来说是最好的心理依赖，于是郑和信仰很快为华侨所接受并随之迁徙而传向远方。

另一方面，印尼华人的这种"郑和崇拜"作为印度尼西亚华侨华人社会的民间信仰之一，即不同于中国闽粤侨乡的乡土之神，也不是中国民间普遍奉祀的神灵。它是由华侨华人在印度尼西亚本土塑造的神灵。早期华侨通过神化具有朝廷使臣、航海家、军事家、政治家与外交家等多种身份的郑和，显示出华侨的民间宗教信仰已经突破了乡土界限，也超越了对中华文化传统价值观的肯定与认同，在一定程度上反映了早期华侨的故国情结及渴望得到封建国家保护的心理，这符合华人的造神心理。因为郑和的事迹传说与华人民间的造神尺度是一致的，他七次率领庞大的船队为中国与东南亚加强友好关系，为东南亚华侨在当地的生存和发展开山铺路，还不远千里以当地的榴梿，解当地民众瘟疫。当地华人及其他民众选择郑和为神，正体现了民众在精神层面和人格层面对郑和的肯定和接纳。因为，中华文化宣扬积善扬善、树德积德的思想。依

---

① 陈心林：《土家族民间信仰的功能研究——以拉西峒村为个案》，《黔东南民族师专学报》2002 年第 2 期。

据华人的观念,谁生前造福于民,死后血食乃天经地义,所谓"凡有功德于民则祀之"。

从印尼华人的"郑和崇拜"现象中,我们也可以清晰地看到华人民间信仰的功利性。正如某位学者所说:"当他们一旦遭遇到人力不可及、不可抗拒的天灾人祸,他们便不顾一切地烧香叩头,供祭神鬼,恳请神异力量赐福消灾,祛病降吉。他们认为崇拜神之心诚,就会达到'心诚则灵'的效果;崇拜神之心切,就会收到'有求必应'的实惠。因此,在华人民间信仰行为中有人神之间'许愿''还愿'的功利交换,人们用崇拜的各种手段与神进行着利益上的酬答互换,重则捐资修庙,再塑金身;轻则晨昏三叩,焚香供祭。这些都打上了功利的烙印。"① 有人曾做过相关调查,每年的农历的6月29日,来到三宝垄参拜三保庙三保洞的省内外人士都以数万计,从洞口开始算起,有时参拜的人数长达数公里,而且是通宵参拜。② 笔者也曾到过那里,据那里的管理人员说,在到这里祭祀还愿的人,按照人数多寡,是为了如下目的:一是治病求医,常常是有了难以治愈的疾病,或无人买药治病;二是求生子孙,多数是女性,尤其是多次生育女孩者;三是求发财,多数为男性。③

这种实用理性精神在印尼华人俗民信仰文化中的另一种表现是依民众的生活需要与心理需求,随处设庙,诸神合祀。郑和的庙宇除了郑和的塑像外,而且也出现了郑和与其他神灵或圣人合祀的现象。在上述的三保庙里,有一间挂着孔子像的万世师表孔夫子庙。因此,在祭拜活动中除要祭拜郑和外,还要祭孔子。这样每年便有一个举行纪念孔子的诞生、成长和忌辰的"孔夫子节"。此外三保庙中还举行道教、佛教的宗教活动。如信徒们既迎道家的"玉皇圣诞",又行日常的佛教膜拜与求签的活动。这种现象是因为:中华自古多神,既有佛教、道教之神,更有民间自发创造的神,但是并非所有的神都与民间发生联系,民众也无须系统地了解与熟悉所有的神。他们只能根据自己的生活与心理需求有所选

---

① 乌丙安:《中国民间信仰》,上海人民出版社1996年版,第7页。
② 《千岛日报》2005年5月11日。
③ 笔者于2002年7月20日与三保庙主持Z的访谈录。

择信仰与供奉某些神。对自己无关的则给予"辞退",表现出对诸神信仰的重新归纳与整理,而形成合祀现象,合祀现象与随处设庙反映了俗民希望让所需之神都尽可能地贴近自己,方便求神、凡有所求,随求随应,无不畅达。这是海外华人社会中所表现的民瘼乏人关心,而由此产生的自我心理补偿与自我安慰。

中华传统儒家思想从中庸之道出发,重视人本身,只讲究对人有利,而不管神灵之间的差异以及在各种宗教中的不同意义。所以,它无论是对于本土的神还是外来的佛祖、菩萨,抑或是区域中形成的神,只有于己有用,能给自己带来好处和实惠,就采取"拿来主义"的手法,树为民间信仰的崇拜对象。作为具有传统中华文化浸润的海外华人,当然是这种主流文化的主要受影响者,因而在这一点上也就有较明显的表现,即对宗教的宽容性。这种对宗教的宽容性,使海外华人极少有宗派门户之见,即他们对神格、神灵族属谱系并不看重。这种情形对于增强海外华人的民众信心,调适他们的心理状态是很重要也是很有效的。

从考察目前印尼华人中存在的"郑和崇拜"现象,我们也发现:这种"郑和崇拜"是由信奉中华传统民间宗教的华人、信奉回教的马来人以及信奉其他宗教的当地土著等族群在印尼造就出来的神明崇拜。正如上面所述的在三保庙的祭拜活动中,每年除了最为盛大的"三保光临节"等几个纪念郑和的活动外,不仅囊括了所有中华传统节,还要过伊斯兰教的"敬天公节"。即以回教的年历来算,每隔35天的礼拜四晚上,都会有许多伊斯兰教徒专程前往三保庙向郑和膜拜。为什么会出现这种现象呢?印尼西爪哇伊斯兰兄弟联盟主席慕阿敏先生解释道:"郑和本身就是伊斯兰教徒,而且对伊斯兰早期在印度尼西亚本土的传播,有极大的贡献。"[①]

郑和出身于穆斯林世家,他在国内从事多种伊斯兰教活动,这是有资料可查的。然而郑和七下西洋期间,是否曾在海外传播伊斯兰教?对此,中国史籍上没有任何记载,但海外特别是在印尼却有不少这方面的记载和传说。有位学者认为,"1413年明朝船队在三宝垄停泊一个月期

---

① 陈志宏:《爪哇三宝垄纪事》,《华夏人文地理》2001年第2期。

间，郑和、马欢和费信等经常去三宝垄的华人清真寺祈祷"。在郑和的努力下，"1411—1416 年间，在爪哇岛的雅加达、井里汶、拉泽姆、杜板、锦石、乔拉丹和惹班等地纷纷建立了清真寺"[①]。另一位学者也认为，郑和先是在（苏门答腊）巨港，后来在西加里曼丹三巴斯（即三发）和爪哇沿海等地建立华人穆斯林社区，以哈乃斐学派的教义和义务用汉语传播伊斯兰教。[②] 还有一位学者记载了当地的传说，称郑和抵三宝垄时所住过的石洞，是当年该地区传播伊斯兰教的一个中心。[③] 学者们的这些有关郑和在印尼等地传播伊斯兰教的记述，其事实的可信度我们目前还不能妄下论断，但从以上三保庙活动中所出现的伊斯兰教的"敬天公节"活动来看，至少可印证郑和与印尼伊斯兰教有着某种程度的联系。实际上，这一切体现了儒道佛三教与所在国主流宗教伊斯兰教融合的现象，三宝庙的这种多种宗教和文化色彩，可称之为中国与印尼文化交流的一个例证。

笔者认为，郑和在印尼留下的这些历史遗迹、遗物，在当地民众的崇拜下似乎已被佛教化、道教化和回教化了。当地各族群对郑和的这种崇拜，经过漫长的历史岁月已发展成为今天印尼民间文化的一个特色。虽然，当地华人及土著民族历史记忆和崇拜中的郑和虽然不乏附会、荒诞和神化，但他们的这种崇拜却是一个历经数百年的历史文化积淀。在印尼当地民众的视野中，郑和是否具有历史的真实性已不是那么重要，因为在某种意义上，郑和已经成为蕴涵着复杂和具有多元文化内涵和象征意义的符号，它已成为华人文化认同以及与当地土著的关系、包括华人与当地土著等在内的多元种族的文化与宗教的发展与互动。

从 1405—1433 年，郑和七下西洋，打通了去西洋各国的航道，开辟了海上丝绸之路，推动和加强了相互间的贸易往来。郑和的远航船队，把中国的丝绸、瓷器、铁器等物品，运往西洋许多地方，丰富了当地人民的生活资料；同时又带回了西洋各国的香料、药材和奇珍异宝，解决

---

① Parlindungan, *Tuanku Rao*, Jakarta: Penerbit Tanjung Pengharapan, 1964, p. 653.
② Muljana, Slamet, *Runtuhnja Keradjaan – Keradjaan Hindu Djawa Dan Timbulnja Negara – Negara Islam Di Nusantara*, Jakarta: Bhratara, 1968, pp. 64 – 72.
③ Christiyono, *Heru*, *Zheng Ho*, Jakarta: Majalah Selecta No. 1126.

了中国市场和皇室在这方面的需求，其数量之大为"前代所稀"。西洋各国物品的引进和中国物品的输出，不仅满足了双方人民生活的需要，推动了制瓷、制药、纺织、造船等工艺和制造业的发展，而且更为重要的是促进了中外文化和民间感情的交流。

二 "泽海真人"神灵的建构

泽海真人是除了郑和以外第二个被神化的人物，其是当地华人在当地塑造的神灵。泽海真人，闽南话是 Tek Hai Cin Jin，也叫郭六官，官是人们对他的尊称。他曾是一位印尼华商，他是三宝垄华人在当地所造的一位神灵。至于郭六官是何原因成为神祇的，林天佑的《三宝垄历史》是这样记载的：

> 从前三宝垄住着一位郭氏家族的华人，准确的名字不得而知，人们只知道他叫郭六官，亦即郭六先生的意思。他是个能干的商人，经常到各地经商。他常带着货物乘船外出，有时十多天才回家。同时，当他出航时，总是带着一个非常忠诚的土人助手。有一天，郭六官出航到直葛（Tegal），船抵港口时，那里聚集了一群强盗，他们对郭六官所携带的上等货物垂涎三尺。当郭六官看见这群强盗蠢蠢欲动时，就装出和颜悦色的姿态对海盗说：你们想要我的东西吗？可以的，但你们不要动手，你们必须等我洗完澡，换好衣服后，才能拿走所有的货物。说完，郭六官就沐浴更衣，带着他那位忠诚的助手上岸去了。不久，突然刮起一阵旋风，大浪滚滚冲击那只海盗聚集的船，终于使船上的货物连同海盗们一齐沉没水中。因为这个缘故，人们认为郭六官不是凡人，有些人说他已变成神仙，人们为他起了一个专号，叫"泽海真人"。[①]

其实，印尼学者林天佑谈及"泽海真人"的由来，出自清朝学者王

---

① ［印尼］林天佑：《三宝垄历史—自三保时代至华人公馆的撤销（1416—1931）》，李学民、陈巽华合译，暨南大学华侨研究所1984年印，第50—51页。

大海的著作《海岛逸志》，其卷二人物考略中这样记载："泽海真人，姓郭名六官，始以帆海经商。舟师番人窥其货物充盈，将萌恶念。六官阴知其意，乃曰：奴辈利于财而，无须行凶，矣余浴毕，自献所欲。浴竟更衣，赴海而行，瞬息不见，番人大惧。有顷，风浪大作，舟覆，番众尽死，华人以为神，私谥曰泽海真人，立祠以祭焉。"[①]

1756 年，三宝垄的郭氏家族的华人发起建立了一间祠堂，来纪念郭六官（Kwee Lak Kwa）。该祠地址选在三宝垄河的南岸，也就是十九间街和甘皮兰巷（Gang Gambiran）的交叉路口处，即位于三宝垄平基尔街 105—107 号。该祠建成后，举行了郭六官的纪念会。由于当时华人大多数为新客，庆祝泽海庙的节目只是中国音乐演奏，几个人轮流唱歌及宴会、放鞭炮而已。从此泽海庙每天下午很热闹，每月初一十五都有郭氏的家族来膜拜。正因为有郭六官的这种神仙似的传说，郭氏祠堂后来也就变成了现在的"泽海庙"，以供当地的华人膜拜。在上述的传说中，郭六官的助手只有一个，而在该庙的神像中，除了郭六官（泽海真人），还有两位助手。这是华人惯用的一个造神传统，即华人崇拜的主神，一般都会有两个辅助神对称地站在主神两旁。泽海真人的形象是以身穿汉代服装的高官，身边伴随的两位侍者，一位侍者是华人，另一位侍者是以爪哇族装束的爪哇原住民。据说，他俩是郭六官最为亲近和得力的助手。

三宝垄泽海庙于 1873 年大规模修缮。庙内存有：无远弗界碑（1747/1815）；诚则明匾（1783/1815）；嘉庆庚辰年重修土库厝三间木签两块（1820；1824）；英灵长在匾（1873）；佑我家邦（1873）；庆云匾（1873）；大清同治二十年重兴木牌（1875）；对联三副："啸则生风岂果狐威能假借，行云试雨直来金阙显神功"（1875）；"鼓浪兴波跃遇禹门成圣物，藏而隆雾宜乎兽长共钦尊"（1882）；"一甲开先尔日垄中孚白望，三传克绍而今祐焕金泥"；还有 1876 年立的"泽被海邦"匾。

[①] （清）王大海撰著，姚楠、吴琅璇校注：《海岛逸志》，香港学津书店 1992 年版，第 41 页。

图 112　印尼三宝垄的泽海庙及泽海真人神祇（郑一省摄）

由郭氏家族为纪念郭六官（泽海真人）于1756年建立的泽海庙，目前是三宝垄唐人街地区第二古老的寺庙。在泽海庙内，有一处三宝垄市市长于2015年5月15日所立的碑文，记载了郭六官是如何抵达三宝垄、与荷兰殖民者做斗争以及被当地华人奉为神灵的事迹。碑文内容如下：

郭六官灵庙缘起

1740年，巴达维亚爆发了惊人的红溪惨案，荷印军在后来被称为红溪河口的城区杀害了上万名华族抗荷斗士，残暴的杀戮使当时华族有志之士郭六官、郭安师、陈贵赞等人大为震怒，他们纷纷揭竿而起，遍地开花，组织义军向荷印政府发动游击战。后来因为兵器落后，火力悬殊，被荷印军逐一击败，起义军溃散至中爪各地，继续抗荷。

另一支苏邦强甲必丹率领的义军向东撤退，进入井里汶，得到当地友族义军的协助，继续活动。1741年6月，郭六官等人协同甲必丹残部袭击荷印军在直葛的兵站。

在中爪期间，郭六官曾一度与梭罗王室抗荷，后来被荷印军挑拨离间，合作破裂。为了自保和继续活动，郭六官经常假扮成商人和大夫，他本来就是一个中医师。

有一天，郭六官的商船在直葛北海岸沿海航行时，被一群海盗劫持，他和一位友族忠实助手伺机跳下商船，丢下船上商品，泅水登上直葛海滩，（更为广泛的传说是郭六官和助手坐上一张草席登岸）。片刻之后，一阵狂风刮来，打沉了商船，船上的海盗们不及逃生，全部随船葬身海底。

自此以后，中爪各地陆续传出有人遇见郭六官和他的助手的消息，有时甚至同时出现在不同地点。遇见他们的人都得到了帮助，治好了疾病。这些消息来自淡目、乌亚兰、普亚蓝、沙拉笛加、热巴拉等地。人们开始相信郭六官已经成为仙人了。

郭六官成仙的消息传到了中国清廷，当时乾隆皇帝下诏，敕封郭六官为泽海真人，是航海商船的保护神，为了常年祭祀纪念这位抗荷英雄，直葛华人建了一座泽海宫，供奉郭六官的英灵。随后1754—1757年间，三宝垄华人也在唐人街东街南端建了一座郭六官灵庙，也就是现在命名为海洋之光的这座三教庙宇。

民族斗士永垂不朽！

2015年5月15日

在印尼华人社会，广泛流传着许多关于郭六官故事如：有在岛际间经商中施计巧胜海盗的；也有同时在好几个地方现身，向当地人传授先进生产技术、帮助解决生活上苦难的。郭六官成仙的消息传到中国清廷，乾隆皇帝下诏，敕封郭六官为泽海真人，是航海商船的保护神。众民敬拜他不仅是个英雄豪杰，而且也供奉为航海贸易的保护神。

资料显示，除了三宝垄的泽海庙外，在爪哇岛北海岸许多地方都建有寺庙祭拜他，如直葛有泽海宫，南安由有晏清庙，井里汶有潮觉寺，以及雅加达的金德院。洛萨里的福德宫、乌鲁贾米的正义庙、井里汶的朝觉寺、万隆的灵光寺等。

直葛泽海宫：坐落于中爪哇直葛市古拉米街4号，占地面积约250平方米，也是直葛印度尼西亚孔教会会址。初名真人庙，由漳州华侨约建于1760年，1837年在甲必丹陈昆淮的带领下集资重修时改为现名。但庙内最早铭刻年代为1818/1829年。该宫历经1837年、1873年、1897年、1901年、1951年、1957年多次修复，主祀泽海真人，后来配祀神农、大使公（又称清元君）。宫内存有：对联"葛水化机声名垂不朽，唐舟显相圣迹耀流芳"（道光戊子年，1828/1829 冬）；重修泽海宫碑（1837）；乐捐者包括甲必丹陈昆怀、雷珍兰许崇德、玛腰陈一誉、雷珍兰林光表、玛腰陈敬麟、雷珍兰黄荣光等；泽海真人匾（1837）；对联"胜迹传海邦仰翼神灵依此土，化真归葛地诞德泽惠斯民"（1837）；参化育匾（1837）；舍光大匾（1837）；神桌（1837）；爪哇琴（一套佳美兰，1861）；重修泽海宫乐捐题名碑（1873）；对联"泽沛恩施利济四夷登觉岸，海恬浪静安澜万里仗慈航"（1893）；铁钟（1895）；重修泽海宫木牌（1897）；大鼓（1899）；泽海宫落成乐捐碑（1901）泽海真人的神诞是农历二月初二，每年的此日，直葛的泽海宫都会举行隆重的庆祝典礼，吸引众多来自雅加达、三宝垄、井里汶、南安由等地的善男信女参与。

北加浪岸保安宫：又名宝安殿在中爪哇北加浪岸市布林秉街 3 号。漳州华侨创立于 15 世纪后半期。最初供奉郭六官或泽海真人。18 世纪 80 年代，王大海曾经居住在北加浪岸，后来他写成《海岛逸志》，其中对北加浪岸八芝兰（唐人街）记述颇详，并提到八芝兰北部有一泽海真人祠。19 世纪末改称保安宫，后来还奉祀神农。1883 年重修。1968 年扩建，以为孔夫子增设神坛，也奉祀关圣帝君、福德正神、伽蓝爷。宫内存：乐捐碑（1883），列出乐捐者包括北加浪岸甲必丹黄明成、巴城荣誉雷珍兰黄铭卷、北加浪岸雷珍兰林福荣、三合鸦片承包商、5 家当铺（九合饷当、协合饷当、协成饷当、协成南饷当、协成北饷当）等，乐捐数额从 2000 盾到 10 盾不等；对联："泽海化身在葛洋光被四表，真人济世斯浪境惠及万方"（1883）；厚德在福匾（1884）；宝安殿匾（1886）；泽海真人匾（无年代）。

井里汶潮觉寺：位于井里汶市港口街，创建年代不详。寺里保存 1714 年、1715 年、1718 年三方古匾额。有史料记载，该寺在 1712 年已存在，因 1705—1720 年间担任港主和井里汶甲必丹的陈祥哥计划为该寺建造围墙，未获荷印殖民政府批准。该寺自 1790 年以前没有修缮。最初名为观音亭，后来已毁坏，直到 1790 年才由甲必丹陈日英及井里汶以外的华裔捐资修复和扩建。1823 年、1887 年两次重修，1829 年和 1889 年立有三方重修碑。1829 年开始出现潮觉寺名称。

潮觉寺主祀观音，但也奉祀佛教和道教诸神，如伽蓝、玄坛公、妈祖、关帝、福德正神和地方神郭六官等。

图113 井里汶潮觉寺的"泽海真人"牌匾及郭六官（泽海真人）神龛（郑一省摄）

从18世纪末，潮觉寺已有佛教僧侣主持寺庙。现寺内存有：1714/1715年的"自在天身"匾；1718年的"经天大义"匾和"驾海鸿慈"匾；1790年的"天竺金人"篇和重修汶亭碑记；1829/1830年的重建潮觉寺碑记；1889年的潮觉寺重修碑记；以及其他古对联、木匾、石狮、签筒、供案、题壁、铁锚，据称铁锚取自郑和船。

南安由晏清庙：位于中爪哇南安由市老战士街，主祀地方神郭六官。该庙创建于1848年，当时南安由有华侨521人。1885年由甲必丹陈德昌及其兄弟陈德盛重修。该庙由一个名为六官爷的机构负责管理。现该庙存有1886年的修庙乐捐碑和神案；1887年的"海赫"匾、"灵坤"匾和"德被中国"匾；1889年的"恩泽海甸"匾等。

泽海真人故事与传说是有趣的，其作为神灵似乎也对印尼其他民族也有一些影响。据印尼学者研究，爪哇直葛地区的渔民以及南安由地区的农民，经常在泽海真人庆典仪式上表现得尤为活跃。因为渔民们普遍认为，来自泽海真人的"圣水"可以平息风浪，保障平安，让渔民满载而归；而农民们则相信，泽海真人能保佑他们五谷丰登。[①]

其实，泽海真人与三保大人一样都是人格化神灵，也是在地化的神

[①] Ardian Cangianto, SS, Respect for ZE HAI zhen ren, Chinese god in Tekhai bio, Semarang.

话人物，体现出华人民间信仰在印尼的在地化趋势。可以说，无论是印度尼西亚华人建构的郑和崇拜还是泽海真人崇拜及其活动，不仅丰富了华人的文化生活和精神生活，增强了凝聚力和认同感，保存和发扬了中华民族的传统文化，而且还通过这种具有当地民族宗教及其信仰色彩的"郑和崇拜"和"泽海真人"崇拜，加强了与当地民族的关系，并成为推动中国与印度尼西亚友好关系向前发展的因素之一。

结　　论

印度尼西亚是一个历史悠久的文明古国，该国领土辽阔，人口众多，是东南亚最大的国家。雅加达是太平洋通往印度洋岸的咽喉之一，同时也是亚洲通往大洋洲的重要桥梁。雅加达作为东南亚第一大城市，也是印度尼西亚最富裕、人口最密集的城市。在印度尼西亚万丹王国统治爪哇时期，雅加达曾称之为"葛喇吧"，它是万丹王国的一个重要的港口。荷兰殖民印度尼西亚时期，将"葛喇吧"港口改名为"巴达维亚"。1945年印度尼西亚独立后，巴达维亚于1949年12月改为原名雅加达。它现在是印度尼西亚的政治、经济、文化中心和海陆空交通枢纽；坤甸市（Pontianak）位于印度尼西亚的加里曼丹岛，是西加里曼丹省的省会。坤甸作为古老经济中心和重要港口，建有造船业。坤甸还是一个农产品的产地，其向外输出有橡胶、胡椒、椰干、甘蔗、燕窝、林产品和建筑材料。土特产有蚕丝、丝织品、篮子等，特别是坤甸木和燕窝较为出名。棉兰17世纪以前，属于北苏门答腊称为日里的苏丹管辖。17世纪40年代后，荷兰人侵入日里河河畔。至19世纪80年代后，棉兰因种植制度而发展，一战后成为荷属印度尼西亚外岛的重要商业中心；三宝垄，当地华人还称之"垄川"。三宝垄原是印度尼西亚中爪哇梭罗王国的属地，1743年梭罗王国被迫将其割让给荷兰东印度公司，其从此成为荷兰占领者开发的地区。

中国人移居爪哇地区时间很早，在现今的印尼万丹都有中国文物的考古发现，而许多中国移民出现在巴城是在荷兰殖民时期。为了开发巴城，荷兰殖民者一是从中国沿海掳掠，二是通过招徕中国的手工业者前往，使巴城的中国移民逐渐增多，致使雅加达的华人社会得以形成。荷兰殖民者虽然通过各种途径将中国移民移居到那里，但又以各种手段危害到华人的生存与发展，并采用设置甲必丹制度来间接地管理华人。西加里曼丹华人的早期移民是来自文莱，后有大量的中国移民为淘金而来到这里。移居到坤甸的华人，其移民结构主要为广东和福建两大群体。棉兰地区华人的出现，是在 17 世纪之后。因为这一时期，荷印政府加强了对印度尼西亚外岛的征服和开发，那里亟须劳力，新来的华人移民或契约华工从此大量移入此地区。坤甸和棉兰的华人因移居的时间较短，而且又处于印度尼西亚的外岛地区，以及比邻人口较多的马来西亚，所以保留了较浓郁的华人色彩。自公元 10 世纪就已有华人陆续移民到三宝垄，而大量华人移民三宝垄的时间应该始于 15 世纪。这一时期与郑和下西洋有关，所以不仅连地名，而且在当地有三保洞和三保庙的产生。早期来到三宝垄的华人，主要是福建闽南籍移民，即厦门、龙溪、海澄、同安、晋江、南安等地，后来广东等地籍的也纷纷来到此地。他们早先居住在三宝垄的郊区，即三保洞周围，即在拿来开垦荒地，也有许多人从事商业活动，他们经常来往于三保洞地区和爪哇内地之间。后来荷兰殖民者为防范华人，而将他们迁徙到现在被称之为唐人街的地方居住，从而形成了延续今日的华人社会。

　　从历史和现实来看，印度尼西亚的华人既是推动当地经济和社会发展的中坚力量，也是繁荣当地文化，特别是兴盛宗教文化的建构者和促进者。可以这样说，印度尼西亚华人的宗教信仰文化渗透于大众的生活之中，是当地华人文化的重要组成部分。就印尼华人社会的结构来说，闽粤籍华人构成了当地华人社会的主体。在印尼早期开发的历史上，闽粤人是印尼移民中的生力军。正因为如此，而当地华人为了生存发展，为了平安健康，闽粤籍移民就把家乡的神明供奉到了印尼。所以，闽粤民间神灵在印度尼西亚华人历史上成了民间信仰主要成分。

　　在印度尼西亚，神灵信仰构成了当地华人社会的基本特质，也构成了其社会形貌的象征展示方式。印度尼西亚华人的民间信仰类型及源流，包括大传统（great tradition）文化中的宗教信仰，以及小传统（little tradition）文化中的民间信仰。印度尼西亚华人宗教信仰中的大传统文化中的宗教信仰主要有佛教、孔教、天主教、基督教（新教）和伊斯兰教，而印度尼西亚华人民间信仰体系的源流可以分为两部分，其一是来自原乡的神灵，即祖籍国的神灵，这种神灵是中国移民在迁移时所带过来的，建构了所谓的原乡民间神灵体系；其二是华人在所在地为了适应当地，或主动接纳当地的神灵，即将当地的鬼神崇拜纳入到自己神灵体系中，或者为了一些原因塑造新的神灵，并将其纳入在地化的神灵体系之中，从而形成了所谓的在地化民间神灵体系。正是大传统（great tradition）文化中的宗教信仰和小传统（little tradition）文化的宗教信仰，构成了印度尼西亚华人民间信仰的多元化内容及其复杂性，其突出的表现是"三教"（释、道、儒）现象。

在印度尼西亚华人社会，由于所处的地理环境或不同文化的影响，印度尼西亚华人的民间信仰在传承和创造方面有着显著的不同。处于印度尼西亚"外岛"的棉兰、坤甸华人民间信仰，特别是道教信仰的"中国味"十分浓厚，而爪哇雅加达、三宝垄由于处于印度尼西亚主流文化——爪哇文化影响的区域，当地华人的民间信仰表现形式如神灵崇拜、庙宇建造风格等出现了当地化的一些变化。换句话说，无论是印度尼西亚爪哇岛或外岛的华人社会，其民间信仰也受到了当地宗教的影响，比如拿督公的崇拜，这就是印尼华人宗教信仰中所出现的外神崇拜。此外，印度尼西亚华人不仅信奉祭祀原乡的神灵，也创造出诸如三保大人、泽海真人这样的在地化（本土化）神灵。"郑和崇拜"和"泽海真人崇拜"作为印度尼西亚华人社会的民间信仰内容，即不同于中国闽粤侨乡的乡土之神，也不是中国民间普遍奉祀的神灵，它是由当地华人在印度尼西亚本土塑造的神灵，即在地化的神灵。

总的来看，印度尼西亚华人民间信仰是一个复杂的体系，其呈现出多样化或多元化的现象，既有原乡的神灵，又有在地化的神灵，正是这些多元化或多样化的神灵崇拜，从而构成了印度尼西亚华人的复杂或多元的精神世界。

参考书目

一 中文著作

（汉）许慎，（宋）徐馆校定：《说文解字》，中华书局2004年版。

［荷］包乐史著，吴凤斌校注：《吧城华人公馆（吧国公堂）公案簿》（第一辑），厦门大学出版社2002年版。

［荷兰］杨·布雷曼著，李明欢译：《契约华工与种植园制》，鹭江出版社1992年版。

（宋）周去非：《岭外代答》，上海远东出版社1998年版。

［印尼］《印度尼西亚三宝垄三教庙宇情况》，三宝垄三教联合会，2008年印。

［印尼］林天佑：《三宝垄历史——自三保时代华人公馆的撤销（1416—1931）》，暨南大学华侨研究所1984年印。

［美］杜赞奇：《文化、权力与国家：1900—1942年的华北农村》，江苏人民出版社2003年版。

《福建省志·华侨志》，福建人民出版社1992年版。

《坤甸黄氏宗亲会百年纪念特刊》，2010年8月印。

《南安县志》，江西人民出版社，1993年版。

《苏东中学史迹》，苏东苏东牧校友会，2008年版。

《新加坡全国社团大观1982—1983》，文献出版公司1984年版。

《战后东南亚华人社会变迁》，中国华侨出版社1999年版。

《中外关系史论文集》，河南人民出版社1984年版。

［英］巴素，郭湘章译：《东南亚之华侨》，中正书局1766年版。

曹云华、李皖南等著：《民主改革时期的印度尼西亚华人》，暨南大学出版社 2014 年版。

曹云华、许梅、邓仕超：《东南亚华人的政治参与》，中国华侨出版社 2004 年版。

陈翰笙主编：《华工出国史料汇编》（第一辑），中华书局 1985 年版。

陈景熙、张禹东：《学者观德教》，社会科学文献出版社 2011 年版。

陈麟书：《宗教学原理》，四川大学出版社 1988 版。

陈序经：《马来南海古史初述》，商务印书馆 1962 年版。

丁建、晓闻：《千岛之国阅沧海》，中国华侨出版社 2005 年版。

范晔：《后汉书》卷六，中华书局 2000 年版。

费孝通：《乡土中国》，生活·读书·新知三联书店 1985 版。

福建省华侨志编辑委员会：《福建华侨志》（上篇），1989 年版。

傅吾康主编：《印度尼西亚华文铭刻汇编》，新加坡南洋学会 1988 年版。

高信、张希哲编：《华侨史论集》，台北"国防"研究院 1963 年版。

黄昆章：《印尼华侨华人史（1950 至 2004 年）》，广东高等教育出版社 2005 年版。

[英] 霍尔：《东南亚史》，商务印书馆 1982 年版。

孔远志：《印度尼西亚马来西亚文化探析》，南岛出版社 2000 年版。

李长傅：《中国殖民史》，商务印书馆 1937 年版。

李天锡：《海外与港澳台妈祖信仰研究》，华夏出版社 2008 年版。

李天锡：《华侨华人民间信仰研究》，中国文联出版社 2004 年版。

李欣祥：《罗芳伯及东万律兰芳政权研究》，中国文化出版社 2014 年版。

李学民、黄昆章：《印尼华侨史（古代至 1949 年）》，高等教育出版社 2005 年版。

李亦园：《宗教与神话》，台北立绪文化事业有限公司 1998 年版。

廖建裕《东南亚华人族群研究》，新加坡青年书局 2008 年版。

林学华：《风雨南洋》（自印本），1987 年版。

刘焕然：《荷属东印度概览》，新加坡南洋报社 1930 年版。

吕大吉：《宗教学通论新编》（上册），中国社会科学出版社 2004 年版。

吕宗力、栾保群：《中国民间诸神》，河北教育出版社 2001 年版。

马书田：《中国鬼神》，团结出版社 2007 年版。

马西沙、韩秉方的《中国民间宗教史》（下），中国社会科学出版社 2004 年版。

欧阳修等：《新唐书》卷 222，商务印书馆 1955 年版。

邱新民：《东南亚文化交通史》，新加坡亚洲研究会、文学书屋 1984 年版。

石沧金：《海外华人民间宗教信仰研究》，（马来西亚）学林出版社 2014 年版。

苏续倾：《岛夷志略校释》，中华书局 1981 年版。

王爱平：《印度尼西亚孔教研究》，中国文史出版社 2010 年版。

王刘波：《变动与分裂——二战后初期印尼苏门答腊北部华侨华人社会研究（1945—1958）》，中国社会科学出版社 2019 年版。

王铭铭：《社会人类学与中国研究》，生活・读书・新知三联书店 1997 年版。

温北炎、郑一省：《后苏哈托时代的印度尼西亚》，世界知识出版社 2006 年版。

温广益、蔡仁龙等编著：《印度尼西亚华侨史》，海洋出版社 1985 年版。

吴世璜编：《印度尼西亚史话》，椰城世界出版社 2003 年版。

吴奕光：《我的故事》，南风文学出版社 2007 年版。

吴泽霖：《人类学词典》，上海辞书出版社 1991 年版。

许以谦：《西婆华侨商业概况》，《战后南洋华侨概况》，1947 年印刷。

杨宏云：《东南亚华侨华人的跨国实践与认同流变——以印尼华商为例》，厦门大学出版社 2017 年版。

杨宏云：《印尼棉兰华侨华人史》，厦门大学出版社 2017 年版。

杨力、叶小敦：《东南亚的福建人》，福建人民出版社 1993 年版。

杨庆南编著：《世界华侨华人历史纵横谈》，厦门大学出版社 1994 年版。

姚楠、钱江译：《热带猎奇：十七世纪东印度航海记》，海洋出版社 1986 年版。

[印尼] 萨努西・巴尼：《印度尼西亚史》，商务印书馆 1972 年版。

云静子（张月如）：《真空祖师全传》，江西黄金佘山道堂，1925 年版。

中侨委资料室编印：《中国、印度尼西亚双重国籍条约问题资料》，1960年版。

周南京主编：《华侨华人百科全书·社区民俗卷》，中国华侨出版社 2000年版。

周南京主编：《世界华侨华人词典》，北京大学出版社 1993 年版。

二 外文著作

Amen Budiman, *Semng Riwayatmu Dulu*, I, Penerbit Tanjung Sari – Semarang, 1978.

CI. Salon, D. Lombard, *Klenteng Masyarakat Tihoa di Jakarta*, 1988.

Claudine Salmon & Deys Lombard, *Kelenteng – kelenteng Masrakat Tionghoa di Jakarta*. 1985.

D. E. Willmott, *The Chinese of Semarang.* , Cornell Univrsity Press, 1960.

H·Th. Fischer, *Pengantar Anthropologi kebudayaan Indonesia*, Terjemahan：Ans Makruf, Jakarta：Pemhangunan, 1957.

Junus Jahja, *Catatan Seorang WNI*, Yayasan Tunas Bangsa, 1981.

Leo Suryadinata, *Kebudayaan Minoritas Tionghoa di Indonesia*, Jakarta Gramedia, 1988.

Mangaradija Onggang Rarlndungan, *Tuanku Rao*, Jakarta Tanjung Hapan, 1964.

Merthiko, *Riwayat Kelenteng*, *Vihara*, *Lithang Tempat Ibadat Tridharma Se – Jawa*, Maakin：Sejarah Singkat Perkembangan Aama Khonghucu di Indonesia, Semarang, 1980.

Myra Sidta, 100 *Tahun Kwee Tek Hoay*, Jakarta Trang harapan, 1989.

M. Ikhsan Tanggok, *Mengenal Lebih Dekat "Agama Khong" di Indonnesia*, PenePelita Kebajikan, Jakarta, 2005。

Nugroho Notosusanto, *LSejarah Nasional Indonesia*, Jakarta, Kementerian Kebudayaan dan Penddidikan Indsia, 1976.

Shinta Devi ISR, *Been Miao—Benteng Terak Umat Khonghucu*, JP Books, Surabaya, 2005.

Tengku Luckman Sinar, SH, *The History of Medan in the Olden Time*, Printed by Percetakan PERWIRA Melon Eighth Edition: 2005.

Tengku Luckman Sinar, SH, *The History of Medan in the Olden Time*, Printed by Percetakan PERWIRA MelonEighth Edition: 2005

Yuan Bingling, *Chinese Democracies Study of West Borneo* (1776—1884). University Leiden The Netherlands, 2000.

Yunus Yahya, *Muslim Tionghoa*, Jakarta, 1985.

三 中文论文

［法国］苏尔梦：《十九世纪印尼泗水地区围绕福建公德祠的礼俗之争》，《海交史研究》1991 年第 2 期。

［新加坡］廖建裕：《孔教在印尼》，《亚洲文化》1985 年总第 6 期。

［新加坡］廖建裕《当代印度尼西亚佛教与孔教的新发展》，《南洋资料译丛》2012 年第 1 期。

［印度尼西亚］甫榕，沙勒：《荷属东印度公司成立后在印度尼西亚的中国人》，《南洋问题资料译丛》1958 年第 3 期。

［印度尼西亚］甫榕·沙勒：《荷葡东印度公司成立后在印度尼西亚的中国人》，《南洋资料译丛》1957 年第 3 期。

［印尼］甫榕·沙勒：《在荷兰东印度公司以前居住在印尼的中国人》，《南洋问题资料译丛》1957 年第 2 期。

［印尼］苏吉利·古斯德伽，黄文波译《试析印尼华人社会孔教信仰的形成与发展历程》，《八桂侨刊》2019 年 3 期。

［印尼］学明：《印尼名胜古迹——三保洞》，香港《华人月刊》1987 年第 10 期。

W. J. 卡德：《中国人在荷属东印度的经济地位》，《南洋问题资料译丛》1963 年第 3 期。

《印尼孔教现状》，《亚洲文化》1997 年总第 21 期。

蔡仁龙：《荷属东印度时期的承包制与华侨》，《南洋问题研究》1983 年第 3 期。

郭武：《"一带一路"视域下的印尼道教》，《世界宗教文化》2019 年第 1 期。

郝化矩：《自华侨史上三次惨案的探讨》，《温州师范学院学报（哲学社会科学版）》1996 年第 2 期。

黄鹤：《棉兰华侨教育追忆》，《棉华中学纪念专刊》2006 年版，第 21—22 页。

黄昆章：《印尼华人的佛教信仰》，《东南亚纵横》2003 年第 6 期。

江振鹏：《印尼华人穆斯林社团初探》，《华侨华人历史研究》2013 年第 4 期。

居玛丽：《抗战时期的印度尼西亚华侨教育概观（1937—1945 年）》，《传承》2016 年第 2 期。

李天锡：《关帝信仰在华侨华人中的传播和影响》，《华侨大学学报》（哲社版）1997 年第 2 期。

李天锡：《广泽尊王信仰在华侨华人中的传播和影响》，《华侨大学学报》（哲社版）2004 年第 3 期。

李天锡：《华侨华人民间信仰的特点及其前景》，《世界宗教研究》1999 年第 1 期。

李天锡：《试述城隍信仰在海外的传播》，《八桂侨刊》1996 年第 4 期。

李天锡：《试析印度尼西亚华侨华人的妈祖信仰》，《东南亚纵横》2009 年第 6 期。

廖大坷：《从〈三宝垄华人编年史〉看伊斯兰教在印尼的早期传播》，《世界宗教研究》2007 年第 1 期。

林瑞志：《爪哇华侨中介商》，《南洋问题资料译丛》1957 年第 4 期。

刘永连：《从吧城唐番通婚看中外文化冲突与融合——以吧城华人公馆档案资料为基础》，《暨南史学》2012 年 1 月 30 日。

罗发龙：《边界维持理论视野下印尼华人族群性的变迁分析》，《华侨华人历史研究》2016 第 2 期。

莫嘉丽：《印尼华人信仰的多教混合与华人文化认同》，《东南亚研究》2004 年第 6 期。

钱江：《从马来文〈三宝垄纪年〉与〈井里汉纪年〉看郑和下西洋与印尼华人穆斯林社会》，《华侨华人历史研究》2005 年第 3 期。

沈玲：《印尼华人家庭宗教信仰现状分析——基于对雅加达 500 余名华裔青少年的调查》，华侨大学学报（哲社版）2017 年第 5 期。

沈燕清：《巴达维亚甲必丹制度与华侨包税制关系探析——以玛腰陈永元为个案》，《华侨华人历史研究》2008 年第 1 期。

施雪琴、许婷婷：《海上丝绸之路与印尼民丹岛华人民间信仰的传播》，《海交史》2017 年第 1 期。

王爱平：《印度尼西亚孔教：中国儒教的宗教化、印尼化》，《世界宗教文化》2015 年第 5 期。

王爱平：《印尼孔教：中国儒学的宗教化与印尼化——兼谈海外华人文化与中华文化的传承播布》，《中外关系史论丛》2010 年第 19 辑。

王琛发：《盛德世祀：南洋开漳圣王信仰文化——落地生根、跨海互动与慎终追远》，《闽台文化研究》2019 年第 2 期。

王琛发：《从开拓意象到在地演变——开漳圣王信仰在清代英荷南洋属地的跨海网络》，《闽台文化》2016 年第 4 期。

王福涵著，周南京译：《荷属东印度的华人资本主义》，《华侨华人历史研究》1992 年第 2 期。

王鹏：《信仰与乡愁：历史人类学视域下的东南亚郑和清真寺与华人穆斯林》，东南亚研究 2019 年第 4 期。

徐安如：《王任叔的"五祖庙"与新中艺社》，《拓荒》2006 年印，第 8 页。

许国栋：《从华人的宗教信仰探讨印度尼西亚的同化政策》，《华侨华人历史研究》1992 年第 1 期。

许云樵校注：《开吧历代史记》，《南洋学报》1953 年第 9 卷第 1 辑。

岩生成一：《下港（万丹）唐人街盛衰变迁考》，《南洋问题资料译丛》1957 年第 2 期。

曾玲：《阴阳之间——新加坡华人祖先崇拜的田野调查》，《世界宗教研究》2003 年第 2 期。

郑仁良：《两次大战之间的印尼民族运动与华人穆斯林》，《华侨华人历史研究》1989 年第 2 期。

郑仁良：《印尼华人同化中伊斯兰化问题初探》，《东南亚研究》1987 年第 3 期。

郑仁良：《印尼华人新流派——伊斯兰兄弟协会》，《东南亚研究资料》1985 年第 3 期。

周南京：《吧城中华会馆诗颂》，《八桂侨刊》2011 年第 3 期。

朱明忠：《孔子学说在印度尼西亚的传播和发展》，《当代亚太》1996 年第 6 期。

四 中文报刊

［印尼］HANDINOTO：《中国工艺与爪哇岛北岸古清真寺的建筑风格》，（印尼）《国际日报》2019 年 9 月 13 日，A7 版。

《41 庙周年暨陈圣王诞辰庆祝会热烈举行》，《印尼国际日报》2017 年 3 月 18 日，C2 版。

《东爪哇图班关圣君雕像》，（印尼）《国际日报》2019 年 1 月 4 日，A7 版。

《佛法明珠照耀西加里曼丹首府坤甸》，（印尼）《国际日报》2019 年 12 月 2 日，B7 版。

《黄佘山总道堂真空教教规》，《归一会刊》，新加坡真空教联合会 2003 年版。

《锦石锦行宫庆祝建宫 864 年暨天上圣母诞辰吉日》，（印尼）《国际日报》2017 年 5 月 6 日，C7 版。

《李湘生：那一生走过山高水长》，（印尼）《国际日报》2014 年 6 月 27 日，C5 版。

《三宝垄灵福庙举行 150 周年纪念活动》，（印尼）《国际日报》2016 年 3 月 21 日，C3 版。

《三宝垄灵福庙庆祝福德正神圣诞吉辰》，（印尼）《国际日报》2014 年 3 月 3 日，第 7 版。

《三保公庙史话》，（菲律宾）《世界日报》2001 年 1 月 5 日，第 25 版。

陈圣、王苏艺：《大伯公与大伯婆庙的传说》，（印尼）《国际日报》2018 年 8 月 3 日，B6 版。

《万隆海会堂的关帝》，（印尼）《国际日报》2006 年 5 月 18 日，C3 版。

《西加华人的历史贡献和今后发展》，（印尼）《坤甸日报》2008 年 2 月 15 日。

《新建的巴东市西兴宫》，（印尼）《国际日报》2018 年 7 月 16 日，A5 版。

《玄天大帝圣诞庆典活动》，（印尼）《国际日报》2018 年 4 月 3 日，C5 版。

《印尼棉兰开埠功臣：张榕轩、张耀轩》，（印尼）《国际日报》2017 年 2 月 20 日，C5 版。

《这里是守望传统的热土　他们是心灵家园的筑梦人》，《印尼国际日报》2019 年 2 月 27 日，A9 版。

秦春仙：《浅谈庭院式传统民居与建筑风水》，《山西建筑》2010 年第 28 期。

王琛发：《清代以来马来西亚道教的落地形态与演变》，《弘道》2018 年第 1 期。

印度尼西亚苏北客属联谊会编：《印度尼西亚苏北客属联谊会五周年纪念特刊》2006 年 3 月版。

印尼孔教最高理事会编：《有教无类：印尼孔教最高理事会成立 50 周年纪念特刊》，雅加达 2005 年版。

袁霓：《客家语言与文化在印尼几个地区的影响》，（印尼）《坤甸日报》2010 年 12 月 8 日。

张尧耕：《雅加达的南靖庙》，《华声报》1987 年 12 月 22 日。

郑来发：《爪哇华人的泽海真人信仰》，（印尼）《国际日报》2018 年 4 月 3 日，B4 版。

子梅：《中国文化人对苏岛的影响》，（印尼）《国际日报》2007 年 10 月 21 日。